新世纪工商管理精品教材
Elaborate Textbooks
on Business Administration in the New Century

U0674700

Organizational Behavior

组织行为学 （第四版）

孙成志 张丹丹 张良晨 编著

东北财经大学出版社
Dongbei University of Finance & Economics Press

·大 连·

图书在版编目（CIP）数据

组织行为学 / 孙成志，张丹丹，张良晨编著. —4版. —大连：东北财经大学出版社，2020.8（2021.12重印）
（新世纪工商管理精品教材）
ISBN 978-7-5654-3903-2

Ⅰ.组…　Ⅱ.①孙…②张…③张…　Ⅲ.组织行为学-高等学校-教材　Ⅳ.C936

中国版本图书馆CIP数据核字（2020）第126620号

东北财经大学出版社出版

（大连市黑石礁尖山街217号　邮政编码　116025）

网　址：http://www.dufep.cn

读者信箱：dufep@dufe.edu.cn

大连永发彩色广告印刷有限公司印刷　东北财经大学出版社发行

幅面尺寸：170mm×240mm　字数：422千字　印张：20.5　插页：1

2020年8月第4版　　　　　　　　　　　2021年12月第2次印刷

责任编辑：朱　艳　　　　　　　　　　　责任校对：石建华

封面设计：沈　冰　　　　　　　　　　　版式设计：钟福建

定价：42.00元

教学支持　售后服务　联系电话：（0411）84710309

版权所有　侵权必究　举报电话：（0411）84710523

如有印装质量问题，请联系营销部：（0411）84710711

管理的科学性与艺术性

（丛书总序）

科学家爱因斯坦曾经发给艺术家卓别林这样一封生日贺电："您的艺术作品誉满全球，您真不愧为一位伟大的艺术大师。"卓别林是这样回复爱因斯坦的："您的相对论仅为世界上少数人懂得，您真是一位伟大的科学家。"前者"雅俗共赏"很伟大，后者"曲高和寡"也伟大，似乎有些矛盾，其实不然，这恰恰体现出"艺术性"与"科学性"的一致性。

对上述对话的一般理解是：科学往往为少数人所发现，"曲高和寡"；而艺术必须要让大多数人所接受，"雅俗共赏"。这当然是正确的，但这只是从一个角度看问题。如果再从另一个角度分析，才能做到圆满理解，即科学虽然由少数人所发现，但却可以被多数人所掌握；而艺术虽然可为大多数人所接受，但却只能由少数人所创造。"科学性"与"艺术性"在哲理上是完全一致的。

对科学和艺术还要作进一步的分析。科学分科学发现和成果应用两个层面，艺术也分艺术创作和艺术欣赏两个层面。科学发现和艺术创作都比较难，而科学应用和艺术欣赏相对都比较容易。人们常说，"管理既是科学，又是艺术"，这里所说的"科学"多指"科学成果的应用"，而这里所说的"艺术"却多指"艺术的创造"。对于从事企业管理工作的人员来说，越高层的管理（如董事长和CEO的工作），艺术成分越多；越基层的管理（如部门经理或车间主任，甚至是现场调度或质量控制的工作），科学成分则越多。突出的例子是，美国演员出身的里根可以是一个胜任的国家总统，却难以当好一个企业工程师。企业和国家都是这样，越往高层，"外行领导内行"越普遍，而越往基层，专业技能越重要。当然，与此相应的一般的规律是：越是高层，"艺术创造"越重要；越是基层，"科学应用"越普遍。

对于工商管理教育而言，其课程体系中既有含科学成分较多的课程，也有含艺术成分较多的课程。前者主要有："生产管理"，"物流与供应链管理"，"管理信息系统"，"会计学"等。后者主要有："组织行为学"，"人力资源管理"，"企业文化与伦理"，"企业战略"，"公司组织设计"或"公司治理结构"，"企业、政府与社会"等。当然，也有的课程近乎是科学成分和艺术成分并重的，如"公司理财"，"数据、模型与预测"，"管理经济学"等。

我自己和很多从事工商管理教育的教授都有这样的体会，就是在教学过程中，科学成分越多，越适合课堂教学，也就越利于成规模培养；而艺术成分越多，则越适合个人感悟，也越适合案例教学，从而只能侧重于个别指导或小组讨论。换个角度，对于工商管理的本科生或MBA学生，特别是EMBA的学生来说，前者主要是依赖于学校和教师，后者则主要取决于个人的悟性。这也是"管理学院学得到"与"管理学院学不到"这两种说法都有道理的原因。这两种完全相反的观点（核心是企业家是否是学校培养出来的）的焦点就在于，各自过多地强调管理的"科学性"或"艺术性"，而忽略了二者间的一致性。事实上，管理学院或MBA学院只有处理好这二者间的关系，才有可能办出自己的特色。这一点在国内外已经得到充分证明。

说到这里，就可以很方便地解释为什么"文人"的子女容易继承，而真正的企业家却很难继承的道理了。其中的关键在于，"治学之道"的"规律性"（即"科学性"）较强，知识和经验可以潜移默化、耳濡目染地向子女传授和转达；而"经营之道"的"艺术性"较强，企业家的成功经验多具独特性，难以言传。学习所谓的"管理经验"必须经过"再创造"过程，光靠模仿是不行的。

总起来说，这套丛书对工商管理的"科学性"和"艺术性"都有所兼顾。作者多是具有多年工商管理教学经验和丰硕研究成果的教授，有的还曾到日本等国家的大学讲学。作者们按照简明、实用并具有一定前瞻性的要求，力求为读者提供一套富有特色的教材丛书。这套丛书虽然主要是针对工商管理专业本科生的，但也可以作为MBA学生和各类企业管理者的参考书。读者如果基本同意上述有关管理的"科学性"与"艺术性"的看法，那么如何正确地对待这套丛书就不必多絮了。

于　立

第四版前言

管理是人类社会永恒的主题，因为管理使人类社会有序发展。而管理科学的出现则是社会发展的要求，管理科学的发展又推动了人类社会的进步。对人的管理是管理的核心问题，由于人是社会活动的主体，既是管理者，也是被管理者，因此，对人的行为规律的研究成了管理科学的重要内容。在对人的行为规律的研究中，心理学家、社会学家、哲学家、管理学家都作出了贡献。组织行为学正是在这些研究的基础上产生和发展起来的。组织行为学是综合运用与人有关的各种知识，采用系统分析的方法，研究一定组织中人的行为规律的一门科学。

当代管理者每时每刻都面临着挑战，这些挑战既来自组织外部各种确定的或不确定的变化，也来自组织内部出现的形形色色的问题。可以说，管理正成为创造价值过程中日益精细而又辛苦的活动。管理不再是简单地发布命令，运用自己的职权指使他人工作，而是要不断地设计或寻找解决问题的方案，努力争取上级、同事以及下级的支持，组织团队来完成任务，制止损害组织利益的不良行为。在充满变化与挑战的环境中，管理者要承担起这些职责，就需要学习管理科学的理论，在理论的引导下探索更有效的管理方法。

组织行为学自20世纪80年代初传入中国后，越来越受到人们的重视。特别是自90年代末期以来，组织行为学已成为高等院校各管理类专业和MBA的主干课程。组织行为学是管理理论的重要组成部分，是各项专业管理的理论基础。它是一门广泛吸收多学科知识的边缘学科，具有很强的实践性和应用性，在工商管理专业的教学中占有重要地位。加强此学科的研究和应用，对于提高管理水平，特别是对于提高各级管理人员对所属员工的心理和行为的预测、引导和控制的能力，及时地协调个人、群体、组织之间的相互关系，充分发挥和调动人们的积极性、主动性和创造性，有效地实现组织目标，取得最佳的社会效益和经济效益，构建和谐社会，具有十分重要的意义。

作者本着"以我为主、博采众长、融合提炼、自成一家"的方针，在吸收了国内外组织行为学研究最新成果的基础上，结合我国管理实践，对推进我国组织行为学的发展进行了有益的探索。本书以马克思主义基本原理为指导，坚持理论联系实际的原则，科学系统地阐述了组织行为学的基本概念、原理和方法。本书可作为高等院校管理类各专业的教材，也能满足各级管理者学习的需要。

20世纪90年代，发达国家发生了一场大规模的组织转型，新的、与以往组织有着巨大差异的组织不断出现，互联网的盛行，强化了上述趋势。传统互联网就是

PC互联网，它解决了信息对称问题；移动互联网解决了效率对接问题；而未来的物联网则需要解决万物互联问题：数据自由共享，价值按需分配，各尽其才、各取所需，让每一个人都能找到与之相匹配事物，然后发生各种关系。

　　组织的变革极大地影响了组织中人的行为，对此，作者在修订本书的过程中，针对这些变化，不仅增加了一些新的内容，也对全书的原有内容作了适当调整。

　　参加本书编写的有孙成志（第1、2、7章）、张丹丹（第3、4章）、张良晨（第5、6章）。在本书的编写过程中，借鉴和引用了许多国内外学者的研究成果，在此表示衷心的感谢。由于作者水平有限，书中难免有不当之处，敬请广大读者批评指正。

编著者

2020年5月

目　录

第 1 章

组织行为学概论

学习目标

通过本章学习，重点掌握组织行为学的概念和学科性质；掌握学习组织行为学的重要意义；了解组织行为学的发展历程及发展动向；掌握组织行为学的研究方法；掌握环境对组织行为的影响。

1.1   组织行为学综述

1.1.1   组织行为学的概念

组织行为学是综合运用与人有关的各种知识，采用系统分析的方法，研究一定组织中人的行为规律，从而提高各级主管人员对人行为的预测和引导能力，以便更有效地实现组织目标的一门学科。这一概念包括以下含义：

（1）组织行为学研究对象和范围。组织行为学研究的对象是人的行为规律，但不是人的一般的行为规律，而是在各种工作组织中的人的行为的规律，即研究组织中个体、群体以及结构对组织内部行为的影响。

（2）组织行为学是综合运用心理学、社会学、人类学、生理学、生物学等一切与人的行为有关的学科的知识和研究成果，来研究一定组织中人的行为规律的。这些科学为组织行为学的产生和发展提供了理论依据。

（3）组织行为学不是孤立地而是系统地研究一个组织中人的行为规律的。用系统的观点考察组织，就是把组织看成一个开放的社会-技术系统，从整体出发，研究组织的运行和发展。任何一个组织从功能上又可分为目标价值子系统、组织结构子系统、心理社会子系统、技术子系统和管理子系统五个子系统；从层次上分，这个系统又是由许多群体组成的，在群体内又包含着若干个体。在一个组织中，各子系统相互联系、相互影响，构成组织的整合系统。

研究组织行为学的目的，不仅在于掌握组织中人的行为规律，而且要在对组织中人的行为规律认识的基础上，准确地预测人的行为发展趋势，并采取相应的措施引导人的行为、控制人的行为，变消极行为为积极行为，使积极行为保持下去，从而提高组织的工作绩效，可靠地实现组织的预期目标。

1.1.2   组织行为学的性质

1）多学科交叉性、多层次性

（1）多学科交叉性

组织行为学综合应用心理学、社会学、人类学、生理学、生物学等学科的知识，在组织管理工作的实践中，来解释组织中人的行为。在上述诸学科交叉的边缘上组合成组织行为学。所谓交叉性学科，就是在两种或多种原有学科的互相交叉重叠中生长起来的新学科。它既有原有多种学科的特点，又有原有学科所不具备的新特点。管理学、心理学、社会学、人类学、政治学等结合产生组织行为学。

（2）多层次性

第一层是个体。这是组织行为学研究的基础和出发点。马克思研究整个资本主义社会，是从资本主义社会最基本的细胞——商品开始的，通过层层分析，揭示了资本主义社会的基本规律。组织行为学研究整个组织的行为规律，也必须从组织中最基本的细胞——作为个体的人的行为开始分析。这部分主要研究影响个人行为的因素是什么，一个人会把个人的哪些特征带入组织中去，有哪些因素影响个人的态度、价值观、积极性以及工作的满意程度，人的个性是如何影响其行为和工作绩效的。

第二层是群体。组织行为学在研究个体的同时，还要研究群体和群体结构、形成群体的过程、群体的发展和影响群体工作绩效的因素，以及如何进行群体决策等。

第三层是组织。所有的组织，不论其规模、类型和行为怎样，都是由个体与群体所组成的。所以个体的人既是群体中的一员，也是组织中的一员。各组织都具有各自的特征，如组织结构、规章制度等。这些因素都会影响个体和群体以及整个组织的行为。

第四层是组织的外部环境（包括物质环境和社会环境）。任何个人、群体和组织都是处在组织外部的环境中，他们是社会环境的成员。他们的行为均要受到外部环境的影响。为了真正掌握组织中人的行为规律，还必须研究组织与环境的相互关系。

上述四个层次不是互相排斥的，而是互相补充的。因此，必须把这四个层次结合起来，协调地加以研究，才能真正掌握组织中人的行为规律，全面提高组织的效率，提高组织的管理水平。

2）两重性

组织行为学是一门具有两重性的学科。它既具有与组织中人的行为生物性特征相联系的反映人的行为一般规律的属性即自然属性，又具有反映人的社会活动规律的社会属性即阶级性。这种两重性来自三个方面：

一是来自多学科性。研究组织行为学既应用普通心理学、生物学、生理学等不具有阶级性的自然科学，又应用社会学、社会心理学、政治学等具有明显阶级性的社会科学。组织行为学正是在这些自然科学和社会科学互相交叉渗透的基础上发展起来的，在性质上也反映了这些学科的特性。

二是来自组织行为学的研究对象"人"本身的两重性。组织中的人既是生物性的，又是社会性的；既是生产力要素之一，又是生产关系的主体。从生物性特征上看，组织行为学研究的人具有自然属性，而不同社会制度下生产关系的性质不同，致使组织行为学所研究的人又具有社会性（阶级性）的一面。正如马克思所说，人是一切社会关系的总和。

三是来自管理的两重性。从某种意义上说，组织行为学是以人为中心的管理学。一方面，管理作为对人们共同劳动的协调和指挥，是属于管理的自然属性，反映了社会化大生产的共同规律，是人类生产实践中形成的共同文明成果。这种管理的属性，不受社会制度的制约，不管资本主义社会，还是社会主义社会，都需要通过协调和指挥来管理社会化大生产活动。另一方面，管理又是一种监督劳动。这种监督劳动是一种社会属性的职能，它反映了一定社会生产方式下生产关系的要求，不同的社会制度，管理的社会属性是不一样的。在阶级社会中，管理是统治阶级意志的反映，是具有明显的阶级性的。这种管理的两重性决定了专门研究管理领域内人的行为规律的组织行为学也具有两重性。

根据上述两重性的分析，我们清楚地看到组织行为学除了不同社会制度下具有不同的阶级性这一方面以外，还具有一切社会均有的共性方面，而后者也正是我们可以借鉴和吸收国外在组织行为学上的研究成果为我所用的依据。

3）实用性

组织行为学相对于心理学、社会学、人类学等学科来说，属于应用性学科，而心理学、社会学、人类学则属于理论性学科。这些学科是组织行为学的理论基础。在研究和掌握了组织中人的规律性后，还要进一步研究评价和分析人的行为的方法，掌握保持积极行为、改变消极行为的技术。其目的是紧密联系组织管理者的工作实际，提高人们的工作能力，改善组织的工作绩效。所以，它是一门实用性的科学。

1.1.3　研究和应用组织行为学的意义

国内外的实践，特别是近几年我国改革开放的实践证明，加强组织行为学的研究和应用，对于改进管理工作和提高管理水平，培养和选拔各级管理人才，改进领导作风和提高领导水平，提高工作绩效，改进干群关系，调动广大职工群众的积极性、主动性和创造性，增强企业、事业单位的活力和提高社会生产力，都具有重要的意义。

1）有助于加强以人为中心的管理，充分调动人的积极性、主动性和创造性

组织行为学认为，人是组织的主体，在现代化的管理中，最重要的是对人的管理。实现管理的目标，就要实行合乎人情味的管理，建立以人为中心的而不是以工作任务为中心的管理制度。科学技术越发展，就越要重视人的因素，就越要重视提高人的素质，提高脑力劳动者的比重。据统计，体力劳动和脑力劳动的耗费比重，在机械化水平低的情况下一般为90∶10；在中等机械化水平下为60∶40；在全盘自动化的情况下为10∶90。特别是进入电子计算机、信息化管理时代，对脑力劳动的要求越来越高。实践证明，越是高级的脑力劳动者，就越需要实行具有人情味的管理，充分发挥其主动性和自觉性，而不能主要靠监督。

2）有助于知人善任，合理地使用人才

组织中的每一个人均有不同的气质、能力、性格和兴趣，组织行为学通过对个性理论及其测定方法的研究以及对个人绩效考核方法的研究，使组织领导能够全面地了解每个人，从而安排与之相适应的工作岗位和职务，真正做到扬长避短、人尽其才、才尽其用，取得最佳的用人效益，同时，也可为我国当前的劳动人事制度改革，为制定用人和育人政策，提供科学依据。

3）有助于改善人际关系，增强群体的凝聚力和向心力

组织中的职工绝不可能孤立行事，必然在与他人协作配合过程中，发生各种各

样的关系。组织行为学对群体行为规律的研究，为改善人际关系，发挥群体的功能，提高群体绩效提供了依据。组织行为学把组织中的正式群体和非正式群体的作用结合起来。如劳动优化组合的形式就是把非正式群体转化为正式群体，实行将点兵、兵择将的自由组合。由于这些人感情、志趣相投，价值观一致，容易增强群体的凝聚力和向心力，满足人们归属感和友谊的需要。在这样和谐的人际关系下，人们心情舒畅，有利于进一步提高群体绩效。

4）有助于提高领导水平，改善领导者和被领导者的关系

在不同的社会制度下，领导者与被领导者的关系是具有不同的阶级性的，不能混为一谈。任何组织的领导者都是生产和工作任务的协调者和指挥员，他们与职工的关系，除了生产关系一面；还有社会关系的一面。马克思把生产关系和社会关系区别开来，不认为生产关系等同于社会关系，当然社会关系的核心是生产关系。既然企业领导与群众的关系还具有一般社会关系的一面，那么西方组织行为学中关于一个有效的领导人应具备的素质、领导艺术和如何根据不同情况采用不同的领导方式等原理，对于提高我们的领导者水平是有借鉴意义的。

5）有助于组织变革和组织发展

组织变革和组织发展是组织行为学的重要课题。它要研究如何根据组织所处的环境、组织的战略目标、技术和人员素质的变化和发展，来进行组织的变革和发展，设计出更为合理的组织结构。这种研究对于我国的企业经济体制改革，特别是对于增强企业活力有许多启示。其中主要启示有下列两个：第一，应根据我国企业的规模、技术水平、产品或劳务性质、人员素质的不同，设计出不同的企业组织结构，改变改革前那种不顾企业的差别而一律采用同一种僵化的组织结构的做法；第二，鉴于同一个企业或单位的环境、技术、产品、劳务和人员素质，在不同时期是不同的，有时变化很大，所以其组织结构也必须随着时间的变化而变化。

1.1.4　组织行为学面临的机会与挑战

世界环境的变化既给组织行为学的发展带来了机会，也提出了挑战。组织行为学可以为管理者解决他们所面临的关键问题，这些问题是：

1）改善质量和生产率

面对全球的激烈竞争，一个组织为了生存，不得不提高质量和生产率。提高质量和生产率离不开员工的参与。员工不再只是执行变革的主要力量，而是越来越主动地参与变革计划的制订过程。组织行为学将为管理者处理这些变革提供重要启示。

2）回应全球化与管理劳动力多元化

组织不再受国界的制约，汉堡王、麦当劳、埃克森–美孚等大公司的营业收入有 75% 以上来自其他国家和地区。很多大型汽车生产商现在都在海外生产轿车。世界变成了地球村。在这一过程中，管理者的工作发生了变化。一个管理者面临海外的工作，管理新员工，这些新员工在需要、爱好和态度方面与国内的员工完全不同。即使在自己的国家，管理者也发现与自己共事的上司、同事和下属是在不同文化中出生和成长起来的，调动这些人的积极性的因素也发生了很大的变化。管理者为了与这些人有效地共事，就必须弄清并理解塑造这些人的文化环境、宗教信仰，学会调整自己的管理风格以适应这些变化。

全球化的直接结果是导致组织劳动力的多元化，跨国公司的成员来自不同国家和民族。不同的人在组织中多多少少地会被自动地同化，同时，员工在工作时也不会把自己的文化价值观和生活方式偏好放在一边。组织所面临的挑战是通过澄清不同的生活方式、家庭需要和工作风格来使自己适应各种各样的人群。劳动力多元化对管理实践意义重大，管理人员需要改变他们的经营哲学，从把员工作为相同的人来对待，转变为承认差异，并以能够保证员工稳定和提高生产率的方式对差异作出反应。同时，不要有任何歧视。如果管理得当，多元化会提高组织的创造性；如果管理不当，可能会出现流动率高、沟通困难和更多的人际冲突等问题。

3）面对临时性

动荡的环境使管理发生了很大变化。以前的管理是长期稳定伴随着短期的变革，而今天的情形正好相反，即长期的变革伴随着短期的稳定。以前员工被分配到一个特定的群体，这种分配几乎是永久的，工人每天与固定的人在一起，安全感很强。现在不同了，稳定的群体被临时群体取代了，团队成员来自不同部门，成员总是在变化。组织本身也处于不断变化的状态，不断地重组它们的部门，撤销经营不善的业务，缩短作业流程，用临时工代替长期工。这一切都要求组织成员学会应对临时性，学会在充满灵活性、自发性和不可预测的环境中生存。组织行为学能帮助人们更好地理解不断变革的工作环境，使人们克服变革的阻力，创造一种积极的组织文化，使组织在变革中求繁荣。

4）员工的忠诚度下降

随着经济体制改革的推进、市场经济的发展，"铁饭碗"被打掉了，减员增效使一部分人面临下岗的命运。这些在发达资本主义国家早就出现了，从20世纪80年代开始，为了适应全球性的竞争，许多公司开始摒弃传统的工作稳定性、资历和报酬政策，通过关闭工厂，把生产转移到劳动力成本低廉的国家，通过关闭不盈利的企业，减少管理层次等，以适应竞争的环境。这些变化导致员工的忠诚度急速下降。组织行为学面临的一个重要的挑战，就是为管理者设计出能够调动忠诚性不高的员工积极性的方法，同时又能维持组织在全球竞争中的能力。

5）激发创新和变革

只有保持灵活性，不断改善产品质量，通过持续不断的创新产品和服务来赢得市场竞争力的组织才能取得最后的胜利。

组织中的员工可能成为创新和变革的推动力，也可能成为绊脚石。管理者面对的挑战是激发员工的创造性。组织行为学为组织提供丰富的观点和技术，以帮助组织实现目标。

6）帮助员工平衡工作与生活的冲突

许多组织中的工作正在挤压员工的个人生活，有证据表明平衡工作与生活的冲突的重要性超过了员工对工作安全的考虑。无法帮助员工实现工作与生活平衡的组织会发现，它们越来越难以吸引并留住绝大多数有能力和有积极性的员工。组织行为学帮助管理者设计工作场所和工作岗位，提供员工处理工作与生活冲突的方法。

7）改善道德行为

管理者需要为员工创造一种健康的氛围，使员工可以全力从事自己的工作，尽量减少碰到那些难以判断行为对错的模糊情境。那些倡导道德使命、鼓励员工的诚信行为、提倡强有力的道德领导的公司，能够使员工作出符合道德的决策。组织行为学能对此提供帮助。

1.2　组织的类型与作用

1.2.1　组织的概念

组织是人类社会生活中最常见、最普遍的现象。工厂、机关、学校、医院、各级政府部门、各个党派和政治团体……都是组织的例子。现代社会就是由这样许许多多的组织构成的。社会中几乎每一个人都至少在一个组织里工作和生活。人们利用各种组织把资源集中起来，从事政治、经济、文化等方面的社会活动。人们做许多事都要在组织内，通过组织、代表组织、为了组织的利益而行动。对组织的研究已成为当代社会学、政治学、管理学、心理学、经济学、文化人类学以及组织行为学等许多学科的热点问题。

组织这个词，英语为organization，来源于器官（organ）。因为器官是自成系统的具有特定功能的细胞结构，后来又逐渐演变为专指人群，运用于社会管理之中。在我国汉语中，组织的原始意义是编织的意思。

人类的组织产生于人类社会的生产斗争和社会斗争。这是因为在人类社会发展中，由于个人有所期望而又无力实现这一期望，于是就需要和他人相互依存、相互合作，联合起来，共同行动，创造群体合力。长期的实践使人们有了发展这种合作，增进相互依存关系，并使这种关系科学化、合理化，以不断提高群体效能的要求。组织就是人们对于这种要求的认识和行动的结果。组织是社会、国家、地区、部门实行管理、维持秩序和发挥效能的重要手段。正是组织的重要性，使得许多学科的学者都对组织发生了浓厚的兴趣，进行了广泛的研究。但因为人们所站的角度不同，所以得出的结论也不同。

一些学者提出了静态的组织观点，他们认为组织就是指社会集团，指一套人与人和人与工作的关系的系统或模式。他们主要分析社会各种组织的断面结构，侧重于对组织中职责权限的分配、部门层级的关系等问题进行研究。持这种观点的代表人物有：高斯（J.M.Gaus），认为组织就是经过工作和责任的分配，以便于实现共同的目标而进行的人事配合；孟尼（T.D.Mooney）和雷利（A.C.Reiley），认为组织是为达成共同目的的人所组合的形式。一个组织群体，如果想有效地达成其目标，就必须在协调合作的原则下，各人做各人的事。

而另一些学者则从动态的角度来研究组织，认为组织是一个动态系统。他们发现，社会组织是一个不断处于发展运动中的社会机体，运动中的组织反映出的各种信息，远较静态组织中的信息更丰富、更有用。因此，他们主张对组织现象进行动态的观察，形成了动态的组织观点。其主要代表人物有：

怀特在《公共行政研究导论》一书中提出："组织是人们工作关系的配合，是人类所要求的人格联合，不是无生物的堆积。"

哈罗德·J.李维特在《管理心理学》一书中提出："组织并不只是一群人的集合，或人与机器的配合。组织是一群人交互作用的结果。因此，组织是动态的，不是静态的。进而言之，它是工作任务、组织结构、仪器设备及人力等因素构成的体系。它会随着时间流逝而变迁。"

西斯克认为组织这个词有两个不同的意义，其中之一涉及作为实体本身的组织，另一个涉及作为一个过程的组织。

孔茨在论述这一问题时指出：许多人使用"组织"一词时很不严格，有些人说它包括所有参与者的行为，另一些人把它和社会与文化关系的总体等同起来。对于大多数经理来说，组织就意味着一个正式的有意形成的职务结构或职位结构。

此外，有人从发展的观点来分析组织，认为组织不仅有静态的结构、动态的运动过程与功能，而且还是一个有机的"生长体"。它是随着时代环境的演变而不断加以适应、自动调整的社会团体。

还有人从心理学的观点来分析，认为组织不仅是责权分配系统，或是组织活动的运动过程，或是一种不断适应环境而成长的有机体，同时也是组织成员根据自己特定的地位，扮演一定的角色，并由此构成等级体系的人际关系网络。

从以上四种不同的角度对组织的分析，我们可以得出结论：组织就是存在于特定社会环境中，由人群构成的，为了达到共同目标，通过责权分配和层次结构所构成的一个完整的有机体。这个定义包括以下含义：

第一，所有的组织都存在于特定的社会环境之中，组织的形态、功能、结构、管理活动都将受到环境的影响，有时是决定性的影响。

第二，人是组织的主体，人群中存在着复杂的人际关系，存在着分工和合作，正是这些关系使得组织能够在运行中保持较高的效率。

第三，任何组织都有一定的目标。不管这个目标是明确的，还是隐含的，目标是组织存在的前提。

第四，组织要有不同权力层次的责任制度。这是由分工要求的，权力和责任是达成组织目标的必要保证。

第五，组织是一个有生命力的有机体，组织会成长、会发展、会衰落、会消亡，组织管理效能、环境压力的强弱，对组织的生存和发展影响重大。

1.2.2 组织的要素

为了深入研究组织系统的结构、内在联系与功能，有必要对组织的构成要素进行研究。我们认为，构成组织的要素可分为有形要素与无形要素。有形要素是构成组织的物质条件，无形要素是组织构成的精神条件。

组织的有形要素包括：实现组织预期目标所需实施的工作；确定实施工作的人员；确定必备的物质条件；确定的权责结构。

组织的无形要素包括：共同的目标；工作的主动性与积极性；良好的沟通网络和制度；和谐的人际关系；有效配合与通力协作。

1.2.3 组织的分类

1）国际上较为通用的观点

（1）帕森斯的社会功能分类说

美国著名社会学家帕森斯（T.Parsons）认为，组织的分类应按社会作用和社会效益进行。这是一种以组织的社会独特功能为标志，来对组织及组织中每级系统进行分类的观点。按这种分类标志，组织可分为：

①以经济生产为导向的组织。这种组织是以经济生产为核心，运用一切资源扩大组织的经济生产能力。这类组织除生产产品以外，还负责劳务工作。因此，这种组织的范围是非常广的，包括工厂、饭店等组织机构。

②以政治为导向的组织。这类组织的目标在于实现某种政治目的，因此它的重点是权力的产生和分配。如政府部门的一些组织就属此类。

③整合组织。这类组织的社会功能在于协调各种冲突，引导人们向某种固定的目标发展，如法院、政党等组织。

④模型维持组织。这类组织的社会功能在于维持固定的形式来确保社会的发展，如学校、社团、教会等。

（2）艾桑尼的人员分类说

美国社会学家艾桑尼（A.Etzioni）则根据人员的顺从程度对组织进行分类：

①强制型组织，指用高压和威胁等强制手段，控制其成员，如监狱、精神病院、战俘营等。

②功利型组织，指以金钱或物质的媒介作为控制手段来控制所属成员。这类组织包括各种工商企业等。

③正规组织，指以荣誉鼓励的方式管理组织人员，而且组织的人员对这种管理方式是认可的。属于这种类型的组织有政党、机关、学校等。

（3）布劳的实惠分类说

美国社会学家、交换学派的代表布劳（P.M.Blau）以组织内部（或外部）人员受惠程度作为组织分类标志。他将组织分为四种类型：

①互利组织，指一般成员都可获得实惠的组织。这种组织是以全体成员最终能

得到实惠为依据，如工会、政党团体、宗教团体等。

②服务组织，指为社会大众服务，使他们得到益处的组织。这种组织的目的在于使服务对象受到实惠，如医院、大学、福利机构等。

③企业组织，指有组织的所有权或经理、股东等上层得到实惠的组织。这种组织获利最大者是组织的上层人士，如银行、各种公司等（这种现象主要发生在资本主义国家）。

④公益组织，指为社会所有人服务的组织，如检察机关、行政机关、军事组织等。

2）国内学术界的观点

（1）按组织的性质分类

①经济组织。经济组织是人类社会最基本、最普遍的社会组织，它担负着提供人们衣食住行和文化娱乐等生活资料的任务，履行着社会的经济职能。在现代社会中经济组织已形成庞大复杂的体系，其中包括生产组织、商业组织、银行组织、交通运输组织和服务性组织等。

②政治组织。政治组织出现于人类社会划分阶级之后，它包括政党组织和国家政权组织。在现代社会中，政党代表本阶级的利益和意志，为本阶级提出奋斗目标，制定方针、政策。国家政权组织是国家管理社会的重要形式。

③文化组织。文化组织是以满足人们各种文化需求为目标，以文化活动为基本内容的社会团体，如学校、图书馆、影剧院、艺术团体、科学研究单位等。

④群众组织。群众组织，如工会、共青团、妇女联合会、科学技术协会等。这些组织在党和政府的领导下，广泛团结各阶层、各领域的人民群众，开展各种有益活动，为社会贡献力量。

⑤宗教组织。宗教组织是以某种宗教信仰为宗旨而形成的组织。其基本任务是协助党和政府贯彻执行宗教信仰自由的政策，帮助广大信教群众和宗教界人士提高爱国主义和社会主义觉悟，代表宗教界的合法利益，组织正常的宗教活动。

（2）按组织是否自发形成分类

①正式组织。正式组织是为了有效地实现组织目标而规定组织成员之间职责范围和相互关系的一种结构。正式组织具有下述特征：

a.不是自发形成。正式组织是根据社会的需要，经过设计、规划、组建而成，不是自发形成，其组织结构的特征反映出一定的管理思想和信念。

b.有明确的目标。正式组织具有十分明确的组织目标，并且为实现组织目标制定组织规范，以最经济、有效的方式达到目标。

c.以效率逻辑为标准。在正式组织中，以效率逻辑为行动标准，为提高效率，组织成员之间保持着形式上的协作。

d.强制性。由于正式组织通过方针、政策、规则、制度等对组织成员发挥作用，通过建立权威，约束组织成员的行为，因此对组织成员具有强制性作用。

②非正式组织。非正式组织是人们在共同工作或活动中，由于抱有共同的社会

感情和爱好，以共同的利益和需要为基础而自发形成的团体。非正式组织具有以下特征：

a.自发性。如果正式组织不能满足其成员获得友谊、帮助和社交的需要，成员就会在正式组织之外自发地组成一些非正式组织，以满足其需要。

b.内聚性。非正式组织没有严格的规章制度约束其成员，他们之所以能够集合在一起，是由于他们有相近的价值观或共同的兴趣爱好或有切身的利害关系等。这些都会使其成员产生较为一致的"团体意识"，起着内聚和维系其成员关系的作用。

c.不稳定性。由于非正式组织是自发产生、自由结合而成的，因而呈现出不稳定性，它往往随着环境的变化、观念的更新、新的人际关系的出现、活动范围的改变等而发生变动。

d.领袖人物作用较大。非正式组织中往往有一两个自然形成的领袖人物，他们在组织中起着诸如提出权威性意见、负责维系其组织的相对稳定、提供行为模式等作用，对其组织成员的行为影响极大。

此外，还有以组织的人数多少来划分组织类型，以组织对环境的不同适应程度来划分组织类型，以组织成员的关系来划分组织类型等。这些划分对我们研究组织的类型划分是有启发的。

1.2.4　组织的基本作用

抽象地研究组织，我们可以发现组织有两种基本作用，即人力汇集作用和人力放大作用。

1）人力汇集作用

社会中单个的人对于自然来说，力量是渺小的，单个的人不仅不能开展自己的生活，有时甚至不能维持自己的生存。在自然选择面前，人们需要联合起来，互相协作，共同从事某项活动。这种联合与协作是以各种组织的形式完成的，它实际上是个人力量的一种汇集，积涓滴以成江河，把分散的个人汇集成为集体，进而在同大自然的搏斗中实现个人存在的价值。

人力汇集这种组织行为，需要借助于一个组织体系，要做好充分的准备，要筹划好人力的集中与分配。仓促而成的大规模社会活动是不会得到好的结果的。

2）人力放大作用

组织起来的力量绝不等于个体力量的算术和，正如亚里士多德指出的："整体大于各个部分的总和。"正是从这个意义上说，社会组织具有一种放大人力的作用，即对汇集起来的个体力量的放大。人力放大是人力之间分工和协作的结果，而任何人力的分工和协作都必然发生于一定的组织体系之中。

1.2.5　变化着的组织模式

20世纪90年代，发达国家发生了一场大规模的组织转型，新的与以往组织有着巨大差异的组织不断出现。新型的组织强调以顾客为基础；以团队为根本；和供应商、顾客甚至竞争对手结盟，进而形成经营网络；扁平化、柔性化、创新性、多样化和全球化；员工被授权并承担相应责任；经理不做老板而来扮演教练的角色；作为一个"学习型组织"，就要不断改变和创新。互联网的盛行，强化了上述趋势，许多组织行为学家已经预测到向知识社会的转变会带来大规模的组织变革。这种变革不仅在企业组织中得到响应，一些政府机构也希望从企业界寻找有效的新组织实践模式。

新的组织变革，在世界经济增长、扩大就业和新型产业发展、全球竞争等方面取得了一定的成果，也证实了这种变革的合理性。但是，在20世纪80年代晚期和90年代早期，人们刚从"传统"的、乏味的工作方式中解脱出来，产生的那种兴奋和自由的感觉很快被21世纪早期组织转型中面临的巨大挑战所取代。不仅把组织从"传统型"转变成"新型"困难重重，而且在某些公司建立起的"新型"组织本身也存在问题。传统组织中的工作和管理方式已经让人感到厌烦、压抑和无奈的低效。一个网络化、以团队为基础、扁平化、柔性化、多样性和全球化的组织中，管理和工作方式更会导致过长的工作时间和高度的不确定性，网络建设过程也造成人员的频繁更替。压力和疲劳会让人感到筋疲力尽，很多员工选择辞职去寻求一份压力较小的工作。很多公司把裁员作为一种生存手段，这使得被动离职人员数量增加。一份材料说明，1999年美国裁员的人数创20世纪90年代以来的最高纪录。我国的国有企业也经历了职工下岗、减员增效的过程。20世纪60年代人们还期望科技进步会带来一个富足安逸的社会，但很快就被证明是一种误解。人们的工作时间在延长，除了高层管理者之外的个人工资整体没有增长，公司员工的收入差距持续拉大。如20世纪70年代早期，美国首席执行官的工资是那些"入门"工人的35倍，到2002年，他们的工资已经是普通工人工资的400倍，这种情况在我国也比比皆是。

组织变革所带来的挑战仅仅是向新组织模式转变时产生的副产品，还是这些挑战与新组织的扁平化、柔性化、网络化特征有着本质的联系，对这个问题的认识，使研究组织行为的学者们分成两派。但他们的共同认识是：第一，对于在传统组织模式中成长起来的组织来说，向新模式转换比较困难；第二，在新组织模式下工作也存在困难。

20世纪90年代早期，人们确定每个组织都会向新组织转变，但现在他们认识到新型组织有很多变化因素，而且对很多组织来说传统模式也具有很大的优势。因此，更多的选择则是将旧模式的特点与新模式的某些方面结合，构成新的混合型组织。

1.3　组织的管理者

管理者通过他人来完成工作。他们在组织中作出决策、分配资源、指导他人的活动从而实现工作目标。在组织中，监督他人的活动，并对实现目标承担责任的人就是管理者。管理者在组织中的作用是无可替代的，他是组织得以有效运行的发动机。

1.3.1　管理者的职能

20世纪初，法国工业家亨利·法约尔提出，所有的管理者都发挥五种职能：计划、组织、指挥、协调和控制。我们认为管理者的职能可以简化为四种：计划、组织、领导和控制。

组织之所以存在是为了达成一定的目标，所以，必须有人来确定这些目标，并选择能够达成目标的手段。管理者就是这样的人。计划职能包括：确定组织的目标；制定达成这些目标的总体战略；把计划划分出各种层级，以便对各种活动进行整合和协调。

管理者也负责组织结构的设计，这便是组织职能。组织职能包括决定要完成什么样的任务；谁来承担这些任务；如何把任务进行分类；建立相应的指挥链等。

管理者对组织中的人进行指导和协调就是领导职能，当管理者激励下属，指导别人的活动，选择最有效的沟通渠道以及解决成员之间的冲突时，就是在进行领导。

为了保证组织按部就班地发展，管理者必须对组织的绩效进行监控。他们要对实际绩效与预定的目标进行比较，对出现的重大偏离进行纠正，使组织回到正确的轨道上来。这种活动就是控制职能。

1.3.2　管理者的角色

20世纪60年代，麻省理工学院的亨利·明茨伯格对5位经理进行了一项细致的研究，以确定这些管理者在工作中都做些什么。通过对这些管理者的观察，明茨伯格得出结论：管理者扮演10种不同但高度相关的角色。这10种角色可以归纳为人际角色、信息传递者角色以及决策角色。

人际角色。所有的管理者都要承担某些实质上是纪念性或象征性的责任，扮演头面人物的角色；所有的管理者都承担领导者的角色，这种角色所做的工作包括对员工的雇用、培训、激励和处分；第三种人际角色是联络人，这种角色与那些能给管理者提供信息的人进行接触，建立并维护一个与外部保持联系的网络，这种网络可以提供各种支持和信息。

信息传递者角色。所有的管理者都要从其他组织或机构中收集一些信息，通过浏览新闻媒介（包括互联网）和与别人交谈来了解大众消费品位的变化以及竞争者可能正在做的事情等，这是监控者的角色；管理者也会像信息管道那样给组织成员传递信息，这是信息传播者的角色；另外，当管理者代表组织与外界交往时，他扮演的是发言人的角色。

决策角色。明茨伯格确定了四种与解决问题和作出决策有关的角色：作为创业者角色，管理者激发并监督那些能改善组织绩效的新方案；作为混乱处理者角色，管理者对意料之外的问题作出迅速反应并采取正确行动；作为资源分配者角色，管理者负责分配人力、物力和财力资源；最后，管理者扮演谈判者的角色，与其他部门协商和谈判，为自己的组织或部门争取利益。

1.3.3　管理者的技能

管理者为了成功实现组织目标，就必须具备一定的技能。能将有效的管理者与无效的管理者区分开来的技能主要有技术技能、人际技能、概念技能。

技术技能包括应用专业知识或技术的能力。

人际技能指的是，无论是独自一人还是在群体中，能够理解他人、与他人沟通、激励他人、支持他人的能力。

概念技能是指管理者必须具备足够的智力水平去分析和判断复杂的情况，例如，在作出决策时需要管理者具备这样的素质：识别问题，找出解决问题的各种备选方案，对这些备选方案进行评估，并选定一项最佳方案。

1.3.4　有效的管理活动与成功的管理活动

美国管理学家弗雷德·卢森斯和他的同事，从另一个角度探讨管理者做什么。他们提出这样的问题：在组织中，晋升最快的管理者与工作最出色的管理者相比，他们从事的活动和强调的重点是否一样。在对450名管理者进行研究后发现，这些管理者都从事以下四类管理活动。传统的管理活动：决策、计划、控制。沟通：交换日常信息、处理文案工作。人力资源管理：激励、处罚、冲突管理、人员配置和培训。社交网络：社会活动、政治活动以及与外部的交往。有趣的是不同类型的管理者投入在这四种管理活动上的精力相差甚远。

一般的管理者平均把32%的时间花在传统管理活动上，29%的时间用于沟通，20%的时间用于人力资源管理活动，19%的时间用于社交网络。对于成功的管理者（根据他们在组织中的晋升速度来衡量），社交网络时间用得最多，占48%，传统管理活动占13%，沟通占28%，人力资源管理占11%。而有效的管理者（根据他们工作绩效的数量和质量以及他们下属的满意程度和承诺程度来衡量），沟通时间所占比例最大，占44%，社交网络时间所占的比例最小，占11%，传统管理时间占19%，人力资源管理时间占26%。

近年来，澳大利亚、以色列、意大利、日本和美国的研究也证实了这一点，即有效的管理者强调传统的管理、沟通、人力资源管理和社交网络。社会交往与他们在组织中的成功有很大关联，沟通与有效管理者之间的关系也很明显。那些从同事和雇员那里收集信息（包括消极信息）并且向他人解释自己的决策的管理者，是最有效的。相比之下，成功管理者的关注点几乎相反，这一发现对我们一直信奉的"晋升是以工作绩效为基础"的观念是一种挑战。这展示了这样一个事实，社交网络和政治技能对组织内控晋升起着重要作用。

1.4　组织环境

1.4.1　组织与环境

世间万物，无不有其环境。所谓环境，是指事物存在与发展的周围条件和状况。环境既有其静态结构，也包括结构要素间的动态运行。在社会生活中，我们把与个人和组织生存和发展有关的环境分为自然环境和社会环境两大类。

自然环境，有时也被称为地理环境。它所强调的是外在物质要素的条件、状况对人类活动的制约和影响。对于企业，它往往是指作为生产资料和劳动条件的各种自然条件，常常表现为组织经营地域内的能源供应情况，自然资源的种类、品位、储量、分布和开采利用的程度，铁路、公路、水运、客运的条件等；对于医院，它则包括医院在服务区域中的位置、交通情况、药品及设备情况、病人的数量等。

社会环境，与自然环境相区别，它通常是指人们在一定物质生产活动基础上建立起来的各种相互联系、相互作用的状况的总体。它强调的是反映与一定生产力发展水平相适应的生产关系及在生产关系基础上建立、衍生出的各种社会关系。例如，对于一个人或一个组织，除了职业关系之外，还有政治关系、法律关系、技术关系、文化关系等多方面的社会关系。这些关系不是各自孤立发生作用，而是有机复合，从不同方面以不同角度发生影响与制约作用的。人与人、组织与组织间的经济关系，就同时反映着政治、法律、技术、文化方面社会制度的规定性。

1.4.2　组织外部环境的特征

组织外部环境可以理解为对组织各项活动具有直接或间接作用的各种条件和因素的总和。如果把组织各项活动的内部条件与外部环境相比较，就不难发现组织外部环境至少有以下几个方面的基本特征：

1）复杂性

构成组织外部环境的因素是多方面的、复杂的，既有经济、技术、文化方面的因素，又有政治、社会方面的因素。在这些因素中，有的对组织直接发生影响，有的则是间接地发生影响；有时是一种因素起重要影响作用，有时则是多种因素综合发生作用。因此，组织必须全面分析各种因素的影响，特别是着重分析那些对组织影响重大的环境因素，并及时作出正确的反应，才能掌握各种活动的主动权。

2）变动性

组织的各项活动是在外部环境处于不断变化的过程中进行的。组织外部环境变化有的是渐进的，变化比较缓慢，不易察觉和把握；有的是突变的，很快就会对组织的活动发生直接的影响，如经济因素，特别是市场因素给组织带来的影响。正如任何事物的发展变化是一个过程一样，组织外部环境的变化是可以预测的。因此，组织应当注重对组织外部环境的研究，及时掌握和分析有关的信息和情报，把握环境因素变化的趋势，制定正确的应对策略，以适应组织外部环境的变化。

3）交叉性

构成组织外部环境的各种因素之间客观上存在着相互依存、相互制约的关系，某一种环境因素发生变化，都会直接地或间接地引发其他因素相应的变化。例如，社会因素的变化引起市场需求的变化，市场需求的变化会影响生产及资源的分配，从而引起经济环境、科技环境的变化等。

1.4.3　组织与外部环境的关系

组织外部环境是组织从事各种活动所直接或间接涉及的各种社会关系的总和。任何组织要实现自身生存与发展的目的，都需要从外部环境中取得必要的能量、资源和信息，如人力、财力、物力和有关信息等，并对这些输入的要素进行加工、处理，然后将生产出的产品与劳务输出给外部环境。这种"输入—转换—输出"是组织连续不断、循环往复的行为过程。要存在与发展，组织就得与自身外部环境进行交换，而且只有组织的输出被外部环境所接受，它才能得到维系自身生存及发展所必需的新资源。组织的健康稳定，组织的繁荣兴旺，还取决于它对外部环境的适应程度。组织与外部环境间的关系表现为两个方面：其一，是社会环境对组织的作用；其二，是组织对外部环境的适应。

1）社会环境对组织的作用

（1）社会环境对组织的决定性作用。这种作用首先表现为社会外部环境是组织存在的前提，没有以社会化大生产为技术前提的商品经济运行，就无组织可言。从组织的工作环境来看，没有消费需求及各种生产要素的市场供给，组织就不可能生存；从一般环境的角度来看，组织与其具体工作环境关系的确立与运行，又毕竟是以一定物质生产关系为基础为核心，各方面社会关系有机结合、交互作用的结果。我们知道，具体的要素环境直接地决定组织的生存与发展，而任何具体工作环境又总是一般社会外部环境的组成部分。因此，社会外部环境对组织具有决定性作用，这种决定性作用是刚性的。

（2）社会环境对组织的制约作用。制约作用，主要是指社会外部环境作为外在条件对组织生存发展的限制与约束。这里仅以法律环境为例说明外部社会环境对组织的制约。在市场经济条件下，国家调解组织内部、组织与组织、组织与消费者及社会各界、组织与政府之间，以及涉外经济活动的利益关系和商务纠纷，主要是通过法律手段和经济手段。这样，组织的生产经营活动就必然面临大量的国内和国际法律环境。国内与组织经营管理直接关联的基本框架，大体上包括关于组织营销与竞争行为的法律、组织社会责任的法律、组织内部关系的法律等。此外，还有涉外经济活动的法律规范、国际惯例等。可以说，组织生活在庞大而复杂的法律环境之中。这些法律规范体系以一定的标准衡量组织进入市场运行的资格，衡量组织在市场中运作的合法性，制止和惩罚"犯规动作"。由此可见，法律规范对规范和控制组织行为具有重要制约作用。同样，其他外部环境也和法律环境一样对组织起着制约作用。

（3）社会环境对组织的影响作用。影响作用，主要是指某一事物行为对其他事物或周围的人或社会行为的波及作用。如习俗观念，甚至迷信对组织经营也有重要影响。不同的民族文化或同一文化区域人们的不同观念，都对组织经营产生重要影响。

组织的一般社会环境和具体工作环境对组织的三种不同作用，各有其不同的特点。社会环境对组织的决定性作用，往往是刚性的、不可逆转的。制约性作用以一定的条件、标准、规范来限制、约束组织的经济活动。影响性作用则是环境本身的发展变化对组织发展的波及，是以潜在的形式，看似无形但却有形地发挥作用。

2）组织对外部环境的适应，主要是指组织对其社会环境的觉察和反应

（1）消极、被动的适应，是指组织以其自身条件去适应现实的环境，按照环境的限制来组织生产经营活动。这种适应形态，在现实的组织经营中是存在的。但是，这种适应形态的本质是组织对外界环境的依附。实际上，组织对外部环境并不是完全无能为力的。虽然这种能力是有限的，其后果也不一定理想。

（2）积极、主动的适应，是指组织尽可能多地掌握环境变化的信息、情报，科学地分析预测环境因素变化的趋势，并采取有效、主动的措施，顺应环境变化的需要，即改造环境、征服环境、创新环境，随后用组织自身条件去适应已被改造、创新了的环境。比如，为社会提供新产品、新服务，以改变人们的生产方式和生活方式等。

1.4.4　组织外部环境的内容

1）政治环境

政治环境，是指制约或影响组织的各种政治要素及其运行所形成的环境系统。构成政治环境的要素具有层次性，大体上可以分为四个层次：一是稳定性环境要素，主要是指作为国体和政体的根本政治制度，它处于系统的最高位置，控制着整个系统的运行和方向，一般不发生变化，因而是最稳定的环境因素。二是相对稳定的环境要素，包括政党、政治团体及相关的政治制度，这些要素是政治环境的基本要素部分，属于政治环境的结构性要素，它们一般不做大的调整和变化。三是动态性环境要素，主要是指政治方针和政策，这类要素是大量的、广泛的，也是富于变化的，因而是政治环境最重要的部分。四是附属性政治环境要素，主要是指由上述三类环境要素共同决定的政治气氛，这也是一个不可忽视的政治环境要素，它虽然由其他要素决定，但却反过来影响上述要素的作用状况。

2）法律环境

组织的法律环境是指与组织相关的社会法制系统及其运行状态。组织的法律环境包括多种环境要素，主要有法律规范、国家司法和执法机关、法律意识等。其中，法律规范是最基本、最重要的要素，是一个完整的体系，由社会法律体系中与组织及其活动相关的一系列法律规范所组成。组织的法律环境是以经济法律规范为核心的。

法律环境对组织的影响具有硬性约束的特征，这是由法律的强制性决定的。法律环境对组织的影响表现在法律环境自身所表现出的不同性质和状态，不仅为组织提供完全不同的生存发展条件，而且可以对组织行为产生导向和规范作用。例如，良好的法律环境对组织的成长、发展有着积极的促进作用。

3）经济环境

经济环境是指影响组织生存与发展的社会经济状况及国家经济政策。社会经济状况包括经济要素的性质、水平、结构、变动趋势等多方面的内容。国家经济政策是国家履行宏观经济管理职能，控制与调整宏观经济水平、结构，实施经济发展战略的指导方针等。

组织经济环境是一个多元的、动态的系统，由诸多元素组成，如社会经济水平、产业结构、购买力、消费水平、消费结构、价格、财政税收制度，以及国家管理体制等，而且各经济要素常常处于发展变化之中，一种经济要素的变化，也会引起一系列连锁反应，造成诸多经济要素不同程度的变化，甚至出现整个经济形势发展的逆转。事实上，构成经济要素的许多要素时刻都在发生变动，只是在一个较短的时期内，其变化程度可能很小，一般不易察觉，因而呈现相对稳定的状态。当然，经济政策和经济体制则具有较长时期的稳定性。

按照构成组织经济环境的各种经济要素各自在经济环境中的作用和它们对组织经营的影响方式及与组织关系的"远近"程度，通常把经济环境划分为两种类型，即一般经济环境和具体经济环境。一般经济环境主要由社会经济结构、经济发展水平、经济体制和宏观经济政策四个要素组成。具体经济环境因组织所处的行业、地域、规模、经营方式等要素的不同而不同，它反映组织受其直接影响与制约的那个特定的经济氛围。由于具体经济环境同组织经营活动相关程度比较高，组织经营状况直接取决于它对具体经济环境诸要素的反应方式和适应程度，这使组织对具体经济环境往往给予过多的关注，而忽略对一般环境的研究。事实上一般环境作为组织生存与发展的大背景，它对具体经济环境的诸要素均存在着不同程度的牵动作用，一般环境往往通过具体经济环境对组织发生作用。一般经济环境作用方式的这一基本特征，导致了组织对它在感觉和认识上的差异。因此，有必要研究社会经济结构、经济发展水平、经济体制和经济政策对组织的影响。

4）科技环境

科技环境，或者说是科学技术环境，主要是指组织所处的社会环境中的科技要素及与该要素直接相关的各种社会现象的总和。科技环境，首先，针对不同组织和组织的不同感受而有所区别。即使都是组织，不同的组织，其具体的科技环境和它们所能感受到的科技环境也会有所差异。这主要是由于它们各自的技术素质和所处的地域等的差异所致。其次，科技环境是社会环境的组成部分，而不是自然环境的组成部分。最后，科技环境不仅具有空间性，而且还存在着时间性，具有明显的时代性。当然，科技环境的各个构成要素的变化速率和周期并不完全相同。也正是因为这个原因，科技环境能在变化的过程中，在一定时期内保持相对稳定的状态。

科技环境大体上包括社会科学技术发展水平，新技术、新设备、新材料、新工艺的开发和采用，科技体制，国家科技政策和科技立法四个基本要素。其中社会科学技术发展水平是构成科技环境的首要因素。

科技环境对组织的影响具有复合多元的性质，对组织生产、经营、管理活动都有重要影响。科技环境对生产的影响，集中体现在职工技术水平、设备、工艺、生产条件、检测、劳动保护等方面。科学技术是组织生产经营和各项管理活动的基本要素，组织的一切生产、经营、管理活动都离不开科学技术。

5）文化环境

文化环境，是指社会环境中由文化诸要素及与文化要素直接相关联的各种社会现象而构成的实际状态。文化环境涉及的范围十分广泛，大体上包括文化的基本要素系列、文化的价值系统和文化教育事业状况。文化的基本要素系列包括哲学、宗教、语言与文字、文学等。价值系统主要是指存在于文化之中的普遍的价值观，也称文化价值观。文化教育事业是提高社会文化水平的决定性因素。

置身于一定的文化环境中的组织，必然要受到文化环境的影响和制约。因此，组织应当充分认识文化的作用及其作用方式，强化组织的文化环境意识，建设具有自己特色的组织文化。

1.4.5　组织内部环境

组织内部环境是指组织的具体工作环境，包括工作的物理环境和非物理环境（即组织气候）。

1）物理环境

物理环境的要素包含工作地点的空气环境、光线环境、声音环境和颜色环境等要素，它对员工的工作心理、行为及工作效率都有极大的影响。

2）组织气候

组织气候是一种心理环境，对组织成员的行为有着直接的影响。它一般由企业经营者的领导方式、管理方法、职工之间的关系，以及社会环境等诸因素相互影响构成。组织气候制约成员的士气、创造力乃至组织效率和目标的达成。通常，我们以职工的工作意识和团体意识同组织目标的吻合程度来作为测量组织气候的尺度。二者吻合程度越高，说明组织气候越好。

组织成员受客观的组织环境中的某些因素刺激后，就会产生心理反应，并根据自我认知和理解，逐步形成主观意向，产生一种持久的心理环境。一般来说，导致刺激的客观因素有：组织结构是否健全，员工待遇是否合理，管理者的领导方式是否适宜，功过赏罚是否严明，责权利是否明确，人际关系是否良好。心理环境包括职工的责任心、归属感、服务精神、团体意识、合作精神和对组织的忠诚心等。职工的主观愿望与组织的目标和要求一致时，组织心理环境必然是奋发团结、生气蓬勃的，组织的目标就能够得到有效的实现；如果二者不一致，或者有较大的差距，则组织心理环境必然消极颓废、敷衍了事、死气沉沉、矛盾重重，致使组织濒临崩溃的危险。所以，一个组织心理环境的好坏，对组织的兴衰、成败有着关键性的影响。

1.4.6   营造适合组织发展的环境

任何一个组织都离不开它赖以生存和发展的环境，而环境的变化既给组织的发展带来了机遇，也带来了威胁和挑战。在不断变化的新形势下，管理者必须清楚并能自如地利用组织内部的优势，尽可能地避免劣势，去迎接组织外部环境带来的机遇与挑战。

面对动荡的环境，组织发展常以不确定、不连续的经营环境为前提，其管理者应注重监控企业外部环境变化，制订有效的战略计划，利用有限的经营资源，保证企业在动荡环境中生存与发展，实施有效的战略管理。企业通常采取以下措施：

（1）规划组织长远的发展方向和奋斗目标，并能在经营工作中兼顾当前和长远发展，做到增强后劲，持续成长。

（2）明确组织在市场竞争中所处的地位，制定并实施有效的经营战略，强化组织的竞争能力。

（3）提高组织的获利能力和经济效益，并给组织带来稳定的发展和不断的成功。

（4）组织要在管理思想、管理人员、管理方法和管理手段等各方面实现现代化，全面推动管理现代化进程。

1.5   组织行为学的产生与发展

1.5.1   管理科学的发展与组织行为学的产生

系统理论的出现，推动了科学技术的发展，科学研究的内部分工，促成了原有学科的分化和新学科的诞生。组织行为学就是在管理科学发展的基础上产生和发展起来的。管理是人类社会的永恒主题，它是人类社会有序发展的推动力。管理是管理者运用一定的职能和手段协调他人的活动，使别人同自己一起高效率地实现既定目标的活动过程。尽管管理活动自古就有，但是，形成一门独立的科学，还只是19世纪末20世纪初的事。1911年，泰罗的《科学管理原理》一书的出版，是管理学成为一门独立科学的标志。管理科学的发展经历了传统管理、科学管理和现代管理三个发展阶段。人是管理的主体，也是管理的对象，在管理发展的每一个阶段，都涉及对人的管理，于是，研究人的行为规律，便成为管理科学的重要内容。但是，在传统管理和科学管理阶段，对人的管理表现为轻视或忽视组织中人的因素，仅仅把人看成一台机器，而完全不考虑人是具有思想、感情、主观能动性的。这种不重视人的因素的倾向，逐步地被社会的发展所否定。社会的进步促使组织中的管理者必须重视对人的管理，组织管理学、人事管理学这些管理学的分支，越来越显示出其在管理科学体系中的重要地位。组织行为学正是在管理学，特别是在组织管理学和人事管理学的基础上产生和发展而来的，是管理科学的新发展。

1.5.2　组织行为学形成的理论基础

组织行为学的产生和发展，经历了一个漫长的理论准备和实际应用的演变过程，具有丰富的理论基础。

1）心理学

这是研究人类心理现象规律的科学，心理现象的规律包括心理活动的规律和心理特征的规律两部分。一般意义上认为，心理活动是内省的，行为是外显的，要研究组织中人的外显行为的规律性，必须要以心理学作为理论基础，因为心理活动和心理特征是人们产生行为的重要原因和内动力。

心理学又分为个体心理学与社会心理学。个体心理学集中于个人的心理活动和特征的分析，这是一切心理学研究的基础，所以也可称为理论心理学。社会心理学是把个人作为社会的人来研究其心理过程的学科。组织行为学是以个体的一般心理过程规律为基础的，进而研究群体的行为，以及个人与群体之间的相互关系。要研究组织行为学，必先研究普通心理学的实验资料及一套关于基本的心理活动和心理特征的基础知识，以及研究社会对于个人的影响及相互关系。

与组织行为学关系最大的是工业心理学，它是一门用心理学原理与方法来分析工业生产、分配、交换和消费等领域中人的心理和行为规律的科学。这门学科的创始人是孟斯特伯格。工业心理学又包括人事心理学、工程心理学、组织心理学和消费心理学。

人事心理学是研究企业人力资源的充分利用和合理开发的一门学科，主要探讨关于人的各种心理特征和分析各种工作职务的要求，使其合理配合，调整人与事的相互关系，真正做到人尽其才，才尽其用。

工程心理学是研究如何设计机器设备和厂房设施便于人们使用，以及如何使人有正确的行为能恰当地使用机器和设备的一门学科。它主要研究操作机器的人与机器的配合，即人机关系问题。它是工程学、心理学、生物学、生理学知识相融合的结果。工程心理学又称人类工程学或工效学。

组织心理学是研究解决人与人配合关系的一门学科，又称工业社会心理学，也就是20世纪20年代末30年代初梅奥通过霍桑试验而提出的人际关系学。随着人际关系学的进一步发展，到40年代又开展了对工作者所处的社会气氛和心理状态的研究。到50年代形成组织心理学，它是研究人际关系的社会因素与个人心理因素相互配合的一门学科。

消费心理学是研究生产者和供应者与消费者相互关系中的心理和行为规律的学科。这种心理和行为存在于生产、分配、交换和消费的整个过程中，只要我们进行全过程的研究，就能找出正确解决生产者、供应者和消费者相互关系的途径。

从以上分析可以清楚地看到从心理学到组织行为学的发展过程。以人的行为规律为研究对象的组织行为学，正是心理学原理应用的新成果。

2）社会学

这是一门综合性较强的学科，它把社会作为一个整体，综合研究社会现象各方面的关系及其发展变化的规律性。从广义上说，社会是人类关系的体系，包括人类所有直接和间接的关系。从狭义上说，所谓社会就是某种特殊的和比较具体的人类结合体。凡是一群有某些共同的观念、态度和行为习惯的人，或是在一块共同生活的人，都构成社会。任何社会或群体都是有组织的，而社会的组织又是由各种制度维系的。所以一般来说，社会学是研究社会关系的学科。社会关系又可分为动态的和静态的两种。动态的是指社会中人们的互动，如合作与冲突等；静态的是指社会现象的关系模式，如家庭结构、群体、组织和阶级等。

组织中人的行为是离不开社会关系的，研究组织行为学就是从其所处的整个社会关系着手，这样才能全面认识人的行为规律。如研究组织中个人的行为受组织内外社会环境的影响，个人在社会中所担任的角色和社会地位，群体的动力、结构、交往、权力和冲突、非正式组织、群体之间的合作配合和人与人之间相互关系等都需要社会学的知识。

3）人类学

这是研究组织行为学的重要的理论基础之一。人类学是研究人类的科学。这门学科一般分为体质人类学、文化人类学（又称社会人类学）和考古学。而其中与研究组织行为学关系最密切的是文化人类学。它过去集中在对原始社会及文化的研究上，但是近30年来，已逐步扩展到对现代文明社会的研究。文化人类学对组织行为学的贡献，主要是组织中人的行为与人类社会的起源的理论、人类社会行为以及人类和文化的关系等知识。人类的行为并不是完全按照本能产生的。人的行为中文化性的行为多于生物性的行为。人类通过不断社会化的学习过程，使行为超越了本能性行为。在文化环境中逐步形成价值观念、规范、风俗、习惯、民族性等，由于各国文化背景的差异性，其所熏陶出来的民族性格也不同。在一个组织中，其成员（职工）的教育程度、家庭背景、社会环境也有差异性，这些都会影响他们的态度与行为。文化对个人、群体、组织以及整个国家和社会的行为影响作用极大。可以说，社会是由文化形成的，文化与社会的关系是紧密相连的。生活在社会中的人离不开文化的影响，一个组织的有效管理者和领导者，对组织中人员和群体的个性和共性要有深刻的了解。在管理方式和领导方式上，不仅要针对不同个人，而且要针对文化背景不同的群体和组织的特点，采取相应的领导方式和管理方式。如西方人有西方人的文化，从而有西式的管理；日本人有日本人的文化，从而有日本式的管理。管理方式如能结合国情、社会习俗等文化背景，就可收到明显的成效。因此，有效的管理，就应该对社会文化环境、国民性格等进行分析研究，从而采取相应的管理方式和领导方式。

4）政治学、伦理学、生物学、生理学等

这些学科的知识，也是研究组织行为的理论基础。政治学中的权力与冲突问题、伦理学的道德规范，都会影响组织中人的行为。人体犹如一个生物钟，有他自己的生物节奏的规律性，有体力、智力、情绪的低潮与高潮，这都会影响人的行为。20 世纪 80 年代，组织行为学开始研究工作压力对个体、群体、组织的行为和工作绩效的影响，主要分析当人们承受工作压力时，身体所产生的生理反应，以及引起身体生物结构的变化和如何防治等。

1.5.3 组织行为学是行为科学的新发展

虽然梅奥等人的霍桑试验开创了运用心理学和社会学知识来综合研究人的因素的新方向，但是，由于霍桑试验得到的结论带有一定的推测和联想性，缺乏充分的客观依据，因而，后来受到一些人的批评。所以，许多学者包括心理学家、管理学家、生物学家、社会学家和人类学家等，都纷纷研究霍桑试验的结论，来说明产生那种不符合一般逻辑的行为的原因。

20 世纪 40 年代，系统理论的提出和运用，也进一步促使各学科的学者聚集在一起共同探讨人的行为产生的因果关系。1949 年在美国芝加哥大学的一次跨学科的科学讨论会上，提出了如何运用现有的学科知识来研究人的行为的规律性。会上有人提议，把这种综合各学科的知识系统来研究人的行为的科学叫作行为科学。1952 年又成立了"行为科学高级研究中心"。1953 年美国福特基金会邀请了一批著名学者，经慎重讨论后，才把研究人的行为的学科定名为"行为科学"。1956 年正式发行《行为科学月刊》。

美国《管理百科全书》给行为科学下的定义是："行为科学是运用研究自然科学那样的实验和观察的方法，来研究在一定物质和社会环境中的人的行为和动物（除人这高级动物之外的其他动物）的行为的科学。已经确认研究行为所运用的学科包括心理学、社会学、社会人类学和与研究行为有关的其他的科学。"

这个定义指明了下列三个要点：

（1）人的行为的产生实际上是个体对外部环境所作出的反应。用一般的数学模式来表示，行为是个体心理特征和外部环境的函数。

公式为：

$$B=f\left(P_{a.b.c.}E_{m.n.0.}\cdots\right)$$

式中：B 为行为；P 为个体；E 为环境。这个模式反映了人的行为的最一般规律。

（2）研究行为规律的方法，应当采用研究自然科学所用的实验和观察的方法。

（3）行为科学是一个学科群，它和社会科学一样，是一门综合性的科学，包括一切与行为有关的学科。

行为科学运用的范围极广。把行为科学运用到教育方面，就构成教育行为学，如运用行为改造方法来改造人的消极不良行为等；把行为科学运用到医学领域，就构成医疗行为学，如运用行为疗法治疗精神病等；把行为科学运用到政治领域，就构成政治行为学，如美国的统治集团就用行为科学知识来处理政治集团内部、国家之间的冲突和矛盾，以及用来缓和国内外的矛盾等。

而组织行为学正是把行为科学的一般原理和知识运用于各种组织管理上的必然结果和产物。组织行为学是行为科学的新发展。所以，也有人把行为科学叫"大行为学"，把组织行为学叫"小行为学"。

1.5.4　组织行为学的发展动向

20世纪60年代之后，行为科学进入组织行为的研究阶段，开始形成组织行为学。西方国家在组织行为学的研究队伍、研究范围、研究方向和研究方法等方面，都有较大发展。在研究队伍方面，除了以心理学家为主体之外，还有管理学家、社会学家和人类学家的参与；在研究范围方面，已由工业组织扩大到政治团体、公共机构、政府机关、军队、医院等各类组织；在研究方向方面，逐渐趋于综合化，综合有关学科的观点来研究组织中人的心理和行为规律；在研究方法方面，逐步从单因素分析发展到多因素的综合分析，从传统的实验室实验方法发展到现场实验、参与观察以及大规模的问卷调查和统计分析。20世纪90年代以后，科学技术的飞速发展，世界经济一体化的进程加快，对组织的发展与变革提出了新的课题，学习型组织、流程再造、虚拟企业等组织理论的出现，标志着组织行为学的研究已进入了一个新的阶段。

美国企业家普遍重视运用组织行为学来提高自己的经营管理水平。据美国工业联合委员会的一项调查，公司管理人员中有90%的人读过有关行为科学的文章，有80%的公司对行为科学感兴趣，有75%以上的公司曾派人参加过有关行为科学的训练班。

组织行为学不仅在西方受到重视，在苏联、日本等国家也有一定发展。

应当指出的是，虽然在我国对于行为科学和组织行为学的研究和应用起步较晚，但是，与人有关的管理思想在我国古代思想家的论著中早就有了。这些思想至今还为日本和美国的一些管理专家和学者高度重视。比如，孔子的"律己"，讲究"温、良、恭、俭、让"等，重视人和人的关系；孟子的"天时不如地利，地利不如人和"的思想；荀子的"水火有气而无生，草木有生而无知，禽兽有知而无义；人有气、有生、有知亦且有义，故最为天下贵也"的重视人的高级心理品质和高级需求的思想；韩非子的赏罚分明和重赏重罚的思想，他在《韩非子·五蠹》中说："是以赏莫如厚而信，使民利之，罚莫如重而必，使民畏之，法莫如一面固，使民知之，故主施赏不迁，行诛无赦，誉辅其赏，毁随其罚，则贤不肖俱尽其力矣！"还有孙子的"以欲从人"的重视满足人的需求来激发动机的思想，以及他的"上下同利欲"的个体与组织目标相一致的思想等。由此可见，在组织行为学的发展过程中，我们不仅要学习和借鉴国外的研究成果，更要注意发掘历史遗产。

"文化大革命"以后，我国对组织行为学的研究和应用，经历了由起步向普及阶段发展的过程。我国著名科学家钱学森在1985年指出，行为科学是从个人与社会互相作用的角度研究客观世界的，它已作为与自然科学、社会科学、数学、系统科学、思维科学、人体科学、军事科学、文艺理论等八大门类相并列的独立的第九个科学门类。现代科学技术体系，在总的方面就分为这九大门类。中国行为科学学会于1985年1月在北京成立，著名经济学家马洪在会上做了《发展马克思主义行为科学》的报告。许多省市又相继成立了行为学会。中国工业经济协会还专门设立了行为科学组。我国许多企业在自己的经营管理过程中，在研究和应用组织行为学方面，也取得了可喜的成绩。

1999年，中国教育部MBA指导委员会决定将组织行为学列为MBA研究生的必修核心课，高等财经院校也相继开设了组织行为学课程，组织行为学的教学与研究有了进一步的发展。

1.6 组织行为学的研究方法

1.6.1 科学的研究方法应遵循的基本原则

任何一门科学都有与之相适应的一套合乎科学性的研究方法，没有科学的研究方法，就无法揭示客观规律。组织行为学也与其他科学一样，也有一套揭示事物客观规律的科学的研究方法。这些研究方法要遵循科学研究方法的一般原则：

1）研究程序的公开性

任何一项科学研究都必须公开说明研究的全过程、所用的程序、所测的变量和测量方法，使其他研究人员只要按照这种程序去做，就能得到同样的结论，起到进一步验证的作用。

2）收集资料的客观性

在科学研究中，研究人员要尽量避免受自己个性和主观偏见的影响，也就是要客观、如实地收集占有数据和资料，这样才能得出正确的结论。坚持收集资料的客观性是任何科学研究方法的最基本的原则和重要的特点之一。

3）观察与实验条件的可控性

由于影响人的行为和工作绩效的因素是多方面的，为了明确某一因素与人的工作绩效的关系，就必须把其他可能影响工作绩效的因素控制在一定条件下，而集中精力专门观察和验证这一因素对工作的影响。研究条件是可控的，才能在研究中按照预定的要求选择相关因素，才能对研究结果进行比较，所得结论才是可信的。

4）分析方法的系统性

坚持分析方法的系统性，是指要把每个影响事物变化的因素都置于整个大系统中去研究与分析，还要把有关方面的知识从过去到现在加以系统化、条理化，即从纵横两个维度进行研究，才是科学的研究方法，才能得出正确的结论。

5）所得结论的再现性

只要采取上述公开相同的研究程序，收集的数据资料是客观的，在相同可控的条件下，不断重复做相同的实验，相同的结论就会不断出现，才能证明所得结论是符合客观规律的，是可信的。

6）对未来的预见性

由于所用的研究方法是科学的，所得结论是反映客观规律的，运用这个规律就可以预见未来，从而有可能事先采取有效措施来预防消极行为，引导积极行为的发生。

1.6.2　模　型

人的行为，无论是个体行为、群体行为还是组织行为，都是非常复杂的现象，为把这一复杂的事物清楚地表达出来，必须在不致引起人们歪曲理解的情况下，将其简化。组织行为学在研究人的行为时，往往通过建立模型的方法来达到这一目的。

1）模型的概念

模型就是对某种现实事物的抽象，是对现实事物的简化表示。模型与理论不同。虽然这两者都是对现实事物的抽象，但理论是抽象出事物的本质特征并加以概括，具有普遍的指导意义，而模型则并不一定抽象出本质特征，是根据研究的需要，只抽取事物的某些特征，目的是对更清楚地了解事物的真实情况有所帮助。

2）模型的分类

模型的种类是多种多样的，可以按不同的标准对其进行分类。

（1）按模型产生的形式分，可分为主观模型和客观模型

主观模型是指人们对某一事物的直觉看法。这种模型比较粗糙，不是运用科学的方法获得的。如某个领导头脑中的用人之道或对某一工作的设想。客观模型不同于主观模型，它是用系统、科学分析取代人的直觉而对某一事物的描述。如采用科学分析的方法编制出一套干部选拔、任用、培养、提升的程序和制度，就是一个客观模型。

（2）按模型的形态分，可分为物理模型与抽象模型

物理模型是有形的、具体的模型，如医学教学用的人体模型、建筑上所用的建筑模型。抽象模型是无形的、用符号表示的模型，其主要形式是数学模型。

（3）按模型反映事物的特征分，可分为标准模型和描述模型

标准模型表示事物应当成为什么样子，而描述模型则表示某事物现在是什么样子。例如，企业中的规章制度、标准化的操作规程都是标准模型。

（4）按模型的发展变化分，可分为静态模型和动态模型

静态模型是表示事物静止状态的模型，如一张组织结构图就是一个静态模型。动态模型则是表示事物发展动向的模型。

3）模型的结构

任何模型，包括行为模型在内，都是由三个部分组成的，即目标、变量和

关系。

（1）目标

编制和使用模型，首先要有明确的目标，也就是说，这个模型是干什么用的。例如：是要预测职工的缺勤率，还是要选拔优秀人才；是要解释职工的工作动机，还是要考察干部的领导作风；是要解释生产率为什么下降，还是要试图解决企业的产品质量问题等。只有明确了模型的目标，才能进一步确定影响这种目标的各种关键变量，进而把各变量加以归纳、综合，并确定各变量之间的关系。

（2）变量

变量是事物在幅度、强度和程度上变化的特征。

人的行为变量有两个维度的变化。第一个维度是定性的。不同工作行为的性质各不相同。操作工的行为不同于检修工的行为，生产部门管理人员的行为不同于销售部门管理人员的行为。第二个维度是定量的。不同性质的行为有不同的计量单位。例如，生产绩效可以用产量、错误率、产品不合格率、操作的精确度以及单位时间内完成的工作量作定量的测量，人的工作行为可以用缺勤率、任职时间的长短或态度量表（如测量工人对车间主任的反应）作定量的测量。

由此可见，对于人的工作行为，首先要作定性分析，在此基础上确定行为变量的计量单位，进行定量分析。一般来说，行为变量的定性和定量维度都很重要。但从人的工作行为的角度来看，变量的定性比较容易，而行为变量的定量研究则比较复杂。因此，在组织行为学的研究中，确定了影响行为的重要变量之后，要选择适当的标准测量工具测定这些变量，从而确定有关变量与相应行为之间的关系。

在组织行为学研究中要测定三种类型的变量，即自变量、因变量和中介变量。

因变量在组织行为学中就是所要测量的行为反应，而自变量则是影响因变量的变量。在组织行为学中通用的因变量是生产率、缺勤率、离职率以及工作满意感等，而通用的自变量也是各种各样的，如人的智力、个性、经验以及领导作风、选人方法、奖励制度、组织设计等。

掌握因变量和自变量的概念对于行为研究有重要意义。如果以产量为因变量，以领导作风为自变量，就可以设计出三种领导作风（如民主作风、专制独裁作风和放任自流作风）来考察不同领导作风对生产率的影响。如果以缺勤率为因变量，以工作监督方式为自变量，则可以设计出不同的监督方式来考察它们对缺勤率的影响。

在行为研究中因变量有时也被称为效标，而自变量有时也被称为预测因素。从行为研究的意义上来看，这两种概念的含义是一样的。

中介变量又称干扰变量，它会削弱自变量对因变量的影响。中介变量的存在会使自变量与因变量之间的关系更加复杂。例如，加强现场监督（自变量）会使工人劳动生产率提高（因变量），如加上一个条件，即这种效果要视任务的复杂程度而定，在这里任务的复杂程度就是中介变量。

（3）关系

确定了目标及影响目标的各种变量之后，还需要进一步研究各变量之间的关系。在确定变量之间的关系时，对何者为因、何者为果的判断，应持谨慎态度。不能因为两个变量之间存在着统计上的关系，就简单地认为它们之间存在着因果关系。对变量间因果关系的判断，不能轻率。现实生活中有许多表面上看来是因果关系的情况，实际上并不一定是真正的因果关系。总之，在确定因果关系时，应持慎重态度。

图1-1是一个组织行为学的权变模型，它表明了四个因变量（生产率、缺勤率、离职率、工作满意感）与大量的自变量的关系，但影响组织行为学研究的变量实在太多了，很难把它们全部包括在模型中。在这个模型中描述了组织行为学研究中的组织系统水平、群体系统水平、个体系统水平三个层次之间的关系。例如：组织结构与领导有关；权威和领导是有联系的——管理层通过领导实施他们对群体行为的影响；沟通是个体传达信息的手段，也是个体和群体行为的纽带。

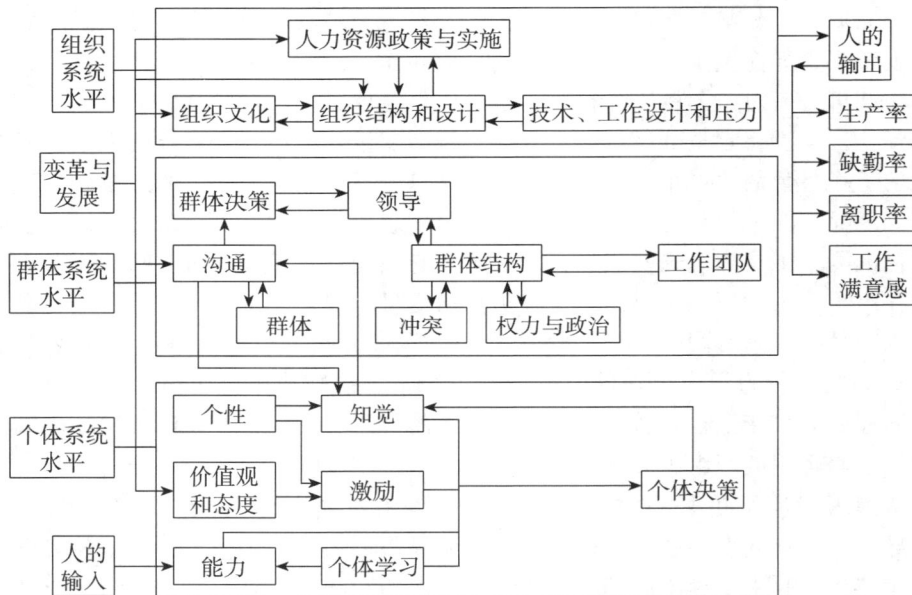

图1-1 组织行为学的权变模型

1.6.3 行为变量的测量

任何行为的研究，除定性的研究外，都要进行定量的测量，这就是要测量自变量与因变量之间的关系。对行为变量的测量一般采用行为变量测量量表。

1）量表

量表用于每一被观察单位的测量系统。行为变量研究的任务不同，量表测量有关变量的精确程度也各不相同。一般来说，量表可以分为四种类型：

（1）名称量表

名称量表也可称为类别量表。这种量表要求必须有两个或更多互不包容的类别或范畴，对测量对象分类，并根据规定给测量对象的每一类别赋予数字或其他标志，这些数字和标志仅是符号或称呼，没有任何数量大小和含义。如把人按性别分类就是一个最简单的名称量表。在组织行为学中常用的名称量表之一是职业量表。如把本厂职工划分为木工、电工、机械维修工等。使用名称量表时有一个条件，即只能把每个人或每一事物归入一类。此外，在职业量表中有时类别的划分不可能包括所有的职业。在这种情况下可列出"其他"一类，把不适合所列类别的职业归入这一类。

（2）等级量表

等级量表是用以表示某种变量的等级、顺序特点的量表。这种量表只要求在几个备选项目中按某种标准排出等级和顺序，不标明各备选项目之间差别的多少。例如，可按工作成绩标准把由五人组成的生产班组排成等级顺序：第一（　），第二（　），第三（　），第四（　），第五（　）。但这种量表无法反映该班组工人之间的差距大小，可能名列第一者与名列第二者之间工作成绩的差距很小，而名列第四者与名列第五者工作成绩的差距甚大。顺序量表上没有各项目间差距的资料。

（3）等距量表

等距量表以间距相等的记分点对变量进行测量。这就是说，在量表的任何点上，任何数字的差别，从理论上看都代表一个基本变量的均等差别。这种量表没有绝对的零点，所以用这种量表不能判断该变量的限定性质为零。

等距量表一般采用五点量表或七点量表，有时也可采用九点量表等。例如，可用五点量表测量某领导的管理能力：你认为某领导的能力如何？很差、较差、一般、较强、很强。

（4）比率量表

比率量表既有相等的间距，也有绝对的零点。这就是说，它具有等距量表的全部特征，只是增加了绝对的零点。

2）变量的处理方式

一般来说，在行为研究中，对变量的处理有六种不同的方式，应根据研究任务的不同加以选择。这六种处理方式是：置之不顾，随机化，不加控制，保持恒定，匹配，规定特定的标准或范畴。

（1）置之不顾

无论从理论还是从实际来看，有些变量是人们在研究中不感兴趣的，或者这些变量对所研究的问题没有什么影响。在这种情况下，可对这些变量采取置之不顾的处理方式。例如，我们的任务是研究两种不同型号的机器，确定哪一种会使工人操作起来更为方便。在这种情况下，机器的颜色也是一个变量，但我们认为这个变量无关紧要，因此可以对它置之不顾。

（2）随机化

仍以上例来说，尽管我们认为机器的颜色无关紧要，但在研究过程中发现机器的颜色确实对工人操作有某种影响，这样，对这一变量就不能再置之不顾了。这时，可以采用随机化的处理方式，也就是说，随机地选择颜色不同的两种机器进行多次的比较研究，以排除偶然机遇的影响。

（3）不加控制

在任何研究中，处理一个或更多的变量时，可以采用不加控制，让各变量随意变动的处理方式，然后加以测量。

（4）保持恒定

保持恒定的意思是指在研究中使一个变量保持相同。例如，上述关于两种型号机器对工人操作方便的研究，可以使两种型号机器的颜色保持相同，这样，即使颜色对工人的操作有某种影响，也不致影响工人对两种机器操作方便的判断。

（5）匹配

对各种变量也可采用匹配的方式加以控制，从而排除某些变量的可能影响。例如，我们要研究两种不同的培训方案对提高工人技术水平的影响，但要控制性别因素，这样就要使采用不同培训方案的两个培训班男女学员的人数比例相同，这就是匹配。当然，这样说并不一定要求两个培训班里男女的比例各占50%，而只是男女学员的比例必须相同。

（6）规定特定的标准或范畴

这种处理变量的方式是要求规定变量的不同水平。例如，我们要研究某一车间里班组的规模对生产率的影响。这样，我们可以规定由5人、7人、9人组成的班组，并研究这些人数不同的班组对生产率的影响。

上述六种变量处理方式一般来说应根据研究任务、研究对象、研究背景等的不同来进行选择。

3）测量的信度与效度

对于行为变量的测量在许多情况下不同于对物理变量的测量，我们可以用一把尺子测量某一物体的长度，但对行为变量的测量则没有那么简单。在多数情况下，对人行为的测量要根据某些问题作出主观的判断或评定，或者要对一些问卷和测验题目给予回答。这种主观的判断或评定是否可靠、是否有效，应加以检验，这就是测量的信度和效度问题。

（1）测量的信度

信度是指测量的稳定性或可靠性，即对人的行为先后数次测量的一致性。大部分的信度指标都是用相关系数表示的，称为信度系数。信度系数越大，说明测量越可靠；信度系数越小，表明测量越不可靠。不可靠的测量是不能用的。

一般来说，检验测量信度有下述3种方法，其中每种方法适用于检验信度的不同方面。

①重测信度。这种方法有时叫作测试再测试法。由同一个人在不同的时间内对

同一组人员的行为进行测量或评定，然后计算两次测量或评定的相关系数。为了使前一次测量的记忆不至于影响后一次测量，两次测量要有一段间隔时间，有时要间隔若干天或更长时间。一般来说，相关系数达到 0.7 以上，才能认为这种测量是稳定的和可靠的。但是这种方法不能用于知识测验之类的测量，因为对第一次测量的回答会保持在被测者的记忆中，影响第二次测量的真实性。

②等值性信度。这种方法是设计和编制两套类似的问卷，两套问卷在内容和难度方面是一致的。这种方法也称为平行测试法。用两套问卷对同一被测者进行测量，然后计算它们的相关系数。

重测信度和等值性信度的评定都需要对同一被测者进行两次测量，但有时不可能做到，因而需要用一次性的信度评定程序，这就是下面所说的一致性信度。

③一致性信度。对某种行为的测量，各项目或各问题应当基本上测量同样的东西，这就是说，各个项目或各个问题是内部一致的，这就是一致性信度。

（2）测量的效度

测量的效度是指行为测量的有效性，即测量到的是不是所要测量的行为特征。效度是对所要测量的某种行为特征的真实性或正确性的反映。越是正确地把握了目标，这种测量的效度也就越高。

如果说信度是测量本身内部的比较，那么效度则是测量与某种外部标准的比较，因此效度的评估比信度更为复杂。按用途的不同，可把效度分为以下三类，即内容效度、效标关联效度和构思效度。

①内容效度。内容效度是指测量项目在多大程度上反映了所要测定的行为特征。如我们用一组项目测量职工的操作技能，则内容效度反映的是这组项目在多大程度上系统地代表了操作技能。内容效度主要是通过专家的经验判断来评定。例如，对于车床操作技能的测量，可以请一些熟悉车床操作的人来评定，先让他们仔细研究车床操作的具体要求，然后请他们判断测量的项目与所要求的操作技能之间关系的密切程度。

②效标关联效度。所谓效标，就是为测量规定的标准。效标关联效度是通过测量的分数与一个或几个独立的效标之间的比较来确定的。这两方面相关的程度越高，表明该测量的效度越好。效标关联效度有两种类型，即同时效度和预测效度。

同时效度是测量的结果与现有的效标（如个人的工作绩效）之间的比较。如果两者的相关程度很高，则表明同时效度很好。预测效度是指测量结果能够预测人们将来行为的程度，在组织行为学中，往往需对某类工作人员进行评定，并希望测量结果能预测到被测者将来的工作成绩和表现。因此，在进行实际测量之前，要先确定或检验该测量的预测效度。其做法往往是在正式进行测量之前，先进行小样本的测试。预测效度实际上是测量结果与一定时间以后人们行为表现之间的相关程度，这种相关程度越高，表示测量的预测效度越好。

③构思效度。构思效度是指某种测量能测出该项测量赖以建立的理论构思的有

效程度。确定构思效度的目的在于检验该测量是否真正测出了研究的理论构思。确定构思效度一般遵循下述程序：首先从某种理论出发提出关于某种或某些行为特征的基本假设；其次根据假设编制测量量表或问卷；再次根据测量结果，由果溯因，通过各种统计方法（如相关分析、因素分析等）检验测量结果是否符合研究的理论构思。所以，构思效度的评定往往需要用较复杂的统计方法。

1.6.4 组织行为学研究的具体方法

组织行为学研究的具体方法是多种多样的，目前常用的有：

1）观察法

在日常生活中，观察者通过感官直接观察他人的行为，并把观察结果按时间顺序作系统记录的研究方法，称为观察法。在现代研究中，观察往往借助于各种视听辅助手段，如录像、录音、摄影等。

按被观察者所处的实际情境特点分类，观察法可分为自然观察与控制观察两种。自然观察是在完全自然的条件下所进行的观察，被观察者一般并不知道自己正处于被观察状态。例如，要了解工人成就动机的水平，可以观察他们在上班、打球、文化考试等各种不同场合的行为。控制观察是在限定条件下进行的观察，被观察者可能知道，也可能不知道自己正处于被观察的地位。例如，为了进行时间-动作分析，观察者就需要系统地观察工人的操作方式。

按观察者与被观察者之间的关系分类，观察法可分为参与观察和非参与观察。观察者直接参与被观察者的活动，并在共同活动中进行观察的方法称为参与观察；观察者不参与被观察者的活动，以旁观者身份进行观察的方法称为非参与观察。

观察法目的明确，使用方便，所得材料比较系统，已在组织行为学中得到广泛应用。但运用这种方法，只能了解大量的表面现象，很难了解复杂现象的本质特征，不能对"为什么"作出回答。因此，最好能与其他方法结合使用，以取得较好的效果。

2）调查法

这种方法是运用各种调查的方法了解被调查者对某一事物（包括人）的想法、感情和满意度。可用的调查法有：

（1）谈话法。研究者通过面对面的谈话，以口头信息沟通的途径直接了解他人的心理状态和行为特征的方法称为谈话法。

谈话法简单易行，便于迅速取得第一手资料，因而使用范围较为广泛。但谈话法的有关被研究者行为特征和心理特点的结论必须从被研究者的答案中去寻找，所以有较大的局限性。

（2）电话调查法。这种方法是通过给被调查者打电话，了解有关情况。其优点是花钱少、省时间，能够调查较多的人。但这种方法也有缺点，它不像谈话法那样可以采取多种方式详细询问和解释问题，容易使被调查者产生误解。此种方法只能用于电话普及的地方。

（3）问卷调查法。运用内容明确、表达正确的问卷量表，让被研究者根据个人情况，自行选择答案的研究方法称为问卷调查法。常用的问卷量表有时非法、选择法和等级排列法三种格式。

3）实验法

研究者有目的地在严格控制的环境中或营造一定的环境诱发被研究者产生某种行为特征，从而进行针对性研究的方法称为实验法。

实验法依试验场所的性质不同，可以分为实验室实验和现场实验。

4）测验法

采用标准化的心理测量或精密的测量仪器测量被研究者的有关行为特征和心理品质的研究方法称为测验法，如智力测验、机械能力测验、个性测验、驾驶员反应测验、手指灵巧度测验等。在组织行为学研究中，测验法往往为人员选拔、安置和提升等提供依据。在运用测验法时，应特别注意使测验的信度和效度维持在一个合理的范围内。

5）个案研究法

对某一个体、某一群体或某一组织在较长时间里连续进行调查，从而研究其行为发展变化的全过程，这种研究方法也称为案例研究法。例如，研究者在某先进班组通过较长时间的调查研究，掌握了整个班组的人员状况、生产状况、智力结构、领导特征、关键事件等主要因素，并在此基础上进行深入分析，整理出能反映该先进班组特点的详细材料。这份材料就是个案，个案产生的全过程就是个案研究过程。

以上各种方法都有一定的应用价值，也都有一定的局限性。在许多情况下组织行为学研究并不是只采用一种方法，而是同时采用几种方法，以期取长补短，相得益彰。究竟采用哪种方法最好，要根据研究的课题和所处的具体情境而定。

本章小结

组织是人类社会生活中最常见、最普遍的现象。人类的组织产生于人类社会的生产斗争和社会斗争。组织是社会、国家、地区、部门实行管理、维持秩序和发挥效能的重要手段。但由于人们所站的角度不同，因此得出的结论也不同。

我们认为：组织就是存在于特定社会环境中，由人群构成的，为了达到共同目标，通过责权分配和层次结构所构成的一个完整的有机体。构成组织的要素可分为有形要素与无形要素两类。有形要素是组织构成的物质条件，无形要素是组织构成的精神条件。

抽象地研究组织，我们可以发现组织有两种基本作用，即人力汇集作用和人力放大作用。

组织行为学是综合运用与人有关的各种知识，采用系统分析的方法，研究一定组织中人的行为规律，从而提高各级主管人员对人的行为的预测和引导能力，以便更有效地实现组织目标的一门科学。

组织行为学具有边缘性、综合性、两重性、实用性等特点。

研究和应用组织行为学有助于加强以人为中心的管理，充分调动人的积极性、主动性和创造性；有助于知人善任，合理的地使用人才；有助于改善人际关系，增强群体的合理凝聚力和向心力；有助于提高领导水平，改善领导者和被领导者的关系；有助于组织变革和组织发展。

世界环境的变化既给组织行为学的发展带来了机会，也提出了挑战。

组织行为学的产生与管理科学的发展有密切的关系，心理学、社会学、人类学、政治学、伦理学、生物学与生理学等构成了组织行为学的理论基础。行为科学运用的范围极广，组织行为学正是把行为科学的一般原理和知识运用于各种组织管理上的必然结果和产物。对组织行为学的研究不仅在西方受到重视并在迅速地发展，在我国也从介绍开始转向普及和应用阶段，组织行为学必将对我国管理科学的发展产生积极的作用。

组织行为学的研究方法与其他科学一样，都必然遵循研究程序的公开性、收集资料的客观性、观察与实验条件的可控性、分析方法的系统性、所得结论的再现性、对未来的预见性等原则。组织行为学的研究方法主要有观察法、调查法、实验法、测验法、个案研究法等。

环境常常随社会发展而变化，许多组织昨天还很兴旺，今天就面临着倒闭的威胁。因此，任何组织都不可能孤立地存在。组织内部各层次、各部门之间和组织与组织之间，每时每刻都在交流信息。组织就是在不断与外界交流信息的过程中得到发展和壮大的。所以，组织环境对组织的生存和发展起着决定性的作用，它是组织所处的内在与外在的客观条件。在现代生活中，任何企业组织都无法与周围环境相脱离。企业是整个大的社会系统中的一个子系统，或是某个行业中的一个子系统，它的投入与产出是同其他系统、子系统紧密联系在一起的。别的企业不供应材料，你的企业就无法生产；别的企业不需要你的企业的产品，你的企业就无法销售。这种相互作用、相互影响的现象是极为普遍的，都是组织内部环境和外部环境相互影响的结果，只有正确认识和把握组织环境的特性，才能使组织在激烈的竞争中立于不败之地。

复习思考题

1. 试述组织的概念和作用。

2. 什么是组织行为学？其有何特点？

3.研究和应用组织行为学有何重要意义？

4.试述组织行为学的产生与发展过程。

5.科学的研究方法应遵循哪些原则？

6.试述组织行为学的研究方法。

7.如何认识组织与外部环境的关系？

第 2 章

个体行为

学习目标

通过本章学习，重点掌握人的行为类型及人的行为特征；掌握影响人的行为因素、个性的特点和作用及影响个性形成的因素；掌握气质、能力、性格的差异与应用；掌握知觉错误的成因及预防；掌握管理者的知觉与管理方式的关系；掌握价值观、态度与人的行为的关系；掌握职业生涯设计与开发的概念、意义及影响个人职业生涯设计的因素；了解各种个性理论及个性理论的应用；了解知觉的类型与影响知觉选择的因素；了解职业生涯的几个阶段、职业生涯设计与开发应注意的问题。

2.1 人的行为分析

2.1.1 组织中人的行为类型和特征

1）人的行为类型

对组织行为的研究必须从人开始，因为人是构成组织最基本的单元，组织中的人的行为是千差万别、千变万化的。如果我们对人的行为进行分类，则可以从各方面看到人的行为的差别。

（1）按行为主体的自然属性分类。从年龄看，婴儿、幼儿、少年、青年、中年、老年，人的一生的各个发展阶段的行为表现是不一样的；从性别看，男人、女人的行为表现也不相同。

（2）按行为主体的社会属性分类。从不同的社会职业看，工人、农民、商人、军人、科教人员、行政管理干部的行为是很不相同的；从不同的社会发展阶段看，原始社会、封建社会、奴隶社会、资本主义社会、社会主义社会，由于生产、经济、政治、科学文化发展水平不同，人们的行为表现也显然不同；在同一个社会或国家不同的历史时期，人们的行为也有显著的差别。

2）人的行为特征

尽管人的行为是千差万别的，但是，不管男女老少、不管属于哪个民族或哪个社会阶层，人的行为却都有其共同的特征。这些特征是：

（1）自发的。人的行为是自动自发的。外力能影响人的行为，但无法发动其行为。外在的权力、命令无法使一个人产生真正的效忠行为。

（2）有原因的。任何一种行为的产生都是有一定原因的。行为同人的需求有关，还同该行为所导致的后果有关。就需求来说，人们的行为受他自己的需求所激励，而不受别人认为他应该有的需求所激励。对于旁观者来说，一个人的需求也许是离奇而不现实的，但对这个人来说，这些需求恰恰是处于支配地位的。

（3）有目标的。人类行为不是盲目的，它不但有起因，而且有目标。有时，在旁人看来是毫不合理的行为，对其本身来说却是合乎目标的。

（4）持久性的。任何行为在目标没有达成以前，是不会终止的，也许会改变行为方式，或由外显行为转为潜在行为，但总是不断地向着目标行进。

（5）可改变的。人类为了达到目标，不仅常改变行为方式，而且经过学习或训练而改变行为的内容。这与其他受本能支配的动物行为不同，人类的行为具有可塑性。之所以人类的行为具有这些特征，是因为人类的行为都是有动机性的行为。

2.1.2 影响人的行为的因素

人的行为受诸多因素影响，有其自身的规律和特点。

1）人的行为模式

不同个体的行为特征不同，如需要、情绪、兴趣、意志、能力、气质、性格以及态度等都有差异，加上个体的社会经历不同，不同个体会对同一种刺激产生不同的反应，即不同的知觉。人的行为不仅受个体本身心理特征的影响，而且受客观环境的影响。在相同的心理特征下，由于环境不同，人们会采取不同的行为。外在的刺激与内在的反应并非直接地、机械地联系在一起，而是受主观评价的影响。在研究人的行为时，不仅要研究引起行为的外界刺激条件，更重要的是要分析个体行为的主观心理特征，如图 2-1 所示。

刺激 ⟶ 个体心理特征 ⟶ 对刺激的个人解释 ⟶ 行为反应

图 2-1　个体行为的主观心理特征

2）影响人行为的因素

任何事物的运动都有其内部原因和外部原因，人的行为也不例外。影响人的行为的因素我们可以从内、外两个方面去寻找原因，具体可见图 2-2。

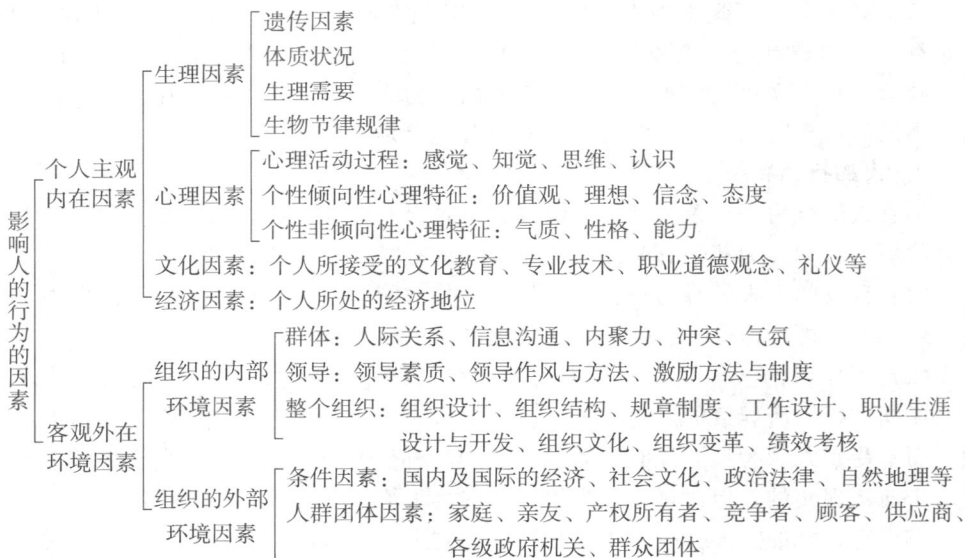

图 2-2　影响人的行为的因素

心理学家首先肯定遗传因素对个体行为影响力。遗传不仅决定了个体的生理特征，而且对个体的心理和行为特征，也起一定的决定作用。比如，在个体的行为类型上，比较典型的内向型性格或外向型性格，在很大程度上，决定于个体的遗传特性。个体的能力类型与能力程度的差异，也受遗传因素的影响，这一现象很早就引起心理学家们的注意，这些前辈的研究成果，奠定了现代心理测量理论与方法研究的基础。

在强调遗传对个体行为影响的同时，环境因素对个体行为的影响也是不容忽视的。特别是教育因素，在塑造个体的行为上，起着重要作用。个体在良好的环境中成长，不仅能保证生理的正常发育，也决定了心理健康以及行为发展的健康。根据美国心理学家研究的结果，在幼年时期家庭环境的健康状况，会影响个体一生的心理与行为表现。通常，在青少年与成年期具有较强攻击性与反社会行为倾向的个体，往往是童年生活不幸的结果。对成功的企业家与管理人员的研究也证明，在个体成长过程中的挫折、经验，对后期的创业成功具有重要意义。

2.2 有关人性的假设

2.2.1 管理工作中人的因素

在一个组织里，如果领导者不知道怎样去领导别人，不了解在经营活动中去调动人的因素以达到预期的结果，则所有的管理职能，都将收效甚微。显然，在不同的组织里，目标可能有所不同，但组织中每一个人，都有对他们来说是特别重要的需求和目标。每个领导者就是要通过领导行为，帮助人们看到在他们为组织目标作出贡献的同时，也能够满足他们自己的需要并施展他们的潜在能力。因此，主管人员就要了解人及其个性、品格所能起到的作用。

在组织中，个人远远不只是一种生产因素。他们是由许多组织构成的社会系统的成员：他们是产品和服务的消费者；是家庭、学校、团体、政党的成员。在这些不同的身份中，他们树立指导行为的伦理道德，以及形成社会的一种主要特征的人的尊严的传统。领导者和在他们领导下的人，都属于一个广大的社会系统的成员而相互发生作用。

人们不仅起的作用不同，而且连他们自己本身也是各不相同的。因此，一般的人是没有的。可是，在任何一个组织中却常常假定一般的人是存在的。组织制定各种规章、程序、工作进度、安全标准和职务说明书等，所有这些都隐含地假定人在根本上是一样的。当然，从有组织的工作这方面来看，这种假定在很大程度上是很必要的。但是，同样重要的是应该承认个人的特殊性，即他们有不同的需要、不同的责任感、不同的志向、不同的态度和愿望、不同的知识和技能水平，以及不同的潜在能力。领导者如果不了解人的复杂性和个性，他们就有可能误用关于激励、领导与信息沟通等的一般法则。

管理涉及实现组织的目标。获得成果当然是重要的，但是，实现目标的方法或手段丝毫也不能侵犯人们的尊严。个人尊严是指，人必须受到尊重，而不论他们在组织中的职位高低。总经理、副总经理、经理、第一线监管人员和工人，都在为组织的目标作贡献。他们每个人，都是各自具有不同能力和愿望的独特的个人，但是他们都是人，因而都应该受到人的待遇。各种组织都要实行以人为本的管理。

人都是受外界因素影响的一个整体，就这一点来说，人是相同的。人们工作的时候，不可能摆脱这些外界力量的影响。如果我们不把人作为一个整体来考虑，而只是考虑单独的不同特征，如知识、态度、技能或个性品质，我们便无法谈论人的本性了。人都有这些特征，只是程度不同而已。况且这些特征彼此间相互作用，并在特定情况下何种特征占优势也是瞬息变化和难以预料的。

领导者对人性的认识，决定了领导者的领导行为，对人性假设的研究是领导行为研究的重要内容。

2.2.2　关于人性的假设

为了理解人的复杂性，国外一些学者如薛恩、麦格雷戈等提出了多种模式，这些模式都是以对人性的假设为根据的，即便如此，这些假设对研究组织中人的行为的规律性和特征仍是有一定意义的。

1）关于理性经济人的假设

薛恩在其《组织心理学》一书中指出，关于人性是理性的和经济的说法，归根到底，是从享乐主义哲学那儿衍生出来的。这种学说主张，人的一举一动，都是为了使自己的利益变得最大。

（1）由此薛恩引出如下假设：

①职工们基本上都是受经济性刺激物的激励的，不管是什么事，只要能向他们提供最大的经济收益，他们就会去干。

②因为经济性刺激物又是在组织的控制之下，所以职工的本质是一种被动的因素，要受组织的左右、驱使和控制。

③感情这东西，按其定义来说，是非理性的，因此必须加以防范，以免干扰人们对自己利害的理性的权衡。

④组织能够而且必须按照能中和并控制住人们感情的方式来设计，因此也就是要控制住人们那些无法预计的品质。

（2）与薛恩的这些假设相类似的是麦格雷戈提出的 X 理论，麦格雷戈在用组织方法对人进行分析时，把传统的关于人性的假设都包括在 X 理论之中。X 理论假设认为：

①人生来就是懒惰的，因此，必须由外界的刺激物加以激励。

②人们天生的目标就是跟组织的目标背道而驰的，因此他们必须由外界的力量来控制，才能保证他们为组织的目标而工作。

③由于人们具有非理性的感情，因此他们基本上是不能够自我约束和自我控制的。

④人大体上可划分为两类：一类人符合上述假设，而另一类人则是能自律和自制的，并且不那么受他们感情的摆布。必须把管理其他一切人的责任授予后面一类人。

管理者对人性的假设类型，将决定他们所采取的管理策略和领导行为，并决定他们关于组织及其职工间应保持哪种心理契约的概念。上述对人性的假设，就必然意味着职工是计较型参与的。组织是用经济性奖酬来购买职工的劳务和服从，组织有义务通过一套权力与控制系统来保护它自己和职工们免受人性中非理性因素的损害。权威于是就必然存在于被指派的职位上，并指望职工们能服从占据了权威职务的人，而不管这个人的能力或个性如何。

2）关于社会人性的假设

随着社会的发展，工作变得更复杂了，组织间的竞争也变得更加剧烈，使得管理当局不得不越来越倚重职工们的判断力、创造力和忠诚心。随着组织对职工期望的增多，也不得不重新审查对职工们所作的假设了。另外一些大量研究结果也证实了，组织成员的动机、需要与期望并不符合理性经济人的假设。霍桑试验把人们的注意力引向这样的事实，就是人们有想被自己的同事所接受和喜爱的需要，这种需要可能比管理部门所提供的经济性刺激物更为重要。这项试验还进一步表明，人们往往还会抵制别人想把他们置于一种与他人竞争的处境中去的企图。对于竞争给失败的一方所带来的威胁，个人可以通过跟别人联合起来，解除这种威胁。屈斯特对煤矿工人所作的调查与分析，也发现了与霍桑试验类似的情况。

正是霍桑试验的资料使梅奥发展出了一种对人性的十分不同的观点，即提出了关于社会人的假设：

（1）社交需要是人类行为的基本激励因素，而人际关系则是形成人们身份感的基本因素。

（2）从工业革命中延续过来的机械化，其结果是使工作丧失了许多内在的意义，这些丧失的意义必须从工作中的社交关系里找回来。

（3）与管理部门所采用的奖酬和控制的反应比起来，职工们会更易于对同级同事们所组成的群体的社交因素作出反应。

（4）职工们对管理部门的反应能达到什么程度，应视主管者对下级的归属需要、被人接受的需要以及身份感的需要能满足到什么程度而定。

由此假设得出的管理方式与根据"经济人"的假设得出的管理方式完全不同。这种假设要求主管人员不要把自己的注意力局限在要完成的任务上，而应更多注意为完成任务而工作的那些人的需要上；主管人员应该关心的不仅是怎样对下级进行指导和监控，而且应该关心他们心理上的健康，尤其是他们对于能否被人接受的感情以及他们的归属感和身份感；主管人员应把工作班组当作一种不可回避的现实而接受下来，并应考虑给予班组集体奖酬而不仅是给个人奖酬；主管人员的作用要从抓计划、组织与控制转到在下级职工与更上一层领导之间充当中间人方面来，要倾听并力求理解下级的需要和感情，要对这些需要和感情表示关切和同情，还要在更上一层领导面前支持下级的要求，响应他们的呼声。从这种假设来看，对工作的主动性由发自管理阶层而转到发自工人了。主管人员不再是任务的下达与授予者，不再是激励与控制者，反倒成了给工作创造条件与提供方便的人，成了工人的富有同情心的支持者了。

3）关于自我实现人性的假设

社会人性假设所造成的主要后果之一，就是出现了"人际关系运动"，这是为了训练管理人员能更多意识到职工们的（社交）需要而作的努力。尽管这种训练确实提高了工人们的情绪和士气，但是从提高劳动生产率方面来说效果究竟如何还很难说。与此同时，有越来越多的研究组织行为学的学者，他们相信梅奥关于工作已变得失去意义的基本论断，便把注意力引向工作本身的性质。在众多的这类学者中，麦格雷戈、阿尔吉里斯和马斯洛等人认为，由于要求工人所做的工作，不能使他们以成熟的高产的方式来发挥自己的潜力与技能，因此他们对工作变得态度冷淡，无动于衷了。可以列举许多证据，表明现代工业中的许多工作已被分解得支离破碎，过分专业化，致使工人既不能利用自己的能力，又看不出他们正在干的活跟整个组织的使命有什么关系。于是，一种关于人性新的更为复杂的假说开始形成，麦格雷戈称之为 Y 理论的那套假设对此表达得最为贴切。Y 理论假设认为：

（1）工作中消耗体力和脑力，正如游戏或休息一样是自然的。一般的人并非天生就厌恶劳动。当依赖于可控制的条件时，工作可以成为满意的源泉（自然地从事工作），也可以成为惩罚的源泉（尽可能地避免工作）。

（2）外力的控制和处罚的威胁，都不是促使人们为组织目标作出努力的唯一手段，人们在实现他们所承诺的目标时，会进行自我管理和自我控制。

（3）对目标、任务的承诺，取决于实现目标、完成任务后所能得到的报偿的大小。

（4）在适当的条件下，一般的人不但懂得接受，而且懂得去寻求负有职责的工作。一般来说，逃避责任、缺乏进取心、强调安全感是经验的结果，不是人的天性。

（5）在解决组织问题时，大多数人而不是少数人具有运用相对而言的高度想象力、机智和创造性的能力。

（6）在现代工业社会的生活条件下，一般人的潜在智能只得到了部分的发挥。

自我实现的概念，强调的是要求自主、挑战、个人成长以及充分发挥自己潜能与才智等较高层次的需要。有明确的证据表明，人们追求自我实现的驱动力，对于主管人员和专业人员的行为来说是很重要的，也许是关键的方面。然而，还不清楚的是，这种动机与较低层的职工有什么关系。

从这种假设中推演出的关于权威及心理契约的含义是很深刻的。权威不再存在于某一特定的个人身上，甚至也不在某一特定的职位上，而是寓于工作任务自身。让人们能自己彻底解决一项问题的挑战，正是自我实现的核心。

按照 Y 理论的假设，主管人员就不会太担心是否对职工给予了足够的体贴和关心了，而会较多地考虑怎样才能使工作本身变得具有更多的内在意义和更高的挑战性。管理自我实现的人应重在创造一个使人得以发挥才能的工作环境，此时的管理者已不是指挥者、调节者和监督者，而是起辅助者的作用，从旁给予支持和帮助。激励的基础已经从外在性转到内在性了，也就是从组织必须干些什么事来激发起职工的积极性，转到组织只是为职工的积极性提供一个表现与发挥的机会而已，而这种积极性是本来就存在的，只不过要把它引向组织的目标。在管理制度上给予自我实现的人以更多的自主权，实行自我控制，让组织成员参与管理和决策，并共同分享权力。

显然，Y理论的假设与X理论的假设是根本不同的。X理论是悲观的、静态的、僵化的，控制主要来自外界，亦即是由上级强加于下属的。与此相反，Y理论则是乐观的、动态的、灵活的，它强调自我管理和个人需要与组织要求的结合。

4）关于复杂人性的假设

前面所说的关于经济人、社会人、自我实现的人的假设，虽然都有其合理的一面，但并不适用于一切人。薛恩于是提出了关于复杂人的假设，他认为：

（1）人类的需要是分成许多类的，并且会随着人的发展阶段和整个生活处境的变化而变化。

（2）人在同一个时间内，会有多种的需要和动机，这些需要和动机相互作用、相互结合，形成了一种错综复杂的动机模式。

（3）人由于在组织中生活，可以产生新的需要和动机。在人的生活的某一特定阶段和时期，其动机是内部的需要和外部环境相互作用而形成的。

（4）一个人在不同的组织或同一个组织的不同部门、岗位工作时会形成不同的动机。一个人在正式组织中郁郁寡欢，而在非正式组织中有可能非常活跃。

（5）一个人是否感到满足或是否表现出献身精神，取决于自己本身的动机构成及他跟组织之间的相互关系。工作能力、工作性质、与同事相处的状况皆可影响他的积极性。

（6）由于人的需要是各不相同的，能力也是有差别的，因此对不同的管理方式每个人的反应也是不一样的，没有一套适合任何时代、任何人的普遍的管理方法。

薛恩在作出上述假设后指出，以前人们对人性的假设过于简单化和一般化了。按照复杂人的假设，主管人员应该保持足够的灵活性，掌握高超的处理人际关系的技巧，在管理方法上，对不同的人，在不同的情况下采取不同的措施，即一切随时间、条件、地点和对象的变化而变化。他称这种管理模式为"权变模式"。而麦格雷戈则称其为"超Y理论"。

2.2.3　对人性假设理论的分析

人性假设理论是西方组织行为学家和管理学家提出来的，其中有科学的成分，也有其片面性。特别是我国是社会主义国家，并且具有东方民族的文化传统，这就决定了我们不能照抄照搬西方的东西，只能根据我国的实际情况，区别对待，为我所用。

（1）马克思指出：人的本质并不是单个人所固有的抽象物，在其现实性上，它是一切社会关系的总和。从这个观点出发，我们反对离开社会和组织的影响来研究人的本性，更反对把人的本性说成是生来具有并且一成不变的。每个人都是几种因素交织在一起的综合体，其表现也会随着时间、条件、地位以及生活水平的变化而变化。由此可见，关于经济人、社会人、自我实现的人的假设是有片面性和局限性的，而复杂人的假设是有一定道理的。

（2）几种人性假设反映了资产阶级在各个不同的历史时期对人的看法，也相应地在不同程度上反映了随着生产的发展、技术的进步、工人的文化水平和生活水平的提高，工人在需要层次和需要结构上也发生了变化，这对我们是有启发的。

（3）对于人性的几种假设都认为，应根据人的不同需要和素质而采取不同的领导方法，这一点具有普遍意义。但是，必须指出，任何一种管理方法和管理制度都是针对一定的情况提出来的，都不能绝对地说哪种好、哪种坏，不能把管理方法僵化。

以上分析是针对一般情况而言的，结合我国的具体情况，运用几种对人性的假设来研究人性与组织管理的关系，要注意以下几个问题：

①对多数人来说，现阶段劳动还是赖以谋生和满足其他各种需要的手段，人们的共同的、迫切的需要仍然是改善生活状况。但人们不仅仅只是为谋生和金钱而工作，人有各式各样的需要，需要的层次也会随人们的文化水平、生活水平以及地位和年龄的变化而变化。

②多数人对组织任务及其管理方式的最初态度，总是从能否满足自己需要而作出反应的。但是，这个态度是可以通过组织和个人的相互作用，通过采取适当的措施和教育来改变的。引导和教育得法，多数人是能焕发敬业精神，在自己的岗位上为组织作出贡献的。

③在我国，各级组织目标和个人目标，从长远来看是一致的，但近期也可能不完全一致。为此组织和个人双方都应当作出努力，使个人目标能更多地反映社会需求，包含更多的组织目标，而组织也必须了解群众的需要，使组织目标中能包含更多的个人利益。如此才能调动人们的积极性，提高工作效率，增加满意感。

④管理的方法应因人、因任务而异。又由于人的成熟程度、需要层次和能力将随着生产的发展、思想文化教育以及生活水平的提高而不断增长，相应的管理方式也应当发展。主管人员应当努力创造条件，合理地安排分工，使更多的人在工作中能充分发挥其聪明才智，以得到内在的满足。

⑤我国是社会主义国家，我们对人的态度应和资本主义国家有所不同，职工是国家和企业的主人，而不是雇佣劳动者。领导者、管理人员和工人的关系应当是平等的相互信任、相互协作的关系。所以，不管采用哪种管理方式和方法，都应当关心人、尊重人、爱护人，应说服教育、发扬民主、适当参与、启发自觉、提倡自治。

2.2.4　人本管理

伴随着人性假设的变化，管理观念也经历了从以物为中心的管理，到以人为中心的管理过程。在现代管理阶段，人本管理思想越来越受到人们的重视。"以人为本"的管理方式即人本管理模式，泛指在管理的一切活动中，始终把人放在中心位置。在手段上，着眼于最充分地调动所有员工的工作积极性和人力资源的优化配置。在目的上，追求人的全面发展以及由此而带来的组织效益的最大化。

对人本管理的理解，要把握以下几点：

（1）人本管理的主体是人，是具有一定政治素质、科学技术素质、文化素质和操作技能的组织全体成员，而不是指少数组织成员或个别领导人。

（2）人本管理是同对物、对事的管理紧密结合在一起的，是在对人、对物和对事三者管理的紧密结合中，突出人在组织中的主体地位和能动作用。

（3）人本管理是把组织成员的个人价值与社会价值相结合，使个人利益和国家利益、组织利益一致起来，使每个组织成员认识到自己在为满足社会需要而劳动的同时，也在为满足自己个人的需要而劳动。

（4）人本管理是要贯彻全心全意依靠广大劳动人民群众的方针，发挥组织成员在民主管理中的主体作用，强化劳动人民群众的主人翁地位。

（5）人本管理要建立组织的人才开发体系，从战略的高度全面开发组织的人力资源，开发职工的现有潜能，全面提高组织成员的政治和科学文化素质。

人本管理的本质是人的全面解放，它包括人的物质、思想、文化等方面的解放。人的物质解放是劳动者全面富裕、生活不断丰富；思想文化解放是人的文化精神素质的普遍提高，从而使劳动者成为完全自主自立的人、全面自由发展的人。人的全面解放不单指个人能够适应不同的劳动职能，并使人的先天、后天的各种能力得到充分的发展，而且还包括社会全体成员的才能得到充分的发展，即个人发展与全社会的发展能够保持协调统一的形态，通过这种全面发展进而达到人的全面解放。

人本管理作为一种哲学观念、管理思想，对社会进步和组织的创新发展具有重大意义，作为一种管理原则和基本管理方法，更显示了它的实用价值。它能有效地密切组织中人与人的关系，充分发挥人的聪明才智，有力地保证组织在竞争中的优势地位。

2.3 知 觉

2.3.1 知觉的概念

知觉是当前直接作用于感觉器官的整个客观事物在人的大脑中的反映。当一个客观事物的某一种属性对人的有关的感觉器官发生作用时，通过一系列传入神经过程，把这一感觉信息传入大脑相应的感觉中枢，引起相关的一个感觉信息组合的活动，因而得以反映当前整个事物的存在。

知觉和感觉一样，它是对当前客观现实的直接反映，是人的社会实践活动的具体产物。但是，知觉和感觉是有区别的，这主要表现在它们反映的具体内容和产生过程上。知觉和感觉的具体内容是有区别的，感觉是人脑对客观事物个别属性（如颜色、声音、气味等）的反映，通过感觉可获得事物的个别属性的知识。知觉是对事物整体的反映，这种反映不再是事物的独立的属性或部分，而是事物的意义。知觉和感觉的产生过程是有区别的，感觉是通过感官的特殊传导通路，把信息投射在大脑皮层的相应区，经过简单的加工就获得了事物属性的知识。而知觉是依赖大脑皮层联合区的机能而实现的。也就是说，在主体脑中出现了这个事物的整个映象。一台机器在一定距离作用于视感觉器官，随即在大脑中出现这台机器的映象：立体，由几个不同形状的部分所组成，能发出某种声音，有光滑感等。这就是对这台机器的知觉。

知觉之所以在当前能够一下子反映事物的整体，是因为在此之前，已经历了对该事物各种属性的感觉，并在脑中储存着相应的感觉信息组合。因此，当前只要其中一种感觉信息发生作用，就能引起这个感觉信息组合的兴奋，产生相应的知觉。在这个意义上说，知觉是在感觉的基础上产生的。如果以前没有对一台机器形成了包含视觉、听觉、触觉等的感觉基础，就不可能对它产生知觉，往往是由当前的某种感觉迅速地转变为相应的知觉。由于它们的密切联系，我们往往把二者合称为"感知"。

正是在知觉的基础上，我们能够认识到事物的名称、性能、因果关系等方面。这属于思维的范畴。在普通心理学里，知觉只限于当前在脑中呈现事物的整个映象，而认知到事物的一定意义，则是思维起的作用。但在心理活动中，知觉与思维紧密地相互联系着。知觉是思维的"窗口"，为思维提供感觉信息，而思维又对感觉信息进行加工处理，把知觉组织起来（知觉的组织），使其获得一定的意义。当我们感知到客观事物时，从思维在大脑储存着的信息系统中提取相关信息与知觉相结合，使其获得某种意义。因此，在心理学分支学科中应用到知觉的概念时，往往或多或少地把知觉与思维结合起来，使其意义化。于是，对一台机器的知觉，含有相关的意义。下面将要述及的"社会知觉"和"自我知觉"都加入某些思维的东西，这是允许的。

1）社会知觉

（1）社会知觉的概念。1947年美国心理学家布鲁纳提出"社会知觉"的概念，用以表示他对知觉的一种新观点。其主要含义是指知觉过程受社会因素所制约。之后，这个概念在社会心理学中得到了发展，含有新意，认为社会知觉是对社会对象的知觉，包括一个人对另一人、个人对群体、群体对个人、群体对群体的知觉，以及个人间、群体间关系的知觉。简言之，社会知觉是对人和社会群体的知觉。其实，对社会群体的知觉，归根到底也是对人的知觉，只不过把人归入某一个群体，作为群体的一个成员来知觉罢了。因此，社会知觉实质上就是对人的知觉。

社会知觉是主体的一种特殊的社会意识，它影响着主体的心理活动，调节主体的社会行为。

（2）社会知觉的分类。社会知觉以人为对象，从不同侧面来知觉一个人，因此可以把社会知觉分为对人知觉、人际知觉、角色知觉和因果关系知觉。

①对人知觉。对人知觉是指通过对他人外部形态和行为特征的知觉，进而借以了解其心理活动。一个人的这种特征包括面貌、仪表、风度、言谈、举止等，它们

都是直接的知觉对象，通过大脑得到客观的映象。主体过去得到的此类映象经过思维活动的加工处理，使相关的映象（表象）系统化，于是具有了一定的意义。以后，这种映象与当前有关的知觉相结合，从而了解对象的心理活动。但主体的动机、感情、兴趣、观点等心理因素可能渗透到思维活动中，使对人知觉带有某些主观色彩。因此，对人知觉除了客观的主要一面以外，还可能有主观的、不切实际的一面。不应当小看知觉中主观的一面，其分量可能很小，但却能起着不良的作用，使知觉面目全非。为了客观地知觉每一个职工，管理人员应当经常提醒自己：知觉中是否掺杂着主观的成分。如果未能客观地知觉每一个职工，就不可能真正地了解他们，也就谈不上如何调动他们的积极性。

②人际知觉。人际知觉是指对人与人之间关系的知觉。这种知觉主要是在人际交往中发生的，以各种交际行为为知觉对象。交际行为指人们在交往中相互接触和交换的言语、态度与动作，包括礼节、交谈、表情、援助、侵犯等行为。在感知这些行为的基础上，借助思维的作用，使人们感知到自己与他人之间建立某种关系：友好的、一般的或对立的，并有与此相对应的情感。人们在人际交往中彼此发生频繁的人际知觉，使彼此在心理上相近和相似，于是形成友好的关系和情感。如果人们在交往中彼此发生过一些利害冲突的人际知觉，又未能得到妥善的处理，则会建立对立的关系和情感。人们彼此很少往来，人际知觉淡薄，于是形成一般的关系和情感。管理人员应当与职工进行一定的人际交往，通过友好的人际知觉，建立相应的关系和情感。这是调动职工积极性的一个重要因素。

③角色知觉。角色知觉是指对人们所表现的角色行为的知觉。每个人在社会中都充当某些角色，如家庭关系中的角色、性别角色、职业角色、群体角色等。人们通过人际交往、社会活动和业务活动，不断产生对他人的各种角色知觉，并借助于思维的作用，掌握各种角色的行为标准，形成角色意识。主体以有关角色的行为标准要求和评价他人角色，同时也以有关的行为标准要求自己应当怎样行动才符合本人角色。管理人员应当通过一定方式，特别是以身作则，使职工产生更多的角色知觉，加强角色意识，从而更好地发挥职工角色的作用，以确保生产效率的提高。

④因果关系知觉。因果关系知觉是指在有关的一系列社会知觉中对其因果关系的知觉。这种知觉的形成，一方面取决于有足够的某种社会知觉；另一方面借助于思维的作用，分析出知觉间的因果关系。一个车间主任感知到许多职工对某一职工非常敬重的行为时，如果他以此为"果"，那是因为他把过去对该职工经常为他人表现出的许多援助行为的知觉作为"因"。这就是因果关系知觉。为了了解职工及其他问题，管理人员要善于进行因果关系知觉。

2）自我知觉

作为社会知觉中一种特殊的形式，自我知觉在个体行为活动中具有特别重要的地位。个体的自我知觉，既包括对自己心理与行为状态的知觉，同时，又包括对自己的目标与发展途径的认识。我们也可以将后一个内容称为自我效能。俗话说"人要有自知之明"，一个人能正确认识并判断自己的状态并不是一件容易的事。当一个人意识清醒时，他（她）应该对自己的状态、自己的角色、自己与他人的关系，以及自己应该具有的行为表现等，有一个基本正确的判断。如果发现自己的行为与环境不符时，个体就会进行适当的调整。所以，自我知觉是在主动的意识状态下进行的。这种自我调整，不仅是适应与应对外界环境的需要，而且也是个体对人生发展目标的认识过程。通常一个自我效能较强的人，能够正确分析自己的能力优势，正确判断自己所处的环境特点，并选择一个有利于自己成功的途径。这将保证个体的顺利发展与实现自己的目标。

2.3.2　影响知觉选择的因素

我们周围的环境是复杂的，有许多事物同时对我们发生作用。但是，在同一时间内，我们能清晰知觉到的对象是很有限的，最多只有几个。因此，在知觉过程中，为了清晰地反映对象，我们总是从许多事物中被动地或主动地分出（选择）知觉对象，这就是知觉的选择性。这种选择性受客观因素和主观因素的制约。

1）客观因素

在知觉过程中，由于某些客观事物在相互对比中有的呈现出较明显的相对特点，迫使我们去知觉它。这是知觉的被动选择性，它借以发生的神经机制主要是：客观事物本身易于在大脑相应的感觉中枢引起较强的兴奋过程或易于使大脑把感觉中枢相关的兴奋点组合成整体性的兴奋过程。下述知觉对象的特点影响着知觉的被动选择性。

（1）知觉对象本身的特征。在周围环境中，那些刺激作用强烈而突出的事物，一开始特别容易引起人们的无意注意，成为知觉对象。

（2）对象和背景的差别。对象和背景的差别，在一定程度上取决于客观事物本身的特征，并在它们的对比作用中加强这种差别。因此，对象与背景之间有着明显的相对关系。在同一时间的知觉过程中，人们清晰感知到的几个事物，成为知觉对象，而模糊感知到的其他较多的事物则成为对象的背景。对象与背景的差别越大，就越容易把对象从背景中分出；反之，这种分出就越困难。

（3）对象的组合。知觉所反映的事物整体，不一定只是一个对象。有时，在一定条件下我们也能把若干事物组合成一个整体作为知觉对象。对象是按照如下一些原则加以组合的：

①接近原则。在空间上接近的对象，容易被感知为一个整体。

②相似原则。如果一些对象的性质和形状相似，则它们容易组合成一个整体而被感知。

③闭锁原则。当几个对象共同包围着一个空间时，人们往往容易把它们组合成一个整体来知觉。

④连续原则。几个对象在空间或时间上连续地存在着，则它们容易组合成一个整体而被感知。

对于工厂来说，这些知觉对象的组合原则也具有一定的实践意义。例如，仪表指针刻度、仪表盘配置、自动化控制室的仪表排列等设计，如违反上述有关原则，往往容易造成知觉偏差，因而导致工作失误。

2）主观因素

在知觉过程中，个人某些主观因素的作用，在不同方面和不同程度上影响着知觉的选择性，表现为主体主动地感知对象。这属于知觉的主动选择性。它借以发生的神经机制主要在于：主体脑中对有关的事物特别敏感，易于在感觉中枢引起较强的兴奋过程。影响知觉选择性的主观因素有如下几个方面：

（1）需要和动机。需要是人对客观现实的需求（包括自然需求和社会需求）的主观反映，而动机则是人们为了满足需要而激励着主体采取行动的内隐性意向，二者密切相关。凡是能够满足需要、符合动机的事物，往往容易引起有意注意，成为知觉对象；反之，与需要和动机无关的事物，则易被知觉所忽略。

（2）兴趣。兴趣是动机的进一步发展。一般指热切地追求知识或从事某种活动的外显性意向。兴趣在更大程度上制约着知觉的主动选择性。人们对感兴趣的事物，较容易从复杂的环境中注意到，成为知觉对象；对不感兴趣的事物，即使注意到了，往往也会从知觉中随即消失。

（3）性格。性格是对现实的稳定态度和习惯化的行为方式。性格在意志、自尊心、情绪、对人态度、权力需求、竞争心理等方面的特征影响着知觉的选择性。

（4）气质。气质主要是受神经过程的特性决定的行为特征，它往往与性格交织在一起。它们对知觉选择性的影响，主要体现在一定时间内知觉的速度和数量上。多血质者能灵活、敏捷、迅速地感知对象，其选择性知觉的速度快，数量多。胆汁质者的选择性知觉比前者稍差一点。黏液质者较缓慢地感知对象，其选择性知觉的速度较慢，数量较少。抑郁质者对事物较敏感，易于感知对象，其选择性知觉的速度较快，但不灵活，因而其知觉数量不如多血质者。大多数人为中间气质型，感知对象的速度和数量一般，因而其选择性知觉都差不多。管理人员在安排某些要求选择性知觉速度和数量的工作时，应考虑到气质类型问题。

（5）经验知识。这是指个体过去通过认知积累的、与当前知觉有关的经验知识。它们以信息的形式储存于人的大脑中，并形成信息系统。经验知识对知觉选择性的影响很明显，主要是使熟悉的对象易于从环境中分出，成为知觉的对象。

总之，知觉过程的选择性，是客观因素与主观因素相互作用的结果。在劳动生产中知觉的选择性关系到生产的安全和生产率的提高。管理人员应当一方面注意发挥职工主观因素的积极作用；另一方面充分利用有关的客观因素，创造有利条件，以促进职工选择性知觉的产生。

2.3.3　知觉错误

由于受某些知觉规律的影响，社会知觉可能发生某些偏差。这些偏差包括知觉防御、晕轮效应（哈罗效应）、首因效应（成见）和近因效应、定型效应等。

1）知觉防御

知觉防御是指人们保护自己的一种思想方法倾向。这种倾向使人比较容易注意观察能满足需要的那些事物，而对那些与满足需要无关的事物，则视而不见，听而不闻。像在火车站附近居住的人自身产生知觉防御，听而不闻火车响一样。

2）晕轮效应

晕轮效应是指通过社会知觉获得个体某一行为特征的突出印象，进而将此扩大成为他的整体行为特征。晕轮效应的关键在于对个体某一行为特征形成了突出印象，因而掩盖了对其他行为特征的知觉，导致以点带面的结果。所以，晕轮效应也可称之为以点带面效应。这种效应往往在对道德品质或性格特征的知觉中表现得特别明显。晕轮效应的产生，往往是在缺乏足够的社会知觉的情况下，对某一明显而突出的社会知觉作出总体判断的结果。管理人员了解晕轮效应，有助于消除自己对职工看法的某些偏见，并可用以帮助职工分析对别人的看法，消除有关的偏见，以增进团结。

3）首因效应和近因效应

在进行社会知觉的整个过程中，对象最先给人留下的印象，往往"先入为主"，对后来对该对象的印象起着强烈的影响，这是首因效应。在知觉过程中，最后给人留下的印象最为深刻，对后来对该对象的印象也起着强烈的影响，这是近因效应。对首因效应和近因效应起作用的条件有所不同。一般说来，在感知陌生人时，由于陌生人的新异性在开始时特别突出，因而首因效应更大一些。面对熟人的感知（指对新异行为的感知），则近因效应更大一些。当感知熟人时，即使一开始就出现一些新异行为，也往往被熟人本身的非新异性所冲淡，以致未能引起主体足够的注意。而到后来，由于新异行为的继续作用，才引起主体足够的注意，因而出现近因效应。管理人员在工作中要尽可能做到：一方面预防这两种效应的消极影响；另一方面在一定条件下发挥这两种效应的积极作用。在和职工谈问题时，首先要用几句话扼要地说明一下问题的要点，使其能产生首因效应，从而加深职工对问题的印象。最后把所谈问题加以归纳，从别的角度把问题的要点再重复一下，以产生近因效应，进一步加深职工对问题的印象。

4）定型效应

定型效应是指人们对某类社会对象形成了固定的印象，并对以后有关该类对象的知觉发生强烈的影响。这也就是所谓社会刻板印象的作用。定型效应一般是指对一类社会对象而言，对于个人也是适用的。在人际交往和社会活动中，我们不断感知到有关某类社会对象的直接作用，还可能从社会上的宣传、传说、介绍等间接途径不断认知该类对象，因而对该类对象所形成的印象逐渐固定化，最终成为刻板印象。例如，年轻人总是认为老年人墨守成规，缺乏进取心；老年人往往认为年轻人举止轻浮，办事不可靠；人们大多觉得会计师善于精打细算，斤斤计较。

管理人员要善于利用积极的定型效应，排除消极的定型效应。例如，通过各种途径使职工不断感知到有关工厂的积极方面的信息，形成定型，则能产生积极的定型效应，以促进职工对本厂的爱护。管理人员对职工、职工对管理人员都可能形成某种不良的定型成分，发生消极的定型效应，管理人员应当及时了解并设法予以消除，以免影响人际关系和生产。

5）对比效应

对比效应是通过将多个认知对象与参照点进行比较，产生认知和评价的偏差。对比效应常常发生在面试过程中。当面试者很多的时候，面试官无法记住每个面试者的相关信息，他就会将前后的面试者进行比较。例如，第一个人表现非常好，而第二个人表现一般，那么面试官很可能会觉得第二个人的表现很差；如果第一个人表现非常糟糕，第二个人表现一般，那么面试官则会认为第二个人表现不错。这就出现了对比效应。对比效应往往会使结果产生严重的偏差。

6）投射效应

有研究表明，人们有这样一种强烈的倾向，总假设他人与自己是相同的，即人们在认知他人时，常常假定他人与自己有相同的倾向，于是把自己的特点归属到他人身上，即所谓的"推己及人"，这就是投射效应。投射使人们倾向于把自己的感情、意志、特性投射到他人身上。按照自己的模式来知觉他人，而不是按照被观察者的真实情况进行知觉。比如：自己喜欢说谎，就认为别人也总是在骗自己；吸烟者总觉得身边的人中烟民多于非烟民。对管理者来说，投射效应会使他们了解个体差异的能力降低。

2.3.4 管理者的知觉与管理方式

管理者的社会知觉怎样，直接关系他们的管理方式。

1）人际知觉与"人群关系"管理方式

如果管理者重视与职工交往，并与职工建立友好的人群关系，那么他们就能获得丰富的人际知觉，从而领会人际关系的重大意义，形成相应的意识。这样，他们就能自觉地采用和执行与"社会人"假设相适应的"人群关系"管理方式，如关心职工，满足职工的需要，特别是"人群关系"的需要，培养和形成职工的归属感和整体感，提倡奖励制度，采用"参与管理"等。

2）自我知觉与"自我实现"管理方式

如果管理者善于在各种社会知觉中进行自我知觉，从他人的行为，特别是他人对待自己的态度中了解自己，并形成某种"自我实现"的意识，那么他们就会倾向于采用"自我实现"管理方式，如创造条件，开发职工的潜力。在奖励方式方面，允许和鼓励职工从工作中得到"内在鼓励"等。这也是从"知己"到"知彼"的认知及发展过程。

3）对人知觉与"应变"管理方式

管理者如果经常与职工接触和交往，参加职工的一些活动，跟职工交谈一些问题，他们就能了解人的各种心理特征，形成相应的意识，把人作为一个"复杂人"来看待，从而采取相应的管理方式。

4）角色知觉与责任制管理方式

如果管理者善于了解各种角色的行为标准，形成相应的意识，那么他们就会发现，人们都具有一定的角色意识，即责任心。这种责任心表现在人相应的行为中。据此，他们实行责任制的管理方式，按职责严格要求所属职工，以利于充分调动他们的积极性。管理者应当善于进行各种社会知觉（包括自我知觉），并能自觉地消除可能产生的知觉偏差和主观消极意识的影响，这样才能综合地利用各种管理方式，取得积极的效果。

2.4　个性理论

2.4.1　个性的概念与特点

1）个性的概念与组成

在心理学的研究中，个性被定义为一种个体特有的、经常性、稳定性的心理特征的总和。从基本的概念分析，个性应该既包括一个人的身体特征，也包括个体的心理特点，并在此基础上，在个体行为中，反映个体的观察、思考、行为、情感等方面的综合倾向。

在中国古代的哲学思想中，蕴涵着丰富的关于个性心理的思想，这些文化的精髓也得到现代世界心理学界的认同。比如，孔子就认识到个体心理表现的不同侧面，他不仅将个体分为不同的类型，而且在自己的思想观点与教育实践中，提出因材施教、因人施用的观点。按照儒家的思想，个性更多的是受社会环境与学习的影响，通过仁、义、礼、智四种因素表现出来的个性的综合特征，是在环境与教育的共同影响下形成并发展的。尽管在中国古代文化传统中，法家思想更强调个性的先天决定特性，但在整个社会的传统中，仍然以环境作用的观点为主。

科学心理学对个性的研究，早期大多是从临床应用的角度开始的，其目的是试图发现异常的个性特征表现，并努力从临床角度开展治疗与纠正工作。现在对个性的研究，在传统的临床研究基础上，开始重视对社会正常状态下，在工作情境中个性特征表现的研究。研究的出发点是对个性的测量，通过认识个性的特征，帮助我们对个体行为的表现与发展进行预测与控制。显然，这对组织管理工作是非常有帮助、有意义的。

在社会发展的不同时代，环境对个性影响的差异是比较明显的。比如，人们在行动中目标的指向，人们在行动中期望的结果，都有非常明显的差异。在传统社会环境中，个体在行动上更多考虑对家人、组织、社会的付出，而要达到这一目的，个体能够对自己的欲望加以克制。但在物质相对丰富的环境下，个体的追求已经产生了明显的变化，自我成就，个性的全面发展，已经成为人们追求的基本目标。这种观念的变化，对组织管理活动产生了较大的影响。我们无论从理论的研究上，还是从社会经验中，已经感受到人力资源特点的变化。

在日常生活中，对个性的认识，一般都是用个体身上的一种比较突出的心理特征来描述的，如善良、温和、坚强、懦弱、怕羞等。在中国古代对个性的分析中，是以"道、德、仁、艺"这四个方面进行刻画的。

（1）艺，是个体在礼、乐、射、御、书、数等才能上的表现，其中，中国的古人更重视礼和乐，因为它们可以使个体行为受到约束，并有利于个体的学习。

（2）仁，是对个体行为加以判断的尺度，通过对恭、宽、信、敏、惠等特征的判断，反映个体性格的差异，是刚强、勇敢，还是质朴、谨慎。

（3）德，是个体行为的原则。中国古代社会对德的要求分为九种品质，即宽宏大量、温顺柔和、老实厚道、办事认真、刚毅果断、温文尔雅、志向远大、实事求是、符合道义。

（4）道，既是最高的层次，也反映个体的整体特点，它包含前面所有层次的内容，要求个体行为顺应规律，内心平静，天下为公，并志向高远。

以科学的心理学对个性概念的解释，是从个体心理活动的机能与心理活动的特点上进行分析的。我们知道，个体的心理活动的基本因素包括认知活动、情感活动与意志活动三个过程，同时，每个个体在这三种活动过程中，由于遗传与环境作用的不同，会产生一定程度的差异，这些差异的特点，被人们观察为个体表现出的心理活动的倾向性。比如个体的兴趣、爱好、态度、需要、动机、理想、世界观等，甚至个体的能力、气质、性格等，都会存在一种活动过程中的，带有一定稳定性的活动倾向。我们就将个体的这种心理活动的倾向性，定义为个体的个性。

现代的心理学研究者比较接受个性是遗传因素与环境因素共同作用的结果，个体的心理发展，应该是个体适应环境并改造自己行为的结果。在组织情境中，组织文化、领导行为、群体关系等环境因素，都可能对个体的个性产生强烈影响，并使个体在组织情境中的行为表现，在一定程度上，偏离其个性特征规定的行为类型。个性包括相互联系的两个部分：其一，个性倾向性，即心理过程的倾向性，指个人对客观事物的意识倾向性，包括兴趣、爱好、态度、需要、动机、信念、理想和世界观等。其二，个性非倾向性，即心理过程的特征，主要包括气质、能力和性格。

2）个性的特点

（1）社会性。个性是人性的特殊表现，是一种社会历史的现象。个性的特征都是受社会影响而形成的。一个人如果离开了他人，离开了社会，个性便丧失了存在的基础。

（2）组合性。个性不是一个孤立的心理特征，而是一组心理特征的有机组合。因此，当人们在描述某一个人的个性时，必须说出一组心理特征才全面。例如，当说出某人好动、爱与别人交往、乐观开朗、热情、好强和有理想等心理特征后，我们就可以判断此人是个具有外向个性的人。

（3）独特性。个性与共性不同，个性是个体之间的差异性、独特性。地球上不存在两个个性完全相同的人，每个人都与别人有所不同，每个人都会有自己独特的风格，人与人之间都存在着个别差异。这种在个人身上表现出来的独特的心理特征的总和，就是人的个性。

（4）稳定性。个性是人内在的比较稳定的心理特征，偶尔出现的某种特征不能叫个性，只有那些一贯的、经常而持久出现的心理特征，才能叫个性。当然这种稳定性也不是绝对的，随着人所处环境的改变或本人的主观努力，个性也是可以改变的。

（5）倾向性。个性是一个人所具有的一定的内在意识倾向性，它既体现为个人的需要、动机、信念、理想、价值观，又体现了人与人之间的能力、气质、性格和兴趣等方面存在的个别差异。这种个别差异是由内在的倾向性所致，而外露的各种行为特征只能作为推断内在倾向性之用。

（6）整体性。个性是以整体形式表现出来的，是一个统一的整体。人是作为整体来认识世界、改造世界的。一个人的各种心理现象和心理过程，都是有机地联系在一起的，表现在一个具体的人身上。一个完整的个性形成离不开社会实践，所以，研究个性应特别重视社会条件对其的影响。

个性心理特征是一个整体。在活动中气质、能力和性格相互联系，相互制约，在同一行为中表现各自的特征。例如，在生产活动中，某工人以厂为家，与同事们同心协力，为超额完成生产指标而辛勤地劳动着，这表明他有某种高尚的品格。在生产活动中，他的技术熟练，动作灵巧而精确，成绩突出，这主要表明他的能力水平很高。在生产活动中，他从一个动作到另一个动作，迅速、敏捷而灵活，同时精力饱满，这主要表明他的气质特征。在这里，该工人的气质特征有利于能力的发展，使他较易于掌握生产技术，并达到较高水平，而其高尚的品格使他为集体事业而努力学习技术，促进能力的发展。在表现能力的活动中，不仅表现其性格，而且也表现其气质。可见气质、能力和性格是结合为一个整体而一起发展和发挥作用的。

3）个性对个体行为的影响

人们对个性的差异性的认识，是经过了一个过程的，包括在管理活动中，认识到个性差异的影响，也是经过一个历史的转变过程的。早期的管理活动，基本没有认识到个体之间的差异，因此，在组织管理中，强调一致性的原则，认为员工进入组织后，就一定会发生改变，人们自动被组织同化，最终成为同质群体中的一员。但后来的管理实践活动证明，人们对个体差异性的这种不充分的认识，不仅影响组织工作的计划与分配，也影响个体在组织中的正常发展。因此，个体差异的观点，开始得到人们普遍的接受。及至现在，人们不仅承认个体差异的存在，甚至认为这种差异的存在，对组织发展是非常重要的，它也是组织创造力与革新性的来源，是需要得到组织的保护的。

个性对个体行为的影响，首先表现为对个体的工作活动、群体人际关系的影响，这对于个体在组织中的成就表现是至关重要的。由于个性差异的存在，个体在工作活动的动力、活动的内容类型、活动的过程特点、活动的方式选择，以及对活动结果的影响上，都是具有一定的独特性的。这些因素对确定管理活动中的人力资源配置，对人员的发展与培养，对绩效考核的目标与方式等，都将产生重要影响。另外，个性对个体行为的影响，也表现在个体的行为方向的主观努力选择，以及在行为过程中克服困难、忍受挫折的意志品质上。这一点在现在组织管理活动中显得格外重要，由于传统的物质性的激励手段在现代社会中越来越失去原有的作用，通过精神性的因素调动积极性的措施，已经广泛引起管理者的重视。认识到个性的差异性，也应该使我们意识到，在行为的意志品质上，个体之间存在一定的差异，因此，了解个性特点，选拔能够更好地适应组织的特殊要求，并能很好地在组织环境中充分发挥自己特长的个体，对于组织管理活动的成功，将是一种重要的保证。

2.4.2　影响个性形成的因素

个性的形成要受很多因素的影响，形成每个人个性的原因也不完全一样。研究结果表明，有些个性特征几乎纯粹是先天的，另一些个性特征又几乎是后天的，但是，大多数个性特征是在先天和后天这两种因素共同影响下形成的，而且主要是在后天的社会环境影响中形成的。

1）先天遗传因素与个性

人的个性是在发展中逐渐形成的。然而，刚生下来的婴儿心理并不是一张白纸，而是都具有一些先天的遗传心理特征。根据对初生婴儿的观察，有的好动，是兴奋型的，有的较安静，是抑制型的，这样的神经类型的特点就是遗传的。这些特征构成了每个人独特的心理基础。但是，这些生理素质仅仅是决定个性差异的一个方面，更重要的是在个性发展过程中来自外部的影响，即依赖于客观环境的影响，依赖于个人主观能动性的影响。

一个婴儿出生时先天遗传所固有的这种稳定的心理特征就是气质特征，它是决定人的心理活动动力方面的自然属性，决定心理活动进行的速度、强度、指向性等特征。气质为每个人增添了独特的色彩，所以，气质是个性的组成部分之一。

应当特别指出的是，一般来说，气质是先天遗传因素的看法是正确的，但因此就否认后天社会环境对气质的影响就不对了。如果认为整个个性都是由先天因素所决定的，那就更错了。这是因为作为个性心理特征的价值观、信念、兴趣和爱好等并不依赖于人的气质。实践证明，一个人的工作成效，主要受思想认识水平（包括理想、信念、工作态度等）、文化水平和技术能力等因素的影响，在某些条件下同时也受气质的影响。

2）后天社会环境因素与个性

有些站在唯心论和机械论立场上的心理学家，他们以个性中的气质产生为依据，认为人们之所以不同是因为他们的遗传特征不同，甚至所有的个性特征都是遗传的。然而，辩证唯物论观点认为，实际上机体的遗传因素只不过是产生个性特征的一个条件，对于个性特征起决定作用的并不是生物遗传因素，而是社会环境。

对同卵（纯合性）双生子的研究成果，令人信服地证明了那种认为个性特征是遗传的看法是错误的。当我们把遗传因素完全相同的同卵双生子放到社会情况、物质生活水平和文化水平各不相同的家庭里去培养，人们就会看到他们的气质特征是很相似的，但是，他们整个的个性特征或性格特征极不一样，而且他们的年龄越大，个性的差异也就越大。

后天因素主要有家庭影响、文化传统因素影响和社会阶级和阶层影响等。

（1）家庭影响

在个性形成过程中家庭影响是最初的根源。家庭对子女的教育，除了按社会的要求使其发展成为适合社会要求的人以外，还以自己的家庭特点给子女以影响。家庭影响主要包括父母的个性和教育方式两个方面。

父母的个性对子女的影响，主要体现在态度和价值观上，特别明显的像对待工作与他人的态度，面对困难与挫折的方式，以及对待生活与工作的态度。这种影响是通过潜移默化的方式发挥作用的。子女通过观察父母的态度与行为表现，形成其自己的态度与行为方式。

此外，父母对子女的教育方式，对子女的个性形成起着更重要的作用。比如，西方学者将父母教育子女的方式分为民主型与权威型两种。事实证明，以民主型方式影响的孩子，更容易表现出合作的意愿，他（她）们在处理与伙伴的关系上，表现得更友好；相反，在权威型教育方式下成长的孩子，容易表现出自卑、怯懦的个性特点，并且，他（她）们更难以协调自己与别人的关系，具有更强的冲突性，并倾向以攻击性行为来解决自己与别人的矛盾。

（2）文化传统因素影响

每个社会都有自己的文化传统，每个生活在这个社会的人的个性都不能不受到文化传统的影响，在文化的组成中，包括对一些重大问题的价值观念，如对人生的看法，对自然界的看法，对人与人关系的看法，以及解决问题的方法和行为模式。一个社会要求其成员有大体上共同的行为模式。不同的人，其社会看法、解决问题的方法和行为模式是不相同的。例如，美国和日本这两个国家对员工在工作单位之间的流动性就有不同的价值观念：在日本多数采用终身雇佣制，一个员工从甲厂流动到乙厂被视为叛逆行为；而在美国多采用合同制、聘任制，人员流动都被看成正常的行为。在对待人员流动问题上的两种根本不同观念，会影响到个性的形成，日本工人喜欢以厂为家，不愿意跳槽，而美国工人则喜欢跳槽，愿意经常变换工作单位。

研究结果表明，文化传统从多方面影响个性的形成，比如，影响人与人之间的关系，影响需求和满足需求的途径，影响解决冲突的方式，影响人们如何去看待事物的真善美与假恶丑。早在1949年，柯拉克罕就指出，文化在人生每一个转变上，都在调整我们的生活，不论我们认识到与否。

著名学者霍夫施泰德提出，工作活动中的个体行为、群体行为、组织行为都是受到社会的文化传统影响的，这些影响表现在上下级关系的类型、组织决策的类型、成就动机的倾向、风险的感受与忍耐、群体的合作与冲突等多种活动过程中。他还发现：根据文化传统的相似与差异，将不同国家划分为不同的价值观群体，在不同的群体之间，管理上存在明显的不同；而在不同的群体之内，管理上将表现出更多的相似性。很显然，这些影响不仅反映在组织与群体层面，也同样表现在个体层面，使不同文化背景下的个体，形成特有的个性。

（3）社会阶层影响。在任何社会中都存在不同阶层，这与我们传统意义上的阶级概念，有很大的不同。尽管现代社会中，传统意义上的阶级冲突已经不再像过去那样激烈，但阶级现象仍是存在的。在个性研究上，以及在组织行为学研究中，当我们分析个性的影响因素时，更多的时候，是关注社会阶层的存在，因为其对个性的影响更普遍，也更持久。参照不同的标准，可以将社会中存在的阶层分为不同的类型，但从个性的形成来说，根据职业活动与社会经济地位进行的阶层划分，对个性影响的表现效果比较明显。比较引人关注的是社会中的中产阶层的存在现象，研究人员开展了很多相关的研究。中产阶层家庭更多影响下一代的成就感，在这种环境中成长的个体，更容易成为社会经济活动的成功者。这种家庭具有独特的氛围，以及对于个人发展与成就的观念。

不同的职业以及不同生产、生活方式决定的社会阶层概念，也对个体的成长，以及个性的发展，具有重要的影响。通常，在一个特定行业比较集中的社区，由于受环境中典型行为方式的影响，相邻的孩子形成比较接近的行为方式。这种影响通常反映在个体的人际交往方式、对组织概念的理解、对纪律与制度的认识上。这也会对个体在组织管理活动中的表现产生决定性的作用。

2.4.3 个性理论

为了更好地理解个性的实质及其发展变化，对于人的个性的结构、功能、改变以及与外界行为的关系等各方面，还必须进行系统研究。这种系统研究的结果就形成了个性理论。但是直到现在，各心理学派对于个性理论的解释还很不一致。因此，我们只介绍其中最主要的或影响最大的几种理论。

1）特质论或特性论

特质论就是从人的心理特性来研究人的个性。这种理论的代表人物主要有阿尔波特、艾森克和卡特尔等。

（1）阿尔波特认为，个性必须要有能够进行测定的因素，这种因素就是特性，各种特性组合起来就构成人的个性。所谓特性就是一种行为的倾向，如有谦虚特性的人，表现为对朋友和气，对父母尊敬，对工作认真等。这些特性是从一个人的行为中抽取出来的，就是从观察一个人的行为所看到的经常表露的特点。

（2）艾森克认为，个性表示行为的一种组织层次，超出特性的行为反应或习惯之上。他提出个性特质可以从两个独立的向度来描述：第一，情绪稳定-神经过敏；第二，内向-外向。艾森克指出，这种向度是代表一个连续的尺度，而不是两个极端。个人可以或多或少具有此特性，而不是非情绪稳定即神经过敏，或非内向即外向。

（3）卡特尔认为，个性基本结构的单元是特质。特质表示在不同时间和各种情况之下行为的某种类型和规律性。它表现为特征化的相当持久的行为属性，也代表行为的倾向性。卡特尔还提出，特质有表面特质和根源特质之分，比如，一个学生各门功课考试所得分数就是表面特质，而其智力的好坏才是根本特质。

2）心理分析论或心理动力论

这种理论的主要代表人物是奥地利的精神病医学家弗洛伊德及其学生荣格和阿德勒。

（1）弗洛伊德理论即老心理分析论。弗洛伊德认为，人的个性是一个整体，在这个整体之内包括彼此关联而相互作用的三个部分。这三个部分分别称为本我、自我和超我。由这三部分的相互作用而产生的内在动力，支配了个人所有行为。

①本我（或无意识）。弗洛伊德认为，本我是个性结构中最原始的部分，这部分是人生来就有的，包括一些生物性或本能性的冲动（最原始的动机），这种冲动也就是推动个人行为的原始动力。外在的或内在的刺激都可促使这种冲动。由本我支配的行为不受社会规范、道德标准的约束。

②自我（或潜意识）。随着个体出生后的成长，从本我中逐渐分化出自我。在本我阶段，因为个体的原始冲动使需要得到满足，这就必须与周围的现实世界相接触、相交往，从而形成自我适应现实环境的作用。例如，因饥饿而使本我有原始的求食动机，但何处有食物及如何取得食物等现实问题，必须靠自我与现实接触才能解决。因此，个性的自我部分受"现实原则"所支配。

③超我（或有意识）。超我在个性结构中居于可控制地位的最高层，是由于个人在参与社会生活的过程中，接受社会规范、道德标准、价值观等后变为指导自己行动的准则而形成的。平常所说的理性的文明都属于超我的范围。

弗洛伊德认为，本我寻求满足，自我考虑到现实环境的限制，超我则按社会规范来衡量是、非、善、恶。本我、自我和超我三者不是分立的，乃是彼此相互作用而构成人的个性整体。一个正常的人，他的个性中的三部分经常是彼此平衡而和谐的。本我的冲动与欲望应该在合于现实条件下，在社会规范所允许的情况下，得到适当的满足。

（2）荣格理论。荣格是弗洛伊德的杰出的学生，由于师生二人后来立论观点不同，于1913年决裂。荣格的理论与弗洛伊德理论有下列三个不同点：

①承认潜意识是支配行为的内在因素，但主张潜意识有两种：一种叫作个人潜意识，是由个人压抑自己的意识经验而形成的；另一种叫集体潜意识，是由人类多代遗传演化累积而成的。两种潜意识合而支配人的行为。

②个性的发展并不取决于人本能的冲动，而是由于个人为达到自我实现的内在潜力所引导。

③自我才是个性结构的核心，而自我又取决于两种"态度"或倾向：一种为外向，一种为内向。这两种倾向是由人的感情显露与否来划分的。而且把人的不同的

特征进行不同的组合就成为具有不同个性结构的人。荣格除了把人的性格分为内向、外向以外，还把人的不同特征的组合，划分为敏感型、感情型、思考型、想象型不同的性格。

（3）阿德勒理论。阿德勒也是弗洛伊德的学生，后因与其老师的观点不同而分离。他的主要观点是：

①他不同意弗洛伊德的原始本能的无意识的冲动是人的行为动力的看法，他强调个人争取优胜意识才是人行为的主要内动力。

②他认为，在人的个性结构中起核心作用的是意识，而不是潜意识。个人不但意识到自己的行为，而且有计划、有方向地去追求成就以胜过他人。

可见阿德勒不再像其老师那样过分重视生物或本能的因素，而是转而强调人个性发展中的社会因素。荣格、阿德勒的理论又被称为新心理分析论。

3）社会学习论

社会学习论的观点与特性论相反，它强调环境和情况对个人行为和性格起决定作用，认为环境中的事物通过学习成为自己行为的模式，而个人的行为对环境也有一定的影响。具体来说，它有以下几个观点：

（1）一个人在特定的情况和环境中的行为取决于情况和环境的特殊性，取决于个人对情况和环境的评价和对别人类似的行为的观察。如果遇到的情况和环境与自己的愿望相吻合，就会经常出现同样的行为。

（2）一个人当看到别人的行为受到奖赏或是遭到惩罚时，对自己的行为起着强化作用。一个人在他的成长过程中，有些行为是直接学来的，而有些行为是通过观察而产生的。人们常常从观察别人的行为及其后果而学会辨别行为的好坏，并知道在什么情况下发生什么样的行为是适宜的，应该仿效，在什么情况下发生什么样的行为是错误的，应该摒弃。

（3）强调个人行为和别人的关系。例如，常和别人争吵的人容易受到别人的轻视，而这种轻视是自己的行为所引起的；一个讲礼貌的人使人感到舒适，同时别人也会以礼相待。

总之，社会学习论的核心认为环境的变动引起人的特殊行为。这对心理诊断有很大贡献，它引导人们认识人类的行动是对特殊环境的反应作用。环境影响人的行为，而人又可以通过改变环境来改变自己的行为。应用这个观点可以有效地改变不良的行为和性格，这是可取的。但是，这种观点过分重视环境因素，而忽视人内在的个别差异，因而也有片面性。

4）个性性格类型论

荣格和麦迪等是个性性格类型论的代表人物。

（1）荣格理论

荣格是新心理分析论者，又是个性类型论者，他是最先把个性性格分为内向和外向两种类型的。内向的人的特点是害羞、喜独自工作，在情绪上受到压力和内心冲突时，总是反躬自问，自己责备自己。外向的人与此相反，他们的特点是好与人做伴，善交际，喜欢选择可以和别人直接接触和打交道的工作，如对外联系、推销和采购等工作。

这种内、外向的分法也不是绝对的。实际上典型的内向和外向的人很少，大多数是介乎两者之间的，而且人的性格又是各不相同的。正因如此，荣格经过多年研究，其理论又有新的发展，把人在生活中特别是在与人交往中的性格特点分为敏感型、感情型、思考型和想象型四类。虽然一个人可能同时具有两种或两种以上的性格类型特征，但其所具有的主要特征总是属于某一类型的。

（2）麦迪理论

麦迪在荣格把个性分为内、外向的基础上，还把人由于出生后受到环境压力的影响而逐渐形成的高忧虑、低忧虑两个因素考虑在内。他认为，人们为了应付环境的压力，企图减低这种忧虑的痛苦，因而就会逐渐发展形成各种适应的行为方式。例如，某一个孩子由于缺乏父母的爱而感到孤独和不安所产生的忧虑，可以变成对人仇恨和敌对的方式；也可能变成对人羞怯和温顺的方式。因此，麦迪认为，研究人的个性应当考虑内、外向和高、低忧虑等四个因素，以这四个因素的不同组合形成不同的四种个性结构，如表2-1所示。

表2-1　　　　　　　　　　　　　四种个性结构

	高忧虑	低忧虑
外向	紧张、激动、情绪不稳定、爱社交、依赖	镇静、有信心、信任人、适应、热情、爱社交、依赖
内向	紧张、激动、情绪稳定、害羞	镇静、有信心、信任人、适应、温和、冷淡、害羞

2.4.4　个性理论的应用

任何一个个性理论对于一个组织有没有实际应用价值，主要看它能否说明、预测和控制个人的行为和绩效。波特尔、劳勒和哈克曼也曾指出，个性调节职工对组织所做的反应，一个职工对某种工资制度、某种特定的领导作风、一定的交往形式、某种非正式群体内的团结（内聚力）或某种战术变革所作出积极的还是消极的反应，都将取决于需要、期望、兴趣、价值观和态度等个性特征。一个有成效的组织，为了最大限度地调整他们组织内的大多数职工个人与组织之间的关系，就要尽量适应这种不同个性的需要。

实践证明，个性对于人的工作成就、健康状况和管理水平都有重大的影响作用。我们应当正确地运用个性理论来提高我们的工作成就、健康状况和管理水平。

1）运用个性理论提高工作成就

在组织的管理过程中，应根据不同人的个性特点配备不同的工作岗位，使人尽其才，提高人们的工作成就感。美国心理学家特尔曼从1921年开始，对1 528名超常儿童进行追踪研究几十年。其研究的时间之长、规模之大、成绩之显著、影响之广，均是空前的。他的研究成果表明：个性与成就的关系大于智力与成就的关系。智力与成就有一定的关系，而个性与成就的关系则很密切。同样都是高智力的人，有的取得成就有的并没取得成就，最主要的是个性差异。

特尔曼对在 800 个男性被试者中成就最大的 20% 与成就最小的 20% 进行了比较研究，发现这两组人在智力方面没什么差别，而最明显的差别在于他们的个性心理特征上的差异。成就最大的这一组人的个性心理特征是，有理想、谨慎、有进取心、自信和不屈不挠，在最后完成任务的坚持性等方面，也都明显地高于成就最小的那一组人。

历史事实也正是这样，历史上的伟人之所以能取得巨大成就，也是与个性有密切联系的。比如，马克思有理想、有信念，他那刚毅和坚定不移的性格，也促使他创立了指明人类社会发展规律的马克思主义。又比如，伟大的科学家居里夫人，她的"我们应该有恒心，尤其要有自信力"的名言，正是她那种刚强和目标始终如一的性格的集中表述。这种性格也促使她取得了杰出的成就。

总之，为了在工作中取得更大的成就，为国家和人民作出更大的贡献，我们必须人尽其才，必须学习伟人和改革者的个性，并在实践中不断培养和改造自己的个性性格。

2）运用个性理论提高健康水平

好的个性与身体健康有密切的关系。美国约翰·霍普金斯医学院研究所贝兹和托马斯做过这样一个实验，在 1948 年，他们将 45 名学生按不同的性格分为三组：第一组学生的性格为谨慎、含蓄、安静、知足；第二组学生的性格为自觉、积极、开朗；第三组学生的性格为情绪易波动、急躁、易怒、不太知足或不想知足。30 年后（1978 年）他们又对这 45 名学生健康状况进行了检查，发现第三组学生中患癌症、高血压、心脏病和精神错乱征的占 77.3%；而第一组中仅占 25%；第二组中也只有 26.77%。

国外科学家从动物实验中还得出这样的结论，即心理紧张、抑郁、烦恼会促使癌症的发生。1982 年国外曾报道：太平洋西北研究基金会的赖利博士和他的同事进行一项动物对比试验，即将两组小鼠都注射一种会引起动物乳腺癌的病毒，13 个月后，受到保护免于情绪极度波动的小鼠仅有 7% 致癌，而留在不断引起紧张情绪环境里的小鼠却有 60% 致癌。赖利博士说，情绪紧张容易发生癌症，还容易造成癌从发病部位扩散到全身。他们经过探索发现，处于紧张状态的动物，血液里所含有激素和因焦急分泌的其他化学物质的量都有增加，而使抵抗疾病的白细胞数目却大大减少。另一个重要发现是，处于紧张状态的动物身上的免疫系统极为重要的器官，如胸腺、脾和淋巴结的重量显著减轻。这就是说，情绪紧张会使全身的防御能力降低，在某种情况下能引发癌症。

正因为如此，一个人的个性应该开朗乐观、对生活充满希望、沉着、善于摆脱烦恼和忧虑。这已被认为是保持身体健康、抗拒衰老的有效办法。

3）运用个性理论提高管理水平

各级领导在安排工作时，应当考虑到被用人的个性心理特征问题。不同的工作对个性心理特征有不同的要求。级别越高的职位，对这方面的要求就越高。例如，对于总工程师，在性格上要求具有理智、外倾、独立的特征；善于思考问题和与人相处，决策果断，同时对集体事业抱积极负责的态度；在气质上能控制不良的情绪；精神饱满，沉着而不呆板，外倾性明显；在能力上不仅具备独立解决专业问题的能力，而且有一定的管理能力，善于领导所属工程师进行有效的工作。在选拔培训专业技术人员方面，也要考虑到被用人的个性心理特征问题，充分发挥他们的特长，从而提高培训的效果。此外，管理人员有时要预测职工的行为，也须依据个性心理特征。总之，为了搞好本职工作，管理人员应当很好地掌握每个职工的个性心理特征。

领导者了解职工的不同个性，并根据这些不同个性安排每个职工的工作岗位，安排合理的领导结构和采取不同管理方式、方法，就能最充分地调动每个职工的积极性、主动性和创造性，就能不断提高管理水平和社会经济效益。

在各种个性心理特征的发展中，因其性质的异同，它们之间可能发生方向一致的协调作用或不一致的矛盾作用。不一致的作用在发展中也逐渐趋于协调。无论哪一种作用，都有积极的与消极的之分。如协调作用的双方都是积极的，矛盾作用中积极的一方占优势，这两种作用就是积极的；如协调作用的双方都是消极的，矛盾作用中消极的一方占优势，这两种作用就是消极的。一个人个性的发展水平，主要是在一定条件下各种个性心理特征发生复杂的相互作用的结果。有的人在个性发展的较后阶段形成了某种不良的性格，即处世消极悲观，在气质上又有情绪易波动、意志力薄弱、内倾性明显的弱点，虽其能力的发展水平很高，但未能充分施展才能，终无显著的成就。可见，这种人个性发展的水平是不高的。管理人员要善于引导职工的个性心理特征朝着积极和协调的方向发展，使其个性发展达到更高的水平，为集体事业作出更大的贡献。

2.5　气质、能力与性格

2.5.1　气质差异与应用

1）气质的概念

气质是人的心理活动的动力特点。同一般所谓的"脾气""秉性"相近，它在人参与的不同活动中有近似的表现，而不依赖于活动的内容、动机和目的。气质是个人与神经过程的特性相联系的行为特征。神经过程可分为兴奋过程和抑制过程。其基本特征有：第一，神经过程的强度，指大脑细胞的工作忍耐力，有强与弱之分；第二，神经过程的均衡性，指兴奋过程和抑制过程之间的强度关系，有均衡和不均衡之分；第三，神经过程的灵活性，指兴奋过程与抑制过程之间转换的速度，有灵活与不灵活之分。心理过程是通过兴奋过程与抑制过程的协同活动而实现的。因此,神经过程的特性必然在心理活动中表现出来,成为稳定的心理特点。这些特点主要体现在心理活动的动力上,即表现为这样的一些心理特点:一是心理过程的强度,如情绪、意志等过程的强弱;二是心理过程的速度和稳定性,如知觉的速度、思维的灵活性、注意力集中时间的长短等;三是心理过程的倾向性,包括外倾性(心理过程倾向于外部事物和人,从而获得心理需求的满足)和内倾性(心理过程倾向于内心世界,体验自己的情绪,分析自己的思想)。因此,这些心理特点也称为心理活动的动力特征。由于气质是人的神经动力特点和心理动力特点的结合,因此,它既是遗传的、先天决定的,又不是一成不变的。由于年龄增长,特别是社会生活的变化,气质在一生中也可能发生不同程度的变化,但这种变化比起个性的其他方面,如性格、能力等,要困难得多。

2)气质差异

气质差异表现为气质类型及其行为特征的差异。气质类型是指由神经过程的基本特性按照一定的方式结合而成的气质结构。因此,气质类型的行为表现带有稳定的规律性。一般说来,一个人无论从事什么活动,即使各种活动的性质和内容千差万别,但他的气质特征却有同样的表现。

在心理学成为一门科学之前,就有许多中外的学者从哲学、医学等角度对气质进行了研究。我国春秋战国时期的古代医学,就提出了阴阳五行说,把人的生理特点归于金、木、水、火、土五种类型,不同类型有不同的体质形态、肤色、脾性和气质。这种学说虽然不是专门论述气质的,但却是探讨人的心理特性固有差异的初步尝试。

古希腊医生恩培多克勒(约公元前495—前435)提出人有"四根",即身体的固体部分是土根,液体部分是水根,呼吸系统是空气根,血液是火根。他认为,人的心理差别是由于人身体上的"四根"相互配合的比例不同而产生的。"四根"互相配合得好,身体就会健康,并决定整个机体的结构和特征,形成个人的心理品质。这一学说没有科学的证明,缺乏科学的道理,但可视为气质学说的萌芽。

古希腊著名医生希波克拉底(公元前460—前377)发展了"四根"说,提出人体内有血液、黄胆汁、黑胆汁和黏液四种体液,把人的气质区分为四种类型。在人体的四种体液混合比例中,血液占优势的属于多血质,黏液占优势的属于黏液质,黄胆汁占优势的属于胆汁质,黑胆汁占优势的属于抑郁质。希波克拉底还认为,各种体液是由冷、热、湿、干四种性质相互配合成比例产生的。血液是热与湿的配合,因此,多血质的人湿而润,好像春天;黏液是冷与湿的配合,因此,黏液质的人冷酷无情,好像冬天;黄胆汁是热与干的配合,因此,胆汁质的人热而燥,犹如夏天;黑胆汁是冷与干的配合,因此,抑郁质的人冷而燥,好像秋天。这一学说很为流行,一般认为多血质(活泼型)的神经过程(兴奋过程和抑制过程)强、均衡、灵活。其主要的行为特征是:精力充沛,但局限于从事内容多变的活动,行为反应灵活而敏捷；情绪易表现和变换，行为的外倾性明显；对行为的改造较容易。胆汁质（兴奋型）的神经过程强、不均衡（兴奋过程较强）、不灵活（指由兴奋过程转换为抑制过程）。其主要的行为特征是：精力充沛，胆量较大，好猛干，但往往粗枝大叶。兴奋性行为反应敏捷而迅速，但要把兴奋性行为转变为抑制性行为较不灵活；情绪的抑制较难，易表现暴发性情绪；行为的外倾性明显；对兴奋性行为的改造较不容易。黏液质（安静型）的神经过程强、均衡或不均衡（抑制过程较强）、不灵活。其主要的行为特征是：有精力，但沉着平稳，行为反应迟缓，不灵活不敏捷；情绪易受抑制，不易表露，行为的内倾性明显；对兴奋性行为的改造较容易。抑郁质（抑制型）的神经过程弱、不均衡（抑制过程稍强）、不灵活。其主要的行为特征是：对事物的感受性很强，特别敏感多疑，精力较不足，忍耐力较差，胆量较小，行为反应细心谨慎，但迟疑缓慢，带有刻板性；情绪易波动且持久，行为的内倾性严重；对行为的改造较难。

继希波克拉底之后，罗马医生盖伦（公元2世纪）首次使用 temperametnumg 一词表示气质这一概念。他除了用生理和心理特性以外，还加进了人的道德品行，组配成13种气质类型。从那时起，人们开始一直使用气质这一术语，以说明人的自然心理差异。

在近、现代心理学中，研究气质的学说很多，其中影响较大的有体型说、血型说、激素说和活动特性说等。但这些有关气质的学说都没有从根本上解决气质的理论问题，都没有解答人的气质的生理心理机制问题。从20世纪20年代末开始，苏联生理学家巴甫洛夫通过对高级神经活动类型与规律的研究，从神经动力学水平方面解决了有关人的气质的一系列理论问题，揭示了气质的生理机制。50年代以后，苏联心理学学者捷普洛夫和涅贝里岑等人进一步发展了巴甫洛夫的学说，从神经动力学和心理动力学水平方面提出高级神经活动特性说，为解释人的气质的生理心理机制开创了切实有效的途径。

3）气质差异的应用

（1）应用的范围。各种气质类型往往都有积极的和消极的一面。许多行业，尤其是某些特殊的行业，对人员的气质行为有更高的要求。如果人们能够从事较适合其气质特征的工作，则能扩大气质类型积极的一面，而缩小其消极的一面。这样，就能更好地发挥人们的积极作用，从而保证工作的安全和效率的提高。因此，应当利用气质的差异，妥善地安排人们的工作。可以从人机关系、人际关系、思想教育等方面考虑应用气质差异。

此外，要选拔和培训某些特殊专业的人员，也必须运用气质差异，以增强培训效果。

（2）应用的原则。

①气质绝对原则。有些特殊的专业工作要求人员具备某些气质特征。如果这些气质特征未能达到所要求的水平，那么有关工作就很难进行，甚至会造成重大事故。因此，为了适应这种工作，必须以其所要求的气质特征为绝对标准，挑选和培

训人员。这叫作气质绝对原则。

②气质互补原则。在组织中一般的工作，虽对气质特征有一定的要求，但并非完全必要，有的可以由别的气质特征予以适当的补偿，基本上不影响工作任务的完成。这叫作气质互补原则。由于气质特征有积极的和消极的一面，这个原则指的就是这两面的互补。

③气质发展原则。虽然人们原始的气质特征是遗传的，要对其加以改变并非容易，但在主客观条件的影响下，气质特征终究会缓慢地发生某些变化。何况大多数人都属于中间气质型，更有利于气质行为的改变。因此，对那些经过气质测量而被认为气质行为稍有不合格的人，应估计到通过培训有可能使其气质行为得到一定程度的发展。这就是气质发展原则。

2.5.2　能力差异与应用

1）能力的概念

能力是个人完成某种活动所必备的心理特征。任何一种活动都要求参与者具备一定的能力。例如，搞外交工作，要具有灵活而敏捷的思维、较好的语言表达和答辩、较强的记忆等能力；从事管理工作，要具备一定的组织、交际、宣传说服等能力。只有在能力上足以胜任工作，才能取得良好的工作绩效。如果能力上不过硬，工作就不能顺利进行，就会影响到工作绩效。一般是用工作绩效来衡量能力的强弱的。不要把个体的能力与掌握的知识技能混为一谈。要掌握一定的知识技能，必须具备起码的一些能力。这体现在个体掌握知识技能的难易、快慢、深浅、巩固程度以及应用知识技能解决问题诸方面。而个体是在知识技能的学习中发展相应能力的。因此，个体的能力与掌握的知识技能是密切相关的两种心理现象，二者之间有着辩证的联系。

能力可分为基本能力和综合能力两大类。基本能力是对某些单因素能力而言。一种单因素能力主要由大脑某一种功能担负，完成一种心理活动，如感知、记忆、思维、肌肉运动等能力。为了完成某种专业性活动，需要由一些基本能力结合成一种综合能力，在它们的分工合作下完成活动，取得一定的绩效。数学能力、音乐能力、飞行能力、管理能力等，都是由某些不完全相同的基本功能结合而成的各种综合能力。

2）能力差异

由于种种因素的制约作用，人的能力差异是显著的，归纳起来有如下几个方面：

（1）能力的水平差异

这是指个体能力发展程度的差异。能力的水平差异决定了不同的个体在能力表现的程度上具有强与弱的不同。通常，我们是以个体在智力测验中的成绩高低来划分能力等级的。智力测验是一种标准的对个体能力进行检测的工具，比较有影响力的工具包括：比纳智力量表、韦克斯勒智力量表（儿童版、成人版）、瑞文推理测验等。在智力量表的测验分数上，我们将100分（智力分数，是用生理年龄与心理发育成熟年龄的比率表示的）作为正常的智力标准，高于这个标准的，被定义为具有较高才能，表现非常突出的，则被定义为是"天才"；相反，智力测验分数低于100分的，被看作智力低下，分数极低的被定义为"智障"。

如果个体的能力表现低下，那么只能从事简单的工作活动，对于重度低下，被诊断为智障的个体，就丧失了工作活动能力，甚至连生活自理能力也不具备。如果个体的能力程度表现为一般水平，就能够完成一般的工作任务；对于需要特殊才能，有一定创造力的工作，需要能力水平比较高的个体来完成，测验表明是"天才"的个体，在工作中能够达到较高的成就水平。

一般来说，在任何社会中，能力一般的个体占大多数，而能力低下与特殊才能的个体只占少数。

（2）能力的类型差异

这是指个体能力发展方向的差异，就基本能力看来，有知觉类型、表象类型、记忆类型、思维型等差异；就综合能力看来，有数学能力、文学能力、音乐能力、体育能力等差异。由于能力的类型差异，人们在实践活动中处理和解决问题的方式方法各异。认识这一点，对于组织管理工作非常重要。因为能力的类型差异，决定了个体从事不同的工作。岗位的适宜程度不同，影响个体的工作积极性，以及个体在工作岗位上的成就水平。

研究表明，高工作绩效对于个体的心理能力品质以及生理体质特征，都有一定的要求，这也取决于工作任务的特点。从比较特殊的工作任务完成上看，如飞行员更需要很强的空间视知觉能力，高楼建筑工人需要一定的平衡能力，记者应该有较强的推理能力等。

管理岗位在组织中是一个比较特殊又重要的岗位，要想在管理岗位上表现出更优异的成绩，也决定于个体是否具备相应的能力结构。一般来说，管理活动要求技术技能、人事技能、概念技能这三种要素，总体上，它们表现为一种管理者的胜任力。在这些技能中，尽管我们可以通过培训提高与加强个体的水平，但在这些技能因素上，还是与个体先天的潜在能力因素有非常密切的关系的。也可以说，不同的个体，在这些技能上可以被培养与造就的程度是不同的。

（3）能力发展的早晚差异

这是指个体能力发展的年龄差异，虽然能力发展有一般的年龄规律性，但也存在个别差异性。有些人某种能力在儿童时期就发展到相当高的水平，这叫作"早熟"。也有些人某种能力的发展相当缓慢，到了中年甚至中年后期才达到较高水平，这称为"晚熟"。至于能力的衰退，也有早晚的差异。

从上述几个方面来看，能力的差异是明显而复杂的，其中以能力的水平差异为主。

3）能力差异的应用

（1）应用的范围

能力差异影响人们心理活动的形成和发展，也影响人们实践活动的效果。人的心理活动是主体和客体相互作用的过程。在这一过程中，它不仅依赖于客体的作用，而且受主体条件的制约。实验证明，能力发展水平高的人，往往表现出感知敏锐、观察全面、注意力集中、识记迅速、保持牢固、思维深刻、善于概括、想象丰富、勇于创新、语言表达能力强等特点。相反，能力发展水平低下的人，则表现出视野窄、反应慢、注意力不集中、保持差、缺乏抽象和概括能力、语言表达不清楚等特点。也就是说，能力制约着人的心理过程的形成和发展的水平。任何实践活动都需要有相应的能力。例如，作家必须具有高度的洞察力、鲜明的形象记忆力、丰富的想象力、优异的语言表达能力等；教师必须具有良好的观察能力、语言表达能力、逻辑思维能力、管理能力、教育能力等。能力是人们完成各种实践活动的必备的主观条件之一，因此，在管理中安排人们的各项工作时，必须考虑工作对人们能力的要求。应当主要根据职工能力的各种差异选拔人员和安排工作，从而发挥个人的特长作用，以保证生产的安全和生产效率的提高。此外，还应当根据职工现有的能力水平及其发展的潜力选拔职工，经过培训提高他们的能力水平，以适应各项工作的需要。

（2）应用的原则

①能力阈限原则。每一项工作所要求的最起码的能力水平，叫作能力阈限。在录用人员时，必须坚持被用人达到能力阈限，这就是能力阈限原则。职工达到能力阈限，就能保持人机协调，胜任工作，完成甚至超额完成任务。如果职工未能达到能力阈限，则会发生不同程度的人机失调，影响生产的发展。但是，如果人的能力超过能力阈限过大，不仅浪费人才，而且由于个体感到完成任务太轻松，不满足于已取得的成果，或感到自己不受重用，有损于自尊心，因此其干劲不足，完成任务的情况必然不佳。

②能力合理安排原则。在安排职工的工作时，不仅要坚持能力阈限原则，而且要根据个人的兴趣和特长，合理地安排他们的工作，这就是能力合理安排原则。每人都有自己的兴趣和特长，二者相互依存。一个人兴趣的发展、特长的发挥，是一种"自我实现"的需要。为了获得这种需要的满足，它作为一种"内驱力"，强烈地激励着主体从事有关的活动。历史上许多科学家为了满足这种"自我实现"的需要，他们不顾及生活上的享受，而终生孜孜不倦地学习和钻研科学，甚至因劳累过度而危害自己的身心健康以至宝贵的生命，也在所不惜。这印证了满足"自我实现"需要是一种强有力的心理动力的说法，从而肯定了能力合理安排原则的必要性。职工的兴趣和特长不是一成不变的，应当采取积极的措施，如奖励、思想教育、培训等，以促进其兴趣和特长的发展。

③能力互补原则。与气质互补原则相似，也有能力互补原则，指安排职工的工作时，应考虑到他们的能力有可能相互补偿和促进的问题。由于能力上存在着差异，可以取长补短，起到互补的作用，并促进彼此能力的发展，因而有利于集体工作效率的提高。

2.5.3　性格差异与应用

1）性格的概念

如果说气质是神经类型的反映，是先天因素决定的，则性格完全是受后天环境因素影响的。我们将性格看作个体对现实的稳定态度和习惯化的行为方式。

能力是完成一定活动必备的心理素质特征，气质是心理活动的动力性特征，性格则是个性心理特征中的核心部分。通过性格的整合，使个体的心理特征成为一个整体。性格成分是带有个体强烈的主观意识色彩的，这种意识的倾向性，一方面使个体的性格倾向具有社会的意义，我们可以根据性格的类型，判断个体是符合社会与组织规范，还是具有反社会或者不被组织接受的性质；另一方面使个体的行为活动体现整体一致的特点。

通常，心理学家将性格看作个体的态度体系，包括个体如何认识与处理自己与外界的关系，如对待客观事物的态度、对待生活的态度、对待劳动的态度及对待他人的态度等。由于这些态度都存在积极、消极，强烈、平和的差异，性格也就带有强度与方向性的特征。从强度上看，性格有温和与爆发的差异。从方向上看，性格体现积极或消极的倾向。在组织管理中，应该注重改造个体的性格，使个体的性格表现符合组织的目标。

2）性格的类型

与气质、能力相比，人们的性格差异更是多样而复杂的。心理学家从不同角度来归纳性格差异，划分性格类型。

（1）按何种心理机能占优势划分性格类型：

①理智型，善于思考问题，三思而后行；

②情绪型，情绪易波动，并左右行动；

③意志型，明确目的，自觉支配行动；

④中间型，没有某种心理机能占优势，而以某两种心理机能相结合为主。

（2）按心理活动的某种倾向性划分性格类型：

①外倾型，善于表露情感、表现行为，与人交往显得开朗而活跃；

②内倾型，不善于表露情感、表现行为，与人交往显得沉静而孤僻。

（3）按思想行为的独立性划分性格类型：

①顺从型，独立性差，易接受暗示，不加批判地按照别人的意旨办事，在紧急和困难的情况下表现惊惶失措；

②独立型，独立性强，善于独立思考和解决问题，不易受外来因素所干扰，在紧急和困难的情况下镇静自若，积极发挥自己的作用。

（4）斯布兰格按何种生活方式最有价值划分，把性格划分为理性型、政治型、审美型、社会型、宗教型和经济型六类。

在斯布兰格性格类型中，纯粹属于某种类型的极少，多数人是某些类型的混合，即混合型性格。

上述各种性格类型的划分，都是从某个方面反映性格现象的差异，并不是完全、准确地对性格现象的整体反映。这也说明性格现象的复杂性，以及认识和把握它的难度。因此，在学习与实际应用上，我们不能简单地认识问题，而要结合不同的观点，对性格现象进行综合的分析、判断。

3）性格差异的应用

（1）应用的范围

①思想教育。思想教育是促进性格发展和改变的一个重要途径。在思想教育中应当了解和掌握人员的性格特征，以便"对症下药"，从而提高思想教育的效果。

②人员选拔。在人员选拔中，对性格特征方面要着重考核思想品质，如工作态度、责任心、自我控制力、价值观、世界观等。对管理人员，特别是高层次领导人的选拔，更应重视性格特征的考核。

③行为预测。性格差异对行为预测有重要意义，应当切实掌握人员的性格类型，借以推测他们可能表现的态度及有关的行为方式，以助于合理地安排和分配工作任务。对独立型者，相信其在紧急和困难的情况下能镇静自如地处理问题；对情绪型者，要估计到其行为易受情绪所左右；对内倾型者，要知道让其完成与交际有关的任务是有困难的。对人员性格的预测，还有助于必要时在工作中采取预防性措施，使工作免于遭受损失，得以顺利进行。

此外，在人际关系方面也要用到性格差异。

（2）应用的原则

①性格顺应原则。为了工作的开展，顺应人员的某些性格特征，采取相应的措施，叫作性格顺应原则。要改变性格特征是不容易的，对有些性格特征也没有必要加以改变。因此，要求我们从工作出发，按照性格顺应原则办事。

②性格互补原则。在处理人际关系时，应考虑到与其相关的性格问题，充分发挥人们的不同性格的互补作用，以利于人际关系的发展，这就是性格互补原则。性格对人际关系的发展有着很大的影响。有的人自尊心适中、谦虚有礼、待人和气；也有的人与此相反。有的人善良、诚实、热情；也有的人与此相反。诸如此类性格特征，必然影响到集体中人际关系的发展，如果因人们的性格问题已在人际关系中造成尖锐的矛盾，则应当调配人员。一方面消除人际关系的矛盾，另一方面使各种不同类型的人相处，起到取长补短、相互促进人际关系发展的互补作用。

2.6 价值观与态度

2.6.1 价值观

1）价值观的概念

价值观是指一个人对周围的客观事物（包括人、物、事）的意义、重要性的总评价和总看法。对一个人来说，他认为最有意义和最重要的客观事物，就是最有价值的东西。比如，不同的人有不同的价值取向，人们对金钱、友谊、权力、自尊心、工作成就和对国家的贡献等的总评价和总看法就不尽相同。有的人把金钱看得很重要，有的人则把对人民的贡献看得最重要，也有的人把自尊看得最有价值等。就是对同一个人来说，他对不同的事物的看法和评价也不是完全一样的。这种人们对诸事物的看法和评价在心目中的主次、轻重和排列次序，就成为价值观体系。价值观及其体系是决定人的行为的心理基础。

价值观取决于人生观和世界观。一个人的价值观是从出生开始，在家庭和社会的影响下，逐步形成的。一个人所处的社会生产方式及其所处的经济地位，对其价值观的形成有决定性的影响作用。当然，报刊、电视、广播等宣传观点，以及父母、老师、朋友和英雄人物的观点和行为，对于一个人的价值观也有不可忽视的影响作用。这后一种影响作用，尤其是在人的幼年和少年时期显得更为突出。

在特定的时间、地点、条件下，人的价值观念是相对稳定和持久的。比如，对某种人、物、事的好坏，总有个评价和看法。在条件不变的情况下，这种评价和看法不会改变。但是，随着人们经济地位的改变，以及人生观和世界观的改变，这种价值观也会随之而改变。

不仅如此，就是生产发展水平和人民生活水平的不同和变化，也会影响价值观的改变。比如，"商品越经久耐用越好"，是过去我国长期存在的一种价值观。现在的情况发生了很大变化，随着科学技术水平和社会生产力水平的提高，以及人民生活的逐步改善，出现了人们对商品质量和品种的要求越来越高的趋势。比如，有人对消费品提出了"一新、二美、三优、四廉"的要求，从而破除了"商品越经久耐用越好"的传统的价值观念。

2）价值观的作用

价值观不仅影响个人行为，而且还影响整个组织行为，进而影响企事业单位的经济效益和社会效益。在同一客观条件下，对于同一事物，由于人们的价值观不同，就会产生不同的行为。在同一个企事业单位中，有人重视金钱报酬，有人更注意工作成就或更注重权力地位，这就是因为价值观不同而导致这种不同的侧重。对于同一个规章制度，如果两个人的价值观相反，那么他们就会采取完全相反的行为。认为这个规章制度是合理的人，就会认真地贯彻执行；认为这个规章制度是不合理的人，就会拒不执行。而这种截然相反的行为，将对组织目标的实现起着完全不同的作用。因此，为了获得好的经济效益和社会效益，企事业单位的领导人在选择组织目标时，就必须考虑到与企事业单位有关的各种人员的价值观。只有在平衡各方面价值观的基础上，才能选择出合理的组织目标。

美国经营得好的公司的经验之一，就是有明确的价值观，有共同的信念，并严守这个信念。正如 IBM 公司的董事长兼总经理托马斯·沃森（小沃森）在他所著的《一个企业和它的信念》一书中，回顾他父亲老沃森在创建公司几十年成功的历史时所指出的："我坚定地认为，第一，任何组织要生存和取得成功，必须有一个坚定的信念，作为该企业一切政策和行动的出发点；第二，公司成功的唯一最重要的因素是严守这个信念；第三，一个企业在其生命过程中，为了适应不断变化的世界，必须准备改变自己的一切，但不能改变自己的信念。"该公司价值观和信念中最核心的内容，就是为顾客提供世界上任何公司都比不上的最佳的服务，以及对公司职工的尊重。也正是因为该公司始终严守这个信念，所以它在同行业的竞争中获得了最广大的市场。

在我国社会主义市场经济的条件下，经营管理者必须十分重视价值观的变化，以及其对经营管理和经济效益的影响作用。为此，一方面要使经营管理工作适应人的普遍存在的价值观；另一方面又要树立和培植新的价值观。

3）价值观的分类

既然价值观是由人生观和世界观所决定的，那么不同阶级的个人、群体和组织的价值观是不完全相同的。而西方组织行为学家们在价值观上的阶级局限性，在于他们很少或根本不从人的经济地位和阶级立场上去研究分析。

格雷夫斯在对企业组织各类人员进行大量调查的基础上，曾把错综复杂的多种多样的价值观，按照其表现形态的不同，归纳概括为下列七个等级：

第一级，反应型。这类人并未意识到自己和周围的人是作为人类而存在，他们只是对自己基本的生理需求作出反应，而不考虑其他条件，类似于婴儿或脑神经受损伤的人一样。这类人在企事业单位中很少见。

第二级，宗法式忠诚型。这是从父母或上级学到的价值观，其忠诚带有封建的色彩。这类人喜欢按部就班地看问题、做工作，依赖成性，服从习惯与权势，喜欢有一个友好而专制的监督和家庭似的和睦集体。

第三级，自我中心型。这类人性格粗犷，富有闯劲，为了取得自己所希望的报酬，愿做任何工作，愿意尊敬严格要求的上级领导。

第四级，顺从型。这类人具有传统的忠诚努力和尽职的性格，勤勤恳恳，谨小慎微，喜欢任务明确的工作，重视安全和公平的监督方式。

第五级，权术型。这类人重视现实，好活动，有目标，喜欢成就和进展，喜欢以诡诈手法玩弄权术的工作，乐于奉承"有奔头"的上级。他们常通过摆布别人，篡改事实，以达到个人目的。

第六级，社交中心型。这类人重视工作集体的和谐，喜欢友好的监督和平等的人际关系，把善于与人相处和被人喜爱看作重于自己的发展。

第七级，存在主义型。这类人喜欢自由和创造性的工作，喜欢灵活的职务，重视挑战性的工作和学习成长的机会，把金钱和晋升看作次要的。他们能高度容忍不同观点的人和模糊不清的意见，对于僵化的制度、滥用权力、空挂职位等，能直言不讳。

1974年，在美国的企业调查研究中，采用以上七个等级来分析研究组织中的不同价值观，得出这样一种看法和结论：认为企业职工的价值观分布在第二级到第七级之间。就管理人员来说，过去属于第四级和第五级价值观的人占多数。目前虽属于第六级和第七级的人还是少数，但从发展趋势看，属于这两级的管理人员正在逐步取代属于其他级价值观的管理人员。

另一位组织行为学家斯布兰格认为，人的价值观可分为六类：

第一类是理性价值观，它以知识和真理为中心；

第二类是审美价值观，它以外形协调和匀称为中心；

第三类是政治性价值观，它以权力地位为中心；

第四类是社会性价值观，它以群体和他人为中心；

第五类是经济性价值观，它以有效和实惠为中心；

第六类是宗教性价值观，它以信仰为中心。

根据调查，美国人更重视上述六类中的第三类和第五类价值观。在这六类中哪一类或哪几类最重要，看法并不一致，尚待进一步讨论和论证。

2.6.2　态　度

1）态度的概念与特征

态度是指个体对人对事所持有的一种持久而又一致的心理和行为倾向。

态度不是指行为本身，只是一种心理和行为倾向。态度不能直接观察，只能从个人所表现出来的语言及动作中去推测。态度具有认知、情感和意向三种成分。认知成分带有对对象的评价，包括对对象的认识与理解以及赞成或反对。情感成分是指个人对对象的好恶，如尊敬、喜欢、同情或排斥、轻视、厌恶等。意向成分是个人对对象的反应倾向，即采取行为的准备状态。

态度不是天生的，是通过后天的学习获得的。态度的形成需要一段孕育过程。形成态度的核心因素是价值，即人们对事物的态度往往取决于事物对他的意义的大小。态度具有两极性和间接性的特征。

态度的两极性。这是指对事物往往有两种相互对立的极端态度。就其表现形式来看，有肯定与否定态度、赞成与反对态度、亲近与疏远态度等。就其意义来看，有积极与消极态度。积极态度对事物起着进步、提高、促进等作用，而消极态度则起着落后、倒退、破坏等作用。态度的表现形式与意义之间的关系是复杂的，肯定态度不一定是积极态度，如对错误的问题抱肯定态度，则是消极态度。否定态度也不一定是消极态度，如对反革命活动的否定态度，则是积极态度。态度的两极性与情感的两极性是相联系的。在态度的形成中可能存在着一种"中性态度"，但它是短暂的，终究会向态度的两极发展。

态度的间接性。这是指态度只是行为表现前的心理状态，即行为准备状态。态度对行为的激励作用就在于此。归根到底，行为是由外界事物（刺激）引起的，但它们之间并非直接和机械的关系，而经由态度的中介作用。许多管理人员经手过大量的钱财（外界刺激），但只有极少数人表现出贪污行为。这决定于个人对他人、集体、社会的态度特征（态度的中介作用）。就彼此的关系来看，态度与行为之间在方向上是一致的。但是，制约行为的不只是态度，还有其他中介因素。因此，就结果来看态度与行为之间可能存在着不一致性。这是自我意识调节的结果。个人在考虑到某种利害关系时，可能表现出与原来态度相违背的行为，花言巧语的欺骗行为就是例证。应当看到态度的间接性是复杂的。

一个人具有某些态度，它们相互联系、相互制约，组成统一的态度系统。其中有一个主导态度，在态度斗争中往往起着支配作用。

2）态度的形成和改变的因素分析

态度的形成与改变是同一发展过程不同的两个方面。态度的形成强调某一态度的发生发展，而它的改变则强调由旧的态度改变为新的态度。二者相互联系、相互衔接。态度的改变可分为两种：其一，态度的一致性改变，指改变原有态度的强度，而其方向不变，如稍为反对（或赞成）的态度改变为强烈反对（或赞成）的态度。其二，态度的不一致性改变，指以新的态度取代旧的态度，其方向改变了，如由反对的态度转变为赞成的态度，或者相反。

态度的形成与改变受如下一些主客观因素制约：

（1）社会因素。社会因素是指社会上各种事物，包括社会制度、社会群体、社会交往、道德规范、国家法律、社会舆论、风俗习惯等。它们的存在和作用是强有力的，影响着人们态度的形成和改变。社会上刚出现了新的事物，往往会遭到一些人的抵制和反对，但只要这种事物有利于社会和个人身心的发展，它迟早会被人们所接受。对旧的思想和态度加以改造，从而形成新的思想和态度，这个过程可能是在潜移默化的情况下进行的。总之，社会因素是态度形成和改变的一个强有力的客观因素。

（2）个性因素。主观的个性因素包含个性倾向性因素和个性心理特征因素。

①个性倾向性因素。个性倾向性是指个体心理活动中稳定的意识倾向性特征，它们作为各种心理动力而调节着主体的行为，态度受这个系统中各个因素的影响。例如，需要对态度的形成和改变就起着很大的作用。需要因素包括物质需要和精神需要，它是主体企求获得某种事物的一种心理动力状态，能激起主体为满足需要而采取行动。因此，凡是能够满足需要的对象，就易于对它产生喜欢的、积极的态度；反之，对阻碍满足需要的对象，则产生厌恶的、消极的态度。如果某种需要能够不断得到满足，那么有关的态度就巩固下来，成为一种习惯性的态度。如果原来的需要得不到满足或产生新的需要，则促使态度的改变或新态度的形成。可见，需要是态度的形成和改变的一种心理动力。

②个性心理特征因素。个性心理特征是指个体心理活动中稳定的心理特征，包括能力、气质和性格三个因素。一般把态度作为一种个性心理特征而归入性格。能力、气质和性格的某些特征作为主观的心理条件影响态度的形成和改变。

能力主要通过感知及思维而影响态度的改变和形成。态度的认知因素与此相联系。通过感知和思维引进新的知识，如能对原有的知识加以充实，则促进相应态度的形成和发展；如与原有的知识相矛盾，则推动态度的改变。例如，管理人员认识到一种新的、行之有效的管理方式，但与原来执行的管理方式发生矛盾，为了提高生产效率，这个矛盾推动他们改变有关的情感和意向即整个态度，从而采用新的管理方式。在实施新的管理方式的实践中，如能取得良好的效果，就通过感知和思维的反馈，发展和巩固对新的管理方式的态度。态度的认知因素比较活跃，往往以它为开始推动态度的改变和形成。

气质主要以其灵活性和可塑性影响态度的改变和形成。例如，灵活性及可塑性较大的多血质者，较易改变态度；灵活性及可塑性较差的黏液质者和抑郁质者较不易改变态度。性格则以其类型特征影响态度的改变和形成。例如，外倾型者及顺从型者较易改变态度；内倾型者及独立型者较不易改变态度；理智型者善于通过认知因素改变和形成态度；意志型者易于通过目的的明确而改变和形成态度；情绪型者易受情感因素的影响而改变态度。

（3）态度系统特性因素。一个人往往形成某些态度，它们相互组合成为一个态度系统，具有各种特性，作为主观的心理条件而影响态度的形成和改变。态度如具有以下一个特性，则较不易改变：态度是幼小时形成的；态度发展到两个极端；态度所涉及的关系较复杂；态度在长时期内前后一贯，并已形成相应的信念；态度中认知、情感和意向三个因素完全协调且稳定；态度强烈地激励着行动，并使主体取得较多的满足；态度与价值观的联系较密切等。如果态度具有更多的上述特性，则其强度更牢固，所表现的行为更强烈，因而要改变它也就更不容易。

总而言之，态度的形成和改变，是上述各种主客观因素相互作用的结果。其中，客观因素是外因，以社会因素为主，而主观因素是内因，以思维和个性倾向性因素为主。外因通过内因而起作用，使态度得以改变和形成，态度反过来又能作用于主客观因素。这就是态度因素分析的辩证唯物主义观点。

3）态度的改变理论

（1）平衡理论

1958年社会心理学家海德提出"平衡理论"。他认为，认知对象包括世界上各种人、事物、概念等，有的各自分离，有的相互联结，组成一个整体而被认知。海德把构成一体的两个对象的关系，称为单元关系。这种关系是由它们之间的类似、接近、相属而形成的。人对每种认知对象都有喜恶、赞成反对的情感与评价，海德称之为感情关系。

海德认为个体对单元中两个对象的态度一般是属于同一方向的。例如：我们对某个工厂的评价很高，因此对该工厂的职工也会产生或多或少的好感；我们对某人没有好感，见到他的朋友时也可能感到有点讨厌。人们的认知系统中存在着使某些情感或评价趋向于一致的心理压力，因而在同一个整体内相互联系的对象之间，可能发生态度同化现象。当个体对单元的认知与对单元内两个对象的感情关系相调和时，其认知系统便呈现平衡；反之，当个体对单元的认知与对单元内两个对象的感情关系相矛盾时，其认知系统便呈现不平衡状态。这种不平衡状态会使个体产生不满的情绪。人们总是试图消除这种不平衡状态，以恢复平衡状态。海德从这个观点出发，提出了"平衡理论"。

"平衡理论"有一定的意义，但其主要缺陷是把复杂的态度改变问题过于简单化了，忽视了态度改变的内在过程。

（2）认知不协调理论

认知不协调理论是社会心理学家菲斯廷格于 1957 年提出的。他认为认知是指任何一种知识，包括思想、态度、信念以及对行为的知觉等认知元素。人的认知元素是无穷无尽的，它们之间存在着三种关系：其一，协调——彼此不发生矛盾；其二，不相关——彼此没有关系；其三，不协调——彼此发生矛盾。一般说来，人们都力求将认知中各种元素统一和协调起来，但要做到这一点有一定的难度，因为认知元素间难免发生矛盾，呈现不协调状态。例如：某职工确实付出很大努力，想把生产搞好，但结果并不理想；某管理者多次与某职工谈话，要帮助他解决存在着的思想问题，不但没有达到目的，反而引起他的反感；某经理制订了工作计划，因遇到一些意外的困难，未能完全实现等。

认知不协调是一种不愉快的情感体验，具有动机的作用，会驱使个体设法消除不协调状态，使认知系尽可能协调起来。消除这种不协调状态的方法主要有：

①改变行为，使对行为的认知符合态度的认知。如某人想得到一等奖金（原来的态度），但因自己努力不够（原来的行为）未能达到目的。这样，应当加倍努力（改变原来的行为），以获得一等奖金（符合原来的态度）。

②改变态度，使其符合行为。如想得到一等奖金（原来的态度），虽努力工作，但因能力有限（原来的行为）未能达到目的，因此，应当降低对奖金的要求，改为二等或三等奖金（改变原来的态度），以符合原来的行为。

③引进新的认知元素，改变不协调状态。如想得到一等奖金（原来的态度），自己付出了很大的努力（原来的行为），但未能达到目的，在这种情况下，主体可能引进某种新的认知元素，如强调客观条件不佳、工作难度太大、有新的竞争力量等，尽可能使原来的态度与行为相协调。

当人们的认知系统发生不协调时，只有找不到适当的理由加以解释时，行为与态度才会失调，从而引发行为与态度的改变。

由上可见，菲斯廷格的认知不协调理论同海德的平衡理论的基本假设是一致的。但是，前者强调了个体通过自我意识调节达到认知平衡，而后者更着重于人际关系对认知平衡的影响。二者各有特点，可以相互补充，都有参考和应用的价值。

（3）功能理论

功能理论认为，人们之所以持某种态度，是因为那种态度可以满足个人一定的心理需求。不了解这种需求，就无法改变受这种需求所支持的态度。

既然态度受满足个人心理需求的支持，那么我们就可以针对个人的心理需求进行相应的工作（改变其需求），以达到改变其态度的目的。若一个人的态度受自我防御需求所支持，则应向他传播解释性信息，以说明有关问题。若一个人的态度受知识需求所支持，则应向他传播常识性信息，以扩充知识。

功能理论强调个人的态度受其心理需求所支持、态度的改变在于改变相应的心理需求，这对研究如何改变人的态度有参考价值。

（4）沟通改变态度理论

沟通改变态度理论起源于心理学家墨菲对黑人态度的研究。他选择一批白人作为被试者，随机地把他们分为两个组：实验组和控制组，并用瑟斯顿量表法对他们进行态度测量，证实他们对种族歧视的态度大体相同。随后，让实验组看宣传黑人成就的电影、电视和画报，控制组则不参加这种活动。结果发现，实验组对黑人的态度发生显著改变，而控制组的这种态度则没有变化。

沟通改变态度理论着重从沟通信息及其起作用所依存的诸条件论述态度的改变，也有参考和应用的价值。

（5）预言的实现

这一理论的含义是：一个人（或一群人）被人给以一种预定的看法，这种预定看法就有可能实现。例如，某人被认为是一个有作为的人，因此对他往往给予鼓励、支持，此人感受到以后，会根据这种预示去发展。美国曾流传"斯尼奈"的故事。斯尼奈原是某一计算机中心的扫地工，中心的负责人预言，他将来会成为计算机专家，并把预言告诉了他，对他多方鼓励，结果这个工人真的成了计算机专家，实现了中心负责人的预言。这说明，别人的预言以及因此而采取的对待方式会影响一个人的心理，从而导致其态度的转变。称赞和鼓励使人上进；经常被人指责、歧视，会导致消极、颓唐、自暴自弃。

关于态度改变的理论，除了上述几种外，还有和谐理论、参与改变理论、角色扮演法理论、态度改变三阶段理论等。各种理论都有独到之处，应当根据具体情况综合应用，取长补短，以提高态度改变的效应。

2.6.3　工作满意度与工作绩效

1）工作满意度的概念

工作满意度是指个人对他所从事的工作的一般态度，即对所从事的工作持有的评价与行为倾向。一个人要从事这种工作，而不从事那种工作，与对工作评价的高低有很大关系。这主要是与工作态度的认知因素相联系的。对工作的行为倾向，表现为对工作的需要、动机、自觉性、责任感、积极性、目标导向性等，这主要是与工作态度的情感与意向因素相联系的。工作满意度表现在两个维度上：第一，工作满意度是对工作情境的一种情绪反应，人们无法观察到它，只能推断得到；第二，工作满意度经常是由结果在多大程度上符合或者超出期望来决定的，如果期望很高，而与实际得到的不一致，就会产生不满，这可以从心理契约理论上得到解释。总之，工作态度作为内在的心理动力会引发相应的工作行为。

2）影响工作满意度的因素

影响工作满意度的因素主要有：

（1）更富有挑战性的工作。员工喜欢挑选这样的工作，这些工作能够为他们提供使用自己的技术和能力的机会，能够为他们提供有一定的自由度的各种各样的任务，并能对他们工作好坏提供反馈。这些特点使得工作更富挑战性。挑战性低的工作使人感到厌烦；但是挑战性太强的工作又会使人产生挫折和失败的感觉；在中度挑战性的条件下，大多数员工会感到愉快和满意。

（2）公平的报酬。员工希望分配制度能让他们觉得公平、明确并与他们的期望相一致。当报酬公平地建立在工作要求、个人技能水平、社区工资标准的基础之上时，就会导致对工作的满意。报酬与满意之间的联系关键不是一个人的绝对所得，而是对公平的感觉。

（3）公正的晋升。员工追求公正的晋升政策与实践，晋升为员工提供个人成长的机会、更多的责任和社会地位的提高。以公平、公正为基础的晋升政策，使员工更容易从工作中体验到满意感。

（4）支持性的工作环境。研究证明，员工希望工作的物理环境是安全、舒适的，温度、灯光、噪声和其他环境也要合适。大多数员工还希望工作场所离家比较近、干净、设备比较现代化、有充足的工具和机械装备。员工对环境的关心既是为了个人的舒适，也是为了更好地完成工作。

（5）工作团队。工作团队的本质会对工作满意度产生影响。对于员工个体而言，友好的、合作的同事或者团队成员带来了一定的工作满意度。工作团队，尤其是一个"紧密"的团队，能够为个体员工提供支持、安慰、建议和帮助。一个好的工作团队或一个有效的团队使工作变得愉快。然而，这不是工作满意度的必要条件。此外，如果出现了相反的情境——人们之间很难相处——这个因素对于工作满意度就有负性作用。

（6）上级的管理。管理是工作满意度的又一个较为重要的来源。影响工作满意度的上级管理风格有两个维度：一个维度是员工中心性，可以通过上级对于员工的个人关注程度来进行测量，即可以从考察员工工作情况，给出建议来帮助员工，在公务层面上与相关个人的沟通方面表现出来；另一个维度是参与和影响，即管理者允许其下属参与一些影响下属本职工作的决策，会带来较高的工作满意度。

（7）人格与工作的匹配。员工的人格与工作的高度匹配将给个体带来更多的满意感。当人们的人格特征与所选择的工作相一致时，他们会发现自己有合适的才能来适应工作的要求，并且在这些工作中更有可能获得成功。由于这些成功，他们更有可能从工作中获得较高的满意度。

3）工作满意度的功能

工作满意度作为工作的内在心理动力，引发各种工作行为，就是工作态度的功能。这种功能主要包括影响对工作的知觉与判断、促进学习、提高工作的忍耐力等。有研究报道，高度满意的员工一般会有较好的体魄，可更快地学会新的工作任务，在工作中出现较少的事故，抱怨也较少。

4）工作满意度的结果

（1）工作满意度与工作绩效。上述这些工作满意度的功能，直接关系到工作绩效的高低。一般说来，积极的工作态度对工作的知觉、判断、学习、工作的忍耐力等能发挥积极的影响，因而能提高工作效率，取得较高的工作绩效。这表明积极的工作态度与生产率之间有着一致性的关系。但是，消极的工作态度，由于要取得很高的工作报酬，也可能引发积极的工作行为，取得良好的工作绩效。中介因素的影响，使得工作态度与生产率的关系十分复杂。

布罗伊菲尔德和克罗克特对此问题进行了40年的实验研究，取得了与上述相类似的结果。他们用问卷法、量表法、谈话法调查和测量了许多职工的工作态度及其实际的生产效率。结果发现，对工作有满意感，即工作态度积极的职工，其工作效率可能很高，但对工作没有满意感，即工作态度消极的职工，其工作效率也可能很高。这就是说，工作态度与工作绩效之间并无相关的关系。

布罗伊菲尔德等在调查的基础上，又对工作态度与工作绩效的关系进行了具体的分析。他们认为两者之间没有显著相关的主要原因有：

①人是很复杂的。对于一般职工来说，生产率并非主要目标，它只是他们借以达成其他目标（维持生活、尊重需求、自我实现等）的手段。因此，即使一个人对生产持消极的态度，但为了达成其他各种目标，他们不能不以高生产率为手段。

②人的需要是多方面的。当个体的生活需要获得满足以后，其目标便转移到了社会性需要，如希望获得朋友和同事的好感，希望自己与大家同属于一个群体而不离群等。个人的生产率如过高地超出同伴，可能被别人指责为"破坏进度""出风头"而遭到排斥。因此，有工作满意感而不愿意离群的职工，有降低自己的生产率以谋求与大家一致的可能性；反之，没有工作满意感的职工，为了不拖大家的后腿，也有加紧工作、提高生产率的可能性。

因此，只有妥善处理工作态度与工作绩效之间各种中介因素，才能不断发展职工对工作的积极态度，从而保证工作绩效的提高。

（2）工作满意度与离职率。与满意度和工作绩效之间的关系不同，研究者发现满意度与离职率之间有一个中等程度的负相关。高的工作满意度本身不一定保证低的离职率，可是有相当高的工作不满意度，则可能有高的离职率。显然，除了满意度之外，其他变量也影响一个员工是否辞职的决定。例如，年龄、在组织中的任职期限、对组织的承诺、总体的经济形势也会起作用。准确的说法是，工作满意度对员工离职率很重要。

（3）工作满意度与缺勤率。研究只发现工作满意度与缺勤率之间有一个弱的负相关。正如与离职率的关系一样，除了满意度，很多其他中介变量也会影响缺勤率。以人们感知到的自己在工作中的重要程度为例，那些认为自己的工作是重要的员工比那些觉得自己的工作不重要的员工有较低缺勤率。重要的是，虽然高的工作满意度不一定导致低的缺勤率，但是低的工作满意度更有可能带来缺勤现象。

5）增强工作满意度的方法

在工作中人们期望较高的员工满意度，它不仅能减少压力，还有助于提高绩效、降低离职率和缺勤率。可以通过下面的方法提高工作满意度：

（1）使工作变得有趣。

（2）给予公平的报酬、福利和晋升的机会。

（3）从兴趣和机能的角度把人和工作匹配起来。

（4）设计工作使得员工兴奋和满意。

总之，工作满意度对一个组织很重要，对于组织的整体健康和效应很有价值，值得在组织行为学领域进行研究和应用。

2.7 情绪与情感

2.7.1 情绪与情感的概念、种类和差异

1）情绪与情感的概念

情绪与情感是人对客观事物是否符合其需要所产生的态度体验。

情绪与情感同认识过程一样，也是客观事物在人脑中的反映过程。情绪与情感总是指向一定的事物，没有任何对象的情绪与情感是不存在的。情绪与情感有其客观的来源，但是，并不是任何事物都能引起人们的情感体验的。因为，情感和认识过程不同，情感不是对客观事物本身特性的反映，而是对客观事物与人的需要之间的关系的反映。人的需要是情绪与情感产生的主观原因。只有那些与人们的主观需要有关系的客观事物，才能引起人们的某种情绪和情感活动。当客观事物满足人的需要时，他就会体验到愉快、满意等情绪；当客观事物不能满足人的需要时，他就会体验到苦恼、不满意等情绪。因此，客观事物是复杂多样的，人的需要是丰富多彩的，所以客观现实与人的需要之间的关系也是复杂多样的。

情绪与情感虽不同于认识过程，但又总是和认识过程、和在认识过程基础上所形成的态度紧密联系着的。人对客观事物与人的需要的关系的意义的认识和所持的态度，对决定情绪与情感的性质至为重要，人对客观事物与人的需要的关系所持的态度不同，人所产生的体验的性质也不同。情绪与情感是人对于客观事物是否符合他的需要而产生的态度的体验。

情绪与情感就其本质来说，都是人脑对客观事物与主体需要之间关系的反映，是人的主观体验。所以，二者往往被人们看作是同义语，但二者还是有区别的。首先，情绪比情感更为广泛。人与动物都具有情绪，但人与动物的情绪有着本质的区别。情感是人类主体所特有的。其次，情绪是由当时的一定的情境所引起的，并随着情境的变化而迅速变化，因而较不稳定。而情感则较少受具体的情境的影响，较为稳定而持久。

2）情绪与情感的种类

（1）基本的情绪状态

根据情绪发生的强度、速度、持续时间的长短和外部表现的不同，情绪可分为心境、激情、应激和热情等基本形式。

①心境。心境是一种较微弱、持久而具有渲染性的情绪状态。心境也是一种情绪体验，这种体验持续的时间较长，少则几天，长则数年之久，它并不指向特定对象。

②激情。激情是一种强烈而短暂的、爆发式的情绪状态。激情是由对人具有重大意义的强烈刺激和发生对立意向冲突所引起的，如欣喜若狂、横眉竖目、浑身颤抖、放声大哭、暴跳如雷、暴怒、恐惧、绝望等。

③应激。应激是出乎意料的紧迫情况所引起的急速而高度紧张的情绪状态。人们在工作中，往往会遇到突然发生的事件或危险，必须迅速地集中自己的智慧和经验，动员整个机体的力量，及时作出决定以应付紧急情况时的特殊体验就是应激。

④热情。热情是一种掌握着人的整个身心、决定一个人的思想行为基本方向的、强烈、稳固而又深刻的情绪状态。它虽然不如激情强烈，但较激情深厚而持久；虽不像心境那样广泛地影响情绪体验，但较心境强烈、深刻而稳定。

（2）情感的类型

按情感的内容、性质和表现的不同，可把情感分为道德感、理智感和美感三种基本类型。

①道德感。道德感是人根据一定社会或阶级的道德需要和规范评价自己或别人的言行时所发生的情感体验。人总是生活在一定的社会关系中，并在人际交往中掌握一定的社会道德标准，转化为自己的道德需要。如果所评价的言行符合自己的道德需要，他就会产生肯定的情感，即赞赏、尊敬、愉快等。如果所评价的言行不符合自己的道德需要，他就会产生否定的情感，即反对、蔑视、愤怒等。义务感和责任感是道德感的核心。

②理智感。理智感是人根据某种认识和追求真理的需要对一定的客观事物所产生的情感。它是在人对客观世界的认识过程、科学探讨和智力活动中产生的情感。它与人的求知欲、认识兴趣及追求真理的渴望相联系。

③美感。美感是人根据某种美的需要对一定的客观事物进行评价时所产生的情感。美感不仅由客观事物本身的特点所决定，而且取决于人对美的需要以及人的审美能力。

3）情绪与情感的两极性

情绪与情感不论从何种角度分析，都和态度一样，具有两极性的特点，如肯定与否定、满意与不满意、强与弱、紧张与轻松、快乐与不快乐的两极状态。情绪与情感的两极性不是绝对的，都是相对的，两者相辅相成、密切联系，又可以在一定条件下互相转化。

4）情绪与情感的个体差异

（1）情绪与情感的倾向性差异。这是指一个人的情绪与情感体验趋向什么性质以及由什么性质的事物所引起的差异。同一个对象、事物或活动，可能引起不同人的不同情绪与情感；相似的情绪与情感体验也可能由不同性质的对象和事件所引起。影响情绪与情感体验倾向性差异的心理条件主要受制于社会实践中形成的世界观、人生观和价值观的性质，决定于个人的不同需要，也受制于一个人的神经类型。

（2）情绪与情感的深度差异。这是指一个人情绪与情感体验在自己的思想行为中联系的普遍性和深厚程度的差异。真正深厚的情绪与情感有着深厚的思想基础，与一个人的信仰、理想、世界观紧密联系着，在人生的各个方面都会表现出来。

（3）情绪与情感的稳定性差异。这是指情绪与情感体验在时间上持续和稳固程度的差异。

（4）情绪与情感的效能差异。这是指情绪与情感体验在鼓舞和推动人的行为的力量方面的差异。

2.7.2　情绪与情感的作用

1）情绪与情感影响和调节人的认知过程

情绪与情感可以影响和调节人们的知觉、记忆和思维等认知过程。研究表明，轻松、乐观、愉快的情绪可以使人体肌肉放松、心情平静、精力集中、记忆力强、思维敏捷而活跃，可以保持大脑活动的高效率。情绪不愉快可以引起心率加快、紊乱，使人垂头丧气，注意力难以集中，从而干扰整个认知过程，降低智力活动水平。

2）情绪与情感影响人的学习与工作效率

一般来说，愉快而热烈的情绪，能使人的大脑处于最佳状态，人在愉快的心情下学习与工作，精力集中，记忆效果好，学习和工作效率高；相反，在痛苦、烦躁不安的心情下学习与工作，注意力涣散，记忆效果差，效率自然不高。

3）情绪与情感影响人的健康

乐观、愉快对身体健康十分有利；情绪不好、心情不佳，悲伤、焦虑、恐惧、愤怒、暴躁等都可能是产生疾病的原因。精神病专家认为，任何情绪情感的变化，都是人体的最高司令部大脑在调兵遣将，因而会影响到人的身体与心理的健康水平，甚至决定人的生死存亡。

2.7.3　情绪与情感的理论研究

1）詹姆士-朗格情绪说

美国心理学家詹姆士和丹麦生理学家卡尔·朗格分别于 1884 年和 1885 年提出观点基本相同的学说。他们认为：情绪是机体各种器官变化时所引起的感觉的总和，是人对自身内部和外部所发生变化的感知。他们否认了大脑皮层在情感活动中的主导作用，以及人的一切心理现象都是客观现实的反映这一重要事实。他们在客观上促进了对情绪生理机制的研究。

2）坎农的丘脑情绪说

美国的生理学家坎农于1927年批评了詹姆士-朗格的学说，并提出了丘脑情绪说。坎农提出，控制情绪的是中枢神经系统，而不是周围神经系统，情绪活动的中枢在丘脑。他认为，外界刺激所引起的神经冲动，一方面上达大脑，另一方面下达交感神经，由于两方面神经冲动的交互作用产生情绪，然后才产生机体变化。情绪是先于外显表现的。

3）阿诺德的评定-兴奋学说

美国心理学家阿诺德在20世纪50年代提出了情绪的评定-兴奋学说，她强调对知觉对象的估量和评价对产生情绪体验的作用，认为愉快和不愉快等情绪体验决定于对知觉对象的评估。

4）沙赫特的情绪三因素说

美国心理学家沙赫特在20世纪70年代提出了情绪三因素说。他认为，情绪的产生不是单纯决定于外界刺激和机体内部的生理变化，而是外部刺激、机体内部的生理变化和认知因素三者相互作用的结果，并且特别强调认知因素在情绪产生中的作用。

5）汤姆斯金和伊扎德的情绪动机说

美国心理学家汤姆斯金和伊扎德认为，情绪和情感具有动机性机能和适应性机能。它是多侧面的复合现象，不能用单独的某一因素来表示。汤姆斯金主张第一性的动机系统就是情感（情绪）系统，生物的内驱力只有经过情感系统的放大才具有动机作用。伊扎德认为，情绪发展的合理的组织形式是在适应中发生。他们认为，情绪的动机性机能和适应性机能无论从儿童还是成人身上都有明显的表现。

6）巴甫洛夫的动力定型论

巴甫洛夫的研究认为，人们在大脑皮层中按照刺激物的顺序形成了比较稳固的暂时神经联系系统，这种系统叫作动力定型，是人学习、习惯和需要的生理基础。当客观事物符合我们的动力定型时，其刺激所引起的皮质神经过程就会按原来的轨道运行，产生满意的情绪和情感。如果客观事物不符合动力定型，就会使旧的动力定型遭到破坏，产生消极的情绪和情感。人所建立的暂时神经联系有两个系统，由具体事物的影响所建立的暂时神经联系系统称为第一信号系统，由语言所建立的暂时神经联系系统称为第二信号系统。人们不仅通过第一信号系统产生情绪体验，也通过第二信号系统调节自己的情绪和情感。

7）行为学派的情绪理论

行为学派的情绪理论认为，情绪只是有机体对特定环境的一种反应和一簇反应，因此经常从反应模式和活动水平两方面去描述情绪。行为主义的奠基人华生认为，情绪是一种遗传的反应模式，它包括整个的身体机制，特别是内脏和腺体活动系统的深刻变化。在他之后，操作条件反射论者斯金纳特别注重从动物在个体生活中的习得行为来研究情绪，发展了用条件反射技术来引发情绪的方法，并把挫折效应作为研究情绪的一个标准方法。

8）情商的研究

大量研究和实践证明，在人们成功的主观因素中，智力因素仅占20%，而80%的因素则属于非智力因素。1990年美国耶鲁大学心理学家彼德·塞拉斯和新罕布什尔大学的琼·梅耶把这种非智力因素称为"情感智力"，第一次提出了情感智力的概念，并用它来诠释人类了解、控制自我情绪、理解疏导他人情绪，通过情绪的自我调节、控制，以提高生活质量，最终决定一个人的一生能否成功。1995年美国哈佛大学心理学教授丹尼尔·戈尔曼出版了《情感智力》一书，书中首次使用了与"智商"（intelligence quotient，IQ）相对形式命名的术语"情商"（emotional intelligence quotient，EQ），对"情商"这个崭新的概念作了详尽的描述。戈尔曼教授认为人有两个大脑、两个中枢、两种不同的智慧形式：理性的和感性的。人生能否成功，取决于这两者，不仅仅是智商，还有情商与之并驾齐驱。

人类的一切活动都是一种智力活动，而智力活动实质上是一种心理过程。如果把人的整个智力活动的全部心理活动过程看成一个系统，那么这个系统是由两个子系统协同作用构成的。其中，一个是智商系统，它起着智力执行、操作的作用，承担着对智力活动内容的感知、理解、巩固、应用等任务；另一个是情商系统，起着引发、导向、激励、强化、驾驭智力活动的作用。两者相互制约、相互促进。事实上，一个人光聪明而不会做人，未必能胜券在握；而会做人，懂得处理好人际关系，却能弥补智力稍差的缺陷。只有与情感智力相结合，智能才会充分地发挥。

戈尔曼把情商概括为5个方面的内容：了解自我、自我知觉；管理自我；自我激励；识别他人情绪；处理人际关系。戈尔曼认为，情商是一个人最重要的生存能力，是一种发掘情感潜能、运用情感能力影响生活的各个层面和人生未来的关键性的品质要素。心理学的研究证实：情商是一种能洞察人生价值、揭示人生目标的悟性；是一种克服内心矛盾冲突和协调人际关系的技巧；是一种可在顺境和逆境中穿梭自如的能力。情商也包括驾驭自己的情绪、情感、思想和意志等生理过程，准确地了解自己的真实感情，理智地克服冲动，有延迟满足暂时欲望的克制力，真诚地理解社会，能设身处地为他人着想，永恒地鞭策自我、大智若愚、宠辱不惊，坦然地面对人生的一切遭遇。高情商是优秀人格和高尚情操的完美结合。

智商与情商虽然两者各异，但并不冲突，每个人都是两者的综合体。两者相互制约，共同影响人的一生。心理学提出了以下的公式：

成功=20%智商+80%情商

即人的一生，20%由IQ决定，80%由EQ主宰。

2.7.4 　情绪的调适与情感的培养

1）情绪的调节与控制

（1）保持适宜的情绪状态

控制情绪甚至化解自己的一些不良情绪，首先要了解自己的情绪状态的特点，进而适当调节情绪的紧张度，学会按自己的意愿形成适宜的情绪状态。林则徐曾将写有"制怒"二字的条幅挂在墙上来控制自己的情绪，这是用语词来防止或缓和不良情绪的一种办法。由于过度的脑力劳动而引起的情绪紧张，可以利用身体活动，如散步、打球、骑自行车等，来使神经达到平衡而得到缓和。用词语或理智控制自己情绪发生的强度或用注意力转移来引导情绪或情感发生的方向都有助于保持适宜的情绪状态。

（2）丰富人们的情绪经验

不适宜的情绪的产生，往往是由于缺乏一定的情绪经验引起的。如参加比赛时的惊慌，参加考试时的怯场等，大都是由临场经验不足而出现的。

运动心理学的一些研究指出，为了提高运动员参加比赛时情绪的稳定性，克服惊慌情绪，可以让运动员由不太紧张的训练环境过渡到较为紧张的比赛环境，再过渡到更高一级的紧张的比赛环境，直到运动员学会借助自控能力适应"引起最大惊慌和恐惧"的环境为止。这就是在丰富运动员参加体育比赛时的情绪经验。

（3）引导人们从多种角度看待问题，使其情感向正确的方向发展

人们对事物的观察和体验，对生活中遇到的问题与挫折，倘若只从一个角度来看，可能引起人的不安，造成终日苦闷和烦恼。如果从另外一个角度来看，就可能发现它的积极意义，使消极的情绪或情感转化为积极的情绪或情感。例如，在学习中，学生对一门学科的某一部分困难的内容引起的焦虑情绪，常扩散到对整门学科的焦虑。因此，教师要从多种角度、各个侧面帮助学生提高认识，引导学生的情绪和情感向健康的、正确的方向发展。

2）情感的培养

（1）培养高尚的积极的人生观和世界观

一个人的情感是和他的意识倾向相联系的，而人生观和世界观又是意识倾向的核心成分，因此，只有树立无产阶级的人生观和世界观，才能培养人们高尚的情操，深刻而鲜明的情感，学习和工作的热忱和革命乐观主义的精神。

（2）通过多种途径，丰富人们的情感体验

首先，通过提高人们的思想认识和觉悟，不断丰富人们的情感观念；其次，充分利用文艺作品和各种丰富多彩的活动，对他们进行教育，激发人们情感上的共鸣；最后，努力引导人们从学习和个人成长上获得满足，增加愉快的情绪体验。

（3）培养幽默感，养成积极的人生态度

幽默是一个极有助于个人适应的工具。它可以使本来紧张的情绪变得轻松，对十分窘迫的场面可以在笑声中发现其轻松的一面，增添自己生活的乐趣；总从光明

的一面看事物，发现其积极的方面。我们应培养青少年成为逆境中不忘欢笑，从不悲观，永不丧气，总是充满信心奋力向前的一代新人。

2.8 组织承诺与心理契约

2.8.1 组织承诺

组织承诺是指个体对组织的认同与参与的程度。它具体表现为个体保持一个特定组织成员身份的一种强烈期望；愿意作出较多的努力来代表组织；对组织的价值观和目标的信任和接受。高组织承诺的员工对组织有非常强的认同感和归属感。与工作满意度不同，组织承诺更强调员工对自身所处组织的态度而不是对工作的态度。

1）影响组织承诺的因素

组织承诺受多种因素影响，如年龄、学历、职位、在组织中的任期、个体正性或负性情感、内控或外控特质等，也受组织的变量影响，如任务一致性、任务反馈、任职年限、角色冲突、工作设计、价值观等。此外，领导风格也是组织承诺的预测指标。甚至一些非组织的因素，如在加入组织时作出最初选择后获得其他选择的可能性，也会影响后来的承诺。

2）组织承诺的维度

加拿大心理学家梅耶和艾伦在诸多研究的基础上提出了组织承诺的三因素模型。他们将组织承诺划分为三个维度：情感承诺、持续承诺与规范承诺。

（1）情感承诺

情感承诺主要是指员工对组织的情感依恋、价值观认同以及卷入程度。这一维度更强调感情的因素，而非物质利益，也就是常说的忠诚。

（2）持续承诺

持续承诺是指人们由于认为离开某一组织会造成自己的损失（如高工资、友谊、退休金等），因此继续留在组织中以避免损失的一种承诺。这是员工对离开组织所带来的损失的认知，持续承诺完全是建立在经济原则基础上的，表现出很强的交易色彩。

（3）规范承诺

规范承诺反映的是员工对继续留在组织内的义务感与责任感，它是员工基于长期社会影响下形成的社会责任而选择留在组织内的承诺。这主要是个体在进入组织的社会化过程中内心产生的一种顺从规范的倾向。

影响情感承诺的主要因素有该组织本身的特性、管理的特点、人际关系、组织的公平性，以及个人在组织中的重要性。持续承诺的影响因素主要包括员工受教育程度、所掌握技术的应用范围、改行的可能性、个人对组织的投入状况、福利因素、居住时间长短及个人特性等。规范承诺的影响因素包括对组织承诺的规范要求、员工的个性特征、所接受的教育类型等。

员工的组织承诺能为组织带来收益，并已成为组织重要的竞争力。例如，组织承诺水平高的员工更能坚守岗位并更愿意为组织作出牺牲，他们可能存在更高的工作动机以及相对较高的工作绩效。

3）如何增强员工的组织承诺

（1）使员工的价值观与组织趋同；

（2）建立公平公正的竞争体系；

（3）为员工创造发展空间；

（4）营造积极的工作氛围；

（5）信任管理。

2.8.2　心理契约

1）什么是心理契约

契约是组织存在的基础。经济模式转型和全球经济竞争的加剧使员工和组织双方关系和需求发生改变，经济管理活动中的契约性质更加突出，如何针对员工和组织相互要求的内容和特点进行管理已成为当前管理理论和管理实践的重要问题。心理契约这一术语在20世纪60年代初引入管理领域。使用这一概念是为了强调在员工与组织的相互关系中，除了正式的雇用契约的内容之外，还存在着隐含的、非正式的、未公开说明的相互期望，它同样是决定员工行为的重要因素。

心理契约有狭义和广义两种定义，狭义的心理契约是建立在个体水平上，强调员工对组织责任和自己责任的认知，只体现员工单方面的期望；广义的心理契约包括个体水平的期望和组织水平的期望，即雇用双方基于各种形式（如书面或口头的组织制度或惯例等）而产生的对相互责任的期望。

（1）心理契约的内容

这方面的研究主要考察心理契约包括的内容和结构，以及各内容之间的相互关系。丹尼斯·卢梭指出组织中的心理契约包括两种主要成分：交易型成分和关系型成分。不同心理契约之间的差异主要基于两种成分所占的比例的不同。交易型成分，是指在一个有限的时期内可以用金钱来加以测量的特定交换（如雇员从事艰苦工作以获得高工资）。交易型成分更多关注具体的、短期的和经济型的交互关系（如组织因为员工提供的服务而支付报酬）。它的特点是以具体的经济条件（如工资水平）为主要诱因；在工作中个人卷入水平有限（如在工作中用时较短，低感情投资）；主要运用已有技能，不开发新技能，契约内容清楚明确。关系型成分是指很难用金钱来测量的远期性交换（如雇员以忠诚获得安全感）。关系型成分更多关注广泛的、长期的、社会情感型的交互关系（如奉献、信任等），它的特点是：在经济方面交互作用的同时，还有情感投入（如个人支持，家族关注）；影响全方位的个人关系（如个人的成长和开发，以及员工的家庭生活）；契约内容是动态而灵活的，更多隐含的和主观上的理解。研究表明，交易型取向的心理契约相比关系型取向的心理契约，员工对组织的信任度更低，对组织变革更加抵制。

（2）心理契约的动态发展过程

这方面的研究主要考察心理契约形成、改变和违背的过程以及影响因素。研究表明，正常情景中员工对于组织为他们提供的内容的认知与员工认为自己为组织提供的内容是平衡的，在此范围内可能有一些波动仅能被双方接受，不需要修改心理契约中的内容（即平衡型）。当员工感觉到组织（或员工）提供的内容超出了被认可的范畴（正向或负向），则会出现两种可能性：或者重新修订心理契约（修改型），形成内容与过去有所不同的新契约；或者终止已有心理契约（遗弃型）。

在心理契约发展的过程中，对心理契约违背的研究也是一个热点，在激烈竞争和不断变化的外界环境中，大多数组织不得不改变已有的管理模式、人员结构以及雇佣关系，这些变化增加了原有契约被违背的可能性。另外，变化的环境也增加了员工对组织产生误解的可能性，即使客观上没有出现心理契约的违背，也可能主观上认为这种情况已经出现。研究表明，关系型取向的心理契约被违背后，契约中的交易型成分加强，关系型成分减弱。员工对组织的情感投入减少，更多关注于经济利益方面。而交易型契约的违背会导致明确的谈判、对自己投资的调整或终止工作。由于心理契约被违背，员工对二者的相互关系重新评价后，倾向于认为组织应给他的回报更多，而他应给组织的贡献更少。也有研究认为，心理契约的违背通常是不可避免的，而且未必产生消极的不良反应。

2）研究心理契约的意义

契约在根本上体现为员工与组织要求和愿望的结合，现代组织管理必须建立在员工与组织要求和愿望一致以及权益、义务相匹配的基础上。当今时代员工与组织的关系不仅是雇佣和被雇佣的关系，而更应该是合作伙伴关系，以心理契约为基础的员工关系管理不但是建立、维系"员工-组织"关系的基础，也是开发员工潜力，发展"组织-员工"关系的保证。这也是人本管理在知识经济时代的体现，是提高现代组织核心竞争力的基础。心理契约核心理念强调的是相互的价值承诺和价值兑现，以此为基础的组织关系管理也是建立诚信制度、改善组织环境的一项重要内容。

研究员工心理契约的意义在于：

（1）可引起员工和组织双方对相互期望的重视，加强相互责任意识和履行相互责任的意识，加强自我约束和自我控制。

（2）使组织在选拔招聘、员工进入、薪酬设计、职业发展和组织变革各个具体环节加强沟通交流，明确双方的现实责任和发展责任，在诚实、公平和守信的基础上保证双方的权益，使组织与员工关系和谐发展。

（3）使组织根据发展需要对员工进行教育、培训和引导，通过调整和提高组织和员工的相互责任水平，实现员工价值与组织价值在更高水平上的和谐统一，建立强有力的组织理念，增强组织活力。

（4）可以降低组织与员工双方的不确定性、误解及冲突。

3）心理契约与经济契约的关系

心理契约与经济契约相比，经济契约更强调内容，心理契约则强调过程。心理契约强调的是个人与组织间的"关系"，而不是它们的"交换"。在组织中，员工期望被对待的方式以及他们实际被对待的方式，对他们的工作行为有很大的影响。违反心理契约会产生很严重的经济后果。心理契约与经济契约还存在另一种差异，雇用的经济契约是相当稳定的，很少变更，而心理契约却处于不断变更与修订的状态。任何有组织的工作方式的变更，不论是物理性的还是社会性的，都会对心理契约产生影响。人们在一个组织中工作的时间越长，心理契约所涵盖的范围就越广，在雇员和组织间的关系上，相互期望和义务的隐含内容就越多。

心理契约与经济契约也有一定的联系，心理契约的违反会导致组织对经济契约的重新评价，这一重新评价更趋向于交换性内容。

2.8.3　组织承诺与心理契约的关系

组织承诺指的是员工随着其对组织的"单方面投入"的增加，而产生一种心甘情愿地参与组织各项活动的感情；心理契约指的是一种员工对于个体与组织之间相互责任与义务的信念系统。两者的共同之处在于都是站在个体的角度来探讨员工与组织的关系，都是起源于社会交换理论，利用互惠原则来解释员工的态度和行为，研究如何在员工与组织间建立良好的关系。两者的差异在于组织承诺的内容是单向的，只是员工对于组织的感情，而心理契约是一种双向的关系，即员工对于自己应承担的责任的信念，以及对于组织应承担的责任的信念，员工会对双方履行契约的程度进行对比并不断加以修订，最终达到平衡状态。

组织承诺实际上是心理契约的结果，正是由于个体对于双方责任的认知、对比与信念，才导致个体对组织产生不同的承诺程度和方式。心理契约有狭义和广义两种定义，狭义的心理契约是建立在个体水平上的，强调员工对组织责任和自己责任的认知，只体现员工单方面的期望；广义的心理契约包括个体水平的期望和组织水平的期望，即雇用双方基于各种形式（如书面或口头的组织制度或惯例等）而产生的对相互责任的期望。组织承诺与心理契约既有区别，又有联系。

⊥⊏ 本章小结

组织中人的行为是千差万别的，可以按行为主体的自然属性划分，也可以按行为主体的社会属性划分。人的行为具有自发的、有原因的、有目的的、持久性的、可改变的等特征。影响人的行为的因素有个人主观内在因素和客观外在环境因素。

在一个组织里，如果领导者不知道怎样去领导别人，不了解在经营活动中调动人的因素以达到预期的结果，则所有的管理职能都将收效甚微。因此，主管人员就要了解人、了解人的个性和他们的品格所能起的作用。在组织中，个人远远不只是一种生产要素。他们是由许多组织构成的社会系统的成员。人们不仅起的作用不同，而且连他们自己本身也是各不相同的。因此，一般的人是没有的。可是，在任何一个组织中却常常假定一般的人是存在的。组织制定各种规章、程序、工作进度、安全标准和职务说明书等，所有这些都隐含地假定人在根本上是一样的。领导者对人性的认识，决定了领导者的领导行为，对人性假设的研究是领导行为研究的重要内容。为了理解人的复杂性，国外一些学者如薛恩、麦格雷戈等提出了多种模式，这些模式都是以对人性的假设为根据的，这些假设对研究组织中人的行为的规律性和特征仍是有一定意义的。

知觉是当前直接作用于感觉器官的整个客观事物在大脑中的反映。知觉可分为社会知觉、自我知觉。影响知觉选择有客观因素和主观因素。知觉偏差包括知觉防御、晕轮效应、首因效应和近因效应、定型效应、对比效应和投射效应。

个性指一个人整个的心理面貌，是经常出现的、比较稳定的心理倾向性和非倾向性特征的总和。个性具有社会性、组合性、独特性、稳定性、倾向性、整体性的特点。心理活动中个性有着重要的作用。代表性的个性理论有特质论、心理分析论、社会学习论、个性性格类型论。应当运用个性理论来提高我们的工作成就感、健康水平和管理水平。

倾向性心理特征包括气质、能力和性格。气质是人的心理活动的动力特点。气质差异是客观存在的，可用于处理人机关系、人际关系、思想教育，在应用时，要贯彻气质绝对原则、气质互补原则、气质发展原则。能力是个人完成某种活动所必备的心理特征，能力存在着水平差异、类型差异、发展早晚的差异。充分考虑人的能力差异，合理地安排人的工作，可以更好地利用人力资源。性格是个人对现实的稳定的态度和习惯化的行为方式，是个性心理特征的核心部分。可以按不同标志划分性格，性格差异可用于思想教育、人员选拔、行为预测等方面，在应用时要贯彻性格顺应原则、性格互补原则。

价值观是指一个人对周围的客观事物的意义、重要性的总评价和总看法。价值观及其体系是决定人的行为的心理基础，它不仅影响个人的行为，也影响整个组织的行为，进而影响组织的经济效益和社会效益。

态度是指个体对人对事所持有的一种具有持久性的而又一致的心理和行为倾向。态度具有两极性、间接性的特点。影响态度形成和改变的有社会因素、个性因素、态度系统特性因素。工作态度与工作绩效有密切的关系。

情绪和情感是人对客观事物是否符合其需要所产生的态度体验。

情绪和情感虽不同于认识过程，但又总是和认识过程、和在认识过程基础上所形成的态度紧密联系着的。情绪和情感就其本质来说，都是人脑对客观事物与主体需要之间关系的反映，是人的主观体验。根据情绪发生的强度、速度、持续时间的长短和外部表现的不同，情绪可分为心境、激情、应激和热情等基本形式。

情绪与情感不论从何种角度分析，都和态度一样，具有两极性的特点。情绪与情感的两极性不是绝对的，都是相对的，两者相辅相成、密切联系，又可以在一定条件下互相转化。

情绪与情感影响和调节人的认知过程；情绪与情感影响人的学习与工作效率；情绪与情感影响人的健康。情绪与情感的理论研究主要有：詹姆士-朗格情绪说；坎农的丘脑情绪说；阿诺德的评定-兴奋学说；沙赫特的情绪三因素说；汤姆斯金和伊扎德的情绪动机说；巴甫洛夫的动力定型论；行为学派的情绪理论；情商的研究。

情绪的调适与情感的培养：保持适宜的情绪状态；丰富人们的情绪经验；引导人们从多种角度看待问题，使其情感向正确的方向发展；培养高尚的积极的人生观和世界观；通过多种途径，丰富人们的情感体验；培养幽默感，养成积极的人生态度。

组织承诺是指个体对组织的认同与参与的程度。它具体表现为个体保持一个特定组织成员身份的一种强烈期望；愿意作出较多的努力来代表组织；对组织的价值观和目标的信任和接受。高组织承诺的员工对组织有非常强的认同感和归属感。与工作满意度不同，组织承诺更强调员工对自身所处组织的态度而不是对工作的态度。

案例分析

谁当经理更合适

某电子电器工业公司是一个由 10 家小厂组成的专业公司。公司行政领导班子由 1 正 3 副 4 个成员组成。总经理由于年事已高即将退休，需要物色一个合适的新总经理。该公司的上级主管部门经过一段时间的研究考察，认为现任 3 位副经理不宜提升，新的总经理需从下面挑选。各方面的意见最后集中到在李厂长和王厂长两个中选一个。下面是有关他们两人的资料。

李厂长，男，39 岁，大学本科（电子专业），中共党员，原是该厂技术员，工作十分积极努力，认真学习科学文化知识，并善于把学到的知识用来指导工作，为本厂的产品开发、产品的升级换代、提高质量、建立科学的检测手段等都作出了重要贡献。他从技术科长提升为厂长后，对工厂进行了一系列的改革，加强了科学管理，使工厂的面貌大为改观，大大提高了经济效益，年创利和人均创利都居本系统的首位，职工收入也大幅度增加。全厂职工精神振奋，呈现一派欣欣向荣的景象。

李厂长性格开朗，精力充沛，善言谈，好交际，活动能力很强，积极开展横向联系，在全国 10 多个省市开设了 200 多个经销点、30 多个加工企业，效益都很显著。他认为要发展就要靠技术，因此千方百计、不惜重金引进人才，至今该厂已有10多位外来的高级工程师和工程师。他还很重视产品的广告，每年要花几十万元广告费，广播、电视、户外、公路以及铁路沿线都有该厂的广告，可谓"无孔不入"。他担任了市企管协会分会的理事，在协会中活动频繁，各方面关系融洽，对厂里工作也有促进。李厂长事业心强，一心扑在工作上，早出晚归，南来北往，一年到头风尘仆仆、不辞辛苦。该厂曾被评为市企业管理先进单位，李厂长获市优秀厂长称号，该厂的产品也被评为市优质产品。

但李厂长也有一个明显的缺点，就是骄傲自满、自以为是，常常盛气凌人，有时性情急躁，弄不好还会暴跳如雷，不太把公司的领导放在眼里，经常顶撞他们，公司的"指令"常常被他顶回去，因此公司领导对他这一点颇为不满。各科室也不太愿意和他打交道，他同公司下属其他几个兄弟厂的关系也不融洽。这些厂的厂长们对他敬而远之，对上级表彰他颇有微词。他也不善于做思想工作，认为这是党支部的事，所以平时遇到思想问题，他都是作为"信息"告诉书记，要支部去做工作。他和几个副厂长关系处理得也不太好，领导几次协调也无济于事。

王厂长，男，37岁，大专（企业管理专业），中共党员，有技术员职称，组建该厂时就担任了厂长，至今已近10年。他经历了该厂由衰到盛、几起几落的整个过程，对电子行业的特点非常熟悉，自己又有动手设计的能力。他最大的特点是精于企业管理，在学校学了计算机原理后，他率先把计算机运用到企业管理中去。他对整个厂的机构设置、行政人员的配备、岗位责任以及各副厂长、科长、车间主任和各级管理人员的职责都有明确的规定，每年考核两次，奖惩分明。因此，平时大家各司其职，他却显得很悠闲自在，常常去这个科室转转，到那个车间看看，以便了解情况，发现问题。公司及有关部门召开的会议，他从来不缺席，而有的厂长常常忙得脱不开身。他似乎比别的厂长"超脱"得多。厂长们都很羡慕他。

王厂长性格内向、沉稳，不喜欢大大咧咧地发议论，对什么事情总要深思熟虑，三思而后行，人们说他有"内秀"。他对自己厂今后5年的发展有一个远景规划，听起来切实可行，也颇鼓舞人心。对一些出风头的社会活动，他不太喜欢参加，但对各科开阔思路的业务技术讲座却很感兴趣。他很善于做职工的思想工作，认为企业职工的思想问题都是在生产过程中产生的，都与生产有关，一厂之长，要抓好生产怎么能不做思想工作呢。因此，对一些老大难问题，他从不推诿，都是亲自处理。他还要求各级行政干部做好人的思想工作，并把它作为考核的内容。他和党支部、工会的关系都很好，积极支持他们的工作。他待人谦和，彬彬有礼，和本公司上下左右关系都不错，公司有什么事，只要打一声招呼，他就帮助解决。因此，他的人缘挺好，厂里进行民意测验，几乎异口同声称赞他。

和李厂长不同，他不喜欢花高价引进工程技术人员，他认为这些人中不乏见利忘义之徒，只能同甘，不能共苦。关键时刻还是要靠自己，宁愿多花些钱来培养自己厂里的技术人员，这几年来，厂里也确实培养了一批技术骨干，有些人还很拔尖。他也不喜欢高价做广告。他说，我们对产品的质量有数，我不能干这边排队卖，那边排队修的事。他把做广告的钱用来购买先进的技术设备，为提高质量服务。他说等产品质量达到经得起"吹"的时候再做广告。但实际上他们厂的产品质量还是不错的。开箱抽查，合格率达98%。

该厂是市企业管理先进单位。工会是区"先进职工之家"，团支部是区"先进团支部"，他本人则荣获市优秀厂长和局优秀党员称号。但也有不少人认为，王厂长缺乏开拓精神，求稳怕变，按部就班，工作没有多大起色。按厂里的基础和实力，应该发展得更快些。他们的效益都比不上李厂长他们厂。和李厂长比，他显得保守、过于谨慎、处事比较圆通、不得罪人。王厂长听了这些议论，不以为然，依旧我行我素。

李厂长和王厂长谁当总经理更合适，上级领导部门至今议而未定。

案例分析提示：

1.依据有关个性理论，对两位厂长的能力、气质、性格进行分析、比较。

2.通过对他们个性的分析比较，运用个性与工作匹配的理论，你认为谁当总经理更为合适，从而做到"扬长避短""人尽其才"。

复习思考题

1.人的行为有哪些特征？

2.试分析影响人的行为的因素。

3.简述个性的特点。

4.影响个性形成的因素是什么？

5.试分析、比较各种个性理论。

6.在管理中如何应用个性理论？

7.什么是气质？试述气质差异的应用。

8.什么是能力？在能力的应用上应遵守哪些原则？

9.什么是性格？试分析性格差异的应用。

10.影响知觉选择的因素是什么？

11.试分析管理者的知觉对管理方式的影响。

12.什么是价值观？价值观有何作用？

13.什么是态度？影响态度形成的因素有哪些？

14.什么是工作态度？工作态度与工作绩效有何关系？

15.什么是情绪和情感？情绪和情感有何作用？

16.如何培养和调适情绪和情感？

17.什么是组织承诺？如何增强员工的组织承诺？

18.什么是心理契约？研究心理契约有何意义？

第 3 章

激 励

学习目标

通过本章学习，重点掌握激励的概念、机制；掌握内容型、过程型、行为改造型激励理论和综合激励模式的有关内容；掌握提高激励有效性的激励方式和技巧；了解激励的过程及作用。

3.1　激励概述

3.1.1　激励的含义

对21世纪的人们来说，激励已成为各组织实施人才战略的关键因素。世界500强企业大都奉行以人为本、重视人才、发掘潜能的人力资源管理原则。这些企业采取积极的管理措施，在激烈的人才竞争中，千方百计地留住了人才，以赢得竞争的胜利。如何激发人的工作积极性，是组织行为学的关键问题，这是因为在组织中对人的行为管理的目标，就是要弄清在怎样的条件下，人会更愿意按时来工作，会更愿意留在所从事的工作岗位上，会工作得更有效率。每个人都需要激励，需要自我激励，需要得到来自同事、群体、领导和组织方面的激励。管理工作需要创造并维持一种环境，在此环境里为了完成各种共同目标，人们在一起工作着，一个主管人员如果不知道怎样激励人，便不能胜任这个工作。.

激励，就是激发、鼓励的意思，就是利用某种外部诱因调动人的积极性和创造性，使人有一股内在的动力，向所期望的目标前进的心理过程。激励是行为的钥匙，又是行为的按钮。按动什么样的激励按钮就会产生什么样的行为。激励的含义可从以下几个方面加以理解：

（1）激励有一定的被激励对象。

（2）激励是研究人的行为是由什么激发并赋予活力的。这指的是人们自身有什么样的内在能源或动力，能驱动他们以一定方式表现出某一特定行为，以及有哪些外在的环境性因素触发了此种行为。

（3）是什么因素把人们已被激活的行为引导到一定方向上去的。这指的是人的行为总是指向一定的目的物，总是有所为而发的。

（4）这些行为如何能保持与延续。对这个问题的考察不仅要着眼于人的内在因素，而且要分析环境中有哪些外在因素对这些行为产生影响，从而影响行为内驱力的强度及行为活力的发散方向或怎样为行为提供导向。

激励的实质就是通过目标导向，使人们出现有利于组织目标的优势动机并按组织所需要的方向行动。

3.1.2　激励机制

激励的目的是调动积极性。所谓积极性，是指人们从事某项活动的意愿及行为的准备状态。积极性有其自身形成和变化的规律，激励就是按照积极性的运动规律，对人们施加一定的影响，促使其积极性的形成，并按预定的方向发展。人的积极性产生于自身的需要，受主观认识的调节和客观环境的制约，受行为效果反馈作用的影响。

激励机制指的是在组织系统中，激励主体通过激励因素或激励手段与激励客体之间相互作用的关系的总和，是激励活动的各项要素在运行过程中的相互联系、相互作用、相互制约及其与激励效果之间内在联系的综合机能。激励机制设计是指为实现组织目标，根据组织成员的个性需要，制定适宜的行为规范和分配机制，以实现人力资源的最优配置，达到组织利益和个人利益的一致。有效的激励机制要处理好刺激变量、机体变量及反应变量之间的关系。

刺激变量是指各种有效的激励措施和手段；机体变量是指个体所具有的、影响个体反应的心理特征（如性格、动机、内驱力强度等）、技术水平与工作能力，自我角色概念（即个人在工作中所处的地位、承担的责任、工作目标及努力方向的综合概念）的认识程度等；反应变量是指刺激变量使机体变量在行为上引起的变化。显然，需要和动机都属于机体变量，外界目标属于刺激变量，行为属于反应变量。

（1）需要是积极性的本源。所谓需要，就是有机体和周围环境的某种不平衡状态，是个人和社会有机体延续和发展所依赖的客观条件在主观意识上的反映。趋向平衡是系统的一般运动规律，谋求生存和发展是一切有机系统的本能要求和目的，因此需要是人类一切活动的原动力。个人和社会的存在、发展所依赖的客观条件是很多的，个人和社会的需要既有物质方面的，也有精神方面的，据国外社会学家统计，现代社会中人的需要不下几百种。人类需要的广泛性，构成了社会生活的丰富多彩，也成为生产不断向广度和深度发展的动力，同时也造成了激励的复杂性。

人和社会的生存发展是不以人们意志为转移的，这就决定了需要具有客观的规定性，而需要的客观规定性又决定了人们的共同需要、共同愿望的存在。这就为进行有效的激励提供了客观依据。此外，需要还具有主观感受性的特征，需要的产生取决于人们的感受、认识能力。人的需要的主观感受性决定了人们需要的差别性，也决定了改造人们需要的可能性及教育、实践的必要性。

（2）认识是积极性的导向器和调节器。认识在积极性的形成和发展中具有关键的作用，这是因为：

①认识是将人们的需要和具体事物联系起来的桥梁。需要是形成积极性的前提，但客观需要只能引起愿望、内心紧张和冲动，究竟通过什么途径去满足这些需要，产生什么样的积极性，则取决于人们的认识。因此，认识是对某项事物产生积极性的"触媒"。

②认识是将社会需要转换成个人需要的中介，因此是对组织目标产生积极性的前提。

③认识是需要的满足感或不满足感形成的决定因素，对积极性的发展起重要的调节作用。

④人生观、价值观、道德观对积极性有深刻的影响。人生观、价值观和道德观都是一种认识，这些认识具有相对的稳定性，决定着人们的追求、喜恶，对于积极性有深刻的影响。

（3）环境对积极性的形成和发展起着重要的制约和推动作用。需要和认识是积极性形成和发展的内因，是具有决定意义的因素，但不是全部因素。客观环境对人们积极性的形成和发展的作用是不可低估的。

（4）行为效果的反馈对积极性起着重要的强化作用。

在一定的条件下，设计组织内部有效的激励机制，存在一个"努力工作→产生绩效→有效激励→努力工作……"的正反馈机制，即根据每个人的努力程度和绩效大小，采用物质或精神等激励手段进行奖惩，使人们在物质上和精神上得到满足。人们在得到满足后，又会受到刺激，进而再去努力工作产生新的绩效。如此循环往复，螺旋式上升到新的高度。

设计有效的激励机制是组织发展动力的核心问题。其关键是组织目标与个人需要的兼容，在具体的工作任务安排上，必须将组织目标纳入其中或将组织希望出现的行为列为目标导向行动，使员工只能在完成组织任务后才能达到个人的目标。离开了组织目标，尽管满足了员工的需要也不能称为激励。那种认为满足了个人目标就会带来满意和积极性，就自然能完成组织目标的想法是不符合实际的。同时，目标设置必须是受激励者所迫切需要的。已经满足的需要要么不可能激发动机，要么激发出来的动机强度不高。目标的设置要适当，既不能俯拾即是，又不能高不可攀，应是通过努力可以达到、不努力则无法达到的。

3.1.3　激励的决定因素与作用

美国哈佛大学威廉·詹姆斯（William James）教授在实地调查中发现，按时计酬的员工一般情况下只发挥了20%～30%的能力。如果能够受到充分激励，就能发挥其能力的80%～90%。也就是说，一个人平常表现的能力水平，与经过激励可能达到的能力水平之间存在着大约60%的差距。由此可见，激励在组织管理工作中发挥着重要作用。

1）激励的决定因素

激励之所以越来越受到重视，主要是由以下几个因素决定的：

（1）竞争加剧。世界经济全球化使企业所面临的竞争环境日趋激烈。组织想生存和发展，就要不断地提高自己的竞争力，而提高竞争力就必须最大限度地激励组织中的全体成员，充分挖掘其内在的潜力。

（2）激励对象的差异性。组织中人员的表现有好、中、差之分。在管理中就是要通过各种激励办法，使表现好的人继续保持积极行为；使表现一般的和表现差的人得到激发，逐步转变为主动积极为组织作贡献的成员，为实现组织的目标而奋斗。

（3）激励对象需求的多样性。组织中的人有多方面的需求，要满足这些需求，就必须采用多种激励办法，包括金钱、关心、尊重、好的工作条件、有趣和有意义的工作等。主管人员的任务就在于采取满足其需求的激励措施。

2）激励的作用

（1）通过激励可以引进大量的、组织需要的优秀人才。许多世界著名企业都特别重视这一点，它们从世界各国吸引了大量有才能的专家、学者，以保持领先的地位。

（2）通过激励可以充分调动在职职工的积极性，使其充分地发挥才能。

（3）通过激励可以进一步激发在职职工的创造性，从而大大提高工作绩效。例如，丰田汽车公司采取合理化建议奖（包括物质奖和荣誉奖）的办法鼓励职工提建议，不管这些建议是否被采纳，均会受到奖励和尊重。如果建议被采纳并取得经济效益，将会得到重奖。结果该公司职工仅 1983 年就提出 165 万条建议，平均每人 31 条，为公司创造了 900 亿日元的利润，相当于该公司全年利润的 18%。

3.1.4　激励理论的发展

研究人类动机的激发，由来已久。公元前，古希腊的哲学家曾以享乐主义解释人的行为，认为人都有追求享乐、回避痛苦的倾向。这一哲学观点被经济学界和哲学界继承下来。例如亚当·斯密、本瑟姆和斯图尔特都是持这种观点的代表人物。19 世纪初，动机激发的研究，逐渐从社会哲学领域进入到心理学领域，早期的心理学家仍信奉享乐主义是人类有意识、有理性追求的东西。

直到 20 世纪初，被称为"美国心理学之父"的詹姆斯率先对享乐主义的假设提出质疑。在《心理学原理》一书中，他对动机激发的另外两个历史概念（本能和无意识动机的激发）给予认可。詹姆斯并不认为人类总是有意识或有理性的，而认为人类许多行为是出于本能，能影响个体行为的部分非习得本能包括哭喊、移动、好奇、模仿、社交、同情、怕黑暗、妒忌等。这些本能和其他本能在每个人身上都存在着。社会心理学的创始人麦克杜格尔进一步发展了行为本能学说，他在 1908 年出版的《社会心理学》一书中把本能定义为：一种决定着个体对任何客观事物察觉或注意的先天性倾向（或素质）……一种行为或以某种特殊行为方式表现出来的动作冲动。这种本能学说的基本点是假设人类行为取决于一种非习得的先天倾向（素质）。

自 20 世纪 20 年代开始，人类动机激发的本能观点受到了沉重打击，尤其是来自那些提倡以纯科学方式来观察行为的行为学家们，他们全盘否定了这种基本上无法观察、神秘莫测的学说。这种严厉批评的继续，使得今天在研究和讨论人类行为时已很少使用"本能"这个术语。尽管现代心理学家承认有些人类动机看来是非习得的，但他们不甘愿接受由詹姆斯和麦克杜格尔提倡的"先天性倾向性行为"这一概念。他们认为"先天性倾向"观点，可能适合于低等动物，但不足以解释人类的行为。

詹姆斯在本能的概念下曾强调无意识动机的激发问题。然而，使无意识成为研究人类动机激发组成部分的是弗洛伊德。所谓无意识动机，是指人类并非总是能明确地意识到他们所有的欲望，有时甚至连自己的目标都说不清。弗洛伊德通过临床实践和对病人的分析，发现一个人在许多方面的表现如同一座冰山，只有一小部分是能意识到的，并显现于外；其余部分则潜伏在表象之下，不一定能为行为者本人所意识。与詹姆斯一样，弗洛伊德也试图将无意识动机与本能等同起来。许多现代心理学家，尽管并不赞同弗洛伊德对无意识动机的大部分解释，但均承认无意识动机的客观存在，只是还缺乏更深入的研究和理解，因而无意识动机的历史作用还是有限的。

由于行为本能学说和无意识动机激发的观点远不足以说明人类复杂的动机激发过程，终于促使早期内驱力理论的出现。内驱力理论家在很大程度上受到早期行为主义学派的影响，其创始人是霍尔（C.Hall），他综合了以前的各种观点，提出了动机的激发是内驱力和习惯的乘积的公式，奠定了动机激发的科学性理论基础。这个公式是：

$$E = D \times H$$

式中：E（effort）——一个人所作出的努力；

D（drive）——一个人的内驱力；

H（habit）——一个人的习惯。

霍尔认为内驱力是一种强化了的影响力，决定着行为的强度，而习惯则反映了行为主义对霍尔的影响。后来，霍尔为了避免过分地强调习惯，在公式中加上了"未来定向"（future-oriented）的诱因概念。这样公式就成了：

$$E = E \times H \times I$$

式中：I（incentive）——诱因。

公式表明，一个人所作的努力（反映动机激发的程度）等于其内驱力、习惯和诱因的乘积。既然包含了诱因这个因素，就在动机中承认了认知特性。这一公式成为后来动机激发期望理论的先驱。

在早期内驱力理论的基础上，现代心理学家提出了动机激发循环的概念，把需要、内驱力和目标三个相互影响、相互依存的要素衔接起来，构成了动机激发的完整过程。一个目标达到了，新的需要随之而起，如此周而复始，循环不息。其模式见图3-1。在这个模式里：

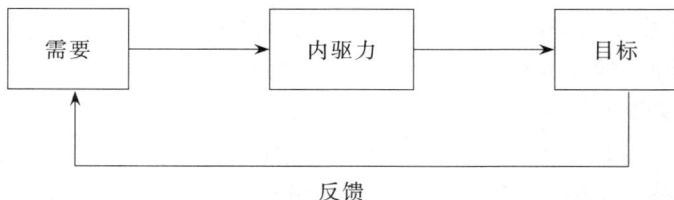

图3-1 基本的动机激发模式

需要，是指来自个体生理上或心理上的缺乏（或不足）。从体内平衡的意义上来讲，当生理或心理上感到缺乏或不足，出现了某种不平衡时，就产生了需要。例如，人体内的细胞缺少营养或一个人失去了朋友时，就会产生对食物或友谊的需要。

内驱力。一般来说，内驱力和动机是两个可交替使用的术语。当一个人在生理或心理上感到缺乏某种东西时，就产生一种紧张不安的心理状态。内驱力就是一种力求实现需要的满足，消除这种缺乏或不足状况的内在驱动力。这个术语与霍尔的定义相类似，内驱力是作用于行为定向的、能强有力地促进目标完成的一种内在的力量。这是动机激发过程中最核心的环节，上述例子中，对食物的需要就转化为力求解除饥饿的内驱力，对朋友的需要则成为力求交往的内驱力。

目标，是动机激发过程的终端，可解释为能满足需要和减弱内驱力的事物。因此，达到预定目标将有助于恢复生理和心理上的平衡。凡能满足个体某种需要的目标，心理学称为诱因，如果说需要是激发动机的内在条件，那么诱因就是它的外在条件。

在上述基本动机激发模式的基础上，心理学家们开展了大量研究，从不同角度提出了激发动机的理论，大体上可分为三大类：

（1）内容型激励理论，着重研究激发动机的诱因，由于是围绕着如何满足需要进行研究，故又称为需要理论，主要包括马斯洛的"需要层次论"、赫茨伯格的"双因素论"、奥德弗的"ERG理论"以及麦克利兰的"成就需要激励理论"等。

（2）过程型激励理论，着重研究从动机的产生到采取具体行动的心理过程。这类理论都试图从弄清人们对付出努力、功效要求和奖酬价值的认识，来达到激励的目的，主要包括弗罗姆的"期望理论"、亚当斯的"公平理论"等。

（3）行为改造型激励理论，着重研究激励目的的理论。激励的目的正是改造和修正行为，主要包括斯金纳的强化理论，以及归因理论和挫折理论等。

此外，罗伯特·豪斯和迪尔综合和概括了上述三类理论，提出了综合激励模式，对克服上述理论的片面性有重要的意义。

3.2　内容型激励理论

需要和动机是推动人们行为的原因，也是激励的起点和基础。内容型激励理论则是着重研究需要的内容和结构，及其如何推动人们的行为的理论。其中有代表性的理论有需要层次论、双因素论、ERG理论和成就需要激励理论。

3.2.1　需要层次论

需要层次论是由美国著名的心理学家和行为学家马斯洛提出来的。早在1943年，马斯洛在《人的动机理论》一文中，首次提出了需要层次论，把人的需要分成生理需要、安全需要、友爱和归属的需要、尊重的需要和自我实现的需要五个层次。在1954年他又在《激励与个性》一书中（该书1970年又再版了修订本）作了进一步阐述，在尊重的需要后面又增加了求知的需要和求美的需要，把人的需要分成七个层次。这一理论几十年来流传甚广，是行为科学家试图揭示需要规律的主要理论。

1）需要层次论的内容

人类的多种需要可分为以下七个层次：

（1）生理的需要。这是人类为维持自身生命的最基本需要。它包括吃、穿、住及休息等需要。马斯洛认为，只有这些最基本的需要被满足到维持生命所必需的程度后，才会出现另外的、更高级的需要。否则，其他的需要都不能起到激励人的作用。生理需要不是无止境的，当达到一定程度后，其对行为的引发导向、强化作用就会大大减少。

（2）安全的需要。这是人类要求保障自身安全、摆脱失业和丧失财产等威胁的需要。当一个人的生理需要得到了一定的满足之后，他就想满足安全的需要，即不仅考虑到目前，而且考虑到今后，考虑自己的身体免遭危险，考虑已获得的基本生理需要及其他的一切不再丧失和被剥夺。例如，要求摆脱失业的威胁，要求在生病及年老时生活有保障，要求工作安全并免受职业病的危害，希望解除严格的监督以及不公正的待遇，希望有干净和有秩序的环境，希望免除战争和意外的灾害等。

（3）友爱和归属的需要。这是社会交往的需要。当生理及安全的需要得到相当的满足后，友爱和归属的需要便占据主导地位。因为人类是有感情的动物，人们希望与别人交往，避免孤独，希望与同事之间和睦相处，关系融洽。人们希望归属于一个团体以得到关心、爱护、支持、友谊和忠诚，并为达到这个目的而作出努力。

（4）尊重的需要。当一个人第三层次的需要得到满足以后，他通常不只是满足于做群体中的一员，开始产生尊重的需要。它包括自尊和受人尊重两个方面。自尊意味着在现实环境中希望有实力、有成就、能胜任和有信心，以及要求独立和自由；受人尊重是指要求有名誉或威望，可看成别人对自己的尊重、赏识、关心、重视或高度评价。自尊需要的满足使人产生一种自信的感情，觉得自己在这个世界上有价值、有实力、有能力、有用处。而这些需要一旦受挫，就会使人产生自卑感、软弱感和无能感。

（5）求知的需要。人有知道、了解和探索事物的需要，而对环境的认识则是好奇心作用的结果。

（6）求美的需要。人都有追求匀称、整齐和美丽的需要，并且通过从丑向美转化而得到满足。马斯洛发现，从严格的生物学意义上说，人需要美正如人的饮食需要钙一样，美有助于人变得更健康。

（7）自我实现的需要。这是马斯洛理论中最高层次的需要，指的是一种使人能最大限度地发挥自己的潜能并完成某项工作或某项事业的欲望。马斯洛对此有过描述，即使以上所有的需要都得到满足，我们往往（如果不是经常的话）仍会产生新的不满，除非本人正在干着合适的工作。音乐家必须演奏音乐，画家必须绘画，诗人必须写诗，这样才能使他们感到最大的快乐。人们能做什么，就应该做什么。我们把这种需要称为自我实现。自我实现的需要，指的就是使他的潜能得以实现的向往。这种向往可以说成是希望自己越来越成为所期望的人物，完成与自己能力相称的一切事情。

2）马斯洛需要层次论的应用

马斯洛的需要层次论由于直感逻辑性强，易于理解，得到了广泛的流传，在西方管理领域中有相当的影响，对搞好管理有一定的指导意义。

（1）掌握职工的需要层次，满足不同层次的需要。管理者要了解、掌握职工的需要及其变化发展规律，根据不同层次的需要，采取相应的激励措施，以引导和控制人的行为。尤其注意强化或者改造最高需要，使之与组织的或社会的需要相一致。比如当个体需要处在自我实现层次时，成长、成就和提升就成为一般激励因素，就应该采取诸如挑战性的工作、在组织中提升、工作的成就等激励措施。

（2）要满足不同人的需要。马斯洛的需要层次仅是一般人的要求，实际上每个人的需要并不都是严格地按其顺序由低向高发展的，还需要具体情况具体分析，因为在不同情况下人们需要的强烈程度是不同的。如经济收入较低的人，对衣、食、住、行方面的需求较强烈，对个人成就不太重视。有些人对穿衣和吃饭要求不高，而对个人成就的欲望却很强。有些老年人，生理需求和成就需求并不强烈，但避免孤独的需求和得到儿女、社会尊重的需求却很强烈。即使同一个人在不同的时候和不同的情况下，需求层次也不一样。对于管理人员来说，了解这些情况是非常重要的，须采取不同的激励措施。

3.2.2 双因素理论

双因素理论是由美国心理学家赫兹伯格于 1959 年提出的。20 世纪 50 年代后期，他和他的同事在匹茨堡地区对 9 个企业中的 203 名会计师和工程师采用"关键事件法"进行调查访问，要会计师和工程师们回答两个问题：第一，什么原因使你愿意干你的工作？第二，什么原因使你不愿意干你的工作。赫兹伯格在研究了调查结果后提出了双因素理论。

1）双因素理论的内容

赫兹伯格发现对上述两个问题有两类明显不同的反映。经过分析，他认为企业中影响人的积极性的因素可按其激励功能不同，分为保健因素和激励因素。

（1）保健因素。保健因素是指与工作环境或条件相关的因素。对这类因素处理不当或者说这类需要得不到满足，会导致职工的不满，甚至会严重挫伤职工的积极性；反之，这类因素处理得当，能防止职工产生不满情绪，但不能使职工有更高的积极性。由于这类因素带有预防性，只起保持人的积极性、维持工作现状的作用，为此这类因素被称为"保健因素"。赫兹伯格发现保健因素主要有 10 个：

①公司的政策和行政管理；

②技术监督系统；

③与监督者个人之间的关系；

④与上级的关系；

⑤与下级的关系；

⑥工资；

⑦工作安全性；

⑧个人的生活；

⑨工作环境；

⑩地位。

（2）激励因素。激励因素是指与工作内容联系在一起的因素。这类因素的改善，或者使这类需要得到满足，往往能给职工以很大程度上的激励，产生工作的满意感，有利于充分、持久地调动职工的积极性；即使不具备这些因素和条件，也不会引起职工太大的不满意。由于这类因素能够激发人们作出最大的努力，因此称之为激励因素。赫兹伯格认为激励因素主要有6个：

①工作本身具有挑战性；

②奖励；

③晋升；

④成长；

⑤负有较大的责任；

⑥成就感。

赫兹伯格认为保健因素不能直接起到激励人们的作用，但能防止人们产生不满的情绪。保健因素改善后，人们的不满情绪会消除，并不会产生积极效果。而激励因素才能产生使职工满意的积极效果。

2）双因素理论的应用

赫兹伯格的双因素理论，强调内在激励，在组织行为学中具有划时代意义，为管理者更好地激发职工工作的动机提供了新思路。

（1）管理者在实施激励时，应注意区别保健因素和激励因素，前者的满足可以消除不满，后者的满足可以产生满意。

（2）管理者在管理中不应忽视保健因素，如果保健性的管理措施做得很差，就会导致职工产生不满情绪，影响劳动效率的提高。另外，也没有必要过分地改善保健因素，因为这样做只能消除职工对工作的不满情绪，不能直接提高工作积极性和工作效率。

（3）管理者若想持久而高效地激励职工，必须改进职工的工作内容，进行工作任务再设计，注意对人进行精神激励，给予表扬和认可，注意给人以成长、发展、晋升的机会。用这些内在因素来调动人的积极性，才能起更大的激励作用并维持更长的时间。

3.2.3 ERG 理论

ERG 理论，又称成长理论，是由美国心理学家奥德弗根据已有试验和研究，于20世纪70年代初提出的一种内容型激励理论。

1）ERG 理论的内容

这一理论系统地阐述了一个关于需要类型的新模式，发展了赫兹伯格和马斯洛的理论。他把马斯洛的需要层次压缩为三种需要，即生存（E）需要、相互关系（R）需要和成长（G）需要。

（1）生存需要。生存需要指的是全部的生理需要和物质需要，如衣、食、住，组织中的报酬，对工作环境和条件的要求等。这类需要大体上和马斯洛需要层次中的生理需要、部分安全需要相对应。

（2）相互关系需要。相互关系需要是指人与人之间的关系、联系的需要。这一需要类似于马斯洛需要层次中的部分安全需要、全部友爱和归属需要以及部分尊重需要。

（3）成长需要。成长需要是指一种要求得到提高和发展的内在欲望。不仅要求充分发挥个人的潜能有所作为和成就，而且还包含开发新能力的需要。这一需要与马斯洛的需要层次中部分尊重的需要和整个自我实现需要相对应。

2）ERG 理论的主要特点

奥德弗认为这三种需要之间没有明显的界限，它们是一个连续体。这一理论限制性较少，易于应用。ERG 理论的特点表现在它对各种需要之间的内在联系的有说服力的阐述：

（1）哪个层次的需要得到的满足越少，则这种需要就越为人们所渴望。例如，满足生存需要的工资越低，人们就越希望得到更多的工资。

（2）较低层次需要满足得越充分，对较高层次的需要往往就会越强烈。例如，E、R 需要得到了充分的满足，G 需要就会突出来。

（3）较高层次的需要满足得越少，则对较低层次需要的渴求也就越多。例如，成长的需要得到的满足越少，则对人与人关系的需要渴求就越大。

此外，ERG 理论不仅提出了需要层次的"满足–上升"趋势，而且指出了"挫折–倒退"趋势。这一规律在管理中很有启发意义。因为在实际生活中，职工之所以追求低层次需要，往往是因为领导者在管理上的失策，未给职工提供能满足高层需要的环境和条件所致，奥德弗这一观点可以说是对激励理论的最大贡献。

ERG 理论自提出后，除了奥德弗自己做的实验测定外，几乎还没有人对他的理论做过直接研究，也没有什么具体例证足以支持或否定这一理论。不过有很多人认为这一理论比马斯洛的理论更切合实际。

3.2.4　成就需要激励理论

成就需要激励理论是美国哈佛大学教授麦克利兰及其学生在 20 世纪 50 年代提出来的。他们对成就需要这一因素做了大量研究，认为成就需要具有挑战性，引发人的快感，增加奋斗精神，对行为起主要影响作用。

1）成就需要激励理论的主要内容

成就需要激励理论主要研究在人的生理需要基本得到满足的条件下，人还有哪些需要。麦克利兰认为，人在生理需要得到满足以后，还有三种基本的激励需要，就是：

（1）对权力的需要。具有较高权力欲的人，对施加影响和控制表现出很大的兴趣。这样的人一般寻求领导者的地位；他们常常表现出喜欢争辩、健谈、强有力、直率和头脑冷静，并且善于提出问题和要求；也常常喜欢教训别人，并乐于讲演。

（2）对归属和社交的需要。具有这方面需要的人，通常从友爱、情谊、人与人之间的社会交往中得到欢乐和满足，并总是设法避免因被某个组织或社会团体拒之门外而带来的痛苦。他们喜欢保持一种融洽的社会关系，享受亲密无间和相互谅解的乐趣，随时准备安慰和帮助危难中的伙伴。

（3）对成就的需要。有成就需要的人对胜任和成功有强烈的要求，同样也担心失败；他们乐意、甚至热衷于接受挑战，往往为自己树立有一定难度而又不是高不可攀的目标。他们对风险一般采取现实主义的态度。他们愿意承担所做工作的个人责任，对他们正在进行的工作情况，希望得到明确而又迅速的反馈。他们一般喜欢表现自己。

2）研究成就需要理论的意义

麦克利兰认为，具有高度成就需要的人对于国家和组织都有重要的作用。组织拥有这样的人越多，发展就越快。国家拥有这样的人越多，就越兴旺发达。据他的调查，英国在1925年时拥有高成就需要的人数在25个国家中名列第5位，当时英国确实是一个兴旺发达的国家。1950年再做调查时，英国拥有高成就需要的人数，在39个国家中名列第25位，事实上第二次世界大战以后的英国也确实在走下坡路。他还认为，可以通过教育和培养造就出高成就需要的人。所以，无论是组织还是国家都要注意发现、培训有成就需要的人。

以上几种内容型理论都是从人的需要方面来研究激励问题的，所以，也可把其称为需要理论。

3.3　过程型激励理论

过程型激励理论着重研究人们选择其所要进行的行为的过程，即行为是怎样产生的，是怎样向一定方向发展的，如何能使这个行为保持下去，以及怎样结束行为的发展过程。其主要代表理论有期望理论、公平理论等。

3.3.1　弗罗姆的期望理论

工作激励的期望理论源自卢因和托尔曼所提出的认知观念及古典经济理论的效用观念。然而第一个使其理论化和模式化的是美国心理学家弗罗姆（V.H.Vroom），他于1964年在《工作与激励》一书中提出了这个理论。这个理论一出现，就受到国外管理学家和实际管理工作者的普遍重视。目前，人们已经把期望理论看作最主要的激励理论之一。

1）期望理论的内容

期望理论是一种通过考察人们的努力行为与其所获得的最终奖酬之间的因果关

系，来说明激励过程，并以选择合适的行为达到最终的奖酬目标的理论。这种理论认为，当人们有需要，又有达到这个需要的可能时，其积极性才高。激励水平取决于期望值和效价的乘积。其公式是：

激发力量=效价×期望值

（M=V · E）

式中：M（motive force）——激发力量的高低，是指动机的强度，即调动一个人积极性，激发其内在潜力的强度。它表明人们为达到设置的目标而努力的程度。

V（value）——效价，是指目标对于满足个人需要的价值，即一个人对某一结果偏爱的强度（$-1 \leqslant V \leqslant 1$）。

E（expectancy）——期望值，是指采取某种行为可能导致的绩效和满足需要的概率，即采取某种行为对实现目标可能性的大小（$0 \leqslant E \leqslant 1$）。

这个公式表明，激发力量的大小与效价、期望值有密切的关系，效价越高、期望值越大，激发力量也越大；反之，亦然。如果其中一个变量为零（毫无意义或毫无可能），激发力量也就等于零。这就说明了为什么非常有吸引力的目标也会无人问津。这是内容型激励理论无法解释的。

这个公式实际上提出了在进行激励时要处理好三方面的关系，这些也是调动人们积极性的三个条件。

（1）努力与绩效的关系。人总是希望通过一定的努力能够达到预期的目标，如果个人主观认为通过自己的努力达到预期目标的概率较高，就会有信心，就可能激发出很强的工作力量。但是如果他认为目标太高，通过努力也不会有很好的绩效时，就失去了内在的动力，导致工作消极。这种关系可在公式的期望值这一变量中反映出来。

（2）绩效与奖励的关系。人总是希望取得成绩后能够得到奖励，这种奖励是广义的，既包括提高工资、多发奖金等物质方面的奖励，也包括表扬、自我成就感、得到同事们的信赖、提高个人威望等精神方面的奖励。如果他认为取得绩效后能够获得合理的奖励，就有可能产生工作热情，否则就可能没有积极性。

（3）奖励与满足个人需要的关系。人总是希望自己所获得的奖励能满足自己某方面的需要。然而由于人们在年龄、性别、资历、社会地位和经济条件等方面都存在着差异，他们对各种需要得到满足的要求程度也不同。因而对于不同的人，采用同一种办法给予奖励能满足的需要程度不同，所激发出来的工作动力也就不同。

2）期望理论对我们的启示

期望理论给我们实施激励提供了有益的启示：

（1）管理者不要泛泛地抓一般的激励措施，而应当抓多数被组织成员认为效价最大的激励措施。

（2）设置某一激励目标时应尽可能加大其效价的综合值，如果每月的奖金多少不仅意味着当月的收入状况，而且与年终分配、工资调级和获得先进工作者称号挂钩，则将大大增大效价的综合值。

（3）适当加大不同人实际所得效价的差值，加大组织希望行为和非希望行为之间的效价差值。如只奖不罚与奖罚分明，其激励效果大不一样。

（4）适当控制期望概率和实际概率。期望概率既不是越大越好，也不是越小越好，关键要适当。当一个期望概率远高于实际概率时可能产生挫折，而期望概率太小时又会减少某一目标的激发力量。实际概率最好大于平均的个人期望概率，使大多数人受益。但实际概率应与效价相适应，效价大，实际概率可以小些；效价小，实际概率可以大些。

3.3.2　波特和劳勒的期望模式

波特（L.W.Porter）和劳勒（E.E.Lawler）以期望理论为基础导出了一种本质上更完备的激励模式，并把它主要用于对主管人员的研究。

1）波特和劳勒的期望模式的内容

这个模式见图3-2。

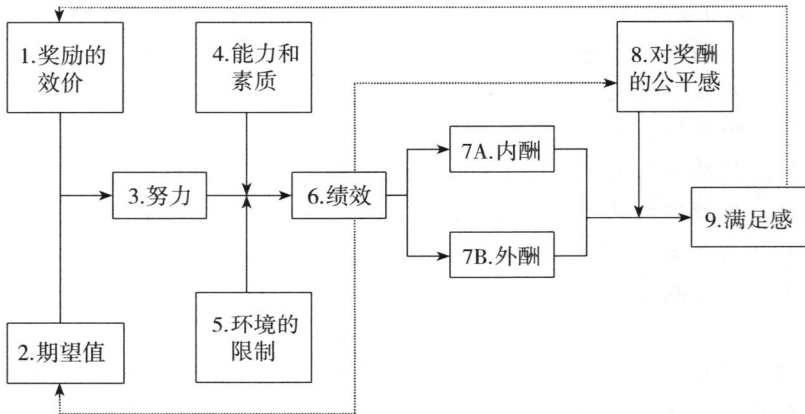

图 3-2　波特和劳勒的期望模式

图3-2中包括的主要变量：

（1）努力，是指个人所受到的激励强度和所发挥出来的能力，它和弗罗姆模式中所使用的动机"激发力量"一词相当。个人所作努力的程度综合取决于个人对某项奖酬（如工资、奖金、提升、认可、友谊、某种荣誉等）效价的主观看法及个人对努力将得到这一奖酬的概率的主观估计。奖酬对个人的效价因人而异，决定于它对个人的吸引力。而个人每次行为最终得到的满足，又会以反馈的形式影响个人对这种奖酬的估价，如图3-2中虚线9→1所示。同时，个人对努力可能导致奖酬的期望值的主观估计，与个人的经历或经验密切相关。每一次的工作绩效也会以反馈形式影响个人对成功期望值的估计，如图3-2中的虚线6→2所示。努力还与绩效有一定的关系，但不一定导致高绩效，因为绩效还受其他更多因素的影响。

（2）绩效，是工作表现和实际成果。绩效不仅取决于个人所做的努力程度，而且也受个人能力与素质（如必要的业务知识、技能等）以及环境的影响。

（3）奖酬，是绩效所导致的奖励的报酬。其包括内在奖酬和外在奖酬，这两种奖酬和个人对奖酬所感受到的公平感糅合在一起，影响着个人的满足感。波特和劳勒认为，内在性奖酬更能带来真正的满足，并与工作绩效密切相关；此外，公平感也会受到个人对工作绩效自我评价的影响，如图3-2中的虚线6→8所示。

（4）满足，是个人实现某项预期目标时所体验到的满意感。一般人都认为，有了满意才能有绩效，而波特和劳勒却认为，先有绩效才能获得满足。

2）波特和劳勒的期望模式的应用

管理者在运用上述模式时，要做好以下几项工作：

（1）尝试估计工作者的满意水平。

（2）从活动中比较不同工作者的满足水平。为了激励个体的积极性，并不需要提高满足程度，而只要加强与满足工作结果之间的联系。

（3）要使职工对自己工作的期望更有力，就要设法使其通过自己的努力来获得激励。

（4）如果这些期望不够有力，就需要重新考虑刺激是否恰当，人们是如何看待这些刺激的。

3.3.3　公平理论

公平理论又称社会比较理论，这一理论的起源可追溯到费斯廷格和霍曼斯的认知不协调理论及交换理论，但作为工作激励理论，提出这一理论的代表人物是美国心理学家亚当斯（J.S.Adams）。亚当斯着重研究奖酬分配的公平性、合理性对职工生产积极性的影响。

1）公平理论的内容

亚当斯认为，人们的工作动机，不仅受其所得报酬的绝对值影响，而且要受到报酬的相对值的影响，即每个人都把个人的报酬与贡献的比率同他人的比率做比较，如比率相等，则认为公平合理而感到满意，从而心情舒畅努力工作；否则就会感到不公平、不合理而影响工作情绪。这种比较过程还包括同本人的历史的贡献报酬比率做比较，可用公式表示如下：

$$\frac{\text{个人所得的报酬}}{\text{个人的贡献}} : \frac{\text{另一个人所得的报酬}}{\text{另一个人的贡献}} \qquad （横向比较）$$

$$\frac{\text{个人现在所得的报酬}}{\text{个人现在的贡献}} : \frac{\text{个人过去所得的报酬}}{\text{个人过去的贡献}} \qquad （纵向比较）$$

这里亚当斯把贡献与报酬看成一种投入与产出的交换关系。他所说的贡献包括体力和脑力的消耗，包括技术水平、智慧、经验和工作态度，具体则体现为工作数量与质量。他所说的报酬包括物质和精神的奖励，如工资、奖金、津贴、晋升和名誉地位等。

由此可见，所谓"公平"与"不公平"，实际上是在比较对照为人们所觉察到的分配状况。亚当斯认为，在比较中，当两边的比例不相等时，人们感到不公平，产生心理上的紧张、不安和不平衡。只有在两边的比例相等的情况下，才会使人们感到公平，产生心理上的平衡感。

亚当斯及后来的研究者，在研究关于工资报酬方面的不公平感对人们的劳动态度的影响后，得出如下结论：

（1）在计时工资制下，当人们感到报酬过高时，他会以提高产量、改进质量，即以增加自己对工作的"贡献"来消除不公平感；当感到报酬过低时，就会降低产量、质量，即以减少自己的"贡献"来求得心理平衡。

（2）在计件工资制下，当职工感到报酬过高时，为了"保护"现有定额标准，防止企业降低单件工资及避免职工间可能出现的矛盾，他会降低产量，但力图提高质量，即降低自己的"报酬"同时增加"贡献"来消除不公平感；当感到报酬过低时，就会力图增加产量，但可能会不太注意质量，即增加自己的"报酬"，但并不增加自己的"贡献"，以取得公平。

在一个组织里，大多数人往往喜欢不断地与他人进行比较，并对公平与否的程度作出判断。从某种意义上说，工作动机激发的过程，实际上就是人与人之间进行比较、作出判断，并据以指导行动的过程。人们对某些不公平感可能忍受一段时间，但是这种不公平感时间长了，可能会因一桩明显的小事而引起强烈的反应。

应当指出，人们在进行比较时，对贡献与报酬的评价全凭个体的主观感觉，只有当个体主观上感到"不公平"时，才会产生一种力图恢复"公平"的愿望。对大多数人来说，"不公平"感是一种令人不安甚至厌恶的刺激，为消除这种刺激产生的紧张状态，个体则会产生一种内在的驱动力，这就形成了一种激励，其强度与个体所感受到的不公平程度成正比例。亚当斯指出，这样一种激励可以表现成几种形式，如试图改变其所得报酬或贡献，有意或无意地曲解自己或他人的报酬与贡献或竭力改变他人的贡献或报酬等。

2）公平理论在管理上的应用

公平理论提出的基本观点是客观存在的，作为管理者应从这里得到一些有益的启示：

（1）公平奖励职工。要求公平是任何社会普遍存在的一种社会现象。公平理论第一次把激励和报酬的分配联系在一起了，说明人是要追求公平的，从而揭示了现实生活中的许多现象。管理者在激励工作中不应用孤立的眼光看待某个人，而应该考虑其参照对象，充分运用公平理论的原理。管理者在工作任务的分配、工作绩效的考核、工资奖金的评定以及待人处事等方面，能否做到公正合理，这既是衡量工作水平高低的重要因素，又是保证组织安定、人际关系良好、职工积极性充分发挥的重要因素。组织领导要坚持绩效与奖酬挂钩的原则，公平奖励职工。

（2）加强管理，建立平等竞争机制。人的工作动机不仅受绝对报酬的影响，而且更重要的是受相对报酬的影响。人们在主观上感到公平合理时，心情就会舒畅，人的潜力就会充分发挥出来，从而使组织充满生机和活力。这就启示管理者必须坚持"各尽所能，按劳分配"的原则，将职工所做的贡献与他应得的报酬紧密挂钩。

只有打破平均主义，才能调动人们的积极性。合理的奖酬是以公正科学的评价为基础的。一些组织出现的不公平现象，主要是由于缺乏科学的评价标准和措施。因此，组织还要科学地建立系统的评价指标体系，以公正地评价人们的劳动，建立平等的竞争机制。

（3）教育组织成员正确选择比较对象和认识不公平现象。公平理论表明公平与否都源于个人感觉，个人判别报酬与付出的标准往往都会偏向于自己有利的一方。也就是说，人们在心理上会自觉不自觉地产生过低估计别人的工作绩效，过高估计别人的工资收入倾向，而且也常常选择一些比较性不强的比较对象，这些情况都会使人们产生不公平感，这对组织是不利的。因此，管理者应能以敏锐的目光察觉个人认识上可能存在的偏差，适时做好引导工作，确保个人工作积极性的发挥。

3.4 行为改造型激励理论

行为改造型激励理论是研究如何改造和转化人的行为，变消极为积极的一种理论。对这个问题各学派存在着不同的看法，大体可归纳为三类：第一类看法认为，人的行为是对外部环境刺激作出的反应，只要通过改变外部环境刺激（即创造一定的操作条件），就可达到改变行为的目的，如强化理论；第二类看法认为，人的行为是人的内在的思想认识指导和推动的结果，通过改变人的思想认识就可以达到改变人的行为的目的，如归因理论；第三类看法认为，外部环境刺激与改变内部思想认识相结合，才能达到改变人的行为的目的，如挫折理论。

3.4.1 强化理论

强化理论是由美国哈佛大学心理学教授斯金纳提出的。强化是心理学术语，是指通过不断改变环境的刺激因素来达到增强、减弱或消失某种行为的过程。这个理论特别重视环境对行为的影响作用，认为人的行为只是对外部环境刺激所作的反应，只要创造和改变外部环境，人的行为就会随之改变。对于管理者来说，这种理论的意义在于用改造环境（包括改变目标和完成工作任务后的奖惩）的办法来保持和发挥积极行为，减少或消除消极行为，把消极行为转化为积极行为。

1）在管理中运用强化理论改造人的行为一般有4种方式

（1）积极强化。在行为发生以后，立即用某种有吸引力的成果，即物质的精神的鼓励来肯定这种行为，在这种刺激的作用下，个体感到对他有利，从而增强以后行为反应的频率，这就是正强化。通常正强化的因素有奖酬，如表扬、赞赏、增加工资、奖金和奖品，分配做有意义的工作等。

（2）惩罚。当某一不合要求的行为发生以后，即以某种带有强制性和威胁性的结果，如批评、降薪、降职、罚款、开除等来创造一种令人不快乃至痛苦的环境，或取消现有的令人愉快和令人满意的条件，以示对这种不合要求的行为的否定，从而达到减少消极行为或消除消极行为的目的。

（3）消极强化（逃避性学习）。这种强化方式是指预先告知某种不合要求的行为或不良绩效可能引起的后果，允许人们通过按所要求的方式行事或避免不符合要求的行为，来回避一种令人不愉快的处境。如果人们能按所要求的方式行事，即可减少或消除这种令人不愉快的处境，从而使人们增加积极行为出现的可能性。消极强化与积极强化的目的是一致的，但两者采用的手段不同。

（4）衰减。它是指撤销对原来可以接受的行为的正强化，即对这种行为不予理睬，以表示对该行为的轻视或某种程度的否定。研究表明，一种行为长期得不到正强化，会逐渐消失。

2）强化的时间安排

在运用强化手段时，不仅要考虑采用何种方式，而且在何时以及它发生的间隔次数问题也需认真考虑。主管人员可以根据下属的行为情况不同而采用不同的强化方式，它主要分为连续强化和间歇强化两种。

（1）连续强化，是指每次发生的正确行为都给予强化。

（2）间歇强化，是指非连续的强化，不是每次发生的行为都受到强化。

间歇强化还可以按时间间隔是否固定、强化的比例是否变化而分为四种形式：固定间歇强化、可变间歇强化、固定比率强化和可变比率强化，如图3-3所示。

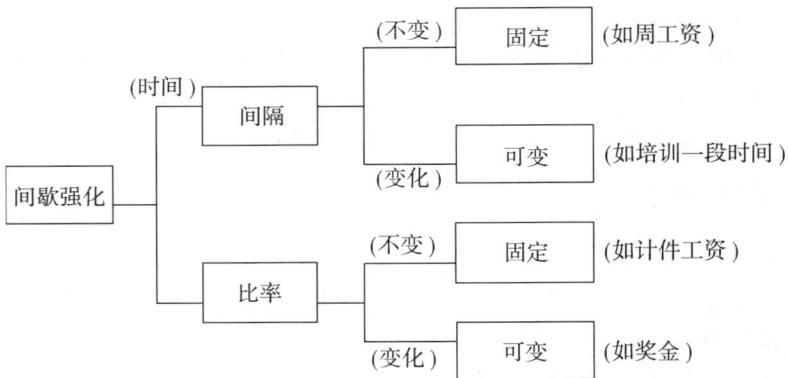

图3-3　间歇强化类型图

①固定间歇强化，是指强化的时间固定不变，如计时工资、月度奖、年终分红等。

②可变间歇强化，是指没有固定的时间，随时都有可能实施的强化，如临时检查卫生、学生的抽查考试等。这些措施主要便于督促人们努力。口头表扬或临时性奖励也属此类。

③固定比率强化，是指按预先规定的一定比率进行强化，如计件工资等。

④可变比率强化，是指没有完全固定的比率，对行为的强化带有较大的随机性，如分等综合奖。

3）强化理论在管理中的应用

主管人员在运用强化理论改造下属的行为时，应遵循的原则是：

（1）因人制宜采取不同的强化模式。人们的年龄、性别、职业和文化不同，需要就不同，强化方式也应不一样。对一部分人有效的，对另一部分人不一定有效。要依照强化对象的不同需要采用不同的强化措施。

（2）要设立一个目标体系，分步实现目标，不断强化行为。在鼓励人前进时，不仅要设立一个鼓舞人心而又切实可行的总目标，而且要将总目标分成许多小目标。这是因为对于庞大的、复杂的（一般也是远期的）目标，不是一次性强化就了事，在实现目标过程中职工不能经常得到成功结果的反馈和强化，积极性会逐渐消退。相反，应把这个庞大目标分成若干阶段性目标，通过许多"小步子"的完成而逐渐完成。对每一小步取得的成功结果，管理者都应予以及时强化，以长期保持职工奔向长远目标的积极性，而且通过不断地激励使其增强信心。

（3）要及时反馈、及时强化。所谓及时反馈就是通过某种形式和途径，及时将工作结果告诉行动者。无论结果好与坏，对行为都具有强化的作用。好的结果能增强信心，继续努力；坏的结果能促使其分析原因，及时纠正。

（4）奖惩结合、以奖为主。强化理论认为，一种行为长期得不到正强化，就会逐渐消退。根据这个规律，一些成功的企业都十分注意采用以奖励为主的正强化办法调动职工积极性。即使在运用惩罚等强化手段时，也一并告诉职工应该怎样做，力求严肃认真、实事求是、处理得当。当有改正的表现时，随即就给以正强化。

3.4.2 归因理论和轨迹控制

归因理论最初是在研究社会知觉的实验中提出来的，但以后随着对归因问题研究的深入和发展，归因理论所研究的内容也就逐渐超出了社会知觉的范围。概括起来，归因理论主要研究以下三个方面的问题：一是对人们心理活动的归因，即人们心理活动的产生应归结为什么原因。二是对人们的行为的归因，即根据人们外在的行为和表现对其内在的心理活动的推论，这是社会知觉归因的主要内容。三是对人们未来行为的预测，即根据人们过去的行为表现预测他们以后在有关情景中将会产生什么行为。这一理论来源于早期如卢因、费斯廷格、查姆斯及贝姆的认知理论。但一般认为海德（F.Heider）是该理论的创始人，而凯利（H.H.Kelly）则是现代的主要代表。归因理论的特点，在于强调一个人的知觉与其行为之间的关系。如凯利认为，归因理论主要涉及人的认知过程，并借以说明个体行为产生的原因与一定的环境有关，或者说可以归因于一定的环境。虽然动机激发和行为的许多"为什么"的问题的起因是无法直接观察到的，但人们的行动必须依赖认知，尤其是知觉。归因理论家们假设人们是有理性的，能够认识、理解与其环境有关的因果结论。海德还认为，内在力量（对能力、努力及耐劳精神等个人因素的归因）和外在力量（对有关的规章制度及组织、气氛等环境因素的归因）的综合作用，决定着人的行为，并强调指出对行为起重要作用的只是那些被感知到的因素，而非所有存在的因素。人们对内在因素和对外在因素的比重在感觉上的不同，会影响他们的行为表现。正是这种不同的归因观念对工作动机的激发具有重要意义。

"轨迹控制"（locus of control）是指人们对自己行为所造成的结果究竟是受外因还是内因控制的一种认识。当人们感到主要是受内因的控制时，他们会觉得可以通过自己的努力、能力或运用技巧来影响行为的结果；当人们感到主要是受外因的控制时，他们会觉得行为的结果非自己所能控制，而是受外力的摆布。这种被感知的轨迹控制会对人们的满足和绩效带来不同的影响。

归因理论及轨迹控制在管理领域中主要研究以下两方面的问题：对人们的某一行为究竟归结为外因还是内因；研究人们对获得成功或遭到失败的归因倾向。心理学家威纳认为人们对自己的成功和失败主要归结于四个方面的因素：努力、能力、任务难度和机遇。这四种因素又可按内外因、稳定性和可控性进一步分类：从内外因方面来看，努力和能力属于内因，而任务难度和机遇则属外部原因；从稳定性来看，能力和任务难度属于稳定因素，努力与机遇则属不稳定因素；从可控性来看，努力是可以控制的因素，而任务难度和机遇则超出个人控制范围。人们把成功和失败归因于何种因素，对以后的工作态度和积极性有很大影响。例如，把成功归于内部原因，会使人感到满意和自豪；归于外部原因，会使人感到幸运和感激。把失败归因于稳定因素，会降低以后工作的积极性；归因于不稳定因素，可能提高以后的积极性等。总之，运用归因理论来增强人们的积极性对取得成就有一定的作用，特别是对科研人员的作用更明显。这说明通过改变人的思想认识可以达到改变人的行为的目的。

3.4.3　挫折理论

挫折理论专门研究人们遇到挫折后会有一些什么行为反应，管理者应如何针对员工遇到的挫折采取相应措施，引导员工行为，使其走出挫折阴影，积极努力地对待工作。

1）挫折的概念

挫折是指人们从事有目的的活动，在环境中遇到障碍和干扰，使其需要和动机不能获得满足时的情绪状态。它是一种普遍存在的社会心理现象，任何人的一生都不可能是一帆风顺的。这不仅是因为客观事物是纷繁复杂、不断发展变化的，人们对其认识要有一个不断深化的过程，而且达到目标也要有一个积聚力量、创造条件的过程。所以，在这个过程中遇到一些障碍和干扰是难免的。某一目标能否实现，某一需要和动机能否得以满足，既取决于这种目标、需要和动机是否具备实现的客观条件和环境，也取决于人们的主观认识是否与客观事物相吻合。所以，挫折是客观存在的。

2）引起挫折的原因

引起挫折的原因是多种多样的，人们受挫的程度也各不相同，但总的来说，挫折不外乎是由客观因素和主观因素造成的。

（1）客观环境方面的原因。由客观环境因素所构成的挫折主要有三个方面：自然环境因素、物质环境因素和社会环境背景因素。

①自然环境因素是指因气候变化及自然灾害所引起的困难。

②物质环境因素是指由于物质的缺乏或故障，使人们无法满足其需要而形成的挫折。

③社会环境背景因素又包括家庭环境、工作中的人际关系和社会文化背景三方面的因素。如历史发展的不平衡、社会变革的影响、新生事物发展的不完善、不良的社会风气、不良的小环境（如人们之间的关系紧张，工作岗位不能使人充分发挥才能，教育方法不当，管理方式不妥等）、偶然的客观事物的发生等。

（2）主观条件方面的原因。引起挫折的主观因素主要包括：

①个人目标的适宜性。每个人的行为都是指向一定目标的，在正常情况下，制定这些目标时应该根据自身的客观条件，能有完成的机会。但在实际中，很多人所定的目标常常过高，不切实际，因而事与愿违。

②个人本身能力的因素。许多时候，由于个人的能力限制、生理缺陷或知识面窄等障碍，人们无法顺利达到目标，也会产生挫折。

③个人对工作环境了解的程度。要有效地完成工作、适应环境，必须对工作条件及周围的环境进行深入和全面的了解。如果对工作条件和环境了解不够，将会增加工作的难度，甚至会引起适应不良的情况，常使人遭受不必要的困难和挫折。

④个人价值观念和态度的矛盾。人们对于事物的取舍，是否愿意在某项事物或工作上花时间、花物力，都取决于其价值观念。每个人都只愿做他所认为值得做的事。但有许多时候，人们可能同时追求两个以上的目标，而又无法都达到，就必须有所取舍。

许多研究表明，受挫的大小与个体的动机密切相关，当重要动机受挫时，感受到的挫折就较大，对个体的打击也较大。由于心理发展层次的不同、认识方法的差异、抱负水准的高低等，不同个体会具有不同的重要动机，因此，挫折的感受因人而异。

3）受挫后的行为表现

动机受挫随时可能产生。这种挫折，有时是短暂的，有时是长期的；有的比较严重，有的比较轻微。一般说来，一个人遭受挫折后，在生理上、心理上均会产生种种反应，而反应的强烈程度和方式则往往根据所受挫折的性质、强度及个体自身当时的情况而异。当一个人的行为受挫后，目标不能达成，动机无法兑现，需要得不到满足，在个体和环境之间便产生了冲突，导致内心的紧张，心理上的不安，乃至陷入痛苦之中。此时，个体会自觉不自觉地采取一种防卫性的对抗行为，以适应行为受挫后的新情况。行为受挫后所产生的防卫行为，其效果可能是积极的、建设性的；也可能是消极的、破坏性的。这些行为，按其建设性和破坏性的倾向可作如下排列：升华、增加努力、重新解释、补偿、折中、反向行为、合理化、推诿、退缩、逃避、表同、幻想、抑制、回归、侵略、放弃等。

4）正确地对待挫折

挫折既是坏事，也是好事。挫折一方面使人失望、痛苦、消极、颓废，甚至一蹶不振；或引起粗暴的消极对抗行为，导致矛盾激化；还可能使某些意志薄弱者因此失去生活的希望等。另一方面挫折又可能给人以教益，使人变得聪明起来；挫折能使犯错误者猛醒，认识错误，接受教训，改弦更张；它还可以砥砺人的意志，使之更加成熟、坚强；它还能激励人发奋努力，从逆境中奋起。之所以把挫折理论归于激励范畴，是因为成功与挫折是个体行为的两种可能的结果。目标达成，要积极引导以保持激励的效果；遭受挫折，更应保护人们的积极性，使人们不产生消极和对抗行为。

面对挫折，有的人采取积极态度，有的人却采取消极态度，甚至对抗态度。一个合格的主管人员，必须深入了解心理防卫机制，了解遭受挫折后产生防卫性行为的实质，努力做好下属的心理辅导，从而增加积极的建设性行为，消除消极的破坏性行为。为消除行为受挫可能带来的消极影响，国外常见的做法有：及时了解、排除形成挫折的根源；提高下属和职工的挫折忍受力；采用"精神发泄"疗法等。挫折理论提出采用改变环境、分清是非、心理咨询等多种方法引导人们在挫折面前避免消极的甚至对抗的态度，而采用积极的态度，以使人的行为朝积极的方向发展。挫折理论对管理工作有较强的实用价值。

3.5　综合激励模式

3.5.1　综合激励模式的内容

综合激励模式是由罗伯特·豪斯（Robert House）提出来的，他通过一个模式把上述几类激励理论综合起来，把内外激励因素都归纳进去了，其代表公式是：

$$M = V_{it} + E_{ia}\left(V_{ia} + \sum_{j=1}^{n} E_{ej}V_{ej} \right)$$

$$= V_{it} + E_{ia}V_{ia} + E_{ia}\sum_{j=1}^{n} E_{ej}V_{ej}$$

式中：M——某项工作任务的激励水平的高低，即动力的大小；

V_{it}——工作本身所提供的效价，它所引起的内激励不计任务完成与否及结果如何，故不包括期望值大小的因素，即期望值为1；

E_{ia}——完成任务内在的期望值，也就是主观上对完成任务可能性的估计；

V_{ia}——完成任务的效价；

E_{ej}——完成工作任务导致获得某项外在奖酬的期望值；

V_{ej}——某项外在奖酬的效价。

（i：内在的；e：外在的；t：任务本身的；a：完成；j：外在的奖酬项目）

上述展开的公式中包括了三项内容：

V_{it}——工作任务本身的效价，即某项工作对工作者本人有用性的大小，也就是这项工作本身的内激励力的大小。

$E_{ia}V_{ia}$——工作任务的完成所引起的内激励作用。

$E_{ia}\sum\limits_{j=1}^{n}E_{ej}V_{ej}$——各种外在奖酬所起的激励效果之和。其中引入两项期望值，E_{ia}是对完成工作任务可能性的估计，E_{ej}是对完成工作任务与获得奖酬的可能性的估计。

在这三项内容中，第一项纯属内在激励；第二项属于内在激励，但着眼于工作任务本身完成的效价，即完成工作任务的重要意义；第三项则以完成工作任务为前提，研究工作任务完成后导致结果的可能性与效价，主要是外在的奖酬带来的激励。这三部分激励力量各自发挥着自己的作用，相辅相成，但不一定缺一不可。

3.5.2　综合激励模式对我们的启示

豪斯的公式强调了任务本身效价的内激励作用；突出了完成工作任务内在的期望值与效价；兼顾了因任务完成而获取外在奖酬所引起的激励，对主管人员将会有极大的启迪。要提高人们的积极性，必须从内、外激励两个方面入手。

1）提高内激励

内激励来源于对工作活动本身及完成工作所带来的满足感。对提高激励的政策来说，提高内激励更为重要。因为这样不仅可以减少对外酬的需要，在奖酬不足或不为人们所重视的情况下尤为重要，而且内激励高则工作自觉性强，不需要管理人员过多监督。

内激励包括 V_{it}、V_{ia} 和 E_{ia} 三个因素，下面分别分析每个因素在提高激励水平方面有哪些有效的方法：

（1）V_{it}——内酬效价。要提高内酬效价，主要办法有：

①使该项活动多样化、有变化，以免枯燥单调，或定期轮换不同职务，实现工作的扩大化和丰富化；

②尽量减少工作任务的不确定性，使每个人都清楚自己所做的工作的性质与内容；

③使工作能为人们提供更多交往的机会，以满足社会的需要；

④尽量做到专业对口，使工作者有兴趣。

（2）V_{ia}——对完成任务的效价。提高这种效价的办法主要有：

①提高每个人对其工作成果的全面性和统一性的认识；

②提高人们对自己所完成工作的重要性的认识；

③提高人们对工作后果的责任感。

（3）E_{ia}——完成任务内在的期望值，也就是主观上对完成任务可能性的估计，这也是外激励的前提条件。因为只有主观上认为有完成任务的期望时，才有可能取得他想要的奖励。要提高这个期望值，主要的办法有：

①对职工进行培训，增强其工作的信心，提高其完成任务的能力；

②为职工创造完成任务的条件，帮助他们克服工作中的困难；

③重视工作效果的及时反馈，不断地把情况和意见告诉职工，使其能迅速修正行为。

2）提高外激励

外激励是由 E_{ia}、E_{ej} 和 V_{ej} 三个因素所组成的，E_{ia} 已经分析过了，下面分析后两个因素在提高激励水平方面的有效方法。

（1）E_{ej}——完成任务后取得奖酬的可能性。要提高这种可能性，主要办法是：认真贯彻按绩效付酬的原则，赏罚分明，务使各项政策兑现；对常规性工作实行计件付酬；对需要有高技巧和创造性的工作，要根据其客观效果付酬，可由领导判断，力求公正。

（2）V_{ej}——外酬的效价。由于外酬的种类繁多，每个人对各种外酬的需要、爱好及重视程度各异，为了使外酬发挥应有的作用，就必须使外酬符合每个人所好。为此，就要进行周密调查，按每个人的不同要求安排奖酬。

3.6　如何提高激励的有效性

3.6.1　进行有效激励的要求

运用各种激励理论来激发组织成员的积极性，是各级领导者的重要职责，也是实现组织目标的必要前提。为使激励取得效果，在激励过程中必须符合以下要求：

1）奖励组织期望的行为

美国著名管理学家米切尔·拉伯夫经过20年的调查和研究，总结出这样一条规律，即"人们会去做受到奖励的事情"，因而把奖励组织所期望的行为称为"现代行为管理的基本原则"。事实证明，组织中许多不合理的行为都是由于奖励不当造成的。根据在激励方面组织常犯的错误，拉伯夫提出，组织应特别注意奖励以下10种行为：奖励彻底解决问题，而不是奖励只图眼前见效的行为，以确保组织的长远利益；奖励承担风险而不是回避风险的行为；奖励善于用创造力而不是愚蠢的盲从行为；奖励果断的行动而不是光说不做的行为；奖励多动脑筋而不是一味苦干；奖励使事情简化而不是使事情不必要的复杂化；奖励沉默而有效率的人，而不是喋喋不休者；奖励有质量的工作人员，而不是匆忙草率的工作人员；奖励忠诚者而不是跳槽者；奖励团结合作而不是互相对抗。

2）善于发现和利用差别

组织激励的一个重要原理是利用利益的差别，向组织成员传递组织期望的行为的信息。奖惩分明是自古以来人们所信奉的一个管理原则。利益的差别可以推动竞争，心理学的实验显示，竞争可以增加50%甚至更多的心理创造力。利益差别也是体现公平的一个方面。马克思主张社会主义社会实行按劳分配，正是为了解决社会分配不公的问题，从而调动广大劳动者的积极性。因此，各级主管人员必须坚持物质利益原则和按劳分配原则，处理好国家、集体、个人三者之间利益关系。通过考核人们的行为及绩效的差别，奖勤罚懒、奖优罚劣，切忌搞平均主义。

在利用利益差别激励下属时，必须明确指出下属的贡献或不足，使之心服口服。为了避免造成员工间的矛盾，应尽量用预先规定的工作标准来衡量人们的实际表现，不要直接进行人与人的对比。

3）掌握好激励的时机和力度

激励要掌握时机。比如，当下属作出成绩时，经理人员应及时表扬，同时要鼓励下属百尺竿头，更进一步。当下属做了错事，为防止扩大损失，固然应及时制止，但批评不一定马上进行，以防矛盾激化。如果一个下属因自己失败而闷闷不乐，这时候经理如果落井下石，就会冒严重伤害他的危险，他就不再上进了。对于反复出现的积极行为，不能反复表扬，而应当出其不意，使人们有所期待和有所争取。

激励要注意力度。奖励、惩罚、表扬、批评都有一个限度，心理学上称为"阈值"，低于这个阈值的激励是不起作用的，如轻描淡写的批评，漫不经心的表扬等作用都不大。但是激励力度也不能过分，过度奖励和过度惩罚都会产生不良后果。例如，有些企业奖金水平定得过高，导致职工积极性脆弱及劳务成本不断上升。

4）激励时要因人而异

人们有不同的需要、不同的思想觉悟、不同的价值观与奋斗目标，因此激励手段的选择及应用要因人而异。例如，有的职工家庭经济困难，在奖励时，就可发奖金。而家庭收入很高的人，发奖金则起不到多少激励的作用。后进职工思想有了转变，希望大家对他有新的评价，他就特别希望获得荣誉奖励，这时企业领导者也应尽量给予满足。为此，主管人员在进行激励时，要定期对人们的需要进行调查，分析不同年龄、性别、职务、地位、受教育程度的员工最迫切的需要，实行所谓"弹性报酬制度"，对不同的人，给予不同的激励，在总激励费用不变的前提下，获得更好的激励效果。

5）系统设计激励策略体系

激励策略要优化组合，在空间上相辅相成，在时间上相互衔接，形成"综合治理"的格局及积极性的良性循环。在设计激励系统时，可以按照考察分析、教育培训、目标管理、组织引导、考评奖惩5个步骤进行。

人的积极性运动机制的复杂性，影响因素的众多和交叉性，决定了激励必须根据影响积极性的各种因素的相互联系和相互制约的特点，以及系统理论的要求，使若干项激励措施同步配套地实行。这是因为各种影响因素同时在对人们的积极性起作用，不是受控制的，就是自发的，既有积极的，也有消极的。如果只抓一方面而不顾及其他，就容易产生相互抵消的情况。这就要求主管人员在运用激励手段时，既抓物质的，也抓精神的；既抓内激励，也抓外激励，特别要抓好内激励；既抓组织内的因素，也抓组织外的因素，处理好组织内部条件和外部环境的关系。日本的激励机制足以证明系统激励的重要作用。大量的调查研究表明，日本劳动大军的积极性是在一个配合良好的激励系统中产生的，这个系统主要包括社会性的职业竞争与大企业终身雇佣相结合的就业体制，职工收入与企业经营绩效挂钩的分配制度，以年功序列为基础的人事制度与家族主义的文化传统及企业工会体制等因素。

3.6.2 激励的手段和方法

根据积极性的运动规律，调动人们的积极性的基本途径是，激发和满足正当、合理的需要，提高人们的思想觉悟，创造一个良好的、富有激励性的环境。对此可以通过多种手段来实现。实践中常用的手段和方法有：

1）思想政治工作

思想政治工作对改变人们的认知心理活动过程有着重要的作用。从实践看，在个人认知过程中，最有影响的评价标准与观点是：个人目标结构、价值观、公平观、归因及挫折感。这些都是个人主观因素，可能正确，也可能不正确或不完全正确。思想政治工作的作用就在于影响人们去调整、改变这些标准与观点，力求使之切合实际，力求正确。思想政治工作之所以能起作用，就在于我们的国家和社会制度的性质。我们的社会是人民群众当家做主，是为人民谋利益的，人民群众是通情达理的，思想政治工作就是要抓住这个关键。思想政治工作主要进行世界观教育、国情教育、改革意识教育、行为规则的教育、道德品质的教育、价值观的教育、遵守纪律的教育、确立需要和以正当手段满足需要的教育等。

2）奖惩

奖励包括物质奖励和精神奖励。前者主要通过增加工资或奖金等，后者主要通过各种形式的表扬、给予一定的荣誉等来调动人的积极性。其中物质奖励是最古老和传统的激励方式之一，我国古代就有"重赏之下，必有勇夫"之说。在运用奖励时，要根据本组织的实际情况，在调查分析的基础上，制定科学的奖励制度。

各种组织，尤其是企业都要运用奖惩制度，例如，用奖金、提升、晋级、福利和表扬来引导和激发人们的期望行为；用责罚的手段包括精神的、经济的和行政的手段来制止和纠正非期望的行为。这对调动人们的积极性有着重要的作用。

由于人与人之间存在着个别差异，因此，不同的奖励形式对人的价值也会不同。有时，从奖励的绝对值来看是相同的，但由于奖励的形式不同，奖励的作用也就大不一样。因此，在运用奖励时，要根据本组织的实际情况，在调查分析的基础上，制定科学的奖励制度。

一般说来，制定奖励制度必须遵守两个重要的原则：

（1）组织为其成员提供的奖励必须对其成员有较高的价值，即组织成员认为这种奖励对他有重要意义；

（2）组织制定的奖励制度要使其成员得到的报酬与他们的工作绩效相联系，即工资奖金与绩效挂钩。

对不同的奖励制度，可以从重要性、数量上的灵活性、使用的频率、可见性、低成本五个方面进行评价。各种组织，尤其是企业组织常用的奖励方式有报酬、津贴、提升、地位和身份象征、特殊奖励证书等。这五种奖励方式并不是相互排斥的，而是各有优缺点，可以结合起来运用。

在运用激励措施时，只奖不惩是不行的，只奖不惩在管理上是一种不封闭的表现。适当的惩罚也是一种教育，有时是更实际、更深刻的教育，因为许多健康的行为事实上都是来自自然惩罚的过程。许多期望行为是从自己和别人非期望行为所得到的惩罚而来的。但是，惩罚容易引起副作用，如产生不满、顶牛、关系紧张、丧失信心和行为固化等。为消除惩罚产生的副作用，必须正确地使用惩罚手段，如在惩罚之前要发安民告示、惩罚比例要适当、要言行一致、从善意出发等。

3）目标激励

制定目标是正式组织及其内部协作的出发点，也是一个组织存在的目的。没有明确的目标，就无法进行管理。组织制定目标可以通过任务报告书来表达。组织任务报告书规定了组织独特的目标，把本组织同其他组织区别开来。一个组织的任务报告书写得越全面，该组织盈利就会越多。共同的目标有利于促进组织内部的协作，形成共同的理想和信念。

制定目标不仅仅是组织发展和管理本身的需要，而且是激励员工的需要。员工参与目标的制定，可以看到自己的价值和责任，感到工作的乐趣，并从实现目标中获得满足感。目标制定还有利于沟通，减少完成目标的阻力，保证目标的完成，并使个人利益与组织目标得到统一。

激励理论认为，激励=目标意义×实现可能性。要使目标发挥最大的激励效用，就必须使目标本身具有重要的意义和实现的可能性。

组织成员对于目标的制定一般有三种需要：需要知道他们该干什么（对目标的理解），需要感到参与了工作标准的制定（对目标价值的认识），需要对他们实际所做工作进行经常性的信息反馈（对目标实施的了解）。因此，用于激励的目标必须包含三大要素：

（1）目标清楚明了，可以传达；

（2）实施目标的组织成员要参与目标制定工作；

（3）根据结果对履行职责的情况进行评估与反馈。

这些不仅是目标激励的要求，而且是目标管理的特征。

4）工作设计

工作设计问题主要是组织向其成员分配工作任务和职责的方式问题，也包括创造一个良好的工作环境和生活环境。工作设计是否得当，对激发职工的工作动机，增强职工的工作满意感以及提高生产率都有重大的影响。

工作设计的发展，经历了工作专业化、工作扩大化和工作丰富化三个阶段。工作专业化强调利用工作的专业化、重复性和低技术要求等手段，来达到高效率的组织目标，但这么做产生了工作者对工作的厌烦情绪。工作扩大化强调扩大工作范围来抵消工作者的厌烦情绪，但这也只是一种权宜之计。工作丰富化是让工人有机会参与工作的计划和设计，得到信息反馈，估价和修正自己的工作，使工人对工作本身产生兴趣，增加责任感和成就感。工作扩大化与工作丰富化的区别在于，工作扩大化是扩大工作的水平负荷，即增加同类工作的数量，对工作技能水平的要求则大致相同。而工作丰富化是从纵向扩大工作范围，即扩大工作的垂直负荷，要求任职者完成更复杂的任务，负更大的责任，有更多的自主性，因而对人们的能力和技能也提出了更高的要求。

5）职工参加管理

职工参加管理是指在不同程度上让职工和下级参加组织决策，参加各级管理工作的研究和讨论。这样做可以使下级感受到上级主管的信任，从而体验到自己的利益同组织的利益、组织的发展密切相关而产生强烈的责任感。多数人由于参加商讨与自己有关的问题而受到激励，这也为实现组织目标提供了保证。我国是社会主义国家，民主管理是我国各级组织管理的本质特征，职工参加管理，正是民主管理的一种方式，它体现了群众在组织中的主人翁地位和权利。这就要求各级主管人员在管理中应当自觉地采用这种方式，相信群众，依靠群众，并自觉地接受群众的监督。鼓励人们参加一些可以给予他们管理的事务，倾听下属的意见并进行研究，采纳合理化建议。当然，让职工参加管理，并不意味着主管人员可以放弃自己的职责。主管人员必须在民主管理的基础上，尽职尽责做好本职工作。职工民主管理的真正含义在于增强职工主人翁责任感，密切领导和群众的关系，使组织得到蓬勃的发展。

6）培训激励

给个人提供各种学习、锻炼的机会是一种有效的激励方式。培训意味着为自身素质的提高、自身人力资本的增值以及为将来更好的发展提供机会和条件。特别是进入信息社会，知识的更新越来越快，人们在工作岗位上受到的挑战也越来越多，对学习的需要越来越强烈。因此，培训这种激励方式也越来越受到青睐。

7）榜样激励

榜样的力量是无穷的。大多数人都不甘落后，但往往不知道怎么干，或在困难面前缺乏勇气，通过树立先进典型和领导者的宣传示范，可以使人们找到一面镜子、一把尺子和一根鞭子，使人们增添克服困难和争取成功的决心及信心。榜样激励就是通过满足职工的模仿和学习的需要，引导职工的行为到组织目标所期望的方向。榜样激励的方法是树立企业内的英雄模范人物的形象，号召和引导人们模仿、学习。像王进喜、张秉贵、焦裕禄等英雄模范人物，都曾在全中国起了很好的榜样作用。

8）危机激励

危机激励是指将组织面临的危难、不利条件和困难告诉组织成员，使之产生一种危机感，形成一种不进则退、置之死地而后生的竞技状态，使组织成员奋发进取，拼搏向上，勇往直前。中国古代的"卧薪尝胆""破釜沉舟"等故事充分说明了危机激励的重大作用。

现代组织所面临的是一种竞争激烈、充满挑战的环境，这就要求组织领导人一方面要保持冷静的头脑，时刻注意环境的细微变化；另一方面要组织员工进行"SWOT"（组织面临的优势、劣势、机会与威胁）分析，给组织定好位，找出组织真正的竞争对手，唤起员工的危机意识、忧患意识，并把这种意识化为行动的动力。

在工商企业的实际管理工作中，有着多种多样的激励方式，管理者可以根据员工的实际情况，选择合适的激励方式，以达到调动人们工作积极性的目的。

本章小结

激励理论对研究调动人的积极性、发挥人的潜力和提高人的工作绩效有着重要的作用。本章主要讨论了激励的含义、激励机制、激励的作用、激励的模式、激励理论的发展、有代表性的激励理论以及激励的有效应用等问题。

激励，就是激发、鼓励的意思，就是利用某种外部诱因调动人的积极性和创造性，使人有一股内在的动力，向所期望的目标前进的心理过程。激励的目的是调动积极性。所谓积极性，是指人们从事某项活动的意愿及行为的准备状态。人的积极性产生于自身的需要，受主观认识的调节和客观环境的制约，受行为效果反馈作用的影响。

通过激励可以引进大量的、组织需要的优秀人才；通过激励可以充分调动在职职工的积极性，使其充分地发挥才能；通过激励可以进一步激发在职职工的创造性，从而大大提高工作绩效。

激励理论主要包括内容型激励理论、过程型激励理论、行为改造型激励理论以及综合激励模式。

内容型激励理论着重研究激发动机的诱因。由于理论的内容都围绕着如何满足需要进行研究，故又称为需要理论，主要包括：马斯洛的需要层次论、赫兹伯格的双因素理论、奥德弗的ERG理论以及麦克利兰的成就需要激励理论。

过程型激励理论着重研究从动机的产生到采取具体行动的心理过程。这类理论都试图从弄清人们对付出努力、功效要求和奖酬价值的认识，来达到激励的目的，主要包括：弗罗姆的期望理论、波特和劳勒的期望模式、亚当斯的公平理论。

行为改造型激励理论是着重研究激励目的的理论，激励的目的正是改造和修正行为，主要包括：强化理论、归因理论和轨迹控制、挫折理论。

激励的手段和方法主要有：思想政治工作、奖惩、目标激励、工作设计、职工参加管理、培训激励、榜样激励与危机激励。为使激励取得效果，在激励过程中必须符合以下要求：奖励组织期望的行为；善于发现和利用差别；掌握好激励的时间和力度；激励时要因人制宜；系统设计激励策略体系。

案例分析

案例 1　　　　　　　　　　**SSQC 公司小邓的跳槽**

2001 年 2 月 19 日是春节放假后第一天上班的日子，某市 SSQC 公司的经营部里仍然洋溢着节日的喜庆气氛，人们还沉浸在节日的欢乐中。但在经营部经理室里，主管经营的副经理顾大伟却一脸凝重。他一向器重并有意发展成为业务骨干的小邓，正坐在他的对面，桌子上摆着他的辞职报告。而在这之前，小邓刚刚因为进公司 3 年多来一贯表现良好而获得加薪 900 元的奖励。在顾经理看来，这样的年轻人是没有什么理由跳槽的。

SSQC 公司的背景

SSQC 公司的前身是一家大型国有一类企业，1994 年与国外某公司合资成立 SSQC 公司，中方占 60% 股份，外方则以技术和资金参股。公司的日常运营管理由中方负责，外方只委派三名高层管理人员参与管理。SSQC 公司的主要产品为电站动力设备及配套系统。1995 年前后，由于国内电力市场发展势头强劲，合资所带来的资金与技术又为 SSQC 公司的腾飞插上了翅膀，公司任务很多，各项经济指标也呈逐年上升势头。尽管 SSQC 公司残留了原来国有大中型企业的许多通病，可是在这样繁荣的市场大环境里，一切缺陷都暂时被掩盖了。SSQC 公司一时成为某市乃至全国机电行业国有大中型企业的一面旗帜。

合资后的 SSQC 公司有员工 5 000 人，其中中高级职称的工程技术和管理人员占 20%，而年龄在 30 岁以下的青年员工只占 10%。合资后，SSQC 公司进行了组织结构调整，总经理下设 9 个职能部门，以技术部和经营部为工作重心。随着中国市场经济体制的逐步完善，销售工作的重要性日显突出，经营部自然成为全公司关注的中心，因此公司逐步形成以销售为龙头，以技术为后盾的经营模式，这也给技术部和经营部的互相配合与协调提出了更高的要求。1995 年以前，公司从设计到生产各部门都由一批年纪较大的员工把关，年轻人很难把自己一些创新的想法运用到实际生产过程中。合资公司成立后，为了改变这种状况，公司采取了一些积极的措施，包括启用一批年轻有为的中青年员工担任中层领导职务，以及招聘更多有才能的大中专毕业生。经营部小邓就是在这样的背景下来到 SSQC 公司的。一切都仿佛在向好的方面发展，然而一些大的问题已经渐渐显露出来了。

经营部人员与技术部人员的矛盾

随着市场的不断成熟与发展，以及中国开发西部的步伐逐步加快，中国的电站设备制造业又将迎来一个充满希望的春天，但市场的竞争也是非常激烈的。SSQC 公司面临来自竞争对手的挑战是，它们有着明显的价格竞争力。虽然 SSQC 公司的产品质量相对来说较高，但是偏高的劳动力成本致使其产品价格过高，常常是同样规格的产品，价格比竞争者高近10%。结果，1998年其市场份额降到近10年来的最低点。要迅速改变这种不利的状况，唯有不断提高产品性能并降低成本，从而提高产品整体的性价比，同时，要使自己设计生产的产品能满足顾客的不同需要，并能及时根据市场需求的变化来调整产品结构，进行产品革新和改造。经营部作为市场的前哨，直接面对客户，自然掌握着第一手的市场资料。因此，为了加强销售人员和技术人员的沟通和交流，使SSQC公司的产品能更加符合市场需要，公司研究决定，对经营部办公地址进行搬迁，从原来的经营大楼迁至技术大楼。然而这一切并没有预想的那么顺利。

多年来公司的指导思想一直是以经营为龙头、以技术为后盾，在多接订单的前提下争取好的品质和创新产品，公司总经理也多数是搞营销或管理出身的。经营部一直被放在公司运营的重要位置：销售人员出差可以较自主地安排日程，食宿交通等各方面也都有较高标准；为鼓励销售人员多接订单，公司规定销售人员的年终奖金与任务挂钩；同时，制定了相应的奖励措施，即对销售人员实行任务承包。公司根据上一年的销售情况和下一年的市场预测，确定下一年的销售任务，销售人员平时只拿基本工资，奖金则全部积累到年终作为基数进行考核，如果当年任务完成，则在这一基数上乘以一定的系数作为奖励，而每个人的系数由经营部领导根据个人任务完成情况和表现确定，任务完成后年终有一笔相当可观的奖金。因此销售人员都很有干劲，公司也能不断地接到订单保证生产。多年来，老的销售人员都很认同这种奖励方法，任务完成了皆大欢喜，任务没完成经营部也会以别的名义把所扣的奖金补回来。公司的其他员工心里都明白一个道理——如果没有订单，车间会停产，几千人的工资奖金就会受影响，因此经营部人员的工资多一点也是无可厚非的。

为了更好地推销自己的产品，提高市场占有率，SSQC公司每年都拨给经营部一笔专款用作业务活动费，直接供销售人员使用，这其中自然有很大一部分用作招待费，吃饭、娱乐、送礼……这一切在技术人员眼中看起来是那么简单又惬意。因此，技术人员常常认为经营部的人都不是靠实力吃饭的，对销售人员极为鄙视。当公司将两个部门放到一起后，这种矛盾更为激化了。技术人员对待销售人员的态度更加傲慢，对销售人员所反映的客户意见也不是很重视。当销售人员有技术问题需要解决的时候，技术部的人员也经常推三阻四，这也造成了经营部人员对技术部人员的不满。

新任总经理的改革

2000年6月，公司新来了一位搞技术出身的总经理。新老总的性格比较耿直，做事总是一丝不苟，非常严谨。另外，由于是搞技术出身的，新老总也总是对科研情有独钟，认为科研开发才是企业生存与立足的根本所在。他上任不到半年，就对全公司进行了一次大的改革，引起的震动不亚于一次地震。新官上任三把火，也许是为了体现自己对技术和品质的重视，也许是为了阻止技术人员流失的不利局面，新任总经理对公司的分配制度做了一次大的调整：给技术部的中青年骨干力量大幅度地增加工资，而经营部则与此次调整无缘。在年底制定的下一年度经营指导方针中，着重强调了技术革新和成本控制，为此对经营部业务活动费的使用做了许多规定，连发快递这样的小事都要处长批准。这也使得技术部同经营部之间的矛盾更深了。

小邓的烦恼

变革总会引起震荡，所谓几家欢乐几家愁，小邓的女朋友小蔡心情就非常好，因为这次加薪名单中就有她。在小邓看来，虽然平均算起来自己的月收入也不低，可他却有些想不通，自己一个名牌大学毕业生，努力工作4年换来的却是这样的待遇。窗外一阵秋风吹过，樟树的叶子哗哗地落了一地，新陈代谢是大自然的规律，明年的春天，新的叶子又会茂盛地长出来，他在想，人不也一样吗？虽然在顾经理的关心下自己后来也加薪了，而且幅度也很大，但小邓觉得那已经没有什么意义了。

小邓1996年毕业于国内一所著名大学，由于学的是工业外贸专业，加之英语非常好，进入SSQC公司后即被分配到经营部二室从事外贸工作，这样的工作对小邓来说真可谓是再对口不过了。经营部在人数上虽不算公司里的大部门，但却对公司的发展起着举足轻重的作用。整个部门有员工40人，而其中真正从事销售和市场工作的只有20人，而且在小邓来之前，经营部已经很多年没有人事变动。这些销售人员大部分都已成家立业，小邓是他们中为数不多的单身汉，凭着年轻人特有的干劲与热情，小邓的工作也渐渐有了成果——由于表现突出，他被提前转正，并很快就加了薪。

这一切在和他一起进公司的同事们看来已经是不小的成就了，然而小邓却始终觉得这些仿佛都不是自己真正的追求。小邓科室里的同事对他的这种情绪非常不理解，尤其是那些干了多年销售工作的老同志，在他们看来，挣钱无论从哪个方面来说都是最重要的。小邓是个事业心很强的小伙子，在到SSQC公司工作之前他就决心好好干一番事业，因此他认为应该在工作中多学习和充实自己。而就在半年前，部门领导还以工作紧张为由没让小邓参加出国培训。为这小邓还闹了些情绪，后来顾经理亲自出面向他解释，并且还暗示：只要好好干，会给他涨工资、加奖金。可是小邓却不理解领导的这种做法，他甚至怀疑领导是否真的器重他。在同事眼里，小邓能有这样的成绩足以让与他同龄的其他同事们羡慕，可小邓知道什么才是他真正想要的。

小邓的专业是工业外贸，自然对技术方面的问题知之甚少。正因为这样，在进公司后小邓买了许多有关技术方面的书，以弥补自己的不足，同时遇到问题也很虚心地向老同志请教。然而他在与技术部打交道时总觉得他们有些盛气凌人，有时甚至完全不考虑他转达的客户意见，最后只能请出部门领导来签字、打电话，一遍又一遍地跑才能解决问题。有一次，一位国外客户要求他补算一个数据，可是当他拿着有关资料到技术部请上次计算的那位同事再计算时，那位同事却找各种借口来搪塞，一会儿说太忙，一会儿又说数据是多余的，没必要计算，最后实在拗不过小邓的认真劲儿，只好请他找技术部的领导签字了事。拿回数据时，那位同事还颇认真地对小邓说："以后拿到类似的资料要先自己研究研究，不要什么问题都拿到技术部来解决，这样才会有提高……"一番"语重心长"的话说得小邓哭笑不得。这样久而久之，技术部和经营部虽然上下只隔两层楼，却令小邓有望而生畏的感觉。几年下来，除了工作上的事情之外，小邓很少为其他事与技术部的人员打交道，唯一让他觉得欣慰的是，技术部中有他现在的女朋友小蔡和与他同一年进公司的关系较好的一帮年轻人。

无奈的选择

秋天是个收获的季节，可是回想过去一年来的成果，小邓觉得心寒。订单方面完成的情况不是很好，可是部分原因是有些市场大环境的因素是无法预料和改变的，而自己一直在很努力地工作。部门领导对他虽然很器重和信任（这也是一年来最让他感到欣慰的），可是公司制定的政策毕竟让他心寒。时光飞逝，一眨眼自己已经在经营部工作了4年，而4年前刚参加工作时的那股兴奋劲儿，那种年轻人特有的豪情壮志在自己脑海里依然清晰而深刻。那时的他可以说是意气风发，对口的工作岗位、名牌大学毕业生的身份、领导的重视，使他对今后的工作充满信心。当时他暗下决心，一定要在自己的第一份工作中作出点成绩，为自己的事业打下一个良好的基础。可以说，和成千上万刚走出校园的年轻人一样，小邓满怀着干一番事业的美好愿望来到SSQC公司，然而愿望毕竟是愿望，4年的磨砺，他的热情已经逐渐退却了，他深切体会到要干一番事业除了热情之外还应补充很多很多东西。

社会在发展，"跳槽"这个词在20世纪80年代还没有造出来，那时如果有谁放弃在SSQC这样的国家一类企业中的工作，一定被认为是精神有问题。小邓记得在他读大学时，大家还以进入国家一类企业为荣，这类企业招聘时甚至还会择优录用党员和成绩好的同学。在他到SSQC公司后也偶尔会听到某某人跳槽了，于是一群老员工便纷纷议论开了，在他们看来，有SSQC公司这样的福利和待遇，即使一个月多给1 000元工资也不值得去冒险。然而仅仅过了三四年，"跳槽"这个词已经成为人们日常生活中使用频率最高的词汇之一，甚至成了一个地方经济发达程度的指标。社会上流传着一种观点，一个人如果3年时间既没有变动工作，也没有变动职位，那么他就快要被淘汰了。小邓有时怀疑自己是不是正朝这个方向发展。最终，他决定要改变，还要寻找自己的梦想。男儿当自强不息，想想自己才25岁，小邓又开始觉得自己的未来充满希望了。

新的千年应该是新的起点，12月的某一天，天灰蒙蒙的，小邓怀着无奈的心情走进顾经理的办公室，手里拿的是他的辞职报告。他已经记不起说过些什么，只记得走出房门的时候天仿佛变得晴朗起来。他忽然想起了一句歌词：外面的世界很精彩，外面的世界很无奈……但是，留给顾经理的却是无限的困惑。对SSQC公司来说，最近几年来这确实是个令人担忧的问题，那些进部门工作两三年的青年员工仿佛约定好似的一个接一个离开公司，几乎形成多米诺骨牌效应。以前工作还算踏实的青年人也开始有些不安分了，工作也没有以前那么积极。望着窗外珠江上来来往往穿梭忙碌的船只，顾总陷入了无尽的沉思，他知道应该做点什么来改变这种状况，可一时又不知从哪里着手。

案例分析提示：

1.结合本案例中小邓跳槽事件，分析对个体而言，影响其行为的因素有哪些？更具体地讲，是什么因素造成了小邓作出跳槽的决定？

2.从企业方面考虑应如何强化员工的个体行为，以提高组织绩效？

3.作为管理者应如何了解员工的主导需求，应怎样满足员工的需求，从而创建高工作满意度的组织？

4.利用公平理论分析，在SSQC公司中技术部人员与经营部人员之间冲突的原因是什么？如何才能缓解这种冲突？

5.价值观对企业的员工有什么作用？组织应该创造哪些条件以使价值观不同的员工在同一组织内有效率地协作？

6.小邓的跳槽应该给顾经理带来怎样的警示？为改变人才流失的局面，顾经理应该如何做？

案例2　　　　　　　　为何工资最高的时候成本最低[①]

老板的第一要义就是复制出像自己一样操心的人！

杰克·韦尔奇说，工资最高的时候成本最低。为什么这么说呢？因为我们只考虑到会计成本，没有考虑到机会成本，没有考虑到人的成本。

企业基层员工最大的问题是什么？流动性大，总是处于找工作状态，很难静下心来专注于企业上。中高层最大的问题是什么？不太操心，没有把企业当作自己终生的事业。不安心，带团队没有感觉。为什么高中基层都有这样的问题？

请看这样一个例子——河南胖东来，看看他是怎么做的。

胖东来：从许昌到新乡

胖东来在河南许昌，为什么要讲他呢？因为这个老板和普通的经商者一样，起点差不多，一个农村的孩子，16岁走向社会，做民工，盖房子，后来做小买卖，跟着他哥哥打工。从1993年开始，从别人手里接下一个40平方米的烟酒店，到2008年，年销售额50亿元以上。这个人就是于东来，他没有什么特殊资源、背景，就靠自己干出来的。他能做到50亿元，这是其次，关键是，2008年，中国零售业有一个数据显示，他的企业人效、评效在中国民营商业企业中排名第一，也就是按人算的平均销售额或利润、按面积算的平均销售额或利润，在中国所有商业企业中也位居前十名之列，前十名还包括世界知名品牌——沃尔玛、家乐福、易初莲花。胖东来在中国知名度极高。

胖东来5周年庆

上海连锁经营研究所所长顾国建、中国连锁协会会长郭戈平参观胖东来，他们

---

① 佚名.为何工资最高的时候成本最低［EB/OL］.［2013-08-03］.https://wenku.baidu.com/view/2a60f378f5335a8102d2206b.html.

说："这绝对是中国最好的店。"如果这句话说的是在上海的店，再正常不过。可许昌是个什么城市，在河南只能排到第5名，郑州、洛阳、开封，前面还有个新乡，另外还有南阳这样的重镇，以及信阳这样的城市，在这样一个不到100万人口的小小的许昌，其得到了这么高的评价，实力可见一斑。而且，他在当地做生意做到什么程度呢？与他做同行的人，都很艰难。他卖手机，其他卖手机的都没法做；他卖珠宝，其他做珠宝的都在压缩；他卖家电，国美、苏宁都做不下去。

有人说，咋回事呢？是不是有高人、职业经理人、空降兵呢？没有，他不像其他企业，大量聘用国外空降兵。他的8个高管，几乎都是他的下岗同事，只有一个人上过高中，其他全部是初中、小学水平，于东来本人也是小学三年级文化水平。

有人说他是不是对当地熟，对，他对当地熟悉到什么程度？他卖什么，老百姓就认什么。我这样说，很多人不相信，从义乌、福建、广西，几十人去河南看，回来后跟我说，真棒，比你讲的还棒。

后来，胖东来去新乡发展。当时我想，他对许昌熟，到外地不一定行吧。新乡也是一个不大的城市，当时已经有一个台湾企业叫丹尼斯，在河南商业企业中排第一名，销售额在百亿元以上。还有一个世纪联华，当时在中国商业企业中是龙头老大，另有沃尔玛在筹备。于东来看中的位置就夹在这三者中间，简直就是十面埋伏。所有看过这个位置的人，都建议于东来枪毙这个方案，连停车位都没有，是不是脑子里进水了？于东来力排众议，开业了。一年不到，市场发生巨变。河南第一品牌丹尼斯关门，搬到另一个位置，后来一个好朋友告诉我，过年前去了丹尼斯，几乎没什么客人，客人跟营业员数量差不多；去了胖东来，门都进不去，好像胖东来东西不要钱一样。当时我就想，谁要是在丹尼斯买东西谁脑子里进水了，谁要是在胖东来不买东西谁脑子里进水了。

后来，世纪联华新乡店直接关门，卖给胖东来，改名胖东来百货。沃尔玛筹备了6年都没开业。

一个小小的草根企业家，一个小小的河南民营企业家，这么牛，是不是吹的？后来又有一个大企业——大连大商来了，接连开了两家店，结果半死不活。

2008年年中，大连大商总裁在郑州改革开放30周年商业企业高峰论坛上说，今天我不想讲大连大商，就想讲讲胖东来现象。这么多年来，我没有见过像胖东来这么好的生意，你见过人排队吗？见过汽车排队吗？见过电动车排队吗？烈日炎炎下，妇女顶着太阳，打着遮阳伞，推着电动车排15分钟，前面出去一辆，这边才能进去一辆，方圆一千米之内都没有商店，人家就在这一棵树上吊死。汽车也是这样，一到周末整个街都封路，不管是许昌，还是新乡。前几年如此，现在还是如此，不服不行！

胖东来企业文化

进入胖东来，你看到的营业员在全国各地都很少见，全部喜笑颜开，发自内心，跟你说话没有不喊哥不喊姐的，你只要抱着孩子，提着东西，上下楼梯，马上有人帮你。在生鲜区等很脏的地方，我看到两个阿姨，一个跪在地板上拿着毛巾擦地，一个拿着扇子扇干，两个人说说笑笑、高高兴兴。有人就问是老板要求你们跪在地板上擦地的吗？他们回答说不是。那是为什么呢？他们说这样擦得干净。回答得太自然了。有的企业也要求员工这样做，但员工是咬着牙干的。请问什么人会跪着擦地？家里人，只有擦自己家地板才这样啊。

有人在全国做了一个实验，问保安购物券在哪里买，好一点的告诉在8楼，差一点的说问总台，最差的说不知道。看看胖东来的保安怎么说，胖东来保安说，哥你要买购物券吗，说完拉着人就走，一直拉到8楼总台。本来就是问一问，被人家的服务热情所打动，实在是不好意思，最后买了500块的购物券。什么人会像胖东来保安一样？自己家里人。所以，老板的第一要义就是复制出像自己一样操心的人。人为什么会操心，因为这件事和他有关系。

胖东来为什么这样做呢？大连大商总裁也不理解。请看大连大商总经理年薪多少钱，一年最高收入不到50万。而胖东来店长年薪是100万！再看看其他人：副总、总监级别——50万～80万；处长（生鲜处、百货处、采购处等）——30万～50万；课长（管5～20人）——10万～30万。换句话说，胖东来有几十个拿着像大连大商总经理工资一样的人在操心。

胖东来保安和保洁女工一个月工资是2 200元，三险一金。这个工资在上海估计是毛毛雨，在河南可是不得了。河南保洁女工工资普遍在600～800元，最高档小区保卫月薪1 100元，工作12小时。一个女工能拿到2 000块钱，她心里会怎么想？她一定想，我要好好干，千万别把工作丢了。胖东来招50个女工，报名5 000个，人家怎么就没有用工荒。

胖东来中高层干部会想什么，他们会跟其他人一样也去创业吗？一个高管干10年就是一个千万富翁，在胖东来的待遇是一人一辆车，一人一栋别墅。你说他还想什么？大树底下好乘凉，跟着于东来走吧。处长、课长，两三年就是百万富翁，处长助理以上全部配有汽车。

胖东来工资操作核心如下：

（1）满足基层员工的基本物质需求，免去他们的后顾之忧，让他们能够体面生活，他们就不再把心思放在找工作上了，就会安心，这就是安心机制。

（2）让一部分人先富起来，把核心层变成小老板，其他人舍不得走，他们就不再把心思放在找工作上、放在创业上了，就会安心、操心，这就是操心机制。

于东来规定，所有中高层干部，每周只许工作40小时，相当于每天工作8小时，商业企业最忙是晚上和周末，还有节假日，他偏偏反其道而行之。他又规定，下班6点必须离开企业，谁要是出现，抓住一次罚款5 000元，在此期间必须关闭手机，接通一次，罚款200元。而有的企业规定只要手机24小时不开，无法接通，一次罚款50元。他还规定，每周必须跟父母吃一次饭，每月必须带着家人出去旅游一次，每年强制休假20天。老板能做到这样吗？简直比老板还老板。所以，工资就是这样发的。把员工变成小老板，这就是一个核心点。

工资最高的时候成本最低，有人说这个道理我也懂，重赏之下必有勇夫，可惜我开不起这个价，我要像胖东来一样有钱，早就开了，可我一开就赔。很多人以前也这么认为，胖东来高工资高成本风险太大，适合他，不适合别人。胖东来新乡店开业，大家都说这下东来一定死得很难看，结果开业第一年4个亿，后来到7个亿、12个亿、17个亿，生意越来越好，把我的脸都打肿了，真是令人百思不得其解。

河南洛阳、南阳、信阳有三家企业，和胖东来形成中国零售业四大连锁组织，这三家企业老板也想跟于东来学习，就是不敢跟他的工资制度接轨，都害怕赔钱。结果后来差距越来越大，这几个老板沉不住气，就跟于东来商量说，你得帮帮我。东来说，帮忙可以，必须答应我两个条件：

（1）我给你们每一个企业代管一年，我要当董事长兼总经理，你们全都退位，我制定的任何管理规章制度都不许改。

（2）如果这一年出现亏损，亏多少钱，我赔多少钱。

大家一听，坚决同意。于东来就上任了。第一站，到了河南南阳王献忠的万德隆。王献忠有20家店，年销售额1.5亿～2亿元，利润800万元。很多老板处在这个瓶颈上，不发展就得等死，往上走就是找死。于东来来了，先轰走王献忠，然后召开中高层会议，大家充满期盼，不想于东来穿着大裤衩、大汗衫来了，第一句话就是，你们老王让我给大家涨工资来了。大家看看怎么涨的：

理货员：700～1 200元，涨幅70%；

中层干部：2 000～5 000元，涨幅150%；

20个店长：5 000元至年薪20万元，涨幅200%。

另外，于东来自己带着一张200万元支票，给20个店长一人买了一辆车，规定，第一，只要干过6年，6年以后走人可以把车带走，6年以内走人，车留下；第二，取消万德隆所有罚款制度。最后，宣布散会。员工听了这个结果什么感觉，那是相当兴奋，员工都疯了，结果有两个人真疯了，王献忠的妹妹——财务总监，她当时就懵了，埋怨东来，你这样做显得很有爱心，也得先跟我们经营班子商量商量，我大概算了算，今年得亏1 000万。王献忠听说也疯了，几分钟说不出话来，突然想起于东来说的，亏多少，赔多少，反正他有钱，让他去折腾吧。

结果是，企业当月销售提升40%，你能想象员工蕴藏多大力量，那一年下来，不仅没有亏1 000万，反而挣了1 000万，这个1 000万比上年800万，不止增加200万，一正一负将近2 000万，谁也没有想到这个结果。

杰克·韦尔奇说，工资最高的时候成本最低。为什么这么说呢？因为我们只考虑到会计成本，没有考虑到机会成本，没有考虑到人的成本。

比如，胖东来一个店1 000平方米，100名员工，商品品种10 000种，销售额2 000万元，如果店长年薪6万元，在河南南阳算高工资，他一定会认认真真履行职责，踏实工作，按时按量，让老板找不出毛病，团队带得好，产品经营得好，但是，他心里会不会很甘心？会不会有自己创业的打算？如果这个时候，有人跟他谈判，给他8万，他动不动心？他不一定马上走，因为老板培养他，有恩于他，但他心里会想着这件事，总会找到一个机会，突然对老板说，别看我水平不怎么样，有人拿 8 万来挖我哩。老板说，不可能，胡扯。他心里咯噔一下，其实你不懂我啊。时间长了，他也会泄气：老板怎么一点表示也没有啊。如果那个人开 10 万，他心里一定是一阵狂跳，他就跟老板说这阵子太辛苦了，身体不好，孩子学习有问题，想休息一段。老板没有听出核心意思，说休息吧。结果他前门出去，后门就去试用了。经过半个月试用，他可能发现这个企业不行，去了也没用，半个月后又回来了。也有可能觉得不错，半个月后辞职了。员工就是这么走的。如果开到 12 万，估计当场就跟老板说拜拜，直接走人。现在，于东来给他开 20 万，他心里就想，老板这样待我，我还想什么，就当自己的店去经营了。他就会潜心研究这 100 人的需求，怎么调动他们的积极性，就会研究 10 000 个产品的销售，就会研究 A 类产品的缺货、补货、促销等，他的状态就不一样了。

状态决定结果。他的销售额会不会变成 3 000 万元，这不都是企业的利润嘛？他会不会操心报损率？如果报损率降到 2%，降下来的不都是利润吗？羊毛出在羊身上。所以，工资最高的时候成本最低。

很多企业的老板就是永远不懂这个道理，永远只在乎客户价值而不在乎员工价值，殊不知，员工价值都没有了，谁去帮你在乎客户价值？

待遇留人，事业留人。财散人聚，财聚人散！相形之下，一些老板更愿意喊口号，急于提升员工的职业素养，却把真金白银揣在自己腰包里，而不是与他的员工分享财富。胖东来是个"土包子"，却堪比顶级人力资源专家！他没有按大多数所谓的"暴发户"路子走，值得深思！

案例分析提示：

运用有关激励理论，结合胖东来的经营实际，全面分析工资最高的时候成本最低的辩证关系。

复习思考题

1. 简述激励的过程。
2. 马斯洛需要层次论的主要内容是什么？在管理中有哪些应用？
3. 双因素理论的主要内容是什么？如何应用？
4. 简述奥德弗的 ERG 理论。
5. 简述麦克利兰的成就需要理论。
6. 期望理论的基本内容是什么？
7. 期望理论提出在进行激励时要处理好哪些关系？
8. 如何对待和应用弗罗姆的期望理论？
9. 解释波特–劳勒的激励模式。
10. 公平理论的内容是什么？其有什么实际意义？

11.强化的种类有哪些？如何应用强化理论？

12.挫折产生的原因是什么？

13.如何正确地对待挫折？

14.试述综合激励模式的内容。

15.如何提高激励的有效性？

第4章

群体行为

学习目标

通过本章学习，重点掌握影响群体行为和工作绩效的主要因素；掌握群体的概念、类型，个人与群体的关系及群体的发展阶段；掌握群体冲突和谈判的性质、来源和如何处理冲突；掌握人际关系的特点、功能和研究人际关系的重要意义，人际交往的原则和改善人际关系的途径；了解群体决策的方式及方法；了解人际关系的概念、内容及类型、团队建设等。

4.1 群体行为的一般问题

4.1.1 群体的概念与类型

1）群体的概念

我们在这里讨论的群体概念，是针对小型群体而言的。关于小型群体，各国学者从不同的侧面提出了不同的定义。有人粗略统计，小型群体的定义有几十个甚至上百个。目前还很难提出一个公认的定义。不同的研究者都各自强调不同的侧面。

群体问题研究的创始人之一科特·勒温（Kurt Lewin）认为，群体成员相互依存是群体的本质特征。他认为，决定两个人是属于同一群体还是属于不同群体的，并非他们是否具有相似性，而是他们的相互作用或其他类型的相互依存。给一个群体下的最好的定义不是在相似性基础上，而是在相互依存基础上的动态整体。举例来说，父亲、母亲和孩子从性别和年龄来看都很少有相似性，但他们由于具有相互依存关系而成为一个家庭，即一个自然群体。同样，一个具有高度凝聚力的班组或车间，其成员也可能有极少的相似性。

另一些研究群体的理论家则更加强调群体成员相互依存的方面，即相互作用。他们认为，群体成员之间的相互作用是群体的本质特征。所谓相互作用，是指群体中一个人的行为会直接影响另一个人的行为。霍曼斯认为，群体成员之间的相互作用是群体存在的唯一标准。如果我们说，个体A、B、C、D、E……构成一个群体，其含义指的是至少发生了下述情况：在一段时间内，A与B、C、D、E等人发生的相互作用要比与L、M、N、O、P……更多。对于L、M、N、O、P……我们会认为他们是局外人或其他群体的成员。B也经常与A、C、D、E……发生比局外人更多的相互作用。只要彼此相互作用就能表明该群体与其他群体数量上的差别。这一定义不仅指出群体的本质特征是其成员间经常的相互作用，而且指出群体成员具有心理上的认同感，即认为他们都属于同一群体。

迈尔顿进一步指出应按三个标准确定群体的特征：第一，群体成员经常相互作用；第二，相互作用的人把自己确定为群体的成员；第三，其他人会把这些发生相互作用的人看成同一群体。由此可见，迈尔顿不仅指出群体成员对属于同一群体的认同感，而且其他人也认为他们属于同一群体。这样描述群体既指出了群体的客观特征，也指出了群体的心理特征。

一些研究者指出，小型群体还有另一个特征，这就是群体中具有其成员应当共同遵守的行为规范。社会心理学家纽科姆认为，一个群体的独特之处至少在于其成员具有某些共同的规范。共同规范包括的范围可大可小，但至少应包括群体成员共同利益的独特之处。霍桑实验也同样证明，不仅正式群体，而且非正式群体都有其共同的规范，这些规范对群体成员的行为起着调节和约束作用。

还有一些研究者侧重于群体的社会功能。例如，史密斯认为群体具有团结一致的集体知觉，并具有以统一方式采取行动以应付环境的能力或趋向。这在一定意义上明确指出了群体存在的主要功能在于使群体成员团结一致以应付环境的威胁。

综上所述，不同研究者在给小型群体下定义时，都各自强调不同的侧面，一些西方学者往往脱离宏观环境的影响孤立地考察小群体的特征。尽管也有人提出小型群体的存在是为了应对环境的威胁，但仅限于从生物学的观点来说明群体适应环境的必要性，而没有从宏观环境与微观环境（即群体）的相互关系方面进行考察。

我们可以给组织中的群体作如下的描述：

组织中的群体是两人或两人以上的集合体，他们遵守共同的行为规范，在情感上互相依赖，在思想上互相影响，而且有着共同的奋斗目标。也就是说，群体是指具有以下特征的一群人：

（1）群体成员彼此之间有经常的、频繁的相互合作。

（2）群体成员都认为他们是本群体中的一员。

（3）其他人也认为他们属于同一群体。

（4）群体具有其成员应共同遵守的规范。

（5）群体的存在是为了对付外界环境的挑战。

（6）小群体的人数不多，其成员之间都有面对面的经常接触，并且彼此相互了解。

（7）为完成共同的目标他们分工协作，贡献自己的力量。

2）群体的类型

根据构成群体的原则和方式，可以把群体划分为正式群体和非正式群体。

正式群体是由组织明文规定的，具有明确的组织方式、工作方式和任务目标以及成员权利、职责、义务的群体。工厂的车间、班组、科室，学校的班级、教研室以及党团组织、行政组织等都是正式群体。正式群体的成员必须从事由组织目标所规定的活动，受正规的奖惩制度的激励和约束。

非正式群体是组织中没有正式规定的、在工作和生活中为了某些需要形成的、相互关系带有明显的情绪色彩、松散的群体。他们可能是因为住得近、有共同的兴趣、能互相满足需要而结成伙伴。例如，工厂里的球队、棋队的形成就是因为这些人有共同的活动兴趣。有些人吃饭时常凑在一起谈谈逸闻、发发牢骚，这些人也形成了群体。总之，在正式群体以外还有各种各样的非正式群体。

每种群体都有其独特的作用，并有其特点。一个有效的管理者，必须了解这些群体的行为规律。非正式群体有时违背组织的目标，对群体成员产生很大的消极作用。但如果非正式群体接受了组织的目标，它又可以帮助组织实现其目标。与正式群体一样，非正式群体既可以帮助也可以妨碍组织的行动。产生何种结果在一定程度上取决于作为群体一员的管理者如何进行工作。

此外，群体也可以分为开放群体和封闭群体。开放群体经常更换成员，成员来去自由，封闭群体成员比较稳定。另外，封闭群体成员等级关系严明，而开放群体中成员的地位和权力不稳定。开放群体由于人员不稳定，因此不适合长期的任务，但也有其好处。例如，因经常输入"新鲜血液"而可以吸收新思想和人才，他们对周围环境的适应性也比较强。以上两种类型的群体适合于不同类型的活动。例如，对于长期规划，封闭群体更有效；对于发展新思想和新产品，开放群体更有效。封闭群体具有历史的眼光，而开放群体则着眼于现在。

4.1.2 个人与群体的关系

人们加入群体是要完成某项任务或是要满足自己的社会需要。当然，这两个原因不是截然分开的，许多群体活动既是为完成任务，又是可以满足群体个人社会需要的。具体说来，人们在群体中可以获得如下需要和满足。

（1）安全需要。群体可以为个人提供安全感。作为一个大型组织的成员可能会产生不安全感的焦虑，但归属于一个小群体则可以减轻这种恐惧。

（2）情感需要。群体可以满足个人的友谊和情感需要。被他人所接纳，是一种重要的社会需要，它可以增强个体的自信心。

（3）尊重和认同需要。群体给个人提供了称赞和认可的机会，使他们感到自己的重要性。

（4）完成任务的需要。群体产生的主要原因是完成任务。有许多工作必须通过协同努力才能完成。

4.1.3 群体的发展阶段

群体不是静止的，而是不断变化和发展的。自20世纪40年代末以来不少关于群体发展的理论被提出。其中公认且比较完善的是塔克曼在1965年提出的观点。他认为群体发展要经过以下四个阶段：

第一阶段是形成阶段。在这一阶段成员们关心的是什么样的行为能为群体所接受，什么样的行为不能被接受，他们开始互相熟悉，了解彼此的特点。

第二阶段是风暴阶段。这时群体内开始产生冲突，成员们为权力和地位的分配而产生分歧和敌意，领导者的意图很难得到成员们的顺利贯彻。

第三阶段是正常化阶段。这时群体产生了凝聚力，成员们互相产生好感并在群体中获得认同。他们分享感受，交换信息，并开始分享成功的喜悦。但在这一阶段，群体很容易陷入"群体意识"，群体意识的产生是由于内聚力过高而对反对意见置之不理，根本不考虑有其他可供选择的行动方案。群体意识使得群体认为它本身完美无缺、不可取代，因此可能导致犯错误和群体绩效下降。如果这个阶段群体成员在感情上互相支持、在思想上允许冲突，那么，群体就既可以避免群体意识，同时又保持内聚力。这样的群体将很有绩效。

第四阶段是发挥作为阶段。这时，群体成员彼此相互依赖、能很好地相互合作，彼此能进行顺利的沟通，群体成员真正互相关心，然而又能各抒己见。任何决策的作出都是经过对所有意见的综合讨论并得到所有成员的同意，群体成员了解自己对群体应尽的职责和所起的作用。这样的群体可以说是一个成熟的群体。

当然，并非所有的群体都须经过这固定的四个阶段。例如，对于正式群体来说，权力的分配往往是上级指定、无可争辩的，因此可能就没有风暴阶段。另外，群体也并非总是朝前发展，它也可能退回到早些阶段。例如，如果一个已经成熟的群体换了领导，那么它就有可能从发挥作为阶段退回到风暴阶段或正常化阶段。

4.1.4　群体规模

群体规模即组成一个群体的人数多少。其对群体行为的影响曾被广泛研究，发现有如下结果：

（1）小群体（7人以下）比起大群体，往往内聚力更强，更倾向于寻求一致性。原因是小群体中的人们互相联系多、关系更加亲密。而大群体就没有这个优势，因此大群体的发展需要更长的时间。

（2）随着群体规模的增大，成员的工作满意感降低。这可能是因为在大群体中个人得不到多少关注，参与的机会也少。而在小群体中，参与的机会较多，并且存在其他的激励因素。如小群体成员更能体会到工作的完整性和感觉到归属感。

（3）大群体比起小群体，往往决策速度慢。因为大群体人多、意见分散，要作出选择比较困难。

然而，在群体规模和绩效之间似乎并没有直接的联系。群体规模本身受群体任务性质的影响，一般复杂的任务需要更多的人去完成。

一个小型工作群体的规模应该多大，其成员人数应有多少，这是组织行为学要研究的一个课题。关于群体的规模主要有以下三个方面的问题：

1）群体规模的上限和下限

国外学者对于小群体规模的研究往往是在实验室条件下进行的，只是孤立地比较不同规模的群体在完成一些实验课题时的工作效率。这样的研究首先是要确定小群体人数的下限和上限问题，即最少应为几个人和最多应为几个人的问题。美国心理学家詹姆斯曾对符合小群体特征的9 129个群体进行了分析。他指出，在多数情况下，小群体的人数为2～7人，认为这是小群体模型的最佳人数。由此可见，詹姆斯主张小群体的下限应为2人。一些学者认为，小群体的下限应为3人，2人不能算是一个群体，因为2人之间只构成个人之间的纯感情关系，如果2人之间发生意见分歧或冲突，不可能自行解决，必须有第三者进行仲裁。至于小群体的上限应为多少人，则意见分歧更大。多数人认为以7人为最佳，但也有不少人主张20人、30人甚至40人。此外，还有人提出，小群体的最佳人数应为7±2人，即最多9人，最少5人。

2）群体组成人员的奇数和偶数问题

群体规模研究的另一个问题是群体人数应是奇数还是偶数的问题。主张群体人数应为奇数的人认为，当群体成员发生意见分歧时，奇数群体可以采取投票表决方式使问题得到迅速解决，不会无休止地争论下去。主张偶数群体的人认为单靠表决会影响群体中人与人之间的关系，不是解决问题的好办法；当意见分歧的双方势均力敌时，应进一步进行协商，这样既可在深入讨论的基础上使问题得到解决，又可避免群体中人们之间的关系紧张。

上述关于群体的下限和上限、偶数和奇数的争论虽然有一定的参考意义，但由于都是抽象地对群体规模进行研究，因此不能作为工作组织中组建各种群体的具体指导原则。

3）群体规模与工作效率的关系

工作群体规模应视群体任务的性质而定。任何工作群体都应有其最佳人数，也应有其上限和下限。群体人数与人均效率的关系是，往往获得最佳工作效率的群体规模有一个最佳值，当群体规模是这个最佳值时，人均效率最高。在群体规模的最佳值附近做微小的变动，对人均效率的影响不是很大，但变化的范围超过一定的"度"，则人均效率会大幅度上升或下降。应当指出，不同的工作任务、不同的工种、不同的机械化程度以及工作的不同熟练水平等因素，决定着不同的群体应有不同的最佳人数、不同的上限和下限。

综上所述，群体规模的确定应遵循一定的原则。首先，应根据工作任务的性质确定群体人数的下限，这个下限应保证能一般地完成工作任务；其次，应确定群体规模的最适当人数，这个人数能保证群体的工作效率达到最佳程度；最后，群体规模的上限应确定在这个人数上，如果超过了这个上限，群体的工作效率会急剧下降。

4.1.5 群体的结构

1）群体结构的概念和意义

群体结构是指群体成员的组成成分。群体成员的结构可以分为不同的方面，如年龄结构、能力结构、知识结构、专业结构、性格结构、信念结构等。所谓群体结构就是指这些结构的有机结合。不同群体中的每一个成员都有其自己的特征，他们的特征有相似的（同质群体），也有不相似的（异质群体）。这些将影响整个群体的绩效。

研究群体结构问题，有重要的实际意义。在现代化的大型组织中，有各种各样的正式群体，例如在大型企业中，有各种处、科、室等行政职能群体，有车间、工段、班组等生产群体。在这些群体中也需要有合理的结构。群体成员的结构对群体的工作效率有很大影响。群体成员搭配得当，会使群体协调一致，紧密团结，提高工作效率；群体成员搭配不当，会使群体涣散，成员之间互相扯皮，经常发生冲突，降低工作效率。因此，管理人员必须树立群体结构的观念，合理安排群体结构，这样才能促进群体工作效率的提高。

2）群体结构的同质与异质

各国学者长期以来研究了群体结构的同质和异质问题。所谓同质是指群体的成员在能力、性格、年龄、知识等各方面都比较接近。所谓异质是指上述各方面都迥然不同。群体究竟应为同质结构还是异质结构，则要以工作的性质、完成的任务而定。

在何种条件下群体可达到最高工作效率，研究结果表明：

（1）同质结构群体。在下述三种条件下，同质结构的群体可能达到最高的工作效率：

①工作比较单纯，不需要复杂的知识和技能，如会计小组编制职工工资表的工作。

②当完成一项工作需要大家密切配合时，同质群体较为有效。

③如果一个工作群体成员从事连锁性的工作，如流水线上的操作工人，则同质群体较好。

由上述条件可见，一般来说，工作组织中的基层群体应为同质结构。

（2）异质结构群体。在下述三种条件下，异质结构的群体将会达到最高的工作效率。

①完成复杂的工作，以异质结构为好，因为在这种群体中需要有各种能力和各种见解的人。

②当作出决策太快可能产生不利后果时，以异质结构为好，因为同质结构的群体，意见比较一致，往往会匆忙作出不合理的决策。国外有人通过研究指出，异质结构的陪审团要有较长的时间才能作出决定，这样能对案情的证据做更深入细致的分析。

③凡需要有创造力的工作，异质结构较为有利。

一般来说，各类组织的领导班子群体应为异质结构。

从结构的观点来分析同质和异质是一种对静止状态的分析，即静态的分析。这种分析对于搞好各类组织的管理工作有一定的意义，但也不能绝对化，因为人们在群体中相互作用是一个动态的过程。

3）群体中的角色结构

每一成员在群体中都表现出自己特定的行为模式，我们称之为角色。几乎在任一群体中，都可以看到成员有三种典型的角色表现，这就是自我中心角色、任务角色和维护角色。这些不同的角色对群体绩效会产生不同的影响。

（1）自我中心角色。自我中心角色是指成员处处为自己着想，只关心自己。这类人包括阻碍者、寻求认可者、支配者和逃避者。

（2）任务角色。任务角色是指为完成群体任务而作出贡献的人，包括建议者、信息加工者、总结者和评价者。

（3）维护角色。维护角色是指维护群体团结、协调人们之间关系的人，包括鼓励者、协调者、折中者和监督者。

任务角色和维护角色都起积极作用。每一个群体不仅要完成任务，而且要始终维持自己的整体，成员的任务角色和维护角色的作用正是为达到这两个目的。研究发现，在任务角色、维护角色和群体绩效之间有正比例关系。

一个群体要想作出高绩效，以上所说的任务角色和维护角色都是很重要的。到底哪种角色更重要，则视群体发展阶段而定。在形成阶段，监督者和建议者的角色有助于为群体奠定一个良好的基础。前者可以使每个成员都增强主人翁责任感，后者可以为群体提出努力方向。在风暴阶段，总结者、信息加工者、协调者和折中者的角色可以帮助群体解决不可避免的冲突，顺利进入正常化阶段。在最后两个阶段，任务角色和维护角色都很重要。总之，一个有效的群体应满足成员扮演任务角色和维护角色的需要，而避免自我中心角色。

4）群体成员的地位

地位是指个人在群体中所占有的社会位置。地位取决于许多因素，如工资、头衔、资历、实权等。其中一个因素的改变就可以引起地位的改变。例如，如果群体中的成员其他情况相似，但有一个人工龄最长，那么，他很有可能享有更高的地位。当然，地位取决于什么因素还有赖于群体成员是否承认它们。如果群体成员不承认资历，那么年龄大的人也未必享有更高的地位（尽管他会认为这不公平）。

在不同的群体中，地位取决于不同的因素。这将影响到群体的绩效。一般认为，如果成员在群体中的地位取决于能力而不是资历，取决于成就而不是头衔，那么，成员们就会为了争取更高的地位而充分施展自己的才能、作出最大成就。如此，对整个群体的绩效将产生积极的作用，使群体绩效得以提高。

4.1.6 群体规范

1）群体规范的概念

群体规范是由群体成员建立的行为准则，或是指群体对其成员适当行为的共同期望。它可以是成文的（如《职业道德手册》），也可以是不成文的。群体规范起着约束成员行为的作用。作为群体的一员，都被期望着遵循大家提出的规范，任何违背规范的行为都将受到排斥和口头攻击。一般群体对违反规范的所谓的"叛徒"会采取如下措施：开始，其他成员会苦口婆心劝其回到集体的怀抱。但如果背叛者执迷不悟，那么他就会被群体拒绝，其他成员对其不加理睬，从心理上冷淡他。对"叛徒"的惩罚，可以使得群体的规范更加明确。

任一群体都有规范，否则，群体将难以存在下去。规范指导成员的行为朝向群体的目标。管理人员应该注意群体的规范是否与组织目标一致，因为规范对成员行为有着强大的影响力。

2）群体规范的形成及影响其建立和发展的因素

（1）群体规范的形成

群体规范通常是逐渐形成和改变的。随着群体成员认识到什么行为将影响完成群体目标后，他们就会为这些行为确定一个期望的标准。当然，有些规范是很快就能确定的，例如，一个委员会群体可以立即规定每一个成员都得准时到会，不得无故缺席。然而，并非所有的规范对所有的成员都同样适用。比如高层成员不一定要像低层成员一样严守规范。但是，即使是高层成员也必须顾及忽视群体规范带来的后果。例如，如果管理人员不遵守准时出席会议的规范，那么，作为回报，成员们可能不再准时上班。

（2）影响群体规范建立和发展的因素

群体规范的建立和发展受许多因素影响：

①个体的特征。群体成员智力越高，他们就越不愿意建立和遵循规范。例如，比起工厂里流水线作业的班组，一个科研小组更不容易形成行为的规范，因为后者往往更倾向于视自己为具有独特价值观、人格和动机的个体。

②群体构成。同质群体比异质群体更容易确认规范。

③群体的任务。如果任务较常规、清楚，那么规范就容易形成。

④物理环境。如果成员们工作地点离得近、相互作用机会多，则容易形成规范。

⑤组织的规范。多数群体规范与组织规范是一致的，但如果群体成员不赞成组织的规范，他们就会发展与组织规范相对抗的规范，如怠工、罢工等。

⑥群体的绩效。一个成功的群体将维持现有的规范并发展与其一致的新规范。而一个失败的群体将不得不改变有关的规范，而重建一些可能导致好结果的规范。

⑦心理因素。群体规范，特别是非正式群体的规范的形成，受模仿、暗示、顺从等心理因素的制约。群体存在的重要条件之一是它的一致性，这表现为群体成员的行为、情绪和态度的统一。在群体成员彼此相互作用的条件下，会发生一种类化过程，即彼此接近、趋同的过程。这是由于相互模仿、受到暗示，表现出顺从造成的。在模仿、暗示、顺从的基础上会形成群体的规范。

3）群体规范的功能

一般来说，群体规范具有以下4方面的功能：

（1）群体支柱的功能。群体规范是一切社会群体得以维持、巩固和发展的支柱。群体规范越能被群体成员所一致接受，则群体成员之间的关系越密切，群体也越团结。

（2）评价准则的功能。群体规范是群体成员的行动准则，因此，群体成员要以群体规范来评价自己和其他成员的行为。

（3）对群体成员的约束功能。群体规范的约束作用主要表现在群体舆论中。这种群体舆论是大多数成员对某种行为的共同评论意见。当某些成员的行为举止与群体规范相矛盾时，多数成员会根据群体规范对这种行为作出一致的判断或结论。这种带有情绪色彩的共同意见，对个人行为具有约束作用，使其不至于违反群体规范。

（4）行为矫正功能。群体成员如果违反了规范，就会受到群体舆论的压力，迫使他改变行为，与群体成员保持一致，因而群体规范具有行为矫正的功能。

应当指出，群体规范有积极的，也有消极的。在管理工作中，要注意通过教育和引导，使工作群体形成积极的群体规范，克服消极的群体规范。

正如许多社会现象一样，群体规范没有绝对的好坏之分。其对于一个组织的价值取决于它是增加还是降低生产率。如果规范可以导致群体增加生产率，那么是值得提倡的；但如果是鼓动成员们减产，阻碍了组织目标的实现，则是不可取的。

4.2 群体互动

4.2.1 社会助长作用与社会抑制作用

群体问题的研究最早是从研究人对人的影响开始的。早期研究发现，一个人单独工作同有别人在场观察或与别人一起工作相比，工作的效率很不相同。在一些场合，有别人在场或与别人一起工作，工作效率会有明显的提高。这种现象称为"社会助长作用"。在另一些场合，有别人在场或与别人一起工作，工作效率不仅不会提高，反而会大大降低。这种现象被称为"社会抑制作用"。

根据实验设计的不同，又可以把这两种作用分为观众效应和共同活动效应。前一种实验程序是当一个人工作时，有一个或若干旁观者在一旁观察他的行为；后一种实验程序是当一个人工作时，其他人也在一旁做同样的工作。

1）观众效应

简单的动作反应有明显的社会助长作用。1925年特拉维斯做了一项完成追踪视盘任务的实验，实验者要求被试者手里拿着一支铁笔，跟踪一个旋转圆盘上的目标。如果在圆盘旋转时铁笔离开了目标，就算一个错误。最初让被试者连续几天进行练习，使反应动作达到一个稳定的水平。然后把被试者带进实验室，让他单独做5次实验后，再让他在有4~8名高年级大学生或研究生在场情况下做10次实验。事先告诉这些高年级大学生或研究生，他们的任务只是默不作声地注意观察被试者的工作。实验结果发现，被试者的工作成绩当有人在场观察时比单独工作时有很大提高，即错误率大大减少，甚至在单独工作时达到的最高成绩也低于有人观察时的成绩。这表明有别人在场观察时会发生"观众效应"。

但是，在另一些实验中也发现相反的情况。例如，1933年培森进行的一项实验，被试者是一些大学生，让他们分别在单独与有别人在场情况下学习无意义的音节单词。实验的结果表明，有别人在场的情况下，被试者平均要经过11.27次才能学会7个无意义音节单词，而单独学习平均只需9.85次，而且学习的错误率也是别人在场高于单独学习。这就是说，产生了社会抑制作用。

在什么情况下会产生社会助长作用，什么情况下会产生社会抑制作用呢？一般来说，这与作业的性质和人们的成熟程度有关。如果作业比较简单，而且人们能熟练地完成作业，当有别人在场观察时会发生社会助长作用。如果作业比较复杂，而且人们还没有掌握完成作业的熟练技巧，则往往发生社会抑制作用。

2）共同活动效应

美国心理学家阿勒卜特曾做过这方面的实验。实验的对象是哈佛大学的一些学生。实验设计了特殊的情境，一间大家公用的房间和五间隔开的房间。这些大学生有时一起在公用的房间里，有时单独在隔开的房间里做各种作业，作业的内容包括算术乘法、删掉一些元音字母、辨别双关图形、辨别物体的气味、判断物体的重量、进行自由联想以及评论某些古代哲学家的观点。实验的结果表明，辨别物体气味、辨别双关图形、判断重量等作业的成绩大家在一起比单独一人时更高，而对哲学家观点的评论则单独一人比大家在一起时质量更高。这项实验也同样证明，无论是观众效应还是共同活动效应，都可能有时表现为社会助长作用，有时表现为社会抑制作用，而发生社会助长作用或社会抑制作用的原因都与作业的性质以及人们完成作业的熟练程度有关系。

社会助长作用和社会抑制作用这两个概念对于管理工作有重要的意义。管理人员要根据工作任务的复杂程度、人们不同的熟练程度等，分别安排集体劳动或个别劳动。

4.2.2　群体的内聚力

1）群体内聚力的概念

群体内聚力是成员被群体吸引并愿意留在群体内的程度。顾名思义，内聚力指的是群体成员彼此之间的"黏合力"。没有内聚力，一群人不能被称作一个群体。

群体成员之间的相互作用和感情，对于群体任务的完成起着重要作用。我们常常看到，在有的群体中，各成员的意见分歧，关系紧张，矛盾较多，不能很好地完成任务；在有些群体中，各成员的意见比较一致，关系融洽，相互合作，任务完成得好；还有一些群体，成员之间互相友爱，各成员以作为群体的一员而自豪，对群体工作有强烈的责任感和义务感，这种群体具有有力和积极的群体规范。群体的这种对成员的吸引力称为群体内聚力。它包括群体成员与整个群体的吸引力，以及群体成员之间的吸引力。当这种吸引力达到一定强度，而且群体成员资格具有一定的价值时，我们就说这是个具有高内聚力的群体。

2）影响群体内聚力的因素

群体内聚力的高低，受到许多因素的影响，这里只讨论一些主要的因素。

（1）群体的领导方式。不同的领导方式对群体内聚力有不同的作用，心理学家勒温等的经典实验，比较了"民主"、"专制"和"放任"这三种领导方式之下各实验小组的效率和群体气氛。结果发现"民主"型领导方式的组比其他组成员之间更友爱，群体中思想更活跃，而且成员相互间情感更积极，因此内聚力更高。

（2）外部的影响。一些研究表明，外来的威胁会增强群体成员相互间的价值观念，从而提高群体的内聚力。例如，群体间的竞争往往可能使群体遭受损失，这就会使各群体增强内聚力，以应对这种竞争。

（3）群体规模。小群体比大群体有更高的内聚力，因为小群体的成员们有更多的相互交往的机会。群体越大，异质越多，态度和价值观差异也越大，所以大群体内聚力低。另外，在大群体中，需要更多硬性的工作标准，这也影响了群体成员之间形成自然的非正式的关系和交往。

（4）群体内部的奖励方式和目标结构。许多研究比较了个人奖励与群体奖励两种方式的作用，发现不同的奖励方式确实会影响群体成员的感情和期望。在工厂的研究证明，个人与群体相结合的奖励方式有利于增强群体的内聚力。与此有关的是工作任务的目标结构。群体成员的任务目标互不关联，就容易降低群体内聚力；相反，把个人与集体的目标有机地结合起来，就会增强集体观念和内聚力。另外，困难的目标是特别有吸引力的，难以加入的群体比那些易于加入的群体更有吸引力。

（5）班组的组合。以人际吸引、价值观和目标的一致为基础组成的班组有较高的内聚力。

（6）与外界的隔离。一般来说，与外界隔离的群体有更高的内聚力。这些群体往往认为自己与众不同、独一无二。隔离也使得群体成员产生同命运感以及共同抵御外界威胁的需要。

（7）群体的绩效。一个成功的群体更容易发展内聚力。成功使得成员产生优越感，彼此增进好感。而失败则往往使成员们互相埋怨，把别人当替罪羊，这种冲突将减弱内聚力，甚至导致群体瓦解。

（8）其他因素。群体中信息交流的方式是重要的情景因素，不同的信息交流方式对于群体成员的满意感、士气和群体绩效都有一定的影响。此外，群体成员的个性特征、兴趣和思想水平都会影响群体的内聚力。

在管理工作中应该重视上述因素对于群体内聚力的影响，促使群体形成健康而积极的群体气氛，增强内聚力。

3）内聚力的作用

群体内聚力在群体存在和发展过程中，有着重要的作用，主要有：

（1）满意感。高内聚力群体的成员比低内聚力群体的成员可以得到更大的满足。他们认为作为群体的一员很值得，也很愿意参加群体的活动，并忠诚于群体。内聚力也使得成员们更加遵守群体规范。

（2）沟通。高内聚力群体中的成员比低内聚力群体中的成员沟通的机会要多得多。因为内聚力高的群体成员间往往有共同的价值观和目标，互相之间愿意交流，因此有更多的沟通机会。这样的沟通又反过来加深了相互关系和了解的程度，促进内聚力的进一步提高。

（3）敌意。在高内聚力的群体中，敌意和攻击行为较为普遍，但这种敌意通常指向其他群体的成员。内聚力使得群体成员产生优越感，这种优越感导致成员们对外界的敌视和排斥。

（4）生产率。关于群体内聚力和生产率之间关系的研究得出了矛盾的结果。有些研究发现内聚力高，生产率也高；而另一些研究则发现内聚力高的群体生产率还不如低内聚力的群体。还有些研究报告表明，生产率和群体内聚力之间没有关系。决定内聚力对生产率影响的主要因素是群体的目标与组织目标是否一致。如果二者一致，则高内聚力群体会产生高绩效；如果二者不一致，则内聚力高的群体会产生低绩效。总体来说，高内聚力群体比低内聚力群体更倾向于维护他们的目标。社会心理学家沙赫特的重要实验对于我们理解和分析内聚力与生产率的关系是比较有启发意义的。这个实验和其他一些研究都证明，群体内聚力越高，其成员就越遵循群体的规范和目标。因此，如果群体倾向于努力工作、争取高产，那么，具有高内聚力的群体其生产率就更高。要是内聚力很高，群体却倾向于限制更多的生产，那么就只会大大降低生产率。可见，群体规范是决定群体内聚力与生产率关系的重要因素之一。

同时，这些实验和研究告诉我们，对群体的教育与引导是关键的一环，而不能只加强成员之间的感情提高内聚力。管理者必须在提高群体内聚力的同时，加强对群体成员的思想教育和指导，克服群体中可能出现的消极因素，这样才能使群体内聚力成为提高生产率的动力。

（5）对改革的阻碍。对这方面的研究还不多。社会科学家们一般认为高内聚力群体比低内聚力群体更加阻挠改革。改革往往要打破现存的社会等级关系，这是内聚力高的群体难以接受的。

（6）群体意识。内聚力高的群体容易形成群体意识。在内聚力过强的群体中，是不能容忍异议的。对这样的群体来说，最有价值的是大家一致，而不是作出高绩效。

4.2.3　群体压力与从众行为

当一个人在群体中与多数人的意见有分歧时，会感到群体的压力。有时这种压力非常大，会迫使群体成员违背自己的意愿产生完全相反的行为。社会心理学中把这种行为叫作"顺从"或"从众"。

美国心理学家阿希进行了一个典型的实验，证明在群体压力之下会产生顺从行为。把 7～9 人编成一组，让他们坐在教室里看两张卡片，一张卡片上画着一条直线，另一张卡片上画着三条直线。让大家比较三条直线的卡片上哪条直线与另一张卡片上的直线长短相等。在正常情况下被试者都能判断出 x=b。错误的概率小于 1%。但阿希对实验预先做了布置，在 9 人的实验组中对 8 个人都要求他们故意作出一致的错误判断。例如，x=c。第 9 个人并不知道事先有了布置，实验中让第 9 个人最后作出判断。阿希曾组织了许多实验组进行这样的实验。统计分析表明，第 9 个人中有 37% 放弃了自己的正确判断而顺从群体的错误判断。

在阿希的实验之后，一些心理学家进一步分析了导致顺从现象产生的因素。这些因素包括环境因素和个性因素。从环境因素来看，如果该群体是一个人的参照群体，群体的意见一贯比较一致，群体比较团结，那么，这个人就容易在群体压力之下产生顺从行为。从个性因素来看，如果一个人的智力较差，情绪不稳定，缺乏自信心，则在群体中经常要依赖别人，也较容易产生顺从现象。

心理学家对于顺从现象的真相也进行了分析。虽然在群体的压力之下不少人会产生顺从行为，但这些人的情况是很不同的。要区别顺从行为的表面反应和内心反应，这两个方面并不一定是一致的，大致可以分为如下几种情况：

（1）表面顺从，内心也顺从；

（2）表面顺从，内心并不顺从，即所谓口服心不服；

（3）表面不顺从，但内心顺从。

此外，也存在表面和内心都不顺从的情况。

群体压力和顺从现象是客观存在的，在管理中应重视这种现象。一般来说，应避免采取群体压力的方式压制群体成员的独创精神，但也不能认为群体压力只有消极作用，对于群体成员的不良行为给予适当的压力是必要的。

4.3　群体中的人际关系

4.3.1　人际关系的概念和内容

1）人际关系的概念

人际关系，也叫人群关系，是人们在进行物质交往和精神交往过程中发生、发展和建立起来的人与人之间的关系，是人们依靠某种媒介，通过个体交往形成的信息和情感、能量和物质交流的有机渠道。人们借助于语言、表情、动作传递信息，从一定的目的和利益出发，形成组织，构成社会。人的社会化过程以及人类的一切文明，都是通过建立和发展人际关系才得以实现的。良好的人际关系，表现为信息和情感交流畅通无阻。从这个意义上讲，人际关系的改善，就是人们在某种共同需要的基础上，依照一定的规律和原则调整人们的思想和行动，以排除相互间信息或感情交流的障碍，达到强化这种交流的目的。人与人之间的关系是一个广泛的概念，所有的社会关系归根到底都是人与人之间的关系。一般说来，人际关系实质是一种社会关系，它包含在社会关系体系之内，而社会关系有更为广阔的内容，它只能通过各种复杂的人际关系表现出来。

2）人际关系的内容

千差万别、千变万化的人际关系，其内容大致可分为两个方面：一方面是物质关系，即以生产、生活物质为条件的交往，如生产资料的占有方式、商品交换过程、经济分配形式等；另一方面是精神关系，即以语言、思想、感情为媒介的交往，如思想的传播、情绪的感染、感情的交流等。这两种内容的人际交往，是相互联系、互为条件的，它们都是人们的客观需要。所以就其实质来讲，人际交往是人的本质表现，是本性的要求。正如马克思所说的：由于他们的需要即他们的本性，以及他们求得满足的方式，把他们联系起来（两性关系、交换、分工），因此他们必然要发生相互关系。正是这些交往形成了复杂的人际关系的内容。

3）人际关系的方式

人际关系可分为两种方式：一种是直接关系；另一种是间接关系。直接关系就是人们通过物质或交际手段（包括语言、表情、动作等），面对面地发生联系；间接关系是人们通过物质的传递或借助书面语言、传播技术，间接地发生联系。

4.3.2　人际关系的类型

人，是一切关系的总和。从时空角度看，人与人之间的关系是多维的、可变的。按不同的标准可以把人际关系分成许多类型，不同类型的人际关系有些是交叉的，有些是有高低层次和时间先后之分的。

1）按人际关系的结构分

（1）经济关系。经济关系是人际交往中最常见的一种关系，人的经济活动既发生在生产组织中，也发生在非生产组织中，是人与人之间在经济往来中所形成的关系。它可以表现在许多方面，有分工合作关系，还有买卖关系、交换关系、分配关系等。

（2）政治关系。政治关系一般是指阶级关系、党派关系、民族关系、国际关系，是指人们在政治活动中所发生的人与人之间的关系。

（3）法律关系。法律关系是人们根据法律规范而结成的关系。

（4）伦理关系。所谓伦理关系，也叫道德关系，是指在道德规范调整的范围内所发生的人与人之间的关系。

2）按人际关系形成的纽带分

（1）亲缘关系。亲缘关系一般是指以血缘、姻缘为纽带而结成的关系，具体又包括：人际第一关系、夫妻关系、代际关系、婆媳关系等。

（2）地缘关系。地缘关系是以地缘为纽带而结成的人与人之间的关系。地缘关系有自己的特点，它是以地理位置而结成的关系，现代化程度越低、居住处所搬迁越少的地方，地缘关系就越重要；反之，地缘关系就越淡漠。地缘关系主要有邻里关系、老乡关系两种。

（3）业缘关系（也叫工作关系）。业缘关系是人们由于从事共同的或关联的社会工作而结成的人际关系。构成业缘关系的媒介是人们在社会群体中所从事的职业工作。在人类社会早期和不发达的社会里，人际关系主要是亲缘和地缘关系，而在高度发达的现代社会中，职业活动则构成人际关系的重要媒介。随着社会的发展，社会化大生产所引起的社会变迁打破了原有的地域界限和单一的亲缘关系，亲缘关系和地缘关系为越来越多的业缘关系所替代，作为社会关系的一种具体表现形态的业缘关系是现实社会中人际关系的基本存在方式之一。业缘关系主要有上下级关系、师生关系、师徒关系、同事关系与同学关系等。

4.3.3　人际关系的特点、功能和研究人际关系的重要意义

1）人际关系的特点

（1）社会性。这是人际关系的一个根本特点，正是这一特点把人的群体关系同动物的群体关系区别开来，社会和自然界区别开来。社会性是指人际关系通过社会关系表现出来的属性，它是人际关系的本质属性。人际关系的社会性，是随着社会的进步而发展的，在古代，人际关系的自然性大，社会性小；而在现代社会则自然

性逐渐减弱，社会性逐渐增强。

（2）历史性。这是指人际关系所具有的发展变化、新旧交替的特性。它既表现在整个人类社会的发展过程中，也表现在个体或群体的相互关系上。这一特性来源于生产力和生产关系的矛盾运动。人际关系的历史性特点，要求我们用辩证的观点、发展的观点来观察和分析人际关系，既要继承以往人际关系的合理内容和形式，又要变革不适应社会发展需要的人际关系的内容和形式。

（3）客观性。这是指人际关系是在人们的客观社会活动中确立的，具有现实性和真实性，而不是人们随意的主观现象。

（4）多样性。这是指人际关系具有多内容、多形式、多层次的特点，这就造成了社会的复杂性和人的复杂性。

2）人际关系的功能

（1）产生合力。"团结就是力量""人多力量大""人心齐泰山移"就是讲这样一个道理，即许多人按照正确的方式联合起来，就会产生很大的力量，形成整体效应。在人与人之间创造民主、团结、互助的心理气氛，理顺关系、消除内耗、集中精力、一致工作，是形成合力、实现整体效应的基本条件。当然，在一个人际关系紧张的群体里，内耗不断，也必然会产生"负合力"。

（2）形成互补。在一个有良好人际关系的集体里，人们之间能够互相学习、取长补短，这是在多方面的双向交流中产生能力上的提高和增值的行为。

（3）激励功能。在群体中，人们之间会产生一种类似共生的作用，人们之间相互激励，给群体中每一个成员带来创造的活力，造成智力、体力上的跃升，使奇迹出现，这就是人际关系的相互激励功能。

（4）联络感情。人有合群需要，不愿意孤独、独处。良好的人际关系为人们的交往提供了条件。改善人际关系，加强感情联络，对任何人都是必要的。

（5）交流信息。良好的人际关系有助于人们之间的信息交流，在人际信息交流的过程中，人际关系结构本身也可以得到改善。

3）研究人际关系的重要意义

研究人际关系有着重要的意义，这是因为在社会主义社会中，进行正常的人际交往，建立和发展平等、团结、互助的社会主义新型关系，不仅能有力地推进人们的生产、工作、学习和生活，而且直接影响社会主义精神文明建设和个人的全面发展。在我们这样一个人口众多的大国，如果没有平等、团结、互助的人际关系，不仅执政党不能与群众密切联系，而且会因为关系不正常而影响安定团结，不利于改革开放，阻碍社会主义现代化建设的进程。另外，研究人际关系不仅是为了解决现实生活中的各种人际关系问题，更重要的是，要根据人际关系的内在规律和社会职能，结合实际，设计科学的人际关系结构，并通过有效的协调，使其达到最佳状态。这正是科学地管理社会、最大限度地开发人力资源的关键。

4.3.4　人际关系的确立和发展

1）人际关系确立的条件

任何人际关系的确立，都要有以下三个必要条件或前提：

（1）人。人是人际关系的主体，没有人就没有人和人之间的关系。

（2）人际接触。人和人之间不接触，就无从建立一定的关系。人和人之间接触的机会、频率和方式，对人际关系影响极大。深山老林中的人和繁华都市中的人建立关系很少，是因为相互缺少接触的机会。接触越多，互动越多，即接触的频率越高，人与人之间的关系就越密切；反之，就越疏远。美国社会学家菲斯廷格等人在1950年进行了住地间隔和友谊关系的调查。调查结果表明，居民与住得最近的人最亲密。在同一楼层里，人们同隔壁的邻居要比隔一个门的邻居更亲密，同隔一个门的邻居又比过道尽头的邻居更亲密一些。人们采用接触的方式对人际关系影响很大，一般说来，直接的、频繁的、综合性的接触，对人际关系影响更大些。在网络时代，人际接触的概念有了新的含义，互联网已改变了人类社会的方方面面，虚拟的人际关系带给人们的是更加色彩缤纷的世界。

（3）人际需要。人和人之间如果没有相互需要，即使有彼此接触的机会，也不会结成一定的关系，也就是说，人与人之间的关系，都是建立在一定相互需要的基础上的，都是以某种需要为前提的。人的需要有两大类：一类是维持和发展自己生活的需要，这种需要是个人同他人广泛建立联系的先决条件；另一类是保持心理平衡、充实精神生活、维持和发展精神生活的需要，主要是情感需要和文化需要等。

2）人际关系发展的动力

（1）人的生产。人类不断地诞生出新的生命，生产出人际关系赖以存在的主体，从而保证了人类种族的繁衍和生命系列的发展，也保证和发展了人际关系。如果人的生产被终止，那么一切人际关系也就会随之消失。人在生产的同时也生产了家庭关系、亲属关系和与家庭和亲属密切相连的社会关系。

人的生产的数量和质量，对人际关系的形成和发展也有不容忽视的影响。人口密度不一样的地方，人际关系也不会一样。

（2）物质生产。物质生产是人际关系形成和发展的决定性动力。物质生产推动了人际关系的形成和发展；物质生产的发展导致劳动方式及社会关系的相应变化；物质生产的发展促进了人际关系交往的扩大；上一代人的物质生产制约下一代人的人际关系。

（3）精神生产。人的一切行动，包括人际交往，都受到人的思想的指导，人们的思想意识不一样，结成的人际关系也不一样，共同的思想观念是维系良好人际关系的纽带。精神生产方式不同，人际关系也会发生相应变化。人类的精神生产方式变了，人们之间的相互关系也会发生相应的变化，精神生产的方式越先进，人际关系的发展就越显著。

3) 人际关系的历史进程和发展趋势

随着社会的进步，人类的人际关系也经历了不同的发展阶段。在原始社会，人际关系是以血缘关系为主要特征的；在奴隶社会，又表现为以依附关系为主要特征；在封建社会，人际关系的确立是以宗法关系为基础的；而资本主义社会则表现为明显的金钱关系；社会主义社会由于消灭了生产资料占有关系上的不平等，而产生了新的平等的人际关系。

人际关系的发展趋势是：

（1）社会性增强，自然性减弱。随着社会主义商品经济的发展和新技术革命的兴起，生产的社会化程度越来越高，人与人之间的社会联系日益广泛、密切，血缘关系、地缘关系的影响逐步缩小。这是一个巨大的社会进步，我们要认清和顺应人际关系的这一趋势，冲破狭隘的、落后的人际关系的束缚，发展新型的人际关系。

（2）自主性增强，依附性减弱。随着社会主义市场经济的发展和经济体制改革的深入，单位和个人的自主权扩大了，每个人都有了大显身手的机会。竞争增强了人们自强的必要性，改革提供了自主的可能性。这一切，都要求人们改变过去那种在人际关系中依赖性的主导层面，逐渐向自主性增强的方向发展。这是一种社会进步，也是一个人成熟的表现。人际关系的自主程度越高，表明个人越成熟，越有利于发挥人们的聪明才智。在向社会主义现代化进军的过程中，我们要提倡自立、自律、自强的精神，克服懒惰、自私的依赖思想，在社会实践中建立奋发向上、充分自主的人际关系，以求在激烈的竞争中立于不败之地。

（3）平等性增强，等级性减弱。随着人类社会的发展，人际间的等级关系残余必将逐步清除，平等关系取代等级关系是不可逆转的发展趋势。在社会主义社会里，平等关系是起主导作用的人际关系，它既要排除等级关系残余的干扰，又有一个发展的过程，人际关系由纵向控制为主，发展到纵向联系、横向联系相结合；由单向交往发展到双向交往。

（4）开放性增强，封闭性减弱。随着整个社会向现代化跃迁，人际关系也由过去的封闭性转向开放性。这是个人社会化程度逐步提高的表现。人际关系越开放，个人的眼界就越开阔，适应能力和创造能力就越强。恩格斯把"开放"视为事业成功的重要条件。我们要利用各种途径，建立更广泛、更有适应性的人际关系，以取得事业的成功。

（5）合作性增强，分散性减弱。现代社会人际关系的一个重要发展趋势，是孤立、分散的人际关系状态正在被迅速打破，人与人之间的合作程度越来越高。这是社会化大生产的需要。我们要顺应这一发展趋势，克服小生产思想，推进人们之间的合作。

（6）复杂性增强，单一性减弱。世界是复杂的，人际关系更是如此。人类社会由简单再生产向加速扩大再生产的转变中，有力地促进了人际关系的变化。人际关系的变化表现为节奏加快了，由单一向多样化转变、由重复向更新发展。

4.3.5 人际交往的原则

原来人与人之间讲究的是关系，今后人与人之间讲究的是规则。传统社会的关系网已经被不断撕裂，以价值分配为关系、新的链接正在形成，每个人都是一个节点，进行价值传输。而你所处的地位和层级，是由你所带来的价值决定的。当人人都在讲规则，道德自然就会兴起。

1）平等原则

平等是建立良好的人际关系的前提，没有平等待人的观念，就不能与人建立密切的人际关系，这是人际交往的第一原则。

2）互利原则

在人们的交往中，大多数的交往是互利的。互利包括三个方面的内容：

一是物质互利。比如物品交换，张三给李四一篓鱼，李四给张三一只羊。

二是精神互利。比如相互尊重、相互安慰等。这里包括心理、情感、思想、文化等方面的交流。

三是物质精神互利。在交往中，一方从物质上得利，另一方从精神上得利。比如甲给乙一本书，乙向甲道谢等。

互利是有前提的，有些互利是损公肥私，违反党纪国法的；有些互利是有损于他人和社会的；有些互利是有益于他人和社会的。我们提倡后者的互利。

之所以要坚持互利原则，是因为现阶段公有制还不完善，存在商品交换。从心理学角度看，交往也应是互利的，希望为人所关心和注意，乃是一个人不可缺少的需要，当自己有这个需要时，也要考虑到他人也有这个需要。从时间角度讲交往也应是互利的。

3）信用原则

中华民族历来强调讲信用，在人与人的交往中，从古到今都把信用看得非常重要。自古以来，讲信用的人受到人们的欢迎和赞颂，不讲信用的人则受到人们的斥责和唾骂。在现代社会，讲信用更是人们交往中必须遵守的一个原则。对每个人来说，未来有一件东西会变得格外重要，那就是你的信用。未来个人的财富路线是这样的：行为–能力–信用–人格–财富。在大数据和互联网的帮助下，你的行为推导出了你的信用值，然后以信用度为支点，能力为杠杆，人格为动力，联合撬动的力量范围，就是你的财富值，也是你掌控世界的大小。

4）相容原则

在人际交往中必须坚持相容的原则。相容就是心胸宽广，忍耐性强，就是宽宏大量。相容是历史发展到一定阶段的产物。当人与人之间具有人身依附关系时，是谈不上相容的。相容是与民主、平等、独立相关的。相容不是怕人；相容不是随波逐流、不讲原则。坚持相容，要做到有理也让人，要宽以待人。

4.3.6 改善人际关系的途径

在组织中，改善人际关系必须从领导和群众两个方面入手。组织的领导者、管理者应主动引导群体内的人际关系朝积极的方向发展，包括创造有利的群体环境和交往气氛，促进群体成员之间的相互交往；建立合理的组织结构，制定必要的措施；搞好民主管理，改善管理者与被管理者之间的关系；运用行为科学的理论和方法，培养和训练群体成员正确处理人际关系的能力，做过细的思想工作理顺人们之间的各种关系等。群体成员应自觉地加强修养，包括树立正确的世界观，重视性格锻炼，加强自我意识，提高人际交往的技巧等。

4.4 信息沟通

4.4.1 信息沟通概述

1）信息沟通的概念和过程

（1）信息沟通的概念

在社会活动的各个方面都需要信息沟通，我们可以把信息沟通理解为：人与人之间传达思想或交换情报的过程。在管理工作中，信息沟通是指人与人之间的交流，即通过两个或更多人之间进行关于事实、思想、意见和感情等方面的交流，来取得相互之间的了解，以及建立良好的人际关系。

对于人与人之间的沟通必须从以下几方面去理解：

①人与人之间的沟通主要是通过语言（或语言的文字形式）来进行的。

②人与人之间的沟通不仅是消息的交流，而且包括情感、思想、态度、观点的交流。

③在人与人的沟通过程中，心理因素有着重要的意义。在信息发出者和接收者之间，需彼此了解对方进行信息交流的目的和动机，而信息交流的结果是会改变人的行为的。

④在人与人的信息沟通过程中，会出现特殊的沟通障碍。这种障碍不仅是由于信息通道（即传递）的失真或错误，而且还由于人们所特有的心理障碍所产生的。因此，在研究人与人之间的沟通过程时，需要了解和研究它的特殊规律。

（2）信息沟通的过程

信息沟通过程是指一个信息的发送者通过选定的渠道把信息传递给接收者，这个过程的具体步骤如图4-1所示。

信息沟通开始于有了某种"思想"或想法的发送者，然后通过发送者和接收者都能理解的方式进行信息编码，并通过连接发送者和接收者的渠道加以传递。信息的传递既可以是口头的或书面的，也可以通过备忘录、计算机、电话、电报或电视来传递。有时人们可以使用两种以上的传递渠道，例如双方可以先用电话达成一个

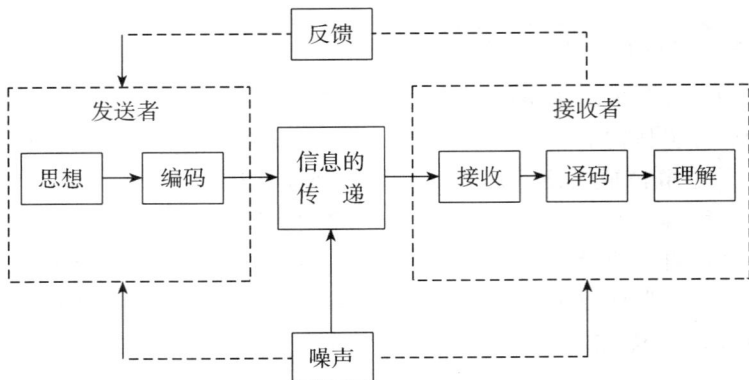

图 4-1　信息沟通过程的一般模式图

基本协议，然后再用书信予以认可。每种渠道都各有利弊，所以，选择恰当的渠道对实施有效的信息沟通是极为重要的。信息沟通的下一个步骤是译码，即信息接收者把信息回译成思想。只有当发送者和接收者对符号的意思抱有相同的或者是类似的理解时，才会有准确的信息沟通。从图 4-1 中我们还可以看出，信息沟通经常受到"噪声"的干扰。无论是在发送者方面，还是在接收者方面，噪声就是指妨碍信息沟通的任何因素。为了检验信息沟通的效果如何，反馈是必不可少的，因为在没有信息反馈证实之前，我们绝不可能肯定信息是否已经得到有效的编码、传递、译码和理解。

另外，有许多情境和组织因素也左右着信息沟通过程。从外部环境看，可能有教育的、社会的、政治的和经济的因素。例如，压制性的政治环境就会抑制信息沟通的自由流动。另一种情境因素就是地理上的距离，面对面的直接沟通，既不同于两个人远隔千里的电话交谈，也不同于电报和信函的往来。此外，时间也是信息沟通中必须考虑的因素。其他影响组织内部信息沟通的情境因素还有组织结构、管理和非管理过程以及技术等。

2）信息沟通的目的和作用

（1）信息沟通的目的

组织中信息沟通的目的是促进变革，即对有助于组织利益的活动施加影响。由于信息沟通把各项管理职能连成一体，因此它对组织内部职能的行使是必不可少的。在一个组织内，信息沟通主要用来：

①设置并传播一个组织的目标。

②制订实现目标的计划。

③以最有效果和效率的方式来组织人力资源及其他资源。

④选拔、培养、评估组织中心成员。

⑤领导和激励人们并营造一个人人想要作出贡献的环境。

⑥控制目标的实现。

此外，信息沟通也把组织同外部环境联系起来了。任何一个组织只有通过信息沟通才能成为一个与其外部环境发生相互作用的开放系统。

（2）信息沟通的作用

信息沟通的作用在于使组织内的每一个成员都能够做到在适当的时候，将适当的信息，用适当的方法，传给适当的人，从而形成一个健全的、迅速的、有效的信息传递系统，以有利于组织目标的实现。正如巴纳德认为的，信息沟通就是把组织中的成员联系起来以实现共同目标的手段。具体地说，信息沟通的作用有：

①沟通可提供充分而准确的材料，是正确决策的前提和基础。任何组织机构的决策过程，都是把情报信息转变为行动的过程。因此，准确、可靠而迅速地收集、处理、传递和使用组织内外的信息，是决策过程的重要环节。任何决策的失误都是信息沟通不畅造成的。因此，没有沟通就没有正确的决策。

②沟通是组织成员统一思想和行动的工具。在实现组织目标的过程中，有必要使组织成员认清形势，了解组织的决策和政策。而要做到这一点，就有必要消除由于人们所处位置不同、利益不同、掌握信息多少的不同、知识经验不同而产生的对组织决策和政策的态度的不同，这就必须进行充分而有效的信息沟通。

③沟通是在组织成员之间，特别是领导者和被领导者之间建立良好的人际关系的关键。只有通过不断的信息沟通，才能使组织内的成员彼此了解、互相有感情、配合默契。一个领导者作风好，深入基层，虚心听取大家的意见，关心大家的疾苦，就会更能赢得人们的信任和支持。在个人考评方面，上级主管人员评价其下属对组织所做的贡献，并将此评价传达给下级是十分重要的。因为这有利于使下级了解自己的地位，了解上级对他们完成任务的看法，了解他们如何改进自己对组织的贡献，以及了解他们未来的前途等。这种沟通将会大大激发职工的士气。

4.4.2　信息沟通中的障碍

主管人员经常谈到沟通障碍是他们遇到的最大问题之一，这是不足为奇的。这是因为各组织为了沟通耗费了大量的人力，但有时并不是卓有成效的。一个有效的沟通必须包含三个要素、四个步骤。三个要素如前所述，是指信息的发送者（信息源）、接收者和信息。四个步骤是指注意、了解、接受和行动。每一个要素和每一个步骤都可能存在着各种障碍，它们直接影响沟通效能的发挥。常见的信息沟通障碍有以下几种：

1）语言障碍，产生理解差异

在一个组织里，可能有来自各个地域的人，各地区语言差别大，有时互相听不懂。另外，语言是思想的外壳，但思想和语言并不是一回事，各人的语言修养和表达能力差异很大，加上有些沟通者事先缺乏必要的准备和思索，或用词不当或说话意图不清，使听者不知所云；有时即使意图清楚、用词得当，由于语音复杂，一词多义，理解的可变度极大，个人在译收的过程中还会加上主观的推理综合，再加上受个人的世界观、方法论、经历、经验、需要的影响，从而产生不同的理解。为了克服语言障碍，进行广泛的语言训练是必要的。

2）环节过多，引起信息损耗

信息从一个人传到另一个人的一系列传递过程中会越来越失真，一般每经过一个中间环节，就要丢失30%的信息。这是由于人的性别、年龄、文化程度不同，信仰、观点、态度不同，思维、记忆、想象也不同，从而造成一个人的感觉和知觉不一样以及接受水平上的差异。另外对信息的遗忘性也是一个问题。为此就有必要运用各种渠道反复地沟通信息。

3）信息沟通中的偏见、猜疑、威胁和恐惧，妨碍沟通

如果信息发送者在接受者心目中的形象不好，存有偏见，则后者对前者所讲述的内容往往不愿意听或专挑毛病；有时虽无成见，但认为所传达的内容与己无关，从而不予理会，拒绝接受。猜疑、威胁和恐惧也是有害于信息沟通的。在含有这些因素的气氛中，任何信息都要受到猜疑，这可能是上司行为前后矛盾的结果，或者是在过去因向上司如实反映不利的但又是真实的情况而受到惩罚的经历所致。这样就导致出现报喜不报忧的情况。因此，创造一种信任的气氛，以此促进公开而真诚的沟通是十分重要的。

4）地位差异，妨碍交流

一般人在接受信息时不仅判断信息本身，而且判断信息的发送人，信息发源的层次越高便越倾向于接受。一个人地位高，似乎就是正确的、可信的；一个人地位低，其发出的信息也将跟着打折扣。一般来说，地位高的人对地位低的人沟通是无所顾忌的，而下级对上级沟通时往往是有顾忌的。这样就使一个领导者不容易得到充分而真实的信息。特别是当领导者不愿意听取不同意见时，必然堵塞言路，使下级保持沉默。

5）信息表达不清，沟通要求不明，渠道不畅，影响沟通

无论信息发送者头脑中的某个想法是多么清晰，仍有可能受措辞不当、疏忽遗漏、缺乏条理、思想表达紊乱、行文陈词滥调、乱用术语以及未能阐明信息的含义等现象的影响，使信息表达不清楚和不正确，可能造成很大损失。有些领导者并不明确在完成组织的任务和作出正确的决策时自己需要哪些信息，致使组织的信息沟通呈现自发的无组织状态，以致别人提供的信息并不需要，而需要的信息又没有，效能很低。

6）地理障碍，沟通困难

由于组织规模庞大，地理位置分散，相距较远或地形复杂都会引起沟通困难。

7）信息超负荷

也许有人认为，比较多的不受限制的信息流动会有助于克服信息沟通中产生的问题，但是，不受限制的信息流动会导致信息过量。信息超负荷往往会导致一系列问题：

（1）人们可能无视某些信息，比如，一个人收到的信件太多，干脆就把应该答复的信件也置之不顾了。

（2）一旦人们被过多的信息搞得晕头转向，在处理中就会出差错。例如，人们可能会把信息所传送的"不"字忽略了，从而使原意颠倒。

（3）人们既可能会无限期地拖延处理信息，也可能放在日后迅速处理。

（4）人们会对信息进行过滤，这种过滤往往把关键性的信息给忽略了。

（5）人们会干脆从沟通工作中脱身，以此对待信息超负荷的情况。也就是说，由于信息超负荷，人们会把信息束之高阁或者不进行沟通。

除了上述障碍外，还有其他许多影响有效沟通的障碍。如在选择性认知方面，人们往往以他们想要认知的为知觉，这在信息沟通中意味着人们听到了想要听到的信息，却忽略了其他相关的信息。同知觉密切相关的是态度的影响，态度是一种有关事实或事态的心理定位，显然，倘若人们已经认定了什么，那么就不可能客观地聆听别人说的话。能说会道的人很多，而耐心的听众却很少。

克服沟通障碍，不只是工作方法问题，更根本的是世界观问题。只要领导者能够树立起关心群众、信任群众、依靠群众和善于向群众学习的思想，再注意改进沟通方法和工作作风，任何沟通障碍都是可以克服的。

4.4.3　信息沟通的形式和方法

1）信息沟通的形式

信息沟通按不同的标志可以分成许多形式：

（1）按沟通的组织系统不同，可以分为正式沟通和非正式沟通。

正式沟通是指通过组织明文规定的渠道进行的信息传递和交流，如上级的指令逐级向下传达，下级的情况逐级向上报告，组织与组织之间的信函往来等。其优点是：信息沟通有较强的约束力，易于保密，有效性能得到保证。其缺点是：沟通速度慢，不够灵活。

非正式沟通是指在正式沟通渠道之外的信息传递和交流，如员工之间私下交换意见、小道消息等。其优点是：沟通方便、内容广泛、方式灵活、沟通速度快，可用于传播一些不便于正式沟通的信息。其缺点是：过程难于控制，信息往往不确切，容易传播流言蜚语。

（2）按沟通信息的流动方向不同，可以分为上行沟通、下行沟通和平行沟通。

上行沟通是指下级向上级反映意见。其形式多样，如领导招集员工座谈，听取各方意见，设立意见箱，建立定期的汇报制度等。上行沟通渠道畅通是领导者掌握全面情况，作出符合实际情况决策的重要前提。

下行沟通是指上级领导将组织目标、规章制度、工作程序等向下级传达。这是下级明确目标并努力完成的重要前提。

平行沟通是指组织中各平行单位之间的信息交流。这是减少组织内各部门冲突、提高组织运行效率的重要措施。

（3）按沟通的方法不同，可以分为书面沟通、口头沟通。

书面沟通包括以备忘录、信件、传真、电子邮件、博客、微信、组织内部发行的期刊、布告栏，以及其他任何通过书面文字或符号等形式来传达信息的手段。其优点是：有形且可以核实，可以无限期地保存下去，便于以后查询。其缺点是：耗费时间，反馈慢。

口头沟通是最主要的信息传递方式。常见的口头沟通包括演说、正式的一对一讨论和群体讨论。其优点是：快速传递、快速反馈。

（4）按沟通方向的可逆性不同，可以分为单向沟通和双向沟通。

（5）按处理人员的方式不同，可以分为快速处置人员和联络人员。

快速处置人员的责任是帮助信息接收者选出一些适宜于优先处理的事情，以弥补信息沟通不佳造成的缺陷。

联络人员则充当了信息发出者与信息接收者之间传递信息的中间人，从而节约了时间。同时他们还负有解释信息的责任，这也是为了弥补信息沟通不佳的缺陷。当然，为使这些人员发挥作用，必须不断提高他们的素质，以防止造成粗枝大叶地传递信息，以至于对不佳的信息沟通渠道的改组时间延迟，或对更有效的信息沟通技术持因循守旧的态度。

2）信息沟通的方法

信息沟通的方法是多种多样的，可供选择的信息沟通方法有：

（1）发布指示。在指导下级工作时，指示是重要的。指示是使一个组织生机勃勃或者解体的动力。指示可以开始、更改、制止一个活动。

"指示"有许多含义。指示作为一个领导的方法，可以理解为上级的训令，它要求下级在一定的环境下工作或停止工作。它隐含着从上级到下级的直线指挥人员之间的关系，这种关系是不能倒过来的。指示的另一个含义是，指示的内容应该和实现组织的目标密切关联，指示的定义含有强制性的意思。如果下级拒绝执行或不恰当地执行指示，而上级主管人员又不能对此使用制裁办法，那么他今后的指示可能会失去作用，他的地位将难以维持。要避免这种情况的出现，可以在指示发布之前听取各方面的意见或对下级进行训导。

（2）会议制度。从历史上看，会议这种形式有史以来就存在了。人们之所以经常聚会，是因为会议的确可以满足人们的某种需要。通过开会，人们可以沟通信息、交流思想、统一认识。在科学技术不发达的年代，开会必然重要，就是在人类步入"信息时代"的今天，它仍然是人们进行有效沟通的手段。尽管现在有许多先进的通信手段可以广为利用，但这不能完全取代面对面的会议。这是因为领导工作的实质是处理人际关系，而人与人之间的沟通联络是人们思想、情感的交流。采用开会的方法，就是提供交流的场所和机会。

会议的类型多种多样，要视目的和参加的人员不同而有所区别，如工作汇报会、专题讨论会、各种座谈会等。值得注意的是，会议虽然是主管人员进行沟通的有效方法，但在利用这个方法时，必须讲究实效，减少"会议成本"，避免"文山会海"。

（3）个别交谈。个别交谈是指在组织内或在组织外，人们利用正式的或非正式的形式，同下属或同级人员进行个别交谈，征询谈话对象对某一问题的看法，包括对别人、对别的上级、对谈话人自己的意见。这种形式由于是建立在相互信任的基础上，可以不受任何约束，双方都感到有一种亲切感。这对双方统一思想、认清目标、体会各自的责任和义务都有很大的好处。在个别交谈时，人们往往愿意表露真实的思想，提出不便在公开场合提出的问题。个别交谈是主管人员开展思想工作的有效方法，通过个别交谈，主管人员可以掌握下属的思想动态，并和下属在认识、见解、信心诸方面取得一致。对此，管理学家和行为学家们都给予了极大的关注，并进行了深入的研究。

必须注意的是，在进行个别交谈时，不要带有任何成见，不要先入为主，要善于启发诱导，耐心听取对方的意见。如能用形象的比喻和手势、幽默的语言和表情，造成一种十分融洽的谈话气氛，则会使谈话效果更好。

（4）建立信息沟通网络。信息沟通网络实际上是对各种沟通形式的概括。组织中的不同沟通网络形式对组织活动的效率有着不同的影响。莱维特最早通过实验提出了五种沟通网络形式，见图4-2。

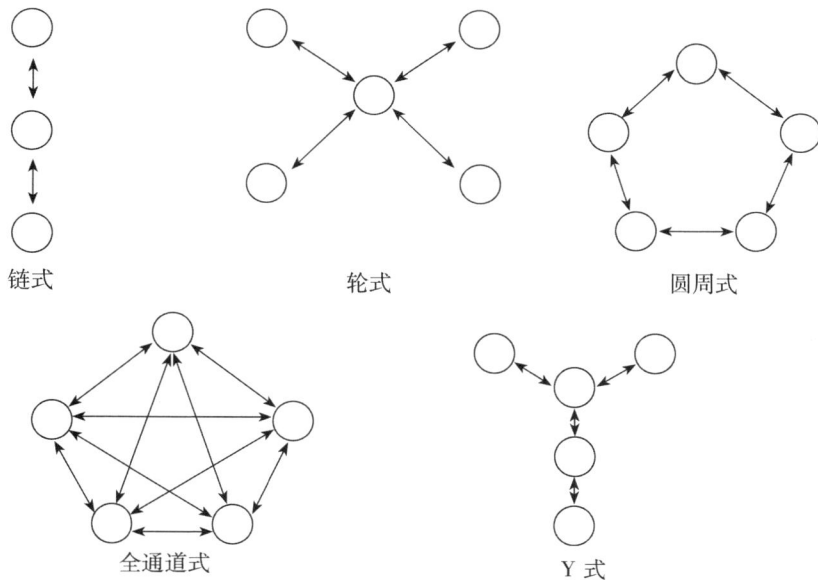

链式　　　　　　　轮式　　　　　　　圆周式

全通道式　　　　　　　Y式

图4-2　五种不同的沟通网络示意图

图4-2中的圆圈代表信息的传递者，箭头表示传递方向。

这五种沟通模式各有其优缺点。链式沟通网络传递信息的速度最快；圆周式沟通网络能提高组织成员的士气，即大家都感到满意；轮式和链式在解决简单问题时效率最高；而在解决复杂问题时，则圆周式和全通道式最为有效；Y式兼有轮式和链式的优缺点，即沟通速度快，但成员的满意感较低。除了上述五种沟通网络模式外，还有很多种不同的信息沟通模式，每个组织都可能有自己特殊的和正式的沟通网络。主管人员应该自觉地研究和建立适合本组织需要的信息沟通网络，以保证上下左右各部门、各个人员之间的信息能够得到顺利沟通。

4.4.4　信息沟通的原则和要求

1）信息沟通的原则

（1）明确的原则。信息沟通中的信息必须是明确的，即所用的语言和信息传递方式必须能被接收者所理解。这个原则看起来很简单，但在实际工作中，主管人员常常会发现他们经过深思熟虑而严格措辞后发出的信息，接收者有时竟理解得很差。这种现象在下级对上级的沟通中往往也存在。

提出信息并用别人能理解的文字、语言、口气来表达，是信息发出者的责任，为此，要求信息发出者有较高的语言表达或文字表达能力，并熟悉其下级、同级和上级所用的语言。只有坚持这个原则，才能克服信息沟通中的障碍。另外，对信息接收者来说，要集中精力，设法克服思想开小差，以避免信息传递中的损失，增强理解。也就是说，有效的沟通是信息发出者和信息接收者共同的不可推卸的责任。

（2）完整性的原则。在信息沟通过程中，要注意必须以保证维护组织的完整性为前提。各级主管人员为了达到组织目标，就要进行沟通，以促进他们之间的相互了解。但是，沟通只是手段而不是目的。为维护组织的完整性，就要求上级主管人员支持下级主管人员的工作，鼓励位于信息沟通中心的下级主管人员运用他们的职位和权力，避免越过下级主管人员而直接向有关人员发布指示、进行接触，否则，会使下级主管人员处于尴尬境地，而违背统一指挥的原理。当然，如果确实需要直接发布指示，上级主管应事先同下级主管进行沟通。只有在时间不允许的情况下，如要求紧急动员完成某一项任务，越级指挥才是必要的。只有注意这个原则，下级主管人员才会主动配合上级，带领人们去共同完成任务。

（3）在战略上使用非正式组织的原则。为使信息沟通产生最佳的沟通效果，主管人员有必要使用非正式组织来补充正式组织的信息沟通渠道。尽管信息是按正式渠道自上而下或自下而上地在各个管理层次中流动的，但要及时地处理所有信息并能使人理解，仅此渠道是不够的，也不一定是完全可靠的。这是因为非正式组织存在于正式机构之外，主管人员利用它来发送和接收信息，以此补充正式组织提供的信息的不足，做好组织的协调工作是有一定积极意义的。非正式组织是可以起到及早传递信息的作用的。

一般说来，非正式组织这个渠道的信息，对实现组织目标也有不利的一面，但是，小道消息盛行却反映了正式渠道的不畅通。这就有必要通过各种渠道把信息告诉人们，以防止那些不利于或有碍于组织目标实现的小道消息的传播。

2）信息沟通的要求

为改进信息沟通工作并提高效率，在信息沟通中要满足以下要求：

（1）沟通要有认真的准备和明确的目的性。信息发送者自己首先要对沟通的内容有正确、清晰的理解。重要的沟通最好要事前征求他人的意见，每次沟通要解决什么问题、达到什么目的，不仅沟通者要清楚，还要尽量使被沟通者也清楚。

（2）沟通的内容要确切。沟通内容要言之有物，有针对性，语意确切，尽量通俗化、具体化和数量化；要尽量避免笼统含混的语言，更不要讲空话、套话和废话。无论何时信息都要适用，沟通的内容对于接收者来说都要有价值。有时短期内会影响人们的不受欢迎的措施，如果从长远来看对他们有利的话，也比较容易被他们所接受。

（3）沟通要有诚意，取得对方的信任并建立起感情。信息沟通的职能不只是传递信息而已，它涉及感情问题。感情在组织内上下级和同事之间的人际关系方面有非常重要的作用。另外，信息沟通不仅在营造一个激励人们为组织目标而工作的环境，也在为营造实现个人目标而工作的环境上有重要作用。要提高沟通效率，必须诚心诚意地去倾听对方的意见，这样对方也才能把真实想法说出来。聆听是沟通中理解的关键。人们要求别人认真地倾听他们的话，还要求被人理解，这样主管就必须避免打断下属的话，还要避免使他们处于防范的心理状态。既给予反馈也要求得到反馈，这是明智的做法，因为没有信息反馈，人们绝不会知道信息是否被人理解。沟通能否成功，不仅与沟通内容有关，而且与沟通者的品德有关。最主要的是要有民主作风，要欢迎人们发表意见，特别是不同意见。要能兼收并蓄，豁达大度，要经常深入基层和实际，上下级之间要相互了解，从感情上建立联系，形成一种相互信任、充满信心的气氛以及支持下属工作的作风。同时，少摆领导架子也是必要的。

（4）提倡平行沟通。所谓平行沟通，是指在组织中同一层次之间的相互沟通。有些领导者整天忙于充当仲裁者的角色，想以此说明自己的重要性，这是不明智的。领导的重要职能是协调，但是这里的协调主要是目标的协调、计划的协调，而不是日常的协调。日常的协调应尽量鼓励在平级之间进行。

（5）提倡直接沟通、双向沟通和口头沟通。美国曾对经理们进行了调查，请他们选择良好的沟通方式，55%的经理认为直接听口头汇报最好，37%喜欢下去检查，18%喜欢定期会议，25%喜欢下面给写汇报。另外一项调查是问经理们在传达重要政策时，认为哪种沟通最有效，被调查的共51人，选择召开会议做口头说明的有44人，亲自接见重要工作人员的有27人，在管理公报上宣布政策的有16人，在内部备忘录上说明政策的有14人，通过电话系统说明政策的仅有1人。这些都说明人们更倾向于面对面的直接沟通、口头沟通和双向沟通。日本不主张领导者单独办公，主张大屋集体办公，这些都是为了及时、充分、直接地掌握第一手资料和信息。

（6）设计固定沟通渠道，形成沟通常规。例如，采取定期会议、报表、情况报告、定期交换信息等。如国外某公司规定，从基层开始，各级主管人员应当每月向他们各自的上级提出一份认为对上级考虑问题具有重要意义的、简明的、叙述性的报告，还规定在直线组织中的下级主管人员，同他们的上级定期召开会议，讨论他们提出的问题如何解决。这个过程要依次在所有的各级管理层次中进行，直至最高主管部门。

4.5　冲突与谈判

4.5.1　冲突

冲突是人类社会一种普遍的现象，在社会生活中随处可见，国家之间、组织之间、群体之间、个体之间都存在各种各样的冲突，只是冲突的程度、发展阶段和表现方式不同而已。任何由人组成的组织中都会存在冲突，它是一种客观存在的、不可避免的正常的社会现象。冲突也贯穿于人类社会发展的整个历史，正是在各类冲突的出现和解决过程中，人类社会才得以发展。因此，冲突具有客观性和普遍性。

1）冲突的内涵

由于研究者关注的重点和研究角度的差异，目前对冲突还没有一个明确一致的看法，虽然看法各异，但都有三个共同点：

（1）冲突是互动的关系行为。冲突的行为主体是个体、群体或组织。冲突是这些主体之间关系互动的过程，是一个动态、不断改变的过程。采取建设性的做法，双方关系能得到改善；采取破坏性的做法，会引发更激烈的冲突。是何结果，要看冲突双方的互动过程如何。

（2）冲突是一种主观的感受。从认知的观点来看，冲突是个人主观的感受。冲突中，个体感觉到愤怒、敌意、恐惧或怀疑等外显或内隐的种种情绪。是否存在冲突是个知觉问题，如果没有"知觉到"冲突的存在，就没有所谓的冲突。

（3）冲突来自互不兼容性。由于实际的和希望的反应的互不兼容性，而产生的两个或更多主体之间的紧张状态就形成了冲突。

实质上，冲突是指两个或两个以上的社会单元在目标上互不相容或互相排斥，从而产生心理上的或行为上的矛盾。冲突的产生不仅会使个体体验到一种过分紧张的情绪，而且还会影响正常的群体活动与组织秩序，对管理产生重大的影响。在组织行为学中，冲突包括群体内个人与个人之间的冲突，也包括群体与群体之间、组织与组织之间的冲突。

冲突和竞争不同。冲突的对象是目标不同的另一方，而竞争的双方则具有同一个目标，不需要发生势不两立的争夺。例如，在学校里，学生只要考得好，都能得高分，互相之间不发生直接矛盾，这就是竞争。如果只选其中考得最好的一半学生升学，那么就意味着，如果甲考好了，乙的升学机会就要减少，这时，二人之间就很可能发生冲突。冲突和竞争虽然不一样，但二者是有密切联系的，上述例子就表明激烈的竞争可能导致冲突。

如果双方都能从他们的竞争结果中获益，那么竞争就不大可能变为冲突。上述有关竞争的例子就可以说明。又如，在工作单位里，如果符合标准就能晋升，没有名额限制，那么职员之间只有竞争而不会发生冲突。实质上，竞争和冲突的区别在于一方所采取的行动是否会影响另一方目标的实现。这种区别表明，要想防止竞争演化为冲突，有效的管理策略是消除共同介入的机会。

2）冲突观念的演变

社会学家和管理学家对冲突的看法在变化。对冲突的认知大体经历了三个发展阶段：

（1）20世纪40年代中期之前，大多数人认为冲突是不良的、消极的，是坏事。因为冲突的存在就意味着意见分歧和对抗，会造成组织、群体、个体之间的不和，破坏良好的关系，影响组织目标的实现。根据这一传统的观点，应当避免冲突。

（2）从20世纪40年代末到70年代中期，人际关系的观点在冲突理论中占据主导地位。人际关系的观点认为，对于所有组织和群体来说，冲突都是不可避免的。这一观点认为应接纳冲突，使其存在合理化，因为有些冲突对群体的工作绩效非常有益。所以，对冲突应该加以适当地处理而不是消除。

（3）从20世纪70年代末至今，冲突的互动观点成为理论和实践中的主流观点。这一观点认为，融洽、安宁和合作的组织容易对变革的需要表现出静止、冷漠和迟钝。过多的和谐与平静并不一定总能使组织取得好的经济效果，相反会使组织缺乏生机和活力，而适当的冲突却有利于组织的健康发展。所谓鲇鱼效应就证明了这一观点。

基于适当冲突有益的观念，组织需要限制破坏性冲突，促进建设性冲突，以使组织保持旺盛的生命力，不断创新和进步。

要想成功地处理冲突，首先要确认一个适宜的冲突水平，然后选择一个减少冲突的策略。当然，在冲突程度不够强烈的地方，管理者也可以有意识地引起冲突。例如，在那些需要有创造性和直率讨论（避免群体意识）的场合，就需要挑起冲突。

冲突本身并无好坏之分，只有从绩效的角度，才能判别冲突的价值。在任一情况下都有一个最佳冲突水平存在。冲突水平过高，可能导致混乱；相反，冲突水平过低，则导致创新意识的停滞和低绩效。为一个具体的情境确定最佳冲突水平不是一件容易的事，这需要了解有关的个体其工作任务的性质。而且，如何减少或增加冲突也不容易。在这些方面，需要管理者有一定的创造性。

3）冲突的来源

在组织内部，冲突的来源有三方面：沟通因素、结构因素和个体行为因素。

（1）沟通因素

管理者把大多数冲突归因于组织沟通不良。完善的沟通可以使受讯者把发讯者的信息理解得毫无差错。但这样的完善沟通几乎没有。由于这一缺憾，在沟通过程中有许多误解的时候。虽然，由不成功的沟通引起的冲突不同于本质上对立的冲突，但它仍然有着强大的影响力。

（2）结构因素

①规模。有关冲突和组织规模之间关系的研究，发现一致的结果是组织规模越大，冲突也越大。原因可能是规模越大，分工越细，层次越多，因此信息在传递过

程中越易歪曲。

②参与。从人际关系的角度来看，邀请下级参与可以满足尊重和友爱的需要，因此可以融洽人们之间的关系。这样，下级参与越多，冲突越少。但是，有关研究却表明事实恰恰相反：下级参与程度越高，冲突水平也越高。原因可能是参与越多，个体差异也越大。而且，仅仅参与决策并不等于所提建议必被采纳。如建议不被采纳，下级就无法把自己的想法付诸实施。扩大参与所引起的冲突并非都是有害的，如果这种冲突可以增加群体的绩效，则应该鼓励其存在。

③角色冲突。组织中的个人和群体，由于承担的角色不同，各有其特定的任务和职责，从而产生不同的需要和利益，因此发生冲突。

④奖酬制度。如果奖酬制度是这样的形式，即一方多得报酬必然使得另一方少得报酬，就很容易引起冲突。这种冲突可以出现在个人之间、群体之间，也可以出现在组织之间。

⑤资源的有限性。资源总是有限的，在使用组织的资源上，群体之间往往发生冲突。如果有足够的资源（如空间、设备、材料），冲突就不会产生。但组织往往没有如此丰富的资源。因此，各群体之间为了资源的分配往往产生冲突，导致不良的协作。

⑥权力。组织中权力的分布也是冲突的来源。如果一个群体感到自己的权力过小，而另一个群体权力过大，它可能会对现状提出不满。有些人为了取得某项权力，往往会攻击对方，抬高自己，造成冲突。

（3）个体行为因素

个体之间的差异也是冲突的来源。一些人的价值观或知觉方式可能导致与他人的冲突。有些人就是喜欢无事生非、寻衅滋事。研究表明，那些好冲突的个人具有一些特质，独断专行的人爱扩大事态以攻击别人，自尊心弱的人容易感到别人的威胁而先发制人。无论独断专行还是自卑的人，都感到需要"自我防卫"而主动与他人发生冲突。

4）冲突的类型

从不同的角度，冲突可以划分为许多类型。

按照冲突的主体不同，可以划分为六种类型。由于冲突的主体可以是个体、群体和组织，因此，存在着个体与个体之间、个体与群体之间、个体与组织之间、群体与群体之间、群体与组织之间、组织与组织之间的冲突。

按照冲突产生的直接原因不同，可以分为任务冲突、关系冲突、流程冲突等。

按照冲突的结果不同，可分为有益冲突和有害冲突。

5）冲突的处理

对有害的冲突要设法解决或使其减少，对有益的冲突要加以利用。

（1）解决或减少冲突的策略

①设置超级目标。设置超级目标可以使对立的双方减弱冲突。这时，他们必须共同把精力集中到目标的达成上，从而缓解相互之间的对立情绪。但在组织中，这

种策略实施起来不太容易。

②采取行政手段。

A.管理者可以通过改变结构来减少冲突。当一个群体内冲突激烈，又长期解决不了，影响效率的时候，可以果断地将该群体解散，重新组织。对发生冲突的群体，也可以把爱闹事的人调出去。这一方法虽然简单，但也不是处处可用，因为有些人是骨干力量，不可或缺。

B.设置综合领导。如两个部门（如生产和销售）之间存在冲突，一个可供选择的方法是，让它们都接受同一个既懂生产又懂销售的高级经理的领导，这个经理就起到了协调的作用。

C.妥协。这是解决冲突的常用的方法。当各个群体为了资源的分配发生冲突时，上层领导常常充当仲裁人，采取妥协的方法，让每一方都得到部分满足。这种方法对整个组织来讲，其效果不是最好，因为资源分配应该以最大经济效益为出发点，而不应平均分配。

D.压制冲突。建立一定的法规或由上级命令限制冲突。这一办法能收效于一时，但并没有消除冲突的根源。

E.教育。教育冲突双方了解冲突所带来的后果，帮助冲突双方改变思想和行为；或者教育某一方顾大局识大体，宽恕对方，取得对方的合作，解决冲突。

F.拖延或和平共处。拖延是解决冲突的一种微妙而又常常没有结果的办法。冲突双方都不去寻求解决办法，而是拖延时间，听任发展，以期等待环境的变化来解决分歧。和平共处是冲突双方求同存异，避免把意见分歧公开化。这样做，虽没有彻底解决分歧，但可以避免冲突的激化。

G.转移目标。寻找一个外部竞争者，把冲突双方的注意力转向外部。

（2）引起冲突的策略

对于任一情境，都存在一个最适宜的冲突水平。虽然这一最佳水平有时可能是零状态，但是在许多情况下，确实需要有一定程度的冲突存在。也就是说，在某些情境中，只有冲突存在，效率才会更高。罗宾斯认为，如果发现人员流动率低，缺乏新思想与竞争意识，对改革进行阻挠等情况时，管理人员就需要挑起冲突。

具体做法是：

①委任态度开明的管理者。在有些单位，反对意见往往被高度专制的管理者所压制，因此，选派开明的管理者可以在一定程度上克服这种现象。

②鼓励竞争。通过增加工资、奖金，对个人和集体进行激励，这样可以增进竞争。适当的竞争可以导致积极意义的冲突。

③重新编组。变换班组成员、调动人事及改变沟通路线都可以在组织中引起冲突。而且，重新编组后，新成员的价值观和思维方式也可能对群体原来的陈规陋习形成挑战。

4.5.2 谈判

1）谈判的含义与特点

谈判是现代社会无时不在、无处不有的现象。在组织和群体中，人们之间要相互交往、改善关系、协商问题就要进行谈判，也就是说谈判是日常生活中的一部分。谈判是每个人都得注意和学习的，只要有立场上的不同或利益上的差异，就必须要靠谈判解决，而且这些谈判都是相通的，不同类型的谈判，其实原理都是一样的。

（1）谈判的含义

简单地说，谈判是当事人在一定的时空条件下为满足各自需要和维持各自利益而进行的协商过程。它是解决冲突、维持关系或建立合作构架的一种方式。

（2）谈判的特点

作为人类的一种行为，谈判具有以下几个方面的特点：

①谈判是双方通过不断调整各自的需要而相互接近，最终达成一致意见的过程。

②谈判是合作与冲突的对立统一。通过谈判而达成协议对双方都有利。各方利益的获得是互为前提的，这是谈判的合作性的一面。希望自己在谈判中获得尽可能多的利益，为此，双方积极地讨价还价，这是谈判的冲突性的一面。

③对谈判的各方来讲，谈判都有一定的利益界限。

④谈判各方所得利益的确定，取决于谈判各方的实力和谈判的艺术与技巧。

⑤谈判是一门科学，同时又是一门艺术，是这两方面的结合。

（3）谈判发生的条件

任何一个谈判的发生都有条件。不管是哪一类的谈判，大概都缺少不了三个条件：

①一个无法再继续存在下去的僵局。

②双方都认为靠自己的力量无法解决这一僵局。

③通过谈判解决问题有可行性和可欲性。

2）谈判的类型

分析谈判类型是研究谈判问题不可忽视的一个方面，有利于我们更好地掌握不同谈判方式的特点，在实际中灵活运用。谈判根据不同分类条件可有多种分类方法：

（1）按谈判双方的得益情况可分为分配谈判和综合谈判。

①分配谈判。这是一种传统的输赢谈判，即数量一定，一方的所得是另一方的损失的谈判，其经常发生在经济领域。谈判中所用的交往方式有警惕的交流、表示有限的信任、威胁、言不由衷等。当谈判双方陷入紧张的感情冲突时，主要靠强迫和妥协的方式解决。

②综合谈判。这是双方共同解决问题，双方都能获益的谈判。在谈判中，双方

找出共同问题，寻找和评价各种解决的办法，各抒己见，然后达成一个双方都能接受的解决方案。尽管双方很少会同等地接受这个方案，但这个选择无疑对双方都有利。各方都有解决问题的强烈愿望，他们表现出灵活性和对对方的信任，新的想法不断涌现。在这种谈判中，人们主要用协调和妥协的方式解决冲突。

（2）按谈判人数分类，有一对一谈判和小组谈判。

（3）按谈判方向分类，有纵向谈判，即在确定谈判的主要问题后，对问题和条款逐一讨论和解决，一直到谈判结束；横向谈判，即在确定谈判涉及的主要问题后，开始逐个讨论预先确定的问题。

（4）按谈判地点分类，有主座谈判、客座谈判和在中立地谈判。

（5）按谈判双方接触的方式分类，有口头谈判、书面谈判等。

3）谈判的过程

谈判一般由五个阶段构成：准备和计划、界定基本原则、阐述和辩论、讨价还价和解决问题、结束与实施。

（1）准备和计划

在这一阶段，谈判者要策划实质性的谈判，需要做一些必要的准备工作，要尽可能多地了解其谈判对手。这一阶段通常是在自己的组织内进行。谈判者应通过思考各方的目的、需要和利益，明确自己的立场并了解对方的立场。最后要制订出一个与对方达成谈判协议的最佳的计划方案。

（2）界定基本原则

制订出计划和战略后，就可以与对方一起对谈判本身界定其基本规则和程序。谁将进行谈判？谈判在哪里进行？谈判限制在多长时间？谈判要受哪些方面的约束？如果谈判陷入僵局，如何处理？在这一阶段中，双方将交流各自的最初建议和要求。

（3）阐述和辩论

相互交换了最初观点后，双方对自己的提议进行解释、阐明、澄清、论证和辩论。这一阶段不一定是对抗性的，这是双方交换信息的机会，彼此可以就为什么这些问题很重要，怎样才能使双方达成最终的要求等问题进行磋商。双方要向对方提供支持自己观点的材料。

（4）讨价还价和解决问题

谈判各方尽力使对方接受自己的意见，这是双方为了增加达成有利协议的可能性所采取的活动。这可能是各方自觉地向一个共同接受的方案进行努力，也可能是一方运用具有说服力的观点来影响另一方。

（5）结束与实施

谈判过程的最后一步是将已谈成协议正规化，并为实施和监控执行制定出所有必要的程序，形成一个为各方共同接受的解决方案。对于一些重要谈判，需要在订立正式合同时敲定各种细节信息。

4) 谈判的基本原则

遵循必要的谈判原则是取得谈判成功的基本保证。谈判的基本原则是:

(1) 平等原则。平等原则要求谈判双方坚持在地位平等、自愿合作的条件下建立谈判关系,并通过平等协商、公平交易来实现双方权利和义务的对等。

(2) 互利原则。要求谈判双方在适应对方需要的情况下,互通有无,使双方都能得利。因此在谈判中,最重要的是应明确双方不是对手、敌人,而是朋友、合作对象。在未来的合作过程中各方都会有持续的利益所得。

(3) 合法原则。要求谈判的内容及其所签订的契约要符合有关法律的要求。

(4) 事人有别原则。要求谈判双方在谈判中把人和事分开,把对谈判对手的态度和对讨论问题的态度区分开来,对事不对人。

(5) 信用原则。要求谈判双方都要讲信用、重信誉、遵守和履行诺言或协议。

5) 谈判策略

谈判策略是指谈判人员为取得预期成果而采取的一些措施,它是各种谈判方式的具体运用。简单地说,谈判策略是一种可以预见和可能发生情况下应采取的相应的行动和手段等。在谈判过程中,会出现各种各样的情况,只有在谈判中实施灵活多变的策略,才能实现利益目标。

现将谈判策略归纳为三个阶段加以介绍:

(1) 开局阶段的策略

开局是双方的第一次亮相。开局的好坏在很大程度上决定着整个谈判的走向和发展趋势,因此,以什么样的形象出现在对方面前,建立一种什么样的谈判气氛,在语言和姿态上怎样处置比较妥当,是需要认真考虑的。

首先,创造良好的气氛。在谈判双方人员见面后的短暂接触中,双方人员的目光、动作、姿态、表情、谈话内容及语调、语速等,会形成不同的谈判气氛。谈判气氛是对手之间的相互态度,它能够影响谈判人员的心理、情绪和感觉,从而引起相应的反应。因此,谈判气氛对整个谈判过程具有重要的影响,其发展变化直接影响整个谈判的前途。

其次,开场陈述。在谈判双方接触、摸底阶段,对于谈判者,特别是以前从未打过交道的谈判双方来说,应通过对己方情况的介绍将一些有价值的对己方有利的信息传递给对方,以显示自己的实力。

(2) 实质性谈判阶段的策略

在实质性谈判阶段的策略主要有:

①报价策略。这里报价不仅是指价格,而且是有关整个交易的各项条件。报价之所以重要,就是因为报价对讨价还价乃至整个谈判结果产生实质性影响。报价策略主要体现在以下方面:

A.谁先报价。报价先后各有利弊,一般来讲,如果本方在谈判中处于有利的地位,那么本方先报价是有利的,尤其是在对方对该交易的行情不太熟悉的场合,先报价之利更大。有的谈判谁先出价似乎已有惯例,多半是由卖方先出价,买方还价。

B.怎样报价。报价必须遵守以下几项原则：对卖方来讲，开盘价必须是"最高的"，对买方来讲开盘价必须是"最低的"，这是报价的首要原则；开盘价必须合乎情理；报价要坚定、明确、完整，不加解释说明；正确地对待对方的报价。

②讨价还价策略。谈判过程中最复杂、最具体的阶段是讨价还价阶段，这是谈判的中心环节。当谈判一方报价后，另一方不会无条件地接受对方的报价，而是探求底线来讨价还价。一方面是投石问路；另一方面就是观察对方让步的方式。

③僵局处理策略。谈判中的僵局是指在谈判过程中，双方因暂时不可调和的矛盾而形成的对峙。出现僵局不等于谈判破裂，但它严重影响谈判的进程，我们应采取对策来缓和双方的对立情绪，使谈判出现新的转机。可采用的策略有避重就轻，转移视线；利用调解人；调整谈判人员等。

（3）最后阶段策略

①成交阶段的策略。当谈判进入成交阶段，双方在绝大多数的议题上取得一致意见，只在某一个问题上相互之间存在分歧，相持不下影响成交时，可以考虑采取场外交易的策略来解决，如在酒宴上。

②未成交时的策略。谈判可能因种种原因未能达成协议，这时最明智的做法就是既保持自己的尊严和原定的谈判方案，又要照顾对方的情绪，"生意不成人情在"。如果这次谈判在友好、愉快的气氛中结束，那么就为下一次与同一对手打交道奠定了基础，获得好结果就有了可能性。

仅仅知道策略还不够，策略的运用要同整个谈判的战略部署结合起来。策略的目标和策略的实施甚至要比策略本身还重要，运用策略是为了要达到谈判的目标，取得谈判成功。策略的运用要灵活多变，不能生搬硬套，要因时、因地、因人而异。

进行谈判必须做好各方面的准备工作，充分掌握各种因素对谈判结果的影响，以为己方争取最大的利益，实现己方的目标。

4.6 团队管理

4.6.1 团队的概念与基本特征

1）团队的概念

团队是由少数为达到共同目标具有互补技能和整套工作指标及方法并共同承担责任的人组成的一种特殊类型的群体。团队是为满足创造性、灵活性和高水平绩效的新型组织的需求而设计出来的。团队的内聚力和责任感更强，同时较其他类型的群体而言，能使成员的才能发挥得更好。它通过其成员的共同努力产生积极的协同作用，团队成员努力的结果使团队的绩效水平远大于个体成员绩效的总和。团队与群体很相似，它们都要经历各种发展阶段，要被区分为各种角色，要创建规范，建立文化，也需要有沟通结构。

2）团队与群体的差异

（1）领导权。团队中领导者的角色是共享的，而群体通常有一个强有力的中心领导。

（2）责任的承担。在团队中既可由个人承担责任，也可共同承担责任，而群体则主要以个人承担责任为基础。

（3）目标。团队的工作指向一个具体的目标，而群体的目标常与组织的使命相同。

（4）工作产品。团队提供的是集体化的工作产品，而群体则提供个人的工作产品。

（5）沟通。团队鼓励开放式讨论和积极地解决问题的聚会，而群体则试图强调会议的效率。

（6）有效性。在团队中，对于工作成绩的衡量是以直接评估其集体工作产品来进行的，而群体是间接地通过对他人的影响来衡量其有效性。

（7）工作风格。团队也进行讨论、决策和授权，但工作是成员一起完成的；而群体在讨论、决策和授权的基础上单个进行工作。

3）团队的基本特征

团队一般有以下基本特征：

（1）目标明确。任何团队的组建和形成，都是以具体、明确的目标为其前提条件。任何一个团队成员，绝不会是无缘无故集合在一起的乌合之众，他们之所以在一起，是因为他们必须或愿意为同一个团队目标而努力。没有明确目标的团队无法规划工作，自然也就无法存在。如新产品开发团队，其目标是开发新产品；再造企业工程团队的目标是再造企业。

（2）界限不明。团队组织是由不同部门、不同技能的员工构成，员工一旦进入团队后，就不再受原职能部门左右，而是有权在现场作出决定，直接面对顾客。这样就打破了原来垂直模式中各功能部门之间分明的层次和界限，减少了进行信息传递的中层管理工作，避免了交流不畅和信息阻塞。

（3）角色分工。有效团队的成员必须在清楚的组织架构下，有清晰的角色定位和分工。成员清楚地了解自己的定位与责任。在团队中人们通常扮演以下角色：

①创造者-革新者，这种角色富有想象力，善于提出新观点和新概念，独立性较强，喜欢自己安排工作时间，按照自己的方式、节奏工作。

②探索者-倡导者，这种角色乐于接受新观点，他们擅长利用创造者-革新者提出的新创意，并找到支持新创意的资源。

③评价者-开发者，这种角色有很强的分析能力，在决策前，让他们去评估、分析方案的优劣，是很合适的。

④推动者-组织者，这种角色喜欢制定操作程序，以使新创意成为现实。

⑤总结者-生产者，这种角色关心活动成果，他们的着眼点主要在于：按时完

成任务，保证所有的承诺都能兑现。他们引以为荣的事情的是自己生产的产品合乎标准。

⑥控制者-核查者，这种角色最关心的事情是规章制度的建立和贯彻执行。他们善于核查细节，并保证不出现任何差错。

⑦支持者-维护者，这种角色有强烈的信念，他们在支持团队内部成员的同时，也会保护团队不受外来者的侵害。他们能增强团队的稳定性。

⑧汇报者-建议者，这种角色是很好的听众，他们不愿意把自己的观点强加于人，愿意在决策之前得到更多信息。

⑨联络者，这种角色和其他角色重叠。他们倾向于了解所有人的看法，是协调者、调查研究者。他们不喜欢走极端，而是尽力在所有团队成员之间建立合作关系，努力把人的活动整合在一起。

如果强迫人们去承担以上角色，多数人能够承担得起任何一种角色，但一个人非常愿意承担的角色只有两三种。管理人员有必要了解个体能够给团队带来贡献的个人优势，根据这一原则来选择团队成员，并使分配的工作任务与团队成员的偏好的风格一致。这样可以使团队成员和平共处。不成功的团队，往往在于对具有不同才能的人搭配不当，致使在某些领域投入过多，而在另一些领域投入不够。

（4）对于共同目的的承诺。有效的团队有一个大家共同追求的、有意义的目标，它能够为团队成员指引方向、提供推动力，让团队成员愿意为目标贡献力量。成功团队的成员通常会用大量的时间和精力来讨论、修改、完善一个在集体层次上和个体层次上都被大家接受的目标，这种目标一旦为团队所接受，在任何情况下，都能起到指引方向的作用。

（5）领导和结构。高绩效的团队还需要领导和结构来提供方向和焦点，以确定一种大家认同的方式，保证团队在达到目标的手段方面团结一致。也就是在团队运行过程中，在如何安排工作日程、需要开发什么技能、怎样处理冲突、决定成员的具体工作任务内容、并使工作任务适应成员的个人技能水平等方面，都需要团队的管理者协调团队结构来发挥作用。

（6）责任心。成功的团队能使其成员在集体层次和个人层次上都承担责任，并各自地和共同地为团队的目标和行动方式承担责任。这种对于团队目标和利益的忠诚和责任心，是团队成功的关键。

（7）公平的绩效评估。高绩效的团队是以群体为基础进行绩效评估、利润分享、小群体激励的，能提供有效的衡量个人努力程度的手段。这就有效地避免了社会惰化效应发生。

（8）相互信任。高绩效的团队成员之间相互高度信任，团队成员彼此相信各自的正直、个性特征、工作能力。这也正是团队发挥作用的基础。信任这个概念区分为五个维度：

①正直：诚实、可信赖。

②能力：具有技术技能和人际关系知识。

③一贯：可靠，行为可以预测；在处理问题时，具有较强的判断力。

④忠实：愿意为别人维护和保全面子。

⑤开放：愿意与别人自由地分享观点和信息。

这五个维度的重要性是相对稳定的，通常其顺序是：正直、能力、一贯、忠实、开放。正直程度和能力水平是一个人判断另一个人是否值得信赖的两个关键的特征。管理人员和团队领导对于团队的信任气氛具有重大影响，管理人员和团队领导必须首先建立起信任关系，然后才是团队成员之间的相互信任关系。

4.6.2 团队的类型

在组织中有三种比较典型的团队：

1）问题解决型团队

这类团队的成员通常是某一具体部门的员工，一般有 5～12 人，他们每周至少开一两次会，用几个小时的时间来交换看法或提供建议。问题解决型团队致力于解决责任范围内的某一问题，成员的任务是提出解决方案，但采取行动的权力有限。他们经常面对的问题是质量或成本问题。团队有权执行自己的方案，但执行时不能涉及其他部门的重大变化。在 20 世纪 80 年代，应用最广泛的一种问题解决型团队是质量圈。

2）自我管理型团队

这是一种真正独立自主的团队，它们不仅注意问题的解决，而且执行解决问题的方案，并对工作结果承担全部责任。自我管理型的团队通常由 10～15 人组成，他们的责任范围包括控制工作节奏、决定工作任务的分配、安排工间休息等。彻底的自我管理型团队甚至可以挑选自己的成员，并让成员相互进行绩效评估。这样，主管人员的重要性下降了，甚至可以被取消。在这种团队中，员工的满意度有所提高，但是，成员的缺勤率和流动率偏高。

3）多功能型团队

多功能型团队是由来自同一等级、不同工作领域的员工组成，他们来到一起的目的是完成一项任务，任务完成后又回到各自的部门。多功能型团队能使组织内（甚至组织之间）不同领域的员工之间交换信息，激发出新的观念，解决面临的问题、协调复杂的项目。但是这种团队在其形成的早期阶段往往要消耗大量的时间，因为团队成员要学会处理复杂多变的任务。在成员之间，尤其是那些背景不同、经历和观点不同的成员之间，建立起信任和真正的合作也需要一定的时间。

4.6.3 团队建设的过程

团队建设要有相应的硬件资源，更需要比较"活"的软资源。团队建设所需的比较有弹性的部分是：要有明确的目标、进行合理的分工和授权、称职的领导者、符合目标的团队结构、合格的团队成员、有效的工作系统和人际关系等。团队建设一般要经过以下步骤：

1）准备工作阶段

在这个阶段，最重要的是确定是否有必要建立团队，当有些任务由个体完成效率更高时，就没有必要建立团队。如需要建立团队，要明确团队的目标和职权。

2）创造条件阶段

在这个阶段，管理者要为团队提供完成任务所需要的各种资源，如人力资源、财力资源、物质资源等。这是团队获得成功的关键。

3）形成团队阶段

这个阶段的任务是让团队开始运作。要按团队目标的要求确定团队成员，让团队成员接受团队的使命和目标，明确团队的职责和权利。团队成员自觉地为实现团队目标做贡献。

4）提供继续支持阶段

团队开始运行以后，上级领导要继续给予支持，以帮助团队克服困难、战胜危机。

4.6.4 团队建设的方法

团队建设的方法有四种，即人际交往法、角色界定法、价值观法和社会认同法。人际交往法强调团队成员之间进行交往的方式，目的是确保团队成员以诚实的方式交往。角色界定法勾画出各种角色模式和群体过程，目的是使团队成员认识到自己所做贡献的类型。价值观法强调团队拥有共同的价值观的重要性，在工作中着力培养团队成员的共有价值观，以此规范团队成员的行为。社会认同法是通过有效的交流来提高团队的凝聚力，通过展示团队成就和职业化鼓励团队成员为自己的团队而感到自豪。

本章小结

组织中的群体是两人或两人以上的集合体，他们遵守共同的行为规范，在情感上互相依赖，在思想上互相影响，而且有着共同的奋斗目标。群体可以根据不同的标准划分成很多类型。人们加入群体是为了安全的需要、情感的需要、尊重和认同的需要、完成任务的需要。群体的发展一般经过形成、风暴、正常化、发挥作为4个阶段。

人际关系是人们在进行物质交往和精神交往过程中发生、发展和建立起来的人与人之间的关系。其实质是一种社会关系，内容包括物质关系和精神关系。按不同的标准可以把人际关系分成许多类型。人际关系具有社会性、历史性、客观性和多样性的特点。人际关系具有产生合力、形成互补、激励、联络感情、交流信息等功能。研究人际关系的重要意义，不仅在于解决现实生活中的人际关系问题，更重要的是设计科学的人际关系结构，通过有效协调使其达到最佳状态。

人际关系的确立必须具备人、人际接触、人际需要3个条件；人的生产、物质生产和精神生产是人际关系发展的动力；随着社会的进步，人际关系也经历了不同的发展阶段。为建立良好的人际关系，必须坚持平等原则、互利原则、信用原则和相容原则。在组织中，为改善人际关系应从领导和群众两个方面入手。

信息沟通是指人与人之间的交流，即通过两个或更多人之间进行关于事实、思想、意见和感情等方面的交流，来取得相互之间的了解，以及建立良好的人际关系。

信息沟通的目的是促进变革。它的作用有：沟通可提供充分而准确的材料；沟通是组织成员统一思想和行动的工具；沟通是组织成员之间，特别是领导者和被领导者之间建立良好的人际关系的关键。

信息沟通按不同的标准可以分成许多形式。

信息沟通的方法有：发布指示、会议制度、个别交谈、建立信息沟通网络。

信息沟通应当坚持以下原则：明确的原则、完整性的原则、在战略上使用非正式组织的原则。

为了改进信息沟通工作并提高效率，在信息沟通中要满足以下要求：沟通要有认真的准备和明确的目的性；沟通内容要确切；沟通要有诚意，取得对方的信任并建立起感情；提倡平行沟通；提倡直接沟通、双向沟通和口头沟通；设计固定沟通渠道，形成沟通常规。

谈判是现代社会无时不在、无处不有的现象。谈判是当事人在一定时空条件下为满足各自需要和维持各自利益而进行的协商过程。它是解决冲突、维持关系或建立合作构架的一种方式。

谈判一般由5个阶段构成：准备和计划、界定基本原则、阐述和辩论、讨价还价和解决问题、结束与实施。

谈判的基本原则是平等原则、互利原则、合法原则、事人有别原则、信用原则。

谈判策略是指谈判人员为取得预期成果而采取的一些措施，它是各种谈判方式的具体运用。简单地说，谈判策略是一种可以预见和可能发生情况下应采取的相应的行动和手段等。在谈判过程中，会出现各种各样的情况，只有在谈判中实施灵活多变的策略，才能实现利益目标。

团队是由少数为达到共同目标具有互补技能和整套工作指标及方法并共同承担责任的人组成的一种特殊类型的群体。团队是为满足创造性、灵活性和高水平绩效的新型组织的需求而设计出来的。团队的内聚力和责任感更强，同时较其他类型的群体而言，能使成员的才能发挥得更好。它通过其成员的共同努力产生积极的协同作用，团队成员努力的结果使团队的绩效水平远大于个体成员绩效的总和。团队与群体很相似，它们都要经历各种发展阶段，要被区分为各种角色，要创建规范，建立文化，也需要有沟通结构。

在组织中有3种比较典型的团队：问题解决型团队、自我管理型团队、多功能型团队。

团队建设要有相应的硬件资源，更需要比较"活"的软资源。团队建设所需的比较有弹性的部分是：要有明确的目标、进行合理的分工和授权、称职的领导者、符合目标的团队结构、合格的团队成员、有效的工作系统和人际关系等。

案例分析

博腾电脑模拟制作有限公司的内部冲突

2000年8月10日晚上11点半，博腾电脑模拟制作有限公司的老板霍诚开仍在办公室里。窗外，美丽的霓虹灯不停地闪烁着，燥热了一天的城市慢慢地凉了下来。城市人的夜生活才刚刚开始，街上飞驰的小车一辆接着一辆，但霍诚开对这些完全没有心思。回想公司的发展，甚至连霍诚开本人也没有想到，在短短的两年多时间里，博腾公司仅在重庆市就开了三家分公司，业务做到了全国各地甚至海外，这是令霍诚开感到非常高兴的事。

但是，随着公司的发展，他也感到公司内部的体制越来越不适合公司以后的发展了。近些天来发生的一连串事情，让他感到非常棘手：与他一起创业的韶梓秦最近要求分享公司20%的股份，这是一个不小的数目，而且公司其他人对此肯定会有看法，能不能答应呢？最近小陈的事也让霍诚开看到公司目前的规章制度已经不能适应公司的发展了，该如何制定一套合理的规章制度呢？另外一个亟待解决的问题是公司的组织结构也需要重新调整，使公司运作效率得以提高。而所有这些该如何去做？该由谁去做？霍诚开现在还没有找到合适的人选。

背景介绍：博腾公司的建立与发展

博腾电脑模拟制作有限公司1998年8月以30万元资金在四川注册，并于当年10月正式开业。公司老板霍诚开此前是宏安电脑动画制作有限公司的项目经理，主要的工作是联系业务和协调工作进程，以便能够按时完成订单。在积累了三四年的经验之后，霍诚开感到该是自己独立创业的时候了。由于一直从事外部联系的工作，霍诚开同宏安电脑动画制作公司的几个大客户关系都不错，有些客户他甚至比公司老板还熟悉。由于很多电脑模拟是用来招标的，因此图纸的变动、更改是家常便饭，电脑模拟也要根据要求不断地修改，是一件非常麻烦的事，但霍诚开总是尽量满足客户的要求，并能做到按时交单，因此口碑不错，这为他后来自己创业打下了良好的客户基础。霍诚开在公司里有一个很好的朋友，叫韶梓秦，也是项目负责人。霍诚开把自己想开公司的想法私下里和韶梓秦交流了一下，两人一拍即合，于是霍诚开有了第一个得力的助手。1998年8月，霍诚开以30万元注册资金成立了博腾电脑模拟制作有限公司，主要从事电脑模拟效果制作，在远洋广场设立了市场部和制作部，一次交清了一年的租金，并购买了电脑、办公用品等必备的设备，一共用去了30万元左右。

电脑模拟制作公司的结构都大同小异，一般都是在老板或总经理手下设几个制作小组，各小组互相独立，承担各自的项目，并有一个小组负责人，当然也少不了出纳、会计。电脑模拟对时限的要求特别强，有时为了赶着交货，一组人可以连续几天干通宵。公司是任务型的，没有固定的上班时间，只要在规定的时间内交出了货，任务就算完成了。博腾公司自开业以来，效益一直很好，订单很多，加班加点是习以为常的事，韶梓秦就已经两年没有休过假了。

电脑模拟制作行业介绍

电脑模拟制作是一个新兴的行业，它的兴起是同电脑设计软件的发展分不开的。电脑模拟行业涉及的领域主要有两个：

一个领域是建筑设计电脑模拟。城市的繁荣，建筑业特别是房地产业的兴旺使得市场对建筑设计的电脑效果模拟需求大增。电脑模拟介入建筑业后，成为展现建筑效果的一个很直观的工具，而建筑设计图纸又是非常专业的东西。在招标过程中，如何使自己的设计理念能一目了然地被多层面的人员所认识接受？电脑模拟成了表达自己设计理念的最佳手段，并且电脑模拟也有使设计者事先发现不合理设计的作用，使其能在还未动工之前进行修改。楼盘电脑模拟对于发展商来说已经是一种不得不用的广告形式了。这一领域对电脑设计师的建筑知识要求较高，但是对于开发能力的要求不高，因为客户已经给出现成的图纸，设计师只要按部就班地制作出模拟效果就行了。因此，这一领域的行业壁垒不高。

另一个领域是影视动画的电脑模拟制作。随着电脑应用技术的不断发展，电脑模拟制作已经应用到许多电影制作中。影视作品中，实际拍摄某些画面的成本可能高达几百万，但是如果通过电脑模拟制作，其成本仅为几十万元，可大大降低拍摄成本。另外，电脑模拟制作还可以创造出许多现实中没有的物态来，因此备受欢迎。这一领域对于电脑设计师的开发能力以及创造能力要求较高，开发人员有时必须自己研制一些开发工具，才能满足客户的需要。另外对于设计师的艺术感、想象力等要求也很高，因此这一领域的利润率很高，可达到50%，但进入不是很容易。

自20世纪90年代以来，重庆陆续开设了将近100家电脑模拟制作公司，因大多数公司只涉及第一个领域，造成了激烈的竞争，致使生存下来的大型公司并不多。重庆市现在做得最好的有三家公司，分别是建野、宏安和博腾。这三家除了博腾之外，另外两家的业务都涉及了两个领域。兼有两个领域的好处是：利用第一个领域取得规模效应，利用第二个领域取得利润。

博腾能够成功，能够在短短两年多时间里成为重庆三大电脑模拟制作公司之一，是由以下因素决定的。首先，这同霍诚开与设计院的良好关系是分不开的。公司的订单主要来自重庆市各大建筑设计院，承接的也主要是招标电脑模拟。这类电脑模拟对于技术的要求比较高，又经常需要修改，不同于其他电脑模拟公司主要承接的楼盘电脑模拟。公司与设计院的关系往往是长期的合作关系，设计院能够帮助公司打招牌，通过设计院，博腾所做的电脑模拟实际上已经遍布中国的许多城市，在日本、美国、澳大利亚等地也有他们制作的电脑模拟图，而这带来的是更多、更高额的订单。其次，电脑模拟行业本身也处于发展的黄金时期。现在几乎每一个楼盘，每一个建筑招标，都要求有相应的电脑模拟和效果图。有些公司和机构也要求制作电脑模拟图放在大厅里以起到装饰及说明的作用，更有一些公司已经开始制作纪念电脑模拟图作为礼物赠送给客户。最后，博腾的电脑模拟制作比较精细，质量很好，由于技术失误而造成的延期返修很少发生。这些都为博腾的成功奠定了基础。随着中国经济的进一步发展，建筑业、房地产业将持续升温，电脑模拟行业的前景应该是很好的，在这一行业将大有可为，霍诚开对此充满了信心。

博腾的用人及分配情况

博腾公司刚起步时，包括霍诚开在内一共只有 10 个人，主要是霍诚开的亲戚和朋友。他的妻子负责财务，他还请了两个有多年私交的"老江湖"为他处理同政府部门的一些事务。公司当时只有一个制作小组，由韶梓秦负责，霍诚开则完全投入到联系客户的工作中去了。最初的半年，公司主要依靠从宏安公司挖过来的客户订单生存，在做了几笔比较成功的单子以后——这一点必须归功于韶梓秦：韶梓秦是一个业务水平相当高的人，许多别人做不了的单子，他都能想办法完成，如有些汽车模拟要求有内部结构立体穿透模拟的效果，或各角度旋转的效果——公司的业务渐渐做大了，很多老客户都认为博腾专业水平高，总能按时交货，因此锁定博腾并把他们介绍给新的客户。

随着公司业务量的增大，公司明显出现了人手不够的情况，于是霍诚开又从外面招进了几批人。到 2000 年 8 月为止，博腾公司总共有 10 个制作小组，在重庆市的南区和北区，又开设了两家分公司。公司的固定员工有 100 人，连同制作部的非固定人员在内一共有 120 人。1998 年下半年，公司又在哈尔滨开设了分公司，主要承接市政总体规划项目的电脑模拟制作。背靠重庆市，博腾还把自己的业务发展到了各沿海地区，现在广州、厦门、上海都有他们的固定客户，公司甚至还把业务做到了海外。

博腾的人员主要来自两个层面：一部分是有一定技术和背景的人员，主要负责技术、财务、法律等方面的工作，这部分人员大多是霍诚开的亲戚和朋友，是公司里的固定员工；另一部分是制作部的人员，这些人是通过朋友介绍来到公司作实习生的，是公司里的非固定人员，由各小组的组长负责管理。第一层面的人员由霍诚开直接招进，第二层面的人员大多由制作人员介绍，经小组长认可后报告给霍诚开同意就可以了。公司会定期对新进的员工集中进行培训，主要内容是介绍公司的规章制度、安全须知及培训他们制作最基本的电脑模拟，然后根据其成绩分配到各个制作小组中去。第二阶段为小组培训，员工分配到小组后，经过培训，开始工作。小组人员的招收和解雇多由小组长说了算，工资也由小组长来确定。博腾公司的分配原则是这样的：对于第一层面的人员，有固定工资，年底有提成，工资发到小组长为止；小组长做一个订单，可以拿订单利润的一定百分比，如 12%，然后他拿这笔钱来发手下员工的工资。因此对于小组长来说，会有一个人数和效率问题：人太多，要分配工资的人数也多；人太少，单子来不及做，就不能去接更多的订单。当然，如果业务不景气，小组大量解雇人员肯定是不能避免的了，好在现在还未出现过这种情况。博腾公司员工流动率非常高，因为项目不确定，只能由项目的具体情况临时确定，因此人员管理起来很难。

冲突的爆发：韶梓秦与霍诚开的谈话

韶梓秦曾找霍诚开谈了一次话，对于韶梓秦找他，霍诚开也猜到了是什么事。虽然现在韶梓秦实际坐的是公司二把手的位置，但待遇上没有体现出来，其实霍诚开也早就想同韶梓秦谈一次了，只是大家都这么忙，连碰头的机会都很少。霍诚开心里很清楚，公司的成功有一大半要归功于韶梓秦。本来在宏安两人的地位是一样的，后来自立门户，韶梓秦是公司的门柱，如果挖不到韶梓秦，霍诚开的公司是没有这么容易开起来的，韶梓秦现在几乎承担了公司里的所有业务运作，因此霍诚开一直把韶梓秦当哥们儿看。为了留住韶梓秦，去年韶梓秦结婚，霍诚开还承担了办酒席的全部费用。

韶梓秦，某大学机械系毕业，电脑模拟曾是他的业余爱好，现在则成了他的特长和主要谋生手段。他敬业、负责，专业技术强且富有经验。其实韶梓秦在任何一方面都不比霍诚开差，只是霍诚开先走了一步，又敢于冒一点风险，所以今天霍诚开是老板而韶梓秦只是伙计，韶梓秦心里当然是有一些不平衡的。霍诚开很清楚这一点，也清楚韶梓秦不是一个讲钱讲利的人，也许就因为这一点，两人一直能够和睦相处。然而，毕竟最后还是有亲兄弟明算账的时候。韶梓秦去年买房结婚，今年又做了爸爸，一系列的生活压力使得他不得不开始考虑物质利益方面的问题了。但是当韶梓秦提出要分享公司20%的股份，每年年末获得该年利润20%的分红时，霍诚开还是吃了一惊：去年的营业额为600万元，利润约为240万元，按照这个比例，仅韶梓秦一人就要拿走约50万元，这是不是太多了点？如果答应他的要求，怎么向其他人交代？另外，韶梓秦现在几乎已经成了公司的直接负责人，自己则很少在公司露面，固定的客户也都交给他去应酬，自己则忙于开拓新的客户以及处理同上层的关系，韶梓秦会不会学自己当年的样子另立门户呢？自己在公司中的地位及威信是否会受到影响呢？

另一个情况是韶梓秦作为制作部负责人对市场部的抱怨。市场部的主要任务就是承接订单，但是市场部的业务员大多没有什么技术背景，因此在同客户谈及细节问题时还是需要请技术人员帮忙。常常出现这样的情况：客户要求修改图纸，打电话给市场部，市场部没有把情况及时传达给制作部；有的时候，客户看完效果后马上提出要进行修改，制作部修改了，但没有把情况及时汇报给市场部；有时修改过的电脑模拟又被客户否决，其实是因为客户对于自己的设计方案也常常发生动摇，而制作部只能"哑巴吃黄连"。市场部和制作部都不愿意负责修改图纸所带来的麻烦，互相推诿，不到万不得已不愿去做修改，因为做一次是这个价格，修改多次也是这个价格，工作量却多了好几倍，但客户对于图纸的修改已经习以为常。曾经有人提出对每次图纸的修改都要收取一定百分比的修改金，但是这个方法实际上不可行，因为客户就是上帝，博腾之所以能发展到今天这个规模，也就是因为在对待客户上特别周到、耐心。

小陈事件

尽管公司业务蒸蒸日上，规模也不断扩大，但随之而来的公司内部问题却越来越多。公司的各个制作小组互相独立，承担各自的项目，并由一个小组负责人负责从项目设计到完成的所有工作，包括最后给工作人员发放工资。由于电脑模拟对时间的要求很高，有时为了赶着交货，要连续好几天干通宵，而公司也没有规定固定的上班时间，只要到时候能够完成项目就可以了。但是，这种性质的工作付出与所得的报酬极为不协调，小组长常常克扣小组成员的工资，而小组成员又多是临时性人员，即使不满意也无处申诉，大多数情况是一个项目结束后，他们就不会再来了。

小陈是韶梓秦手下的一名制作人员，是来公司实习的某名牌大学学生。但是，小陈与其他临时性质的员工有所不同，他是作为主要的开发人员来公司的，他所在的小组里也有其他一般的实习人员。由于此次的项目非常重要，涉及公司未来的发展，因此在项目开始前，小组组长曾向他许诺有较高的报酬。在整个项目运行阶段，小陈发挥了举足轻重的作用。项目结束以后，小组组长却以公司规章制度为由，拒绝付给小陈高于其他实习人员的报酬。当时小陈非常气愤，曾经找到韶梓秦理论。这正合韶梓秦的意，上次谈话后霍诚开一直没有给他回信，这一次正好用小陈一事来询问一下公司薪酬体系的改革情况。如果对薪酬体系作调整，那么也应当调整他的工资水平了。他原本也知道提出要公司20%的股份，霍诚开可能不愿意，但如果不能拿到这么多，也应当作适当的提升。韶梓秦为此找到霍诚开，问霍诚开是否要改革一下薪酬体系。出于稳定的考虑，也为了稳住韶梓秦，霍诚开说暂时不改变，以后会考虑的。韶梓秦只能告诉小陈说自己无能为力，小陈知道韶梓秦替他争取了，但是也只能这样。一气之下，小陈连声招呼都不打就愤然离开了公司。

结束语

麻烦马上就来了。小陈他们做的那个项目的客户要求改变设计，这一改变涉及原有的许多模块，这些模块原先正是由小陈负责的，这使得项目的进展陷入了僵局。如果要在客户要求的时间内交货，就必须邀请小陈回来。但是，让小陈回到公司确实是件非常困难的事。给小陈补发奖金，让小陈回到公司，其他人一定会不服气。如何说服小陈？由谁来说服小陈？即使发给小陈奖金，小陈会不会答应回来？小陈的回归必然涉及公司薪酬体系的改革问题，也就是说必须给韶梓秦一个答复了。霍诚开该怎么办呢？

案例分析提示：

1.博腾公司是中国改革开放后私营企业的代表，私营企业在发展中面临着一系列管理上的问题。博腾公司内部存在哪些冲突？找出这些冲突，并确定冲突的双方、冲突发生的场景以及冲突的表现和原因，并分析这些问题是否具有普遍性。

2.博腾公司的人事关系是怎样的？这样的人事关系是如何发展起来的？这种人事关系给企业的发展带来了什么样的问题？

3.韶梓秦与霍诚开之间发生冲突的原因是什么？为什么在创业期间这个冲突没有发生，而现在发生了呢？它与博腾公司发展所处的阶段有关吗？它对企业的管理提出了什么新的要求？

4.制作部与市场部的矛盾说明了什么？博腾公司的组织结构应当作怎样的调整？

5.小陈事件为什么让霍诚开如此为难？它涉及什么制度的变化？会影响哪些方面的利益？博腾公司是一家私营企业，它在利益分配上有什么特殊的地方？这与小陈事件的解决有关系吗？如果有，是什么关系？韶梓秦与霍诚开处理的方式是否正确？为什么？如果是你，你将如何解决？

6.试分析博腾公司的薪酬体系，这种薪酬制度是否合理？能否激发员工工作热情？对公司的发展产生了怎样的作用？应当对薪酬体系作怎样的调整？

7.博腾公司当前最突出的两个冲突中，哪一个冲突是最紧急的？哪一个冲突是最重要的？为什么？假设你是霍诚开，你会如何解决这些问题？如何做才能最大限度地维护各方的利益？

▎▎复习思考题

1.什么是群体？人们为什么要加入群体？

2.试分析群体的发展阶段。

3.影响群体规范的因素有哪些？

4.什么是内聚力？影响内聚力的因素有哪些？

5.人际关系有哪些功能？研究人际关系有何意义？

6.试分析人际关系的发展趋势。

7.人际交往应遵循哪些原则？如何改善人际交往？

8.团队与群体有何区别？为什么要组建团队？

9.试述信息沟通的目的和作用。

10.如何进行有效的信息沟通？

11.试述谈判的过程。

12.试分析谈判的策略与影响因素。

第 5 章

领导行为

学习目标

通过本章学习，重点掌握我国优秀领导者应具备的素质、管理方格图理论的内容、菲德勒模式的内容、如何提高领导的有效性等；掌握领导、领导者、被领导者的概念，特性理论的基本内容、四分图理论的内容、PM型领导模式的内容和"途径-目标"理论、领导规范模式、生命周期理论、不成熟-成熟理论的内容；了解行为理论的类型、三种领导方式理论的内容、领导连续流理论的内容、管理系统理论的内容。

5.1　领导概述

5.1.1　领导的概念

一个组织绩效的高低，与领导行为有很大关系，因此，对领导行为的研究是组织行为学的重要内容。对领导的概念，各国的管理学家、心理学家和组织行为学家都有不同的认识和表述。我们对领导的实质做如下的描述：领导是一种影响力，是影响个体、群体或组织去实现所期望目标的各种活动的过程。这个领导过程是由领导者、被领导者和其所处环境这三个因素所组成的复合函数，可用公式表示如下：

领导=f（领导者·被领导者·环境）

领导工作是管理工作的一项重要职能，是作为一个有效管理者的重要条件之一。主管人员通过行使计划、组织和控制职能，是可以取得一定成果的，但是，只能引发下属60%的才能，另外40%的才能只有在领导工作中才得以发挥出来。

5.1.2　构成领导的要素

领导是一种行为的过程，在这个过程中，有很多相关的因素，诚然，领导者是起主导作用的因素。此外，被领导者、组织环境等都是影响组织行为有效性的重要因素。因此，领导者、被领导者（追随者）和环境被称为领导的三要素。

1）领导者

领导者是领导行为的主体，领导者与其下属可以相互影响，但两个方面的影响力是不同的，领导者对其下属的影响力要远远大于其下属对领导者的影响力，正因如此，领导行为才得以实现。领导者是领导活动中最活跃的构成要素。领导者是组织的一员，与其他组织成员有共同的目标、利益和要求，处于平等地位；同时，领导者又是组织的代表和带头人，与其他组织成员有着领导和被领导的分工关系，在领导活动中起着确立行动目标、进行决策和监督指导决策实施的重要作用。他可以是个体，也可以是群体。作为个体，一个好的领导者应具有良好的素质，接受过专门的严格训练，经历过实践的磨练，即应具备适应领导活动要求的业务水平和实践经验；作为群体，领导班子应该是一个具有合格整体结构和互补效应、团结向上的集体。

2002年，哈佛商学院的约翰·科特教授在研究了众多成功领导者的案例基础上，提出成功的领导者是组织的核心，因而领导者就担负起了关于组织发展的一系列责任：

（1）职位责任

由于在现代社会中，领导者总是与一些特定的职位联系在一起的，或者说，在许多人的心目中，领导者总是职位领导者的同义语，因此，领导者的责任总是与其职位相匹配的。这在很大程度上构成了现代领导者的工作责任。它主要包括以下几个方面：

①确定组织方向，规划远景目标。

②阐明领导立场，传达组织目标。

③处理各种关系，为组织目标的实现组织和配备人员。

④建立各种激励机制，为组织注入连续性的动力，保证领导活动的连续性。

⑤控制和解决各种突发性的重大问题，化解组织面临的危机。

⑥推动组织的变革，改变组织的面貌。

（2）非职位责任

非职位责任是领导者巩固权威基础，通过个人权力影响下属的责任。它主要包括以下几个方面：

①为员工提供一种希望。

②通过自己人格的力量培养一种组织精神。

③处理各种非工作关系，满足下属和员工工作之外的需求。

④创建领导文化，培养新一代的领导者，为那些年轻有为的下属提供面对挑战的机会。

2）被领导者

在组织的活动中，相对于领导者的主体地位，被领导者是领导行为的客体；而相对于组织活动的作用对象来说，被领导者又与领导者共同构成主体。所以，被领导者并不是完全被动的要素，不能把被领导者仅仅看作受领导者影响的接受者，他们对领导者也有反作用。其素质的高低，工作自觉性、主动性和创造性的大小，与领导者之间关系的融洽程度以及对组织的关心程度，在很大程度上决定着领导的有效性以及组织活动的整体绩效。

3）环境

组织的一切活动都是在一定的环境中进行的。组织的环境是指对组织绩效发生潜在影响的外部机构或力量。组织的环境可以分为一般环境和特殊环境两个层次。组织的一般环境也可以说是组织的大环境，包括政治环境、法律环境、经济环境、社会文化环境、自然环境和国际环境等。特殊环境是指对组织具有直接的、特殊的和经常性影响的环境因素，包括用户、竞争者、同盟者、供应者、运输部门、业务主管部门、税务财政部门以及企业所在社区等，其中，最主要的是用户、供应者、竞争者和同盟者。当领导者和被领导者的特性一定时，环境因素的变化对领导过程和领导效果的好坏就有很大的影响。

领导者、被领导者和环境的关系，在西方学者提出的领导权变理论中得到了最充分的论述。

5.1.3 领导工作的作用

领导工作的作用表现在以下几个方面：

1）能更有效、更协调地实现组织目标

计划的制订、组织机构的建立，以及实行有效的控制，都是靠人来完成的。尽管科学技术迅速发展，电子计算机日趋普及，但是离开了人，没有人来操纵、使用，同样也就不能有管理活动的存在。组织目标靠人来制定，实现目标同样靠的是人，依靠人来使用各种技术、方法、手段去实现目标。而组织中的人们对目标的理解、对技术的掌握、对客观的认识，包括他们的个人知识、能力、信念等都有许多不同，从而在各自的工作中采用不同的方法，用不同的标准进行衡量，这是十分自然的。领导工作的作用就在于引导组织中的全体人员有效地领会组织目标，使全体人员充满信心。通过领导工作，协调组织中各个部门、各级人员的各项活动，从而使全体人员步调一致地加速实现组织的目标。

2）有利于调动人的积极性

社会活动中人的因素是由具有不同的需求、欲望和态度的个人所组成的，它蕴含着任何一个组织所需要的生产力。领导工作就是去诱发这一力量。组织中的每一个人并不是单纯地只对组织目标发生兴趣，他们有自己的目标。主管人员就是要通过领导，把人们的精力引向组织的目标，并使他们热情地、满怀信心地为实现目标作出贡献。但是，不管是由于人们感到缺乏机会还是由于缺乏对其的激励，不管是由于客观条件的限制还是由于主管人员的平庸，组织中的人们不一定都能以持续的热情与信心去工作。历史上有许多这样的实例：缺少领导，工作成绩平平；有了领导，工作成绩优异。因此，对许多人来说，需要有人领导以激发他们的工作动机，在实现组织目标的同时，尽可能满足他们合理的需求，使他们把自己与组织整体紧紧联系在一起，从而始终保持高昂的士气。在现代社会中，在组织面临激烈竞争形势下，好的士气就等于成功了一半，整个组织或部门就会取得高效率和社会信誉。因此，领导的作用也就表现为调动组织中全体人员的积极性，使他们以持久的士气和最大的努力，自觉地作出自己的贡献。

3）有利于个人目标与组织目标相结合

由于人们都要工作，他们希望找到一种工作环境，即除货币收入外还能得到其他方面的收益。所以，人们都愿意在愉快的、有知己的同事、进行有趣味的活动、受到重视、有成功的机会等这样的环境里工作，这正是他们个人目标的部分表现。然而，在选择工作（职业）环境或条件时，人们不一定有这样的"自主权"，但他们又不能不参加工作。这就使人们一旦在某个组织或部门就业（或调换工作单位）时，会感到对实现自己的目标有所影响，因为组织有其目标，有为实现组织目标而制定的规章制度、条例、纪律等。尽管他们绝大多数不会去违反这些制度，但当他们对组织目标缺乏理解或不理解时，他们对自己的工作、对整个组织的活动就必然会缺乏应有的信心。显然，这不利于组织目标的实现。在这种情况下，组织中的主管人员就要通过领导去帮助他们理解组织的目标，让人们看到自己所处的地位，对社会、对组织所承担的义务，让人们体察到个人与组织是紧密地连在一起的，而不是站在一边的旁观者，从而使人们自觉地服从于组织的目标，主动地放弃

一些不切实际的需求。同时主管人员也要创造一种环境，在实现组织目标的前提下，在条件许可的范围内，满足个人的需求，使人们对组织产生一种信任和依靠的感情，从而为加速实现组织目标而作出贡献。这种把个人目标与组织目标有机结合起来的过程，正是领导作用的表现。

5.1.4 权力与政治行为

1）权力的定义

权力是个体影响其他个体（或群体）行为的能力。权力是一种控制力，又是一种影响力。权力必须在两人或两人以上之间产生，即甲能控制乙或影响乙，乙接受甲的控制或影响，这样甲对乙便具有某种权力，而乙则成了甲的权力的接受对象。这种影响使乙做出在其他情况下不可能做的事。

从本质上说，权力是一种资源，是一种财富，人们获得权力就是获得资源或财富，它体现着权力拥有者的利益和意志。任何一个权力拥有者要实现自己的利益或意志都必然施行各种权力来达到目的。它可以用来影响他人，使他人根据劝告、建议或命令而行事。具有权力的人能根据需要来改变他人的行为，而避免改变自身的行为。权力并非某类人所独有。事实上，每个人在不同情况下都有某种程度的控制他人和避免受控制的能力。一个组织的领导者显然很有权力，但一个普通员工，因他能揭发管理高层内部的腐败者，也能获得相当大的权力。

2）权力的基础

权力分为职位权力和个人权力。职位权力即领导者的职位赋予其法定的权力。任何人只要处在某一职位上，就自然地获得了这种权力。这种权力带有很大的强制性，下级不得不服从。

个人权力，即非职位权力，是由于领导者自身的某些特殊条件才具有的。例如，领导者具有高尚的品德、丰富的经验、卓越的工作能力、良好的人际关系；领导者善于体贴、关心他人，令人感到亲切、可敬、可信；领导者具有某种专门的知识、技能和专长等。这种权力不随职位的变化而变化，也不具有强制性。

如果细加分析，可将权力的基础分为五类：

（1）惩罚权。它来自下级恐惧感，即下级感到领导者有能力惩罚他，使他产生痛苦，不能满足其某些需求。

（2）奖赏权。它来自下级追求满足的欲望，即下级感到领导者有能力奖赏他，使他觉得愉快或满足某些需求。

（3）合法权。它来自下级传统的习惯观念，即认为领导者处于组织机构中的特定地位，且具有合法的权力影响他，他必须接受领导者的影响。

（4）模范权。它来自下级对上级的信任，即下级相信领导者具有他所需要的智慧和品质，具有共同的愿望和利益，从而对他钦佩，愿意模仿和跟从他。

（5）专长权。它来自下级的尊敬，即下级感到领导者具有某种专门的知识、技能和专长，能帮助他，为他指明方向，排除障碍，达到组织目标和个人目标。

惩罚权、奖赏权、合法权属于职位权力，模范权和专长权属于个人权力。这几种不同的权力对下级产生的影响效果和个人的满意程度是不同的。

惩罚权虽然可以使下级基于恐惧而顺从，但这种顺从是表面的、暂时的，其内心则不一定受到影响。为了维持这种顺从，领导者必须时常监督下级是否照他的指示去做。如果发现下级不遵循行为规范，为了维持恐惧一定要加以惩罚。而监督与惩罚的成本都很高昂。例如，希特勒利用奴工在炸弹工厂里进行工作，怠工和装错引信事件层出不穷。为了使奴工工作，他要求卫兵站在奴工后面监视，不久整个工厂奴工与卫兵的比例几乎是1∶1，而效果仍然比较差。

奖赏权是采取奖励的办法来引导人们作出所需要的行为。其效果当然要比惩罚好，可以增强领导者对下级的吸引力，也能引起满意并提高工作效率，但这种办法的激励作用要视奖励值的大小和公平性如何而定。奖赏权不利的一面是容易引起本位主义，使下级缺乏整体和长远观念，过分使用这种权力还容易形成人们对金钱的依赖心理。

合法权是下级基于习惯、社会意识和某种责任感所引起的服从，但这种服从不能导致较高的工作效率和个人满意的感觉，下级接受这种权力还因为只有这样才会得到领导者的赞扬。

模范权和专长权一般都能引起公开和私下的顺从，内心的信服，特别是专长权能使下级感到满意，由此而来的影响力也比较持久。

根据上面的分析，一个领导者要使自己有影响力，一要素质好，即有一定的知识、能力和经验，善于集中群众的智慧；二要有权，即说话算数，有明确的组织赋予的权力；三要人和，即能和别人和睦相处，具有良好的人际关系，善于洞察群众的心理，创造激励的工作环境，满足人们的需要；四要让人信服，即为人正派，办事公道，具有献身精神，不利用职权谋个人私利。领导者要首先使用个人权力，必要时才使用职位权力。

3）组织中的政治行为

（1）定义

我们将组织政治行为定义为：那些不是由组织正式角色所要求的，但又影响或试图影响组织中利害分配的活动，也就是指组织中的个体或群体为了自身的利益，采取正当或不正当的手段来获取资源，争夺权力的活动。

这一定义涵盖了大多数人在谈及组织政治行为时所包含的关键因素。首先，政治行为排除个人的具体工作范围，因此，它需要人们试图使用权力基础。其次，政治行为主要关注组织中的利害分配。最后，它涵盖了那些包括影响决策目标、准则或过程的行为在内的各种政治行为，如扣留决策者所需的信息；揭发、散布谣言；向新闻媒体泄露组织机密；为了一己私利与组织中的其他成员交易；游说他人以使其支持或反对某人或某项决策等。

组织中的政治行为是十分有害的，但又普遍存在。比如，员工要隐瞒信息、限制生产、试图构建自己的小圈子、宣传自己的成功、隐瞒自己的失败、篡改操作数据从而使自己看上去做得更好等，当这样做使自己达到了组织所要求的绩效且成绩突出时，他们就会沿着原来的方向继续努力。管理者应当增强对他人政治行为的敏感性，保障自己的正当利益，而且自己不要制造"政治"、热衷"政治"。

（2）组织政治行为的决定因素

最近的研究和观察识别了一些引发政治行为的因素。有些属于个人特质，是组织中员工表现出来的；另一些是组织文化或组织内部环境造成的。

①个体因素。研究者们从个体角度出发，确定某些与政治行为相关的因素，如个体特质、需要及其他。认为那些对权力、自主、信用和职位有很高的需求，喜欢专制的，热爱冒险的或拥有外部控制力的员工的行为更政治化，并且不考虑组织的影响。

②组织因素。政治行为更多地源于组织文化，而非个人差异。因为许多组织的员工都具有以上我们所列举的个性特征，而政治行为的表现程度却相去甚远。事实证明，特定的情境和文化更有助于政治行为的产生。如果组织具有低信任度、角色模糊、不明确的绩效评估系统、零报酬分配体系、非民主化决策、以高压手段追求高绩效、自私自利的高层管理者等特征，那么，这样的组织往往成为滋生政治行为的温床。

有效的管理者总是能接受组织的政治本质。通过运用政治的观点来评价组织中的各种行为，管理者就能更好地预测别人的活动，并运用这些信息来形成其政治策略，以便为管理者及其部门带来好处。

5.2　领导者素质理论

5.2.1　对伟人论的否定

一个世纪以前，许多人一直把领导者个人品质特征作为描述和预测其领导成效的因素，他们对领导者的探索，着重于探索有效领导者与无效领导者之间、高层领导者与基层领导者之间存在的个人品质的差异。有人甚至认为，领导者的品质与生俱来，领导者是天生的"伟人"（great man）。不具有领导才能的人，就不能成为有效的领导者。因而，他们的研究着眼于领导品质与领导性格。然而，经过第二次世界大战后十多年的研究，许多研究人员却难以在对领导者们不同的才智、个性、身体等特征所进行的评比中取得一致意见。

以研究领导行为而著名的菲德勒（F.Fiedler）曾在比利时海军中就领导者的品质进行过一次研究试验，结果表明，领导者没有一定比别人高明的品质，与被领导者没有显著的差异。

德鲁克在《有效的管理者》一书中指出："一般而言，管理者都具有很好的智力、很好的想象力和很好的知识水准。但是一个人的有效性，与他的智力、想象力之间，几乎没有太大的关联。有才能的人往往最为无效。因为他们没有领略到才能本身并不就是成就。他们不知道，一个人的才能，唯有通过有条理、有系统的工作，才能有效。"又指出："在我认识的和共事过的许多有效的管理者中，有性格外向的，也有令人敬而远之的，有年迈即将退休的，甚至还有遇人羞羞答答的。有的固执独断，有的因循附和，当然也有胖有瘦。有的生性爽朗，有的心怀忧虑。有的能豪饮，有的却滴酒不沾。有的待人亲切如家人，有的却严酷而冷若冰霜。有的少数人生就一副气宇轩昂的外表，令人一望而知其为领导人，也有的其貌不扬，丝毫不能吸引别人的注意。有的具有学者风度，有的却像无知之徒。有的具有广泛的兴趣，有的却除了他本身的狭窄圈子外其他一概不懂。还有些人虽然不是自私，却始终以自我为中心；而有的却落落大方，心智开放。有人专心致力于他的本职工作，心无旁骛；也有的人其志趣全在事业以外：做社会工作，跑教堂，研究中国诗词，演唱流行歌曲。在我认识的那些有效管理者中，有人能够运用逻辑和分析，有人却主要靠他们本身的体验和直觉。有人能轻而易举地决策，有人却每次都一思再思，饱受痛苦。"他的结论是："有效的管理者，他们之间的差别，就像医生、教员和音乐家一样各有不同类型。至于缺少效率的管理者，也同样的各有各的不同类型。因此，有效的管理者与无效的管理者之间，在类型方面、性格方面以及才智方面，是很难区别出来的。""有效性是一种后天的习惯，是一种实务的综合。而既然是一种习惯，便是可以学会的，而且必须靠学习才能获得。"

这些结论代表了对伟人论的怀疑和否定。人们已很少赞同领导者所具有的特性是天生的，是由遗传决定的观点。

5.2.2 国外对领导者具有的素质的研究

国外一些学者在对领导者的素质进行研究时，虽然否定了"伟人论"的观点，但认为有效的领导者必须具备一定的素质，领导者的素质不是天生的，而是在实践中逐步形成和积累起来的，可通过教育进行培养。此外，选择领导者需要有明确的标准，对领导者的使用和培训也需要有具体的方向和内容。比较有代表性的观点有：

1）德鲁克认为一个有效的领导者必须具备的五项主要习惯

第一，要善于处理和利用自己的时间，把认清自己的时间花在什么地方作为起点。必须了解时间是一项限制因素，时间的供给永远没有弹性，时间永远是短缺的。他们记录自己的时间，管理自己的时间，减少非生产性工作所占用的时间，善于集中自己的零星时间。

第二，注重贡献，确定自己的努力方向。他们并非为工作而工作，而是为成果而工作。

第三，善于发现和用人之所长，包括他们自己的长处、他们上级的长处和下级的长处。

第四，能分清工作的主次，集中精力于少数主要的领域，在这少数主要的领域中，如果能有优秀的成绩就可以产生卓越的成果。

第五，能作有效的决策，他们知道一项有效的决策必是在"议论纷纷"的基础上作出的判断，而不是在"众口一词"的基础上作出的判断。

2）美国管理协会的调查意见

美国管理协会在20世纪70年代花了5年的时间，对在事业上取得了成功的1 812名主管人员进行了调查和研究，发现成功的主管人员一般具有以下能力：

（1）工作效率高。

（2）有主动进取精神，总想不断改进工作。

（3）逻辑思维能力强，善于分析问题。

（4）有概括能力。

（5）有很强的判断能力。

（6）有自信心。

（7）能帮助别人提高工作能力。

（8）能以自己的行为影响别人。

（9）善于用权。

（10）善于调动别人的积极性。

（11）善于利用谈心做工作。

（12）热情关心别人。

（13）能使别人积极而又乐观地工作。

（14）能实行集体领导。

（15）能自我克制。

（16）能自行作出决策。

（17）能客观地听取各方面的意见。

（18）对自己有正确估计，能以他人之长补自己之短。

（19）勤俭。

（20）还必须具有技术和管理方面的知识。

3）鲍莫尔的十大条件论

这是美国普林斯顿大学教授鲍莫尔（W.J.Banmal）提出的，他认为企业领导人应具有十大条件：

（1）合作精神。愿意与他人共事，能赢得别人的合作，对人不用压服而用说服和感服。

（2）决策能力。能根据客观实际情况而不凭主观想象作出决策，具有高瞻远瞩的能力。

（3）组织能力。善于发掘下级才智，善于组织人力、物力和财力。

（4）精于授权。能大权独揽，小权分散。

（5）善于应变。机动灵活，善于进取，不墨守成规。

（6）敢于创新。对新事物、新环境和新观念有敏锐的感受能力。

（7）勇于负责。对上级、下级和用户及整个社会，都有高度的责任心。

（8）敢担风险。敢于承担企业发展不景气的风险，在困难面前有开创新局面的雄心和信心。

（9）尊重他人。能听取别人的意见，不盛气凌人，能器重下级。

（10）品德高尚。品德为社会上和组织内的人所敬仰。

除了上述观点外，还有一些类似的研究，但是领导素质理论的研究并未取得多大的成功，也有人认为它不是一种研究领导的好方法。这是因为：第一，每一个研究者所列领导素质的特性包罗万象、说法不一，且互有矛盾。第二，这些研究大都是描述性的，并没有说明领导者应在多大程度上具备某种品质。第三，并非一切领导者都具备所有这些品质，而许多非领导者则可能具备大部分或全部这样的品质。但是这些理论并非全无用处，一些研究表明，某些个人品质与领导者有效性之间确实存在着相互联系。例如，一些研究发现领导者确实具有高度的才智、广泛的社会兴趣，取得成功的强烈欲望，对职工的极其关心和尊重。另一些研究发现，个人的才智、管理能力、首创性、自信以及个性等与领导的有效性有重要关系。由于这些理论系统地分析了领导者所应具有的能力、品德和为人处事的方式，向领导者提出了要求和希望，这对我们培养、选择和考核领导者是有帮助的。

4）斯托迪尔的个人品质论

斯托迪尔指出，领导可以按六大方面分成不同的类型，即生理特征、社会背景、智力、个性、与工作相关的特征和社会特征。

（1）生理特征，如年龄、相貌、身高、体重等。研究结果有点相互矛盾。

（2）社会背景，把注意力放在受教育、社会地位和升迁等因素上，研究结果表明：

①具有较高社会经济地位的人有着取得领导地位的优越条件。

②出身于社会经济地位较低家庭的人晋升到企业较高职位的可能性比50年前要大得多。

③领导人所受过的教育比以前的要多一些。以社会背景为基础的领导地位可以反映我们的社会是比较成熟的。另外，研究中没有发现领导人在效率方面与社会背景方面有任何联系。

（3）智力。大量的研究工作放在调查领导人与智力之间的关系上，结果表明领导人有着较好的判断力，办事明确果断，知识面广和口才好。但是，这两者之间的关系并不十分明显。这说明应该考虑其他方面的因素。

（4）个性。工作有成就的领导人具有机警、自信、正直、自大和果断等品质。虽然这些发现并非与所有领导人相吻合，但是个性品质方面的特点是不可忽视的因素。

（5）与任务相关的特征。研究结果表明领导人具有很强的使命感和责任感，工作中主动性强，方向明确。这说明一个典型的领导人是一个有很强主观能动性、有干劲和有完成任务愿望的人。

（6）社会特征。研究结果表明领导人积极参与各项活动，人脉广，善于与人合作。这些人际关系方面的能力受到群体的重视，可以产生群体的和谐、信任和凝聚力。

5.2.3　我国对领导者素质的研究

我国从20世纪80年代初开始，也对领导者的素质理论进行了一系列的研究，许多专家学者和人事部门的领导都撰写文章指出领导者应具有的素质。对领导者素质的要求不是一个静态的概念，而是同领导者所处的环境相关的，它必须适应时代的要求。领导活动，古今中外固有相通的地方，但是领导的过程总是在一定历史条件下进行的。环境条件包括政治、经济、文化都是在发展的，被领导者的状况也都因人而异，所以随着时代的变迁和发展，对领导者素质也会提出新的要求。对领导者素质的要求，显然不可能是先天的，必须是在社会实践中逐步培养和形成的。这些素质要求，也都只具有相对的意义，而不是一个不变的模式。

概括起来看，优秀的领导者的素质应包括四大方面，即政治素质、知识素质、能力素质和身心素质。

1）政治素质

一名优秀的领导者，必须具备良好的政治品质和工作作风。对领导者政治素质的具体要求是：

（1）能坚持四项基本原则，坚持改革开放，自觉按照党的路线、方针、政策办事。全心全意为人民服务，以身作则，为人表率。

（2）要有理想、有干劲、有事业心、有责任感，要勇于进取，渴望在领导岗位上有所成就。

（3）要有正确的思想作风，事事出于公心，不谋私利，能上能下，谦虚谨慎，有自知之明。

（4）要有良好的生活作风，不搞特殊化，品行端正，艰苦朴素。

（5）要有正确的工作作风，善于集中正确意见，不拉帮结伙，工作要细致，讲究方式方法。

2）知识素质

作为一名领导者，主要工作是管理，特别是对人的管理。而管理是一门综合性的学科，涉及多方面的知识，这就要求领导者必须具有广博的知识。对于不同层次的领导者在知识方面的要求是不同的，高层次领导者的知识面要宽，低层次领导者可相对窄一些。此外，对不同层次领导者在知识结构方面的要求也是不同的，但就其共性来说，领导者应掌握以下几方面的知识：

（1）通晓马克思主义理论。

（2）对于一般社会科学、自然科学各方面的知识，都要有所了解，知识面要比较广。

（3）对于管理科学各方面的知识则要比较精通。

（4）对于社会生活方面的实际知识也要比较熟悉，要有丰富的生活经验和工作经验。在整个知识构成中，实际知识、直接经验也是十分重要的内容。

3）能力素质

能力是知识和智慧的综合体现。领导是一种综合实践活动，对于能力素质的要求比较高。能力来源于学习、实践和经验，具体包括以下几方面：

（1）筹划和决断能力。具有战略头脑，善于深谋远虑，运筹全局；有分析与归纳能力、逻辑判断与直觉判断能力。遇到事情点子多，在处理问题时善于作出决断，善于排除干扰，控制局势。

（2）组织指挥能力。善于把人、财、物组织起来，精于运用组织的力量，形成配合默契、步调一致的集体行动。能统筹兼顾国家、集体和个人的利益。

（3）人际交往能力。善于同他人交往，能理解人、关心人，善于倾听他人意见。习惯于设身处地地替他人着想，不把自己的意见强加于人。

（4）灵活应变能力。在复杂多变的环境中，领导者能审时度势、沉着冷静地处理所遇到的问题。在突发事件面前，既不惊惶失措、无所适从，又不拘泥刻板，能应付自如、灵活机动、临机处置。当然，机动灵活绝非草率从事、随意武断，而是要慎重地作出合乎实际的决策。

（5）改革创新能力。领导者的创新能力，在于能面对变化的环境，及时提出新观念、新方案和新办法。要有对新环境、新事物、新问题的敏锐感知能力。要思想活跃、富有胆识，不迷信权威，不为过时的老观念、老框框所束缚，敢想、敢说、敢改，在工作中有所发现，有所创新，有所突破。

4）身心素质

要有健康的身体、良好的心理状态，始终保持精力充沛，满足繁忙工作的需要。身心素质中心理素质是核心，是形成独特领导风格的决定性因素，也是选择领导者的重要标准。心理素质包括追求、意志、感情和风度等。

总之，现代领导者的素质，概括起来，应当是在政治品德好、身心健康的前提下，知识-能力型的人才。

5.3　领导者行为理论

领导特性理论在解释领导的有效性上出现困难以后，为了寻求最佳的领导行为，许多研究机构和人员把研究的重点转向领导的工作本身，试图从工作行为的特点来说明领导的有效性。有以下几种有代表性的理论：

5.3.1　三种领导方式理论

关于领导方式的研究最早是由心理学家勒温（P.Lewin）进行的，他通过试验研究不同领导方式对下属群体行为的影响，认为存在着三种极端的领导工作方式，即专制方式、民主方式和放任自流方式。

1）专制方式

所谓具有专制方式的领导者是以"力"服人，即靠权力和强制命令让人服从。具体特点是：

（1）独断专行，从不考虑别人意见，所有的决策都是由领导者自己决定。

（2）从不把任何消息告诉下级，下级没有任何参与决策的机会，而只能察言观色，奉命行事。

（3）主要依靠行政命令、纪律约束、训斥和惩罚，而只有偶尔的奖励。有人统计，具有专制方式的领导者和别人谈话时有60%左右采取命令和指示口吻。

（4）领导者预先安排一切工作的程序和方法，下级只能服从。

（5）领导者很少参加群体的社会活动，与下级保持相当的心理距离。

2）民主方式

所谓具有民主方式的领导者，是指那些以理服人、以身作则的领导者。他们使每个人作出自觉的有计划的努力，各施其长，各尽所能，分工合作。其特点是：

（1）所有的政策是在领导者的鼓励和协作下由群体讨论而决定，而不是由领导者单独决定的。政策是领导者和其下属共同智慧的结晶。

（2）在分配工作时，尽量照顾到个人的能力、兴趣和爱好。

（3）对下属的工作，不安排得那么具体，个人有相当大的工作自由、较多的选择性与灵活性。

（4）主要应用个人权力和威信，而不是靠职位权力和命令使人服从。谈话时多使用商量、建议和请求的口气，下命令仅占5%左右。

（5）领导者积极参加团体活动，与下级无任何心理上的距离。

3）放任自流方式

所谓放任自流的领导方式，是指工作事先无布置，事后无检查，权力完全给予个人，一切悉听尊便，毫无规章制度。

勒温在实验中发现，在专制型领导的团体中，各成员攻击性言论很多，而在民主型领导团体中，则彼此比较友好；在专制型领导的团体中，成员对领导者服从，但表现自我或引人注目的行为多，而在民主型领导的团体中，则彼此以工作为中心的接触多；专制型领导团体中的成员多以"我"为中心，而民主型领导团体中"我"字使用频率较低且具有"我们"的感觉；当实验导入"挫折"时，专制型领导团体彼此推卸责任或人身攻击，民主型领导团体则团结一致，试图解决问题；在领导不在场时，专制型领导团体工作动机大为降低，也无人出来组织作业，民主型领导团体则像领导在场一样继续工作；专制型领导团体对团体活动没有满足感，民主型领导团体的成员则对团体活动有较高的满足感。

勒温根据实验，认为在放任自流的领导方式下工作效率最低，只达到社交目标，而完不成工作目标。专制作风的领导虽然通过严格管理达到了工作目标，但群体成员没有责任感，情绪消极，士气低落，争吵较多。在民主型领导方式下工作效率最高，不但完成工作目标，而且群体成员关系融洽，工作积极主动，有创造性。

5.3.2 领导行为连续统一体理论

这种理论是组织行为学家坦南鲍姆（R.Tannenbaum）与施密特（W.H.Schmidt）于1958年提出来的。他们指出，领导包含多种多样的作风，在从以领导者为中心到以下属为中心的各种作风中，民主与独裁仅是两个极端的情况，如图5-1所示。

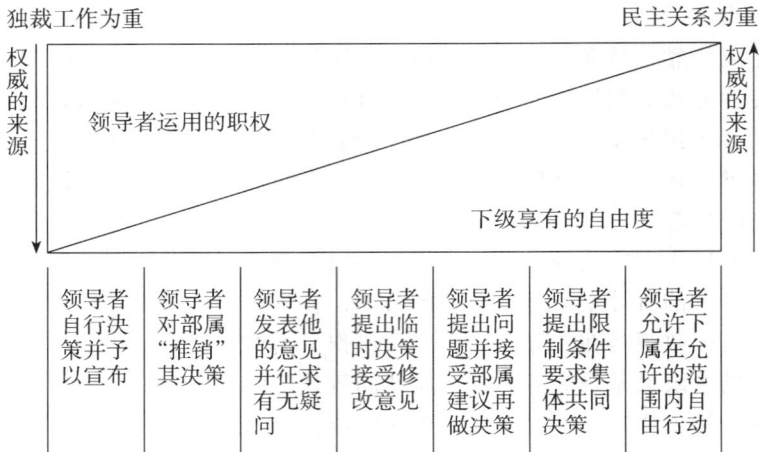

独裁工作为重   民主关系为重

权威的来源	领导者运用的职权		下级享有的自由度			权威的来源
领导者自行决策并予以宣布	领导者对部属"推销"其决策	领导者发表他的意见并征求有无疑问	领导者提出临时决策接受修改意见	领导者提出问题并接受部属建议再做决策	领导者提出限制条件要求集体共同决策	领导者允许下属在允许的范围内自由行动

图 5-1 领导行为连续统一体

图5-1的左端是独裁的领导行为，右端是民主的领导行为。之所以形成这两个极端，首先是基于领导者对权力的来源和人性的看法不同。独裁的领导者认为权力来自职位，人生来懒惰而没有潜力，因而一切决策均由领导者作出；而民主型的领导者则认为，权力来自群体的授予和承认，人受到激励能自觉、自治、发挥创造力，因此决策可以公开讨论，集体决策。其次是独裁型领导者比较重视工作，并运用权力，支配影响下属，下属的自由度较小；而民主型领导者重视群体关系，给予下属以较大的自由度。领导行为连续统一体从左至右，领导者运用职权逐渐减少，下属的自由度逐渐加大，从以工作为重逐渐变为以关系为重。图5-1的下方依据领导者把权力授予下属的程度不同、决策的方式不同、形成了一系列领导方式。因此，可供选择的领导方式不是民主与独裁两种，而是多种。

坦南鲍姆与施密特认为说不上哪种领导方式是正确的，哪种方式是错误的，领导应当根据具体情况，考虑各种因素选择图5-1中某种领导行为。在这个意义上，领导行为连续统一体也是一种情境理论。何种领导作风合适，这取决于领导者、被领导者和情境。

领导行为连续统一体理论从权力的来源和应用、下属参与决策的程度，来划分出多种领导行为，这对我们研究领导方式是有益的。但是，在图5-1中把独裁和以工作为重，民主和以关系为重联系在一起并且等同起来；将以工作为重与以关系为重、领导的职权与下属的自由度互相对立起来，而且仅从领导的决策过程、下属的参与程度来划分领导方式，是不全面的。

5.3.3 管理系统理论

这种理论是由美国密执安大学的研究人员利克特（R.Likert）等，在对连续统一体理论做了进一步推演后提出来的，他以数百个组织机构为对象，对领导人员的领导类型和作风作了长达30年之久的研究。利克特提出了四种管理方式，作为研究和阐明他的概念的指导原则。

管理方式1可称为"压榨和权威式的"方式。采用这种方式的主管人员非常专制，对下属很少信任；主要用恐吓和惩罚的手段，也偶尔用奖赏去激励人们；惯于只采用上情下达的方式，决策权也只局限于上层。此外还有一些其他类似的特点。

管理方式2可称为"开明和权威式的"方式。采用这种方式的主管人员对下属抱有一种屈尊就教式的信任和信心，主要用奖赏，也兼用恐吓和惩罚来激励下属；允许一定程度的上情下达，向下级征求一定的看法和意见，也下放一定的决策权，但对政策性的控制绝不放松。

管理方式3可称为"协商式的"方式。采用这种方式的主管人员对下属抱有相当大的但并非十足的信心和信赖，他们通常设法积极采用下级的看法和意见；在激励方面基本采用奖励办法，偶尔也实行惩罚和一定的参与；他们的思想沟通方法是上下双向的；一般性的政策和总的决策由上层作出，允许下层作出具体问题上的决策，对其他问题则采取协商的态度。

管理方式4是最富于参与性的，因而把它称为"集体性参与的"方式。采用这种方式的主管人员对下属在一切事务上都抱有充分的信心和信赖，他们总是征求下属的看法和意见并设法采用。例如，在确定目标和评价所取得的进展方面，让下级参与其事，并给予物质奖励；他们使上下级之间和同级之间信息畅通，鼓励各级组织作出决策，或者以群体一员的身份与其下属一起进行工作。

可以看出，管理方式1与X理论假定很相似，管理方式4与Y理论假定很相似。利克特发现，那些用管理方式4去从事经营活动的主管人员，大都是最有成就的领导者。此外他还发现以方式4进行管理的部门和公司在制定目标和实现目标方面是最有效率的，一般说来也是更富有成果的。他把上述这些主要归于职工参与管理的程度及其在实践中坚持贯彻的程度。

选择恰当的管理方式是很重要的。根据有关领导的研究成果，有较多的人愿意采用管理方式3和4，人们似乎在第3、第4种管理方式下工作得更好。例如，职工们在一般的监督管理（第3、第4种方式）下工作比在严格监督管理（第1、第2种方式）下工作具有更高的生产效率。在有帮助的或对工人的错误宽容的主管人员领导下，比在对工人所犯错误采取惩罚的主管人员领导下的人也具有更高的生产效率。同样，当允许人们自己安排工作时，他们似乎会把工作做得更好些。

5.3.4 两维理论

1）领导行为四分图理论

1945年，美国俄亥俄州立大学工商企业研究所在斯多基尔和沙特尔两位教授领导下开展了对领导行为的研究。一开始，研究人员列出了千余种刻画领导行为的因素，通过逐步筛选、归并，最后概括为"抓组织"和"关心人"两大类。"抓组织"是以工作为中心，指的是领导者为了实现工作目标，既规定了自己的任务，也规定了下级的任务，包括进行组织设计、制订计划和程序，明确职责和关系，建立信息和途径，确立工作目标等。"关心人"是以人际关系为中心，包括建立互相信任的气氛，尊重下级的意见，注意下级的感情和问题等。

根据这两类因素，他们设计了"领导行为描述问卷"，每类列举了15个问题，分发调查。调查发现，两类领导行为在同一个领导者身上有时一致，有时并不一致，因此他们认为领导行为是这两种行为的具体组合，领导者的行为可以用两维空间的四分图来表示，如图5-2所示。

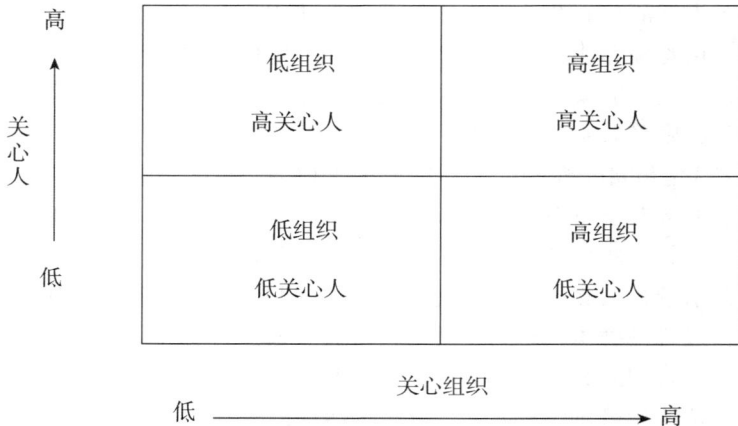

图5-2 俄亥俄州立大学领导行为四分图

图5-2为进行领导行为研究指出了一个途径，从中可以看出四种结果：

（1）高组织低关心人的领导者，最关心的是工作任务。

（2）低组织低关心人的领导者，对组织对人都不关心，一般说来这种领导方式效果较差。

（3）低组织高关心人的领导者，大多数较为关心领导者与下级之间的合作，重视互相信任和相互尊重的气氛。

（4）高组织高关心人的领导者，对工作对人都比较关心，一般来说这种领导方式其工作效率和领导的有效性必然较高。

到底哪种领导行为效果好，结论不是肯定的。例如，有人认为在生产部门中，效率与"关心组织"之间的关系成正比，而与"关心人"的关系成反比；而在非生产部门中情况恰恰相反。一般说来，"高组织"与"低关心人"带来更多的旷工、事故、怨言和离职。许多其他的研究也证实了上述的一般结论，但也有人提出了相反的证据。这是因为他们在进行分析时，没有考虑到领导所面临的环境。

2）管理方格理论

在俄亥俄州立大学管理四分图的基础上，罗伯特·布莱克和简·莫顿于1964年就企业中的领导行为方式提出了管理方格图。这是一张九等分的方格图，横坐标表示领导者对生产的关心程度，纵坐标表示领导者对人的关心程度。整个方格图共有81个小方格，每个小方格表示"关心生产"和"关心人"这两个基本因素相结合的一个领导方式，见图5-3。

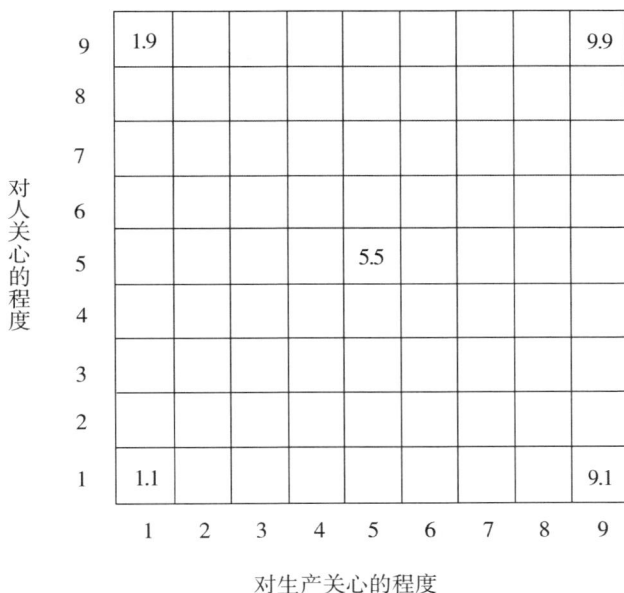

图 5-3　管理方格图

在评价领导者时，可根据其对生产的关心程度和对人的关心程度，在图5-3上寻找交叉点，这个交叉点的方格就是他的领导倾向类型。

"关心生产"是指一名监督管理人员对各类事项所抱的态度，诸如对政策决议的质量、程序与过程，研究工作的创造性，职能人员的服务质量，工作效率和产量等。同样，"关心人"也有广泛的解释，包含了诸如个人对实现目标的承诺程度、工人对自尊的维护、基于信任而非基于服从来授予职责、提供良好的工作条件和保持令人满意的人际关系等内容。

布莱克和莫顿在管理方格中列出了五种典型的领导方式：

（1）1.1方式为贫乏型的管理。对职工和生产几乎都漠不关心，只以最小的努力来完成必须做的工作。这种领导方式将会导致失败，这是很少见的极端情况。

（2）9.1方式为任务第一型的管理。领导作风是非常专制的，领导集中注意于对生产任务和作业效率的要求，注重于计划、指导和控制职工的工作活动，以完成组织的目标，但不关心人的因素，很少注意职工的发展和士气。

（3）1.9方式为俱乐部型的管理。在这类管理中，主管人员很少甚至不关心生产，而只关心人。他们促成一种人人得以放松、感受友谊与快乐的环境，而不去协同努力以实现组织的目标。

（4）9.9方式为团队式管理。管理者对生产和人都极为关心，努力使职工个人的需要和组织的目标最有效地结合，注意使职工了解组织的目标，关心工作的成果。建立"命运共同体"的关系，因而职工关系协调，士气旺盛，能进行自我控制，生产任务完成得极好。

（5）5.5方式为中间型管理。这种领导对人的关心程度和对生产的关心程度虽然都不算高，但是能保持平衡。一方面能比较注意管理者在计划、指挥和控制上的职责；另一方面也比较重视对职工的引导与鼓励，设法使他们的士气保持在必需的、满意的水平上。但是，这种领导方式缺乏创新精神，只追求正常的效率和可以满意的士气。

布莱克和莫顿认为9.9方式的领导方式是最有效的，领导者应该客观地分析组织内外的各种情况，努力创造条件，将自己的领导方式转化为9.9方式，以求得最高的效率。

管理方格在识别管理作风方面是一个有用的工具，但它没有告诉我们为什么一名主管会落在方格图上的这一位置或那一位置。为了找出这方面的原因，我们必须考虑一些根本因素，诸如领导者和追随者的个性、主管人员的才干和得到的培训、组织环境以及其他对领导者与被领导者都有影响的情境因素。

5.4　领导权变理论

领导权变理论是近年来国外行为科学家重点研究的领导理论，这种研究比素质理论、领导行为理论要晚，从内容上说，它是在前面两种研究的基础上发展起来的。这个理论所关注的是领导者与被领导者的行为和环境的相互影响。该理论认为，某一具体领导方式并不是到处都适用，领导的行为若想有效，就必须随着被领导者的特点和环境的变化而变化，而不能是一成不变的。这是因为，任何领导者总是在一定的环境条件下，通过与被领导者的相互作用，去完成某个特定目标。因此，领导者的有效行为就要随着自身条件、被领导者的情况和环境的变化而变化。比较有代表性的理论有如下几种。

5.4.1　菲德勒（F.E.Fiedler）模式

菲德勒从1951年起，经过15年的调查研究，提出了一种随机制宜的领导理论。这种理论认为，人们之所以成为领导者，不仅在于他们的个性，也在于各种不同的情境因素和领导者同群体成员之间的交互作用。菲德勒提出对一个领导者的工作最起影响作用的三个基本方面是职位权力、任务结构、领导者与被领导者之间的关系。

1）职位权力

职位权力指的是与领导者职位相关联的正式职权，以及领导者从上级和整个组织各方面所取得的支持程度。这一职位权力是由领导者对下属的实有权力所决定的。正如菲德勒指出的，有了明确和相当大职位权力的领导者，才能比没有此种权力的领导者更易博得他人真诚的追随。

2）任务结构

任务结构是指任务的明确程度和人们对这些任务的负责程度。当任务明确，每个人都能对任务负责时，则领导者对工作质量更易于控制；群体成员也有可能比在任务不明确的情况下，能更明确地担负起他们的工作职责。

3）领导者与被领导者之间的关系

菲德勒认为，上下级关系对领导者来说是最重要的，因为职位权力与任务结构大多置于组织的控制之下，而上下级关系可影响下级对领导者信任和爱戴的程度，以及是否愿意追随其共同工作。

菲德勒指出：领导者的个性，更具体地说，领导者的动机构成，是靠反映个人在领导情境方面的量度来确定的。有一种类型的人，我们称他们是"以关系为动因"的，他们从与群体成员之间良好的人际关系及靠这种关系完成任务中，得到自我尊重。另外一种主要的个性类型是"以任务为动因"的领导者，他们从证明自己才干的较明确的证据中得到满足和尊重。菲德勒利用一种被称为"最不喜欢的同事（L.P.C）"的问卷调查来测定这两种动因系统，即请领导者个人回想一下所有曾同其一起工作的人，然后请他们对和其一起工作最难相处的人进行描述，以此为根据确定评分。菲德勒进行研究的结果也为其他人的研究结果所证实，他发现，以任务为动机的人用一种非常消极的、否定的字眼描述他最不喜欢的同事。实际上，他是说任务重要到如此程度，以致不可能把个人与工作关系区分开来，也就是说，工作做得不好的人必然有一种讨厌的个性，如不友好、不合作、令人不愉快等。以关系为动机的人较少取决于对完成工作得到的尊重，因此能够把一个工作不好的同事看作是令人愉快的、友好的或有帮助的。因为这种领导在工作方面的情感纠缠不太强烈，所以用一种较积极的方式看待在工作中难以相处的人。

菲德勒将影响领导工作的三方面因素任意组合成 8 种情况，对 1 200 个团体进行了观察，收集了将领导风格同对领导有利或不利条件的 8 种情况关联起来的数据，得出在各种不同的情况下，使领导有效而应当采取的领导方式，其结果如图 5-4 所示。

图 5-4 是菲德勒研究随机制宜领导模型的概括，在研究中他发现关心任务的领导者在"不利的"或"有利的"情况下，将是最有成效的领导者。也就是说，当领导在职位权力不足、任务结构不明确、领导与其成员的关系恶劣、领导者的处境不利时，关心任务的领导者将是最有成效的（由图 5-4 的右下角圆点表示）。同样在另一极端情况下，职位权力很高，任务结构明确，领导与其成员关系良好，领导者

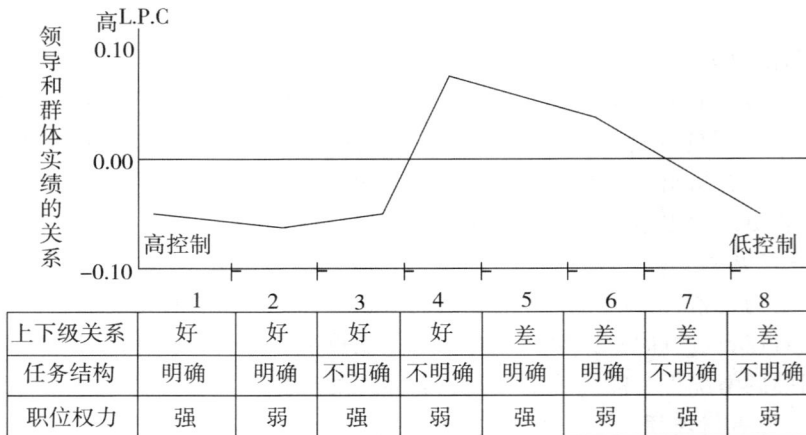

图 5-4　菲德勒的领导模型

上下级关系	好	好	好	好	差	差	差	差
任务结构	明确	明确	不明确	不明确	明确	明确	不明确	不明确
职位权力	强	弱	强	弱	强	弱	强	弱

的处境有利，菲德勒发现关心任务的领导者也是最有成效的。但当情况仅是有些不利或是有利（图5-4的中部）时，发现注重人际关系的领导者是最有成效的。

许多学者对菲德勒的模型从经验上、方法论和理论上提出了批评，认为他们取样太少，造成统计误差。还有人认为菲德勒只是概括出结论，而没有提出一个理论。尽管如此，这个模型还是有意义的。

5.4.2　"途径-目标"理论

加拿大多伦多大学教授罗伯特·豪斯（Robert House）把期望理论和领导行为的四分图理论结合在一起，提出了"途径-目标"理论。这种理论认为：领导者的效率是以能激励下级达成组织目标，并在其工作中使下级得到满足的能力来衡量的。领导者的责任和作用就在于改善下级的心理状态，激励他们去完成工作任务或对工作感到满意，帮助下级达到目标。为此，就要向下级讲清工作任务，承认并刺激下级对奖励的要求、奖励达到目标的成就，支持下级为实现目标所作的努力，为其完成任务扫清障碍，增加下级获得个人满意感的机会等。领导者的这种作用越大，对下级的激励程度越高，就越能帮助下级达到目标。

"途径-目标"理论认为，有四种领导方式可供同一领导者在不同环境下选择使用。这四种领导方式是：

（1）支持型领导方式。这种领导方式对下级友善、关心，从各方面给予支持。

（2）参与型领导方式。领导者在做决策时征求并采纳下级的建议。

（3）指导型领导方式。给予下级以相当具体的指导，并使这种指导合乎下级所要求的那样明确。

（4）以成就为目标的领导方式。领导者给下级提出挑战性的目标，并相信他们能达到目标。

这种理论认为下级的特点和任务的性质这两个变量决定着领导的方式。下级接受领导方式的程度，取决于这种领导方式能否满足下级的需要。如果下级觉得有能力完成任务，很需要荣誉和交往，他们不喜欢指令性领导方式，就应选择支持性领导方式。如果工作任务是常规性的，目标和达到目标的途径都是一目了然的，在这种环境下，领导还是去发号施令就会引起下级的不满。但是如果工作任务变化性很大，下级经常干些自己不熟悉和没把握的事，这时领导者如能及时告诉他们目标和达到目标的途径，并采用指令性的领导方式，下级会高兴的，因而也是适宜的。

这个理论的核心是：领导者影响着介乎行为与目标之间的途径。领导者是通过规定职位与任务角色，清除实现业绩的障碍，在设置目标方面谋取群体成员的支援，促进群体的内聚力和协作力，增加满足实现个人业绩的机会，减轻压力和外界的控制，使期望目标明确化，以及采取另外一些满足人们期望的措施。

5.4.3 领导规范模式

领导规范模式（或领导者–参与者模式），是一种最新的权变模式。这是弗鲁姆（Vroom）和耶顿（Yetton）二人在 1973 年所写的《领导和决策》中提出的。这种理论认为，主管人员可以通过改变下属参与决策过程的不同程度，来表明领导者的行为采取什么样的方式才是正确的。根本没有对所有情况均适用的、唯一正确的领导作风，应该开发一系列的领导者行为，从专制独裁的到参与管理的不同领导方式。这种模式与菲德勒模式不同之处在于后者将领导者的行为特点看成固定不变的，要通过调整领导者所处的环境以适应其特点，而这一模式则认为领导行为应该根据环境的需要而变化。

（1）这种模式与坦南鲍姆–施密特的连续统一体理论相似，它一共列出五种不同的领导方式。这五种领导方式是：

①领导者运用手头的资料，自己作出决策，单独解决问题，即专制独裁式的方式。

②领导者向下属取得必要资料，然后自己作出决定。向下属索要资料时，可能向下属说明问题，也可能不说明。下属只是提供必要的资料，并不提供或者评价解决问题的方案。

③以个别接触方式，让下属知道问题，获得他们的建议或意见，然后由领导者作出决策。决策可以反映下属的意见，也可以不反映。

④让下属集体了解问题，集体提意见、建议，然后由领导者作出决策。决策可以反映下属的意见，也可以不反映。

⑤让下属集体了解问题，并且领导者与大家一起提出和评价可供选择的方案，努力就解决问题的方法达成一致意见。领导者不试图去影响小组接受他的解决办法，并愿意接受和试验下属支持的解决办法。

（2）弗鲁姆和耶顿提出了选择领导方式的七个原则，其中前三个原则是决策质量原则，后四个是决策可接受原则。依据这些原则领导者就能发现最迅速和最能接受的选择领导方式的方法。这些原则是：

①信息的原则。如果决策的质量是重要的，而你又没有足够的信息或单独解决

问题的专业知识，那么，就要排除第 1 种专制决策的领导方式的可能性，否则，你作出的决策会质量不高。

②目标合适的原则。如果决策质量是重要的，而下属又不具备为组织作出合适决策的能力，那么就排除采用第 5 种领导方式的可能。

③非结构性的原则。如果决策的质量是重要的，但你却缺乏充分的信息和专业知识，并且问题又是非结构性的，那么就排除用第 1、第 2、第 3 种专制的领导方式。

④接受性原则。如果下属对决策的接受性是有效贯彻决策的关键，那么就排除第 1、第 2 种专制的领导方式。

⑤冲突的原则。如果决策的接受性是很重要的，那么下属将不会接受第 1、第 2 种专制的领导方式。下属也不赞成过于正确的决定，通过采用第 3、第 4 种参与决策的领导方式能最好地消除冲突。

⑥合理的原则。如果决策的质量并不重要，而决策的接受性却很重要，那么最好采用第 5 种参与决策的领导方式。

⑦接受最优的原则。如果接受性是主要的，而且不一定是由于专制决策所引起的，并且，如果要激励下属实现组织的目标，为了最好地解决问题，采用高参与的领导方式为好。

弗鲁姆和耶顿还为主管人员们应用他们的原则制定了简易的决策流程图，主管人员可以根据情况最后找到合适的领导方式。这个模式对培训未来的管理人员如何选择使他们能够及时地作出决策、能够作出高质量的决策、所应采取的领导方式方面，是个重大的突破。如果主管人员能正确地判断情况，选择最好的领导方式就变得较为容易了。

5.4.4   阿吉里斯的不成熟–成熟理论

阿吉里斯的不成熟–成熟理论，主要集中在个人需求与组织需求问题上的研究。他主张有效的领导人应当帮助人们从不成熟或依赖状态转变到成熟状态。他认为，一个人由不成熟转变为成熟的过程，会发生下列七个方面的变化，如表 5–1 所示。

表 5–1   由不成熟到成熟

不成熟 ⟶ 成熟	
1.被动 ———————— 主动	
2.依赖 ———————— 独立	
3.少数的行动 ———————— 能做多种行为	
4.错误而浅薄的兴趣 ———————— 较深和较强的兴趣	
5.时间和知觉性短 ———————— 时间和知觉性较长	
（只包括目前）	（包括过去和未来）
6.附属地位 ———————— 同等或优越的地位	
7.不明白 ———————— 明白自我，控制自我	

他认为，上述变化是持续的，一般人都会从不成熟到趋于成熟。每个人随着年龄的增长，有日益成熟的倾向，但能达到完全成熟的人只是极少数。

同时，他还发现，领导方式不好会影响人的成熟。在传统领导方式中，把成年人当成小孩对待，束缚了他们对环境的控制能力。工人被指定从事具体的、过分简单的和重复的劳动，完全是被动的，依赖性很大，主动性不能发挥。这样就阻碍了人们的成熟。

要促进人们行为的成熟，领导方式应针对下级不同的成熟程度分别加以指导。传统的领导方式，适用于领导那些行为不成熟的人或心智迟钝的人，对成熟的人是不适用的。此外，还要创造条件帮助和指导下级行为趋于成熟。为此，要扩大个人的责任，给下级在工作中成长成熟的机会，有助于社交、自尊、自我实现等需要的满足，从而激励人们发挥潜力来实现组织目标。

5.4.5　生命周期理论（情境理论）

生命周期理论是卡曼以四分图理论为依据于1966年首先提出来的。他将被领导者的成熟度这一因素加入其中。他的主要观点是，领导类型应当适应组织成员的成熟度。在被领导者趋于成熟时，领导者的行为方式要作相应的调整。保罗·赫塞（Paul Hersey）博士在20世纪60年代提出了"情境领导模式"理论。1969年，他编著了《情境领导》教科书，该书被翻译成14种文字，销量达百万册。之后，他又组织了"领导力研究中心"，不断深入研究并完善该理论。"情境领导模式"理论认为，我们在领导和管理公司或团队时，不能用一成不变的方法，而要随着情况和环境的改变及员工的不同，改变我们领导和管理的方式。

"情境领导模式"理论一经提出即受到了企业界的大力追捧，其热度一直持续至今。在几十年的发展过程中，肯尼思·布兰查德提出了升级版的情境领导模式，令这一管理模式更适用于现代企业。

1975年，保罗·赫塞创立了美国领导力研究中心，推出情境领导培训课程。多年来，在全世界已有超过1 000万的职业经理人接受过情境领导课程培训。该课程更成为通用电气、爱立信、摩托罗拉、IBM、微软、通用汽车等公司高级经理人的常年必修课程。此课程引入我国，被一些大企业采用后，反映效果良好，大家感觉确实能学到一些方便、实用的领导方法。

这一理论认为，双高的领导不一定经常有效；双低的领导也不一定经常无效。这都要由组织成员的成熟度而定。成熟度是对下属特征的度量。赫塞和布兰查德将其定义为：个体对自己直接行为负责的能力和意愿。它包括两个要素：

（1）工作成熟度，包括一个人的知识和技能。工作成熟度高的下属得到良好的教育和培训，拥有足够的知识和能力，经验丰富，能够不需要他人指导而独立完成工作任务。

（2）心理成熟度，指一个人做某事的意愿和动机。心理成熟度高的下属自信心强，工作积极主动。他们不需要太多的外部激励，而主要靠内部动机的激励。

　　下属的发展阶段要从两方面来看：工作能力——针对某一特定目标或任务时，下属所展现的相关知识和技能；工作意愿——针对某一特定目标或任务时，下属的积极性与信心。

　　赫塞和布兰查德将下属的成熟度划分为由低到高的四阶段：

　　第一阶段为R1"没能力，没意愿并不安"的阶段：下属缺乏执行某项任务的技能和能力，不胜任工作；而且，他们不情愿地执行任务，缺乏自信心和积极性。

　　第二阶段为R2"没能力，有意愿或自信"的阶段：目前下属还缺乏完成工作任务所需的技能和能力，但他们愿意执行必要的工作任务，具有积极性。

　　第三阶段为R3"有能力，没意愿或不安"的阶段：下属有较高的工作技能和较强的工作能力，但他们却不愿意从事领导希望他们做的工作。

　　第四阶段为R4"有能力，有意愿并自信"的阶段：下属既有能力，又有很强的工作意愿。

　　这四个连续的阶段实际上反映了一个雇员从不成熟到成熟的成长过程。当一个人刚刚接手一项陌生的工作时，出现第一种情况是很普遍的：他往往感觉自己处于一种无所适从的状态，处于消极、被动的尴尬地位。当他对工作的性质和基本内容有比较全面的了解之后，就会产生一种很快适应和胜任工作的愿望。在这个阶段，他虽然还缺乏必要的能力，但会积极主动地去提高自己。在第三个阶段，一个人在长期的工作中有了能力与经验，他因此也拥有了一定的资本。这时，他可能会提出一些有利于自己职业发展的要求，寻求广泛的参与机会，试图在参与中体现自己的价值并得到组织或上级的肯定。如果这些愿望得不到满足，他会深深陷入一种挫折感之中。当然，如果这些愿望得到满足，他会更加努力地工作。这时他可能产生更高的要求（按马斯洛的需求层次理论，这属于一种自我实现的需求），试图控制局面，以获得独立决策和行动的机会。

　　随着组织成员由不成熟趋于成熟，领导行为应按以下四个步骤推移：

　　高工作、低关系—高工作、高关系—低工作、高关系—低工作、低关系。

　　与其相适应的四种领导方式依次是：

　　命令型　　说服型　　参与型　　授权型

　　（1）命令型——高工作、低关系，适用于低成熟度的情况。组织成员对工作和目标缺乏技能和信心时，领导者可采取单向沟通的形式，明确地布置任务，告诉他们在何时、何地做什么和怎样做。如企业中的新职工，可视为低成熟度的，领导者应给予具体、明确的指导。这种领导方式可能最有效。

　　（2）说服型——高工作、高关系，适用于较不成熟的情况。组织成员对工作和目标有较高的愿望和信心，但是他们还没有足够的能力胜任时，领导者可采取双向沟通的形式，既要给予直接指导，又要激发他们的热情。这种方式之所以被称为"说服型"，是因为领导者通过双向沟通的形式，获得组织成员心理上的支持和满足。这时，领导者向他们提供这种帮助和指导，他们就会按照领导者指出的方向和目标去努力工作，从而超能力发挥。

（3）参与型——低工作、高关系，适用于比较成熟的情况。组织成员能够胜任工作，不喜欢领导者过多地指导和约束时，领导者通过双向沟通的形式和他们平等地交流，相信他们的工作能力。由于领导者采取这种态度同组织成员共同决策，因此这种领导方式被称为"参与型"。在这种情况下，领导者就没有必要做具体的指导工作了。

（4）授权型——低工作、低关系，适用于高成熟度的情况。当组织成员有足够的信心和能力承担工作时，领导者可以让他们"自行其是"，自己只起"宏观调控"的作用。如与具有高度成就感的专家、教授共事时，领导者可以扮演不重要的角色。

这一理论是重视下属的权变理论。该理论还指出，由于科技的发展、生活和教育水平的提高，人类普遍趋向成熟。随着成熟度的改变，人们生理和安全上的需要将易于满足，从而更需要有发挥其才能的机会，以找到自己的"位置"并被社会认可。

5.5　领导理论的新发展

5.5.1　领导的归因理论

归因理论主要用于了解原因与结果之间的关系，还可以用于解释领导的知觉。当一件事情发生时，人们总愿意将它归于某种原因。在领导情境下，归因理论指的是，领导主要是人们对其他个体进行的归因。运用归因理论，研究者发现人们倾向于把领导者描述为智慧、随和的个性、很强的言语表达能力、进取心、理解力和勤奋等，并且人们发现高–高领导者（在结构和关怀维度方面均高）与人们对好领导具有哪些因素及归因相一致。在组织层面上，归因理论说明了为什么人们在某些条件下使用领导来解释组织结果。组织绩效极低或极高时，人们倾向于把其归因于领导。这一点有助于解释当组织面临严重的财政危机时首席执行官们的敏感性，而无论他们是否与此事有关；它还说明为什么这些首席执行官都会因为极好的财政状况而赢得人们的好评，而不管实际上他们的贡献大小。

5.5.2　领袖魅力领导理论

领袖魅力领导理论是归因理论的扩展。它指的是当下属观察领导的某些行为时，会把它们归因于伟人式的或杰出的领导能力。大部分领袖魅力的研究是确定具有领袖气质的领导者与无领袖气质的领导之间的行为差异。被公认为具有领袖魅力的领导者如富兰克林·罗斯福、约翰·肯尼迪、沃尔特·迪斯尼等人。

一些研究者试图确认具有领袖魅力领导者的个性特点。罗伯特·豪斯认定了3项因素：极高的自信、支配力以及对自己信仰的坚定信念。瓦伦·本尼斯研究了90位美国最成功的领导者，发现他们有4种共同的能力：令人折服的远见和目标意识；能清晰地表述目标，使下属明确理解；对目标的追求表现出一致性和全身心的投入；了解自己的实力并以此作为资本。在此方面最新、最全面的分析是麦吉尔大学的康格和凯南格进行的。他们的结论是，具有领袖魅力的领导者具有如下特点：他们有一个希望达到的理想目标；为此目标能够全身心地奉献；反传统；固执和自信；最激进的代言人而不是传统的卫道士。

研究表明，具有领袖魅力的领导者与下属的高绩效和高满意度之间有着显著的相关性。为具有领袖魅力的领导者工作的员工因受到激励而付出更多的努力，而且，由于他们喜爱自己的领导，也表现出更高的满意度。

一个人可以通过以下3个阶段的学习变成具有领袖魅力的领导者：

（1）个体要保持乐观态度。以激情为催化剂激发他人的热情，运用整个身体而不仅仅是言语进行沟通。

（2）个体可以通过与他人建立联系而使他人跟随自己。

（3）个体通过调动跟随者的情绪而开发他们的潜能。

在此值得一提的是，具有领袖魅力的领导者对于员工的高绩效水平来说并不总是必需的。当下属的任务中包含观念性要素时，它最为恰当。如史蒂夫·乔布斯（Steve Jobs）在20世纪70年代末80年代初指出，个人电脑必将极大地改变人们的日常生活，从而在苹果公司赢得了技术员工的大力支持。

5.5.3　对领导的反思

在组织行为学的所有主题中，很少有主题能像领导一样长时期得到人们的关注。人们像着了迷一样，不断投入时间与精力去寻求"领导魔力的效果"。传媒、大众甚至学界对组织领导的更换、言论、行为倾注了极高的热情。郭士纳、韦尔奇等领导者带领各自组织冲天而起的事迹被作为领导者作用的最佳注解而广为传播。而领导者的另一面却鲜有人关注，除非组织变得像安然公司那样，人们才会去思考领导者的不足。

对领导的反思虽然没有成为领导学研究和关注的焦点，但是经过长时期的积累，也逐渐取得了一定的成绩。对领导的反思主要有两个方面：一方面是领导者的缺陷；另一方面是领导的有效性。

杰伊·康格（Jay A. Conger）对领导者的"阴暗面"进行了研究。他指出领导者的行为不仅仅意味着光辉与灿烂，有时也会给组织带来损失甚至是灭顶之灾。他认为领导者三个方面的行为可能造成组织的不良后果。这三种行为是：领导者的战略梦想、领导者的沟通和印象管理技能、领导者的不良管理实践。

领导者需要为组织树立发展远景，为下属指明前进的方向。但是领导者可能将自己的个人梦想包含在组织的目标之中，而这些梦想并不符合组织的需要。领导者容易将个人梦想误认为是与组织的目标一致的，因而顽固地坚持错误的个人梦想。领导者通常花费大量的精力和资源，实现个人梦想。他们的决心越大，就越不愿意考虑相反做法的可行性。此外，领导者观念上的错误也可能导致梦想的失败。这类问题一般包括：①不能察觉市场的重大变化；②不能正确地评估实现梦想所需的资源；③错误解读或自以为了解市场和委托人的需求。

领导者通常具备优秀的管理和沟通技能，但有时他们会滥用这些技能给组织和他人造成伤害。他们经常采用的方法包括：①夸张的自我描述；②对梦想的陈述夸大其词；③玩弄技巧，塑造独一无二的形象以操纵群众；④习惯封锁负面信息，将正面信息最大化以获取信任；⑤利用逸闻趣事来分散人们对不利统计数据的注意；⑥重申观点，打消疑虑，将消极后果归咎于外部因素，制造一切尽在掌握之中的假象。这些方法一旦成功，领导者个人的愿望得到了满足，但组织的利益却受到了损害。

领导者虽然卓越不凡，但是他们仍然在某些方面存在欠缺，这些不良的管理实践由于领导者显要的职位和巨大的管理权力将比普通管理者的不良行为带来更加巨大的损失。康格将领导者的不良管理实践总结为以下几类：①不善于处理人际关系，尤其拙于应付上级和同僚；②行为反传统，造成与他人的隔阂；③组建小集团，造成分裂；④独裁专制的管理作风；⑤反常规/冲动的作风，造成分裂和无效行动；⑥过分美化或贬低他人，尤其是在作直接报告时；⑦造成他人的过分依赖感；⑧不能处理好细节问题，不能进行有效的管理；⑨在意表象；⑩脱离组织经营；⑪没有注意培养能力相当的接班人。

在对领导者行为缺陷反思的基础上，人们进而探究领导是否真正有效，是否真正需要领导的存在。在有关领导无用的研究中，有两项研究经常被提到。斯坦利·利伯森和詹姆斯·奥康纳调查了13个行业中的167个组织，比较了与环境和组织有关的领导。他们的研究表明，环境因素与组织高层的领导相比，前者对组织的影响更大。①杰拉尔德·萨兰西克和杰弗里·普费弗在对市政府表现的研究中得出这样的结论：市长的换届影响甚微，不可能引起重大变化。②普费弗指出，领导之所以被认为是一个重要的和强大的力量，是因为我们在寻找原因时总喜欢找一个关键的原因。例如，我们总是很难将领导的功能——完成任务、维护团结——分散给个体，因为个人之间的交换和联系取决于机缘巧合。将原因指向一个焦点，即领导，从而降低原因的不确定性，我们就会觉得轻松自在了。可以说，领导者是重要的社会构造物。他们是象征，因此也成为我们追根溯源的目标。我们失败时，他们是替罪羊；而成功时，他们又成为英雄。

也有学者坚持领导者的作用。彼得斯和奥斯汀在《追求卓越的激情》一书中强调高层领导是优秀企业存在和发展极为重要的组成部分。著名组织学者豪斯也指出，大量的证据表明在以下方面领导产生了重大影响：努力程度、适应变化的能力、情况变化时的表现、员工集体流动的程度、缺勤率、集体中个人的表现、接受决策的程度、决策质量、在领导艺术培训中不断学习下属的数量。柯林斯在《基业长青》和《从优秀到卓越》中也不断地强调领导者的个人信念、价值观对企业发展的重要作用。

对领导作用的怀疑很大程度上是由于领导对组织内外环境的直接影响不大，且难以直接观测。领导者除了直接的影响作用外，还有很强的间接作用。例如，领导者会创造或改变企业的组织文化，进而影响员工的价值观和态度，从而改进员工的行为，并从整体上提高组织的绩效。

对领导的反思一方面使人们意识到领导的缺陷和不足；另一方面也让人们发现克服领导缺陷与不足的途径，为领导行为的改进和更深层次的研究提供指引。

5.6　领导决策

5.6.1　领导决策的概念与类型

1）领导决策的概念

领导决策，是指领导者在领导活动中，为了解决重大的现实问题，通过采用科学的决策方法和技术，从若干个有价值的方案中选择其中一个最佳方案，以此实现领导目标的活动过程。领导决策的概念有狭义和广义之分。狭义的决策专指领导者对行动方案的最终选择，即通常所说的"拍板"。广义的决策是把决策理解为领导者制订、选择、实施行动方案的整个过程，既包括领导者"拍板"前的调查研究、科学预测、拟订方案等准备活动，还包括"拍板"后的实施活动。也就是说，领导决策包括制定决策和实施决策两大阶段。

具体地说，科学的领导决策应该具备以下几个方面的条件：

（1）决策要有明确的目标。

（2）决策要能够付诸实施。决策是为了正确地指导人们认识和改造世界的活动。

（3）决策要追求优化。决策是在一定的条件下追求优化的目标，并且优化实现目标的过程。

（4）决策是一种选择活动。决策是在若干个目标中选择一个最切合实际的目标，在若干个有价值的方案中选择一个最佳方案的过程。只有一个目标或方案，无从选择；没有选择，就无从优化。

2）领导决策的类型

决策有多种类型，一般从以下几个角度加以划分：

（1）按决策的重要程度，可分为战略决策、管理决策和业务决策。

（2）按决策结果的预测程度，可分为确定性决策、风险性决策和不确定性决策。

（3）按决策的复杂程度及有无既定程序可循，可分为程序性决策和非程序性决策。

（4）按决策主体，可分为个体决策与群体决策。

此外，还可根据决策的目标分为最优决策和满意决策；根据决策推行的过程分为有效决策、备用决策和追踪决策；根据决策的行动目的分为进攻型决策和防御型决策等。

5.6.2 领导决策的科学化与民主化

1）决策的科学化

社会化大生产的发展和科学技术的进步，使社会活动发生了巨大的变革，其变得越来越复杂了。自20世纪30年代以来，相继出现了"大科学"、"大工程"和"大企业"。它们具有许多共同的特点，规模庞大、结构复杂、功能综合、因素众多。对它们进行决策时，就要从战略到战术、从宏观到微观、从全局到局部、从经济价值到社会效果等进行周密的论证工作。这一切都不是任何个人的经验和智慧所能胜任的。另外，社会活动的变化越来越大，具体表现在：从一项科学发现、发明到转化为社会生产力的周期越来越短；机器设备和产品的更新速度大大加快；科学技术日新月异等。社会活动的变化多端，使领导者不断面对层出不穷的新问题，要求他们审时度势，统观全局，在千头万绪中找出关键所在，权衡利弊，及时作出可行有效的决策。这些单靠个人的经验是无法做到的。再者，社会活动的影响越来越大了，这不仅因为大生产在人、财、物等方面的投资规模是空前的，而且任何一个大企业和整个社会的方方面面都有千丝万缕的联系，牵一发而动全身，一个措施往往会引起一连串连锁反应。因此，一个决策的失误必然引起严重的后果。现代社会的上述三个特点，要求领导者必须实现从经验决策到科学决策的转变。虽然有时领导者凭个人的知识、经验、智慧和胆略，也可能作出正确的决策，并取得成功，但失误的可能性很大。而且一旦失误，其危害将是巨大和深远的。因此，决策科学化势在必行。

科学决策包括以下三个方面的内容：

（1）严格实行科学的决策程序。

（2）依靠专家运用科学的决策技术进行科学的论证。

（3）领导者用科学的思维方法进行决断。

2）决策的民主化

目前世界经济一体化趋势明显，经济上的竞争越来越激烈，决策的速度加快，决策内容越来越复杂。任何领导者都难于独立承担决策的重担，越来越转向决策的民主化，即吸收下级参与决策，集思广益，群策群力，使决策的质量和实施速度得以改善。

（1）参与的含义及作用

所谓参与，是让个人将其精神与感情灌注到工作环境中，使其为达成群体目标而贡献才智并分担责任。由此可见，参与包含三个重要概念：第一，参与是职工精神与情感的灌注，是参与者精力与智慧的投入，而不仅是体力与技术的投入，是心理的投入而非仅生理的投入；第二，参与就是激励职工为工作做贡献，允许并鼓励职工发挥创造力；第三，参与是鼓励下级勇于承担责任。

让职工参与决策可以起以下作用：

①能融合集体智慧，使决策更正确。

②是调动职工积极性的重要手段。参与使职工获得更多的信息和信任，满足了人们对尊重的需要，使人产生归属感、主人翁责任感。

③便于决策的执行。参与消除了下属与上级的隔阂，增加了职工改变环境的能力，从而有利于工作的进行。

（2）实行参与的先决条件

理论上讲，实行参与似乎有百利而无一害，但在实际的管理中，是否运用参与必须考虑对象、时机和环境，要因人、因地、因事而异，否则不仅于事无补，而且会适得其反。实行参与要有以下先决条件：

①时间上允许。在采取行动或措施之前，必须有足够的时间让职工参与决策的讨论和制定，在紧急情况下不可能实施参与。

②经济上合理。时间和经费的花费应该经济，若超出其价值以致影响正常工作，则不予采用。

③参与者与决策有关。职工参与讨论的事情必须与他们有直接关系，如需要其执行的工作或其所关心的问题。讨论时应使职工了解此事与个人的利害关系，个人应有的责任，以便通过参与影响他们将来的行动。

④参与者应有必要的兴趣、能力和知识。无论领导与下级，均应具有参与讨论的兴趣、能力与知识。一些专门性的事务应交付专业人员去讨论，并进行决策，而不必赋予其他人员以参与权。

⑤参与者应能摆脱偏见与私利的影响，并且有协商一致的愿望。参与者不能以为既然参与，事情就一定按自己的意见办，而应与他人相互沟通，了解彼此的立场、观点，克服语言、地位、人格、文化上的障碍，互谅互让，取长补短，以获得一致意见。

⑥参与讨论的问题应在职工的职权范围之内，应与组织目标相一致，否则非但得不到预期效果，反而产生副作用，影响工作效率。

（3）鼓励职工参与决策的方法

①民主讨论。

此方法就是让所有下属成员都参加并将全部的决策权交给团体，领导完全遵照团体的决定。但使用这种方法时应当注意以下几个问题：

第一，在这种形式中领导的身份发生了变化，他已不是决策的制定者，仅是会议的组织者。他可以通过提供资料来施加影响，但不能代替集体决策。

第二，这种形式讨论的内容最好是有关共同利益的事。

第三，组织者要善于引导，使讨论会针对要解决的问题，而不作不切要点的辩论，避免追求个人目标而非组织目标。

第四，这种方式主要应用在高层次领导方面。

②听取意见。

这方法是指领导对于与职工有关的问题，在未作决策之前应先征求职工的意见。这种方法的优点是领导可以自由地与下级沟通意见，不受会议程序的限制，无拘无束、亲切、灵活，增进彼此感情，且可避免职工之间不同意见的冲突，而且领导者仍保留了最后的决策权。但采用这种方式的领导者，必须具有尊重职工意见的诚意与胸怀，承认团体意见高于个人智慧。如果领导总是只听不取，职工就不愿再说了。

③合理化建议。

提合理化建议的目的是鼓励职工提供建议以改善工作。当职工提供的建议被采纳时，组织按规定给予物质和精神上的奖励。此方法被日本企业广泛采用。如丰田汽车公司成功的秘诀：一是统一的意志，上下沟通，职工对公司发展大计心中有数，行动协调；二是发挥了职工的创造力。

但也有人认为这种方法要谨慎应用，原因是：

第一，缺乏面对面的沟通，因而无法引起所有员工提供建议的兴趣。

第二，职工往往只顾自己的利益，而忽略了组织的利益，从而使其成效大为降低。

第三，职工对有关生产程序和工作方法的改变，多持沉默态度，不愿积极地提供善意的建议，因为对工作有好处的事，不一定对自己有好处。

第四，有些单位的领导者对提意见的职工表示不满，认为职工意见过多，无异于对他工作能力和效率的批评。

④越级参与。

这是一种低层主管联合参与实现管理的方法。其具体办法是，低层主管开会研究公司的问题并提出可行的建议。公司除了提供资料外，对其不加限制。但所有建议必须获得与会人员的一致同意。建议的责任应彼此共同分担，建议必须得到上级批准方能执行。此方法还可培养高级管理人才。

⑤职工代表大会。

职工代表大会是我国企业民主管理的基本形式，是职工参与企业决策和管理并对干部实行监督的权力机构。它对企业的生产经营、计划、财务预决算有审议权；对企业内部分配、职工奖惩办法、重要的规章制度以及与职工切身利益有关的问题有决定权；对干部有监督、建议任命、奖励、处分或者选举与罢免权；对上级机关的指示、决定如有不同意见，有建议权。

其他国家有工人委员会或生产委员会。联邦德国在 1951 年还公布了共同决定法，规定在采矿业和钢铁企业的检查会及董事会中，吸收职工代表参加，有权和资方共同就企业重大问题进行决策。

5.6.3　领导决策心理特征

1）决策者心理行为层次

决策者无论处于个人决策还是团体决策状态，其心理与行为首先要服从于作为个人必定具有的个体心理、行为，其次是作为组织的一分子，要服从群体心理、行为，再次才是服从他作为决策者、领导者的决策（领导）心理、行为。换句话说，一个好的决策（领导）者，必定首先是一个优秀的个人、一个积极的组织成员，然后才能充当其决策（领导）者的角色。

个体心理与行为大体可以从一般心理、社会心理、一般行为与行为改变四个方面来讨论。一般心理指人的知觉、判断、价值观、态度、个性等心理；社会心理指人在社会关系中发生的认识、情感、交往、吸引、挫折等心理；一般行为指人类常见的行为模式；行为改变指激励对行为的影响。

2）决策的心理障碍

一个优秀的领导者，不仅能够及时作出一般性的决策，更重要的是能使自己的决策不断趋于优化。要做到这一点，就必须排除干扰决策优化的各种消极心理因素的影响。

（1）从众心理

从众心理是指个体对群体压力服从的心理特点。主要表现为，在一个或一群真实的或臆想的压力下，引起人的心理以至行为的改变从而顺应这种压力。领导的从众心理在决策过程中主要表现为：

①对上级领导唯命是从。有些领导，在进行决策的过程中，看上级的脸色行事，以上司的是非为是非，只对上负责，不对下负责。在拟订和选择决策方案时，绝对服从上司的意见，不敢越雷池半步。

②总是被动地模仿别人。屈从于客观环境造成的压力，不敢拟订和选择与众不同的方案。

③屈从于公众的舆论和多数人的意见，害怕自己的决策同公众舆论和多数人的意见发生偏离，在压力的作用下，轻易放弃本来是正确的方案。

（2）自我辩解心理

自我辩解心理是指人们为了减少由于认识不协调所产生的紧张的心理状态，而为自己的行为、信念和情感进行辩解的一种心理倾向。领导者在决策过程中的自我辩解心理，直接干扰决策方案在实施过程中的修正和完善。自我辩解心理使领导者夸大自己决策的优点，缩小其缺点，不愿获取对自己所作决策的不利信息。

（3）偏狭与刻板

偏狭与刻板是人的两种不良的性格品质。偏狭是指一个人思想偏颇，思路狭窄，心胸不开阔。刻板是指一个人思想和行为保守，缺乏灵活性。领导者偏狭与刻板的性格特征，在决策过程中，使自己的开拓精神和创新能力受到禁锢。偏狭的性格特征直接影响决策者思维的科学性和广阔性。刻板的性格特征直接影响决策者思维的灵活性和独创性。

5.6.4　决策的体制

随着市场经济和科学技术的迅猛发展，决策活动规模越来越大，决策的复杂性越来越高，传统的家长式决策体制与专家个人决策体制已被逐步淘汰，现代决策体制逐步建立。现代决策体制由情报信息系统、参谋咨询系统、决断系统、决策执行系统、监督系统、反馈系统、评价与奖惩系统七个部分所构成。

（1）情报信息系统。在任何一项决策中，信息都是必不可少的要素之一。在科学的决策体制中，首先必须建立起有效的情报信息系统，即在各级决策机构周围设立一系列专门收集、统计、存储、检索、传播、显示有关情报信息的机构。充分利用电子计算机和现代通信手段，形成信息网络，对来自各方面的信息进行综合处理与分析。信息系统的重要性在于及时为各级参谋咨询系统和决策系统提供综合性的、可靠的情报信息，为正确决策奠定坚实的基础。

（2）参谋咨询系统。参谋咨询系统是决策者的"外脑系统"。它设置在各级决策机构内，是专门为决策服务的咨询机构，亦即"智囊团""思想库"。参谋咨询系统由各种不同专业的自然科学家和社会科学家组成。在接受决策咨询的委托任务后，研究人员采用科学的预测方法，利用情报信息系统提供的数据资料，对决策问题进行系统研究，从不同角度、不同侧面分析决策的形态、结构、后果及各方面的反应，摸清各种影响因素间的有机联系，寻找平衡这些因素的逻辑方法。通过专家集团内部反复的信息交流与思想共振，最终提出高水平的、可供决策者选择的备选方案。参谋咨询系统的建立要充分注意系统的智力构成，要使参谋咨询机构有充分的独立性和研究工作的自由性，以充分发挥研究人员的独创性和保证决策方案的客观性。

（3）决断系统。决断系统是科学化决策体制的核心，由若干名多谋善断的决策者组成。该系统主要以大量可靠的情报信息为依据，充分运用决策者长期积累的丰富经验和所掌握的科学知识，对由参谋咨询系统提供的各种选择方案进行系统的验证与逻辑推理，采用辨别、比较、分析、平衡等手段，反复权衡和对比各种方案的利弊得失，从中选择出一项最为满意的方案。最后的"拍板"是决断系统的最重要的职责。决断人才应具有高瞻远瞩的战略眼光，具有出色的组织才能，善于识人用人，善于判断决策，有永不枯竭的进取心。

（4）决策执行系统。决策执行系统的根本任务就是准确无误地贯彻决策中心的指令，实施由决策中心确定的决策方案。决策执行系统的人员应具有忠实、坚决、埋头苦干、任劳任怨、善于领会上级的意图等素质。

（5）监督系统。监督系统的职责是监督执行系统实施决策方案的全部情况，它应独立于执行系统之外。监督人员应公道正派、熟悉业务、铁面无私、联系群众。

（6）反馈系统。反馈系统的任务是根据执行系统的执行结果收集原始信息，进行分析处理，及时提出修正决策的正确意见，为决断系统调整决策提供依据。反馈人应思想活跃、综合分析能力强、敢于直言，具有追求和坚持真理的精神，没有权力欲望。

（7）评价与奖惩系统。该系统的职责是根据反馈系统的信息，对所有参与决策制定、执行的各方面人员进行评估，区别情况给予奖惩，以进行有效激励。

以上七个部分构成了一个环环相扣的决策体制的封闭系统，缺一不可。

5.6.5　群体决策和个体决策

如前所说，群体决策和个体决策是从决策主体角度划分的两种类型，当许多管理决策采用群体方式制定时，一个基本问题是：群体决策与个体决策相比，哪种形式作出的决策更好？

1）群体决策与个体决策特点比较

一般而言，群体能比个人作出更好的决策。这是指群体决策优于平均的个人所作的决策，但不包括杰出个人所作的决策。要具体确定何种决策方式更有效，取决于衡量决策效果的不同标准。表5-2从速度、正确性、创造性和冒险性等不同角度对这两种决策方式作了比较。

表5-2　　　　　　　　　　　　　群体决策与个体决策的比较

衡量指标	个体决策	群体决策
速度	快	慢
正确性	较差	较好
创造性	较大（相对于任务结构不明确或需要创新的工作）	较小（相对于任务结构明确、有固定执行程序的工作）
冒险性	因个人的个性、经历而异	若群体成员，特别是领导者富有冒险性，则趋于冒险性；反之，则相反

从表5-2可知，群体决策与个体决策各有特点，两种决策方式对解决不同的问题、任务和决策目标各有所长。

2）个体决策与创造性解决问题

与群体决策相比，个体决策往往具有较大的创造性，特别是对任务结构不明确或需要创新的工作更容易发挥创造性。

研究表明，绝大多数人都拥有创造力这种宝贵的资源，但程度不同。一项以学生为被试对象的调查发现，1%的人有非凡的创造力，10%的人有较高的创造力，60%的人有一点创造力。因此，领导者在决策中要学会使用自己的创造力，创造性地解决问题。

影响个体创造性解决问题的因素包括原型启发、克服功能固着、克服心理定式、发散思维与聚合思维等。

（1）原型启发

人们受到一个物体或事件的启发，将其中的规律应用到其他方面，从而解决了问题，被称为原型启发。听诊器的发明，就是受到物体可以传播声音的原型启发，而飞机的发明，是受到飞鸟的启发。

（2）克服功能固着

人们把某种功能赋予某种物体的倾向称为功能固着。例如，笔是写字的，砖头是建房子的等。功能固着容易使人的思维陷入一个固定的套子，看不到物体的其他功能。打破功能固着，发现某种物体的其他用途，往往是解决问题的突破口。

（3）克服心理定式

有时，人们在解决了一系列问题之后获得了经验，形成了习惯化解决问题的模式，当问题发生变化时，习惯化解决问题的模式就不再有效，甚至导致失败，这也是用老经验解决问题的领导们遇到的共同困境。

（4）发散思维与聚合思维

发散思维又叫求异思维、分散思维、辐射思维，是指从一个目标出发，沿着各种不同途径去思考，探求多种答案的思维。这种思维的主要特点是求异和创新。思维的变通性、流畅性和独特性是发散思维的主要特点。聚合思维是求同思维或者集中思维，是指把问题所提供的各种信息聚合起来，朝着同一个方向得出一个正确答案的思维，其主要特点是求同。发散思维为发现解决问题的新途径提供了可能，聚合思维则保证从可能的方案中找出最佳的解决途径。发散思维和聚合思维对于创造性解决问题是必不可少的。

3）群体决策的方式

要使群体决策更有成效，必须对其进行认真的研究。群体进行决策通常有六种方式，它们各有利弊。

（1）缺少反应

缺少反应也叫缺席决策。这种情况是，一个成员提出方案后，无人表示反对或支持。这时难以确定这一决策的质量和可接受性。这可能是个好主意，也可能是个馊主意，谁也不知道。有时，一个建议提出后，无人反应，接着又有人提出一个建议，仍无人反应；接着第三人、第四人……都是同样命运。群体成员互相根本不交流，就像什么也没有发生，群体凝固了。可能你经历过这种情形，会议结束时头脑仍是一片空白。

（2）独裁原则

独裁原则的决策只需很短的时间。在此，领导者的决策就是群体的决策。这种决策有好处，也有坏处，就看领导者是否全面拥有制定最佳决策所需的信息和技巧。另外，作出的决策能否被成员接受，还要看领导者的权力及与成员的关系好坏等。任务复杂与否对此也有影响，若任务较复杂，成员意见必多，则领导者的决策较难被接受。

（3）少数原则

少数原则也就是"强行通过"原则。它需要少量时间，效果与独裁原则差不多。它是依赖群体中的少数人来制定决策。如果这些人掌握所有有关信息，并与其他成员关系较好，则这种决策比较有效。但往往情况不是这样，有些成员可能会感到是被迫的，不愿接受这种所谓的"群体"决策。这种决策通常在实施时比较困难。例如，如果少数决策者提出轮换工作的方案，以避免成员对固定工作的厌烦，这时，其他在这个圈子以外、没有机会参与决策的人可能会感到不满，他们认为这样将使情形更糟，因为他们要不断地适应新工作。出于这些原因，他们可能在工作轮换时漫不经心，出些差错以证明这一决策是多么糟糕。

（4）多数原则

多数原则比较民主。在此，解决问题的方案一一提出，经过讨论，最后民主投票决定何种方案中选。投票后，每人都会接受并执行这一多数决策。这一原则比少数原则能得到更好的决策和更大的可接受性。但这一方式也有缺点。假设考虑两个方案，群体中有5人选第一方案、3人选第二方案，中选的当然是第一方案。那么其他3人会心服口服吗？他们可能根本不同意第一方案，问题是他们会不会在心里愿意执行他们明确反对的中选方案。所以，这一决策方式的可接受性程度尚可，多数原则在复杂情形中能得到好的决策，但也要看最后的决策是否是经过充分的讨论而作出的。另外，这种方式需要花费一些时间。

（5）完全一致原则

在完全一致原则中，所有人都认为某一方案最佳，而没有异议。自然，这意味着可接受性程度高，中选方案实施起来非常容易。显然，这种决策结果是很理想的，然而，要达成完全一致的意见，必须经过无数次的讨论，即使在简单的问题上。这需要花费很多时间。只有一种情况例外，也是管理者要特别注意的，即当群体意识存在时，达成完全一致的意见很快，看似完全一致，其实是虚假的一致。成员表面上同意，而事实上有所保留。这些保留意见会在决策实施或发现决策错误时暴露出来。例如，经常有这样的会议，会上一致通过决策，而会后人们私下却提出种种质疑，这种情况就是群体意识存在的表现。

（6）基本一致原则

为避免群体意识，可采用基本一致原则。它有些方面类似多数原则，有些方面类似完全一致原则。前者如投票选举时，不一定所有人都选同一方案，后者如某一方案中选后，却是所有人都愿意将它付诸实施并尽到自己的努力。虽然讨论的过程中没达成一致，但对最后的决策都心服口服。在复杂情形中，基本一致决策可能是最佳的选择，因为完全一致决策花费时间太多。事实上，在复杂情形中，基本一致决策也花费较多时间，但从决策的质量和可接受性程度来看是值得的。

4）群体决策中存在的问题

在群体决策中应避免两种不良倾向：

（1）"冒险转移"现象

一般认为，群体决策由于能做到集思广益，博采众长，因此比个人决策更为合理、更为有效。但研究结果证明，群体决策与个人决策相比，往往更倾向于冒险。大量的研究表明，冒险转移现象是相当普遍的，这引起了各国学者的浓厚兴趣，并对此进行了探索研究。这类研究都是把个人决策的冒险水平与群体决策的冒险水平进行比较。实验分为两组，一组记录个人决策的冒险水平；另一组由3~5人组成决策小组，由该小组选择最佳决策方案，要求全组作出一致同意的决策。决策课题的设计要便于数量评定。实验的结果表明，群体决策的冒险水平要高于个人决策的冒险水平。在大学生群体和领导群体中都观察到了这种现象。此外，几十项心理学和社会学的研究也证明，法国人、美国人和波兰人在采取群体决策时都存在冒险转移现象。

在群体决策中为什么会存在冒险转移现象，为进一步探讨这一现象的原因，各国学者提出了不同的假设，主要有以下几种：

①责任分摊的假设。

每一种有风险的决策都与一定的责任相联系，风险越大，失败的概率也越高，决策者肩负的责任也越大。责任往往引起决策人的情绪紧张、焦虑不安，不敢贸然采取有较高风险的决策。而群体之所以采取有更大风险的决策，是因为决策后果的责任可由群体全体人员分摊，万一决策失败，追究责任时不致独承其咎，这样就减轻了个人的心理负担。许多材料都证实了责任分摊的假设：一些素来顾虑重重的人在群体讨论时竟然会提出有很大风险的决策意见；当决策结果的责任由群体成员平均分摊时，冒险转移的数值更高；团结友爱、凝聚力强的群体比松散的群体表现出更高的冒险水平。

但是，责任分摊的假设并不能说明全部事实，并非所有研究材料都证实这个假设：如在一些无须负任何责任的实验里，也表现出了冒险转移现象；有些群体成员之间的交往并不密切，对于决策的重要性并未进行认真的讨论，在这样的群体中也会看到冒险转移现象。

②领袖人物作用的假设。

领袖人物在群体活动中往往起着特殊的作用，他们为了显示自己的才能与胆略，往往会采取冒险水平较高的大胆决策。由于他们在群体中有较大的影响力，在决策中有较大的发言权，他们会采用各种方式证明他们采取的决策是有根据的，因而他们的决策会被群体所接受，变成群体的决策。日常生活中常常可以观察到这种现象。

这种假设并没有以令人信服的实验材料为依据，另外在日常观察中也发现了相反的情况。一些领袖人物往往在决策时更加谨慎小心，不能作出大胆的决策。这就说明，这一假设也不能解释冒险转移现象的全部事实。

③社会比较作用的假设。

在许多群体中，提出有根据的冒险决策会得到好评。因此，群体中的个人在提出自己的决策意见时，往往要与别人的意见进行比较。如果个人意见的冒险水平低于其他成员的平均水平，则会感到不安，担心群体可能对他有不良印象。基于这种考虑，个人在参加群体决策时所提出的意见的冒险水平要高于单独作决策时的冒险水平，也就是群体内各成员的相互比较可能产生冒险转移现象。

这种假设没有得到所有实验材料的支持，愿冒风险会得到好评的假定值得怀疑，在某些群体中更重视小心谨慎的决策。

④效用改变的假设。

这种假设是用效用理论的术语来解释群体决策的冒险转移现象。这种假设认为，在群体中通过讨论彼此交换意见，会影响个人选择方案效用的改变，同时也会改变冒险的效用，发生趋同现象。这种假设更不能全面解释冒险转移现象，不能解释为什么冒险效用会增加，而不是减少。

⑤ "文化放大"的假设。

这种假设认为，若一个国家或社会的文化中占主导地位的价值观是崇尚冒险，则这种价值观会被放大，从而扩散到该文化群体中的决策中来。这种假设可以解释美国群体决策中的冒险转移现象。但在我国，对文化中有关冒险还是慎重的价值观以及群体与个人决策的冒险水平都缺乏调查，此假设也有待进一步验证。

这五种假设虽然都试图解释群体决策的冒险转移现象，但都不能解释全部实验材料。很可能这种现象相当复杂，其发生受多种因素影响和制约，在不同的情况下，可能不同的因素在起主导作用。群体决策中存在冒险转移现象，但不能因此认为群体决策向冒险方向转移是必然规律。也有的研究发现，群体决策有向保守方向转移的倾向。

（2）"小集团思想"

有时会看到这样的现象：由一些经验丰富、知识渊博的专家组成的群体，会作出一般人凭常识也不会作出的荒谬决策。

"小集团思想"是美国心理学家杰尼斯提出的，他分析了各种军事和政治决策，发现了这一现象。所谓"小集团思想"，是参与一个统一群体中的人们的一种思想作风，在这个群体中，认为追求思想一致比现实地评价各种可能行动方案更为重要。这一群体的成员认为保持群体统一、创造和谐的气氛有特殊的意义。由于把这一目的摆在首位，往往不能理智地分析各种可能的备选方案，使决策质量受到影响。

在具有"小集团思想"的群体里，如果某一群体成员不接受领袖人物或多数人的意见，会受到孤立、嘲笑或排斥，在这种条件下即使群体成员对决策有怀疑也不敢公开发表意见，这样会造成一批俯首帖耳的顺从者；其成员往往会封锁怀疑群体决策正确性的消息，而严重影响群体决策的质量；这种群体有时会过高估计成功的概率，过低估计失败的概率，认为本群体的决策一定能成功，或过高估计自己群体所拥有的物质手段、自己组织的专长，而对外部条件、敌方力量估计过低。总之，"小集团思想"一方面会提高群体的内聚力和群体成员的自我满意感；另一方面却会降低决策的质量，使群体决策的效果比个人决策的效果更差。

杰尼斯"小集团思想"的概念是在分析了美国一些历史上若干重大决策成败的案例之后所得出的结论，这种研究方法并不是十分可靠的。另外，杰尼斯过分夸大了"小集团思想"在群体活动中的作用，而没有估计其他因素的作用，是一种把一切社会现象简单地归结于心理因素的错误倾向。尽管如此，"小集团思想"的现象确实在某些决策群体中出现，在管理中要注意这种现象，并采取适当措施消除其不利影响。

5）群体决策的方法

（1）头脑风暴法

这种方法最早是由奥斯本于20世纪50年代提出的。其英文原意是精神病人的胡言乱语，用于群体决策则是指让人敞开思想、畅所欲言的意思。这种方法是把有关人员召集在一起，在一个和谐的环境里，让人们无拘束地发表意见，并规定不允许对任何人的意见进行反驳，鼓励大胆自由地思考问题，思路越广越受欢迎，意见越多越受欢迎，但允许人们经过协商联合提出意见。采用这种方法，人数不宜过多，以十几个人为宜，时间以半小时至一小时为宜。据统计，这种方法每小时可产生60～150项建议，比一般方法多70%。尽管其中大部分建议可能毫无价值、不切实际甚至荒唐可笑，但其中有若干方案可能很有价值，很有新意。这种方法的优点是使人解放思想，敢于大胆地想问题，缺点是整理意见、分析意见要花很多时间。

从头脑风暴法中还派生出另一种方法，叫反向头脑风暴法，即让人们对某个方案只提批评意见，尽量挑毛病，甚至吹毛求疵，从而根据批评意见修改这个方案，使之达到完美。

（2）德尔菲法

这种方法最初是由美国兰德公司和道格拉斯公司共同提出的，这是一种集中各方面专家的意见预测未来事件的方法，也可用来进行决策方案的选择。其具体程序如下：

①就预测（或决策）的内容，提出若干条明确的问题，规定统一的评估方法。

②根据情况，选择有关方面的专家数十人，将上述问题邮寄给他们，征求他们的意见。各专家互相之间不沟通，对专家的姓名要保密，避免因意见不同而产生消极影响。

③将专家的意见收集起来，对每一个问题进行统计处理，找出答案中的中位数和分布情况。

④将统计结果反馈给专家，每个专家根据统计结果，考虑其他专家的意见，对自己的建议进行修改，全部过程要保密。

⑤把专家修改后的意见收集上来再进行统计处理，再反馈给专家，如此反复多次，专家的意见就会逐渐趋于一致。

这是一种有控制的反馈法，采用这种方法要求征求意见的问题要明确具体，问题不可过多，如实地反映专家的意见，问题不能带有编拟者的主观倾向性。这种方法的好处是各专家彼此不见面，避免产生相互的消极影响；另外，经过几次反馈，专家意见比较集中，便于决策者下决心。

（3）提喻法（哥顿法）

这种方法是由哥顿提出的。其做法是邀请5～7人参加会议进行讨论，但讨论的问题先不让讨论者知道，而是采用类比的方法，如拟人类比、象征类比、幻想类比等。如决策问题是研究某种夜视仪，则可先讨论猫头鹰的夜视功能；如决策是某项人事任命问题，则可讨论担任某种职务的人员需要必备什么品质的问题。采用这种类比的方法，把熟悉的事情变成陌生的事情，有助于人们摆脱框框的束缚，充分利用自己的想象力开拓新的思路。

（4）方案前提分析法

这种方法与提喻法相类似，但它并不去直接讨论有待决策的备选方案本身，而是讨论这些方案所依据的前提。有时还要讨论方案前提的前提，使讨论步步深入。这种方法的优点是可以使方案的提出者客观地分析问题，分析方案的前提能比较容易集中正确的意见，也可以对方案的论据了解得更透彻、更深入，从而对选择的方案具有更大的把握。

（5）非交往型程序化决策术

这种方法的程序是：

①主持者向与会者通知开会地点和时间，但不告知议题。这是因为根据调研，获通知者大多不预作认真准备，只是忙于自己的业务，想到会上见机行事。

②开会时，主持者宣布议题，一般每次只议一个题目，解决一个问题，会议通常不超过两个小时。

③主持者宣布全体"沉默准备"，发给每人纸笔，并规定时限（10～20分钟）。准备时不允许互相交谈，每人就议题准备自己的意见。这样人们就不得不认真地思考。这一方法，在同样人数条件下比传统常规决策法所提出的意见或方案要多出1倍。

④到指定时间后，每人依次宣读自己准备好的意见，但每轮只读一条，并由记录员将每个人的发言要点记在大家可见的黑板或大白纸上。每轮发言起点的顺序由主持者随机指定。这样可以使每人都有均等的发言机会，一直到每个人准备的意见都发表完为止。

⑤大家对不明白的问题，由原提议者解释澄清，但提议者不得对对方意见进行评价和批评，解释者不得鼓吹，只就事论事地予以补充说明。

⑥接下来由每个人按照各自对各方案质量高低的判断，列出顺序。如备选意见过多，主持者可规定选取方案的数量。

⑦记录员对每条意见所获票数进行统计，写在黑板上。获票最多者即为群体决策。

5.7　领导效能评估与行为监控

5.7.1　领导效能的含义

所谓领导效能，就是领导者在实施领导过程中的行为能力、工作状态和工作结果，即实现领导目标的领导能力和所获得的领导效率与领导效益的系统综合。它包括以下三个要素：

（1）领导能力，即领导者的行为能力，它是领导者胜任领导工作、行使权力和承担责任的基本条件。它以一定的知识、经验和素质为基础。

（2）领导效率。效率通常是指工作量与时间之比。领导效率是指已经实现的领导任务（或目标）与时间之比，即完成一定数量和质量的领导任务（或目标）的速度。领导效率主要受领导者的能力、工作态度、领导环境以及下属的积极性等条件的影响。

（3）领导效益。效益一般是指投入与产出之比。领导效益是指领导活动的最终结果，即领导活动投入与领导活动结果之比。它包括经济效益、政治效益、文化效益、人才效益以及社会效益等，是一个综合性的指标。

5.7.2 领导效能考评的指标

1）用人效能

领导活动不同于其他社会活动的最为重要的特征就是领导行为与目标之间的间接性。因此，用人效能就成为考察领导效能高低的重要指标之一。用人效能的高低关系到领导活动的成败。用人效能是指领导者选配、组织和使用有关人员的能力和效果。领导者如何选配、组织和使用有关部门的人员，不仅关系到每个成员主动性、积极性和创造性，也关系到整个组织的整体贡献。用人效能是决策办事效能的组织基础，又是实现决策办事效能的组织保证。

2）决策办事效能

决策办事效能是指领导者制定决策、处理事务的能力、效率和效益。由于领导者是领导活动的组织者和发动者，因此领导者决策和办事的效能直接决定领导活动的成败。这是当今任何组织系统中把领导的决策和办事效能置于首要地位的原因所在。

3）时间效能

时间对于领导者来说是非常宝贵的，领导者如何有效地运筹时间这一要素，使其利用时间的效能发挥到极致，这对于领导者和整个组织来说都是至关重要的。时间效能是衡量领导者管理、利用时间的尺度。领导者从事任何工作都需要时间，能否科学地管理、利用时间，反映出领导者时间效能的高低。而领导者时间效能的高低，不仅关系个人贡献的大小，而且会直接影响组织的整体贡献。

4）组织的整体贡献效能

领导者不仅指个人，而且包括由若干领导成员组成的领导集体。领导者的整体贡献效能是指同一领导组织目标的实现程度。在任何一级领导组织内部，都存在个人与组织的关系，都有分工与协作。因此，领导效能不仅反映在个人所主持、负责的部门工作和单项领域之中，更重要的是反映在全局工作和整体贡献上，即领导者的时间效能、用人效能、决策办事效能，最终都将体现为组织的整体贡献效能。因此，整个组织的总体目标实现程度如何，是衡量领导效能高低的最重要的尺度。

5.7.3　领导效能考核的方法

领导效能考评要达到预期的效果，必须有科学正确的考评方法。考评方法既要能够客观、全面地反映领导活动的实际，又要有可操作性，方便适用。近年来，随着考评工作的开展，新的考评方法不断出现。现介绍几种常见的考评方法。

1）目标考评法

任何领导活动都要追求并达到一定的目标。因此，确定的目标是否科学，实现目标的方法、措施是否得当，目标实现的程度是否优良，都能直接反映出领导者工作能力的强弱、工作效率的高低和工作成果的优劣。目标考评法，又称目标对照法，就是按照领导活动中预定的目标项目指标，检查其完成情况，从而评定被考评者的工作成效。由于目标具有可分性、层次性、阶段性和综合性的特点，因此目标考评可以从内容上、层次上和时间上分项、分层、分段地进行，也可以综合地进行。目标考评具有基础性意义，因为各种考评方法，本质上都是以不同的方式、从不同的角度去对照检查目标实现的程度，以及实现新的目标的最佳途径。

使用目标考评法的前提条件是各个组织不仅要为本单位制定规范、综合和全面的目标，还应为领导者制定分项、分层项目指标；不仅要制定总体目标，还要把总体目标分解为相互联系、相互制约、多层次和多样性的具体目标项目，以形成领导组织的目标体系。无论是组织整体目标，还是个人项目指标都既要有质的规定性，又要有量的规定性。制定了明确、规范的目标以后，就要严格按照目标项目指标来对照测评。在考评中具体可以采用成果汇报的方式，由领导者作述职报告或由领导组织汇集有关情况和统计资料进行通报，同时组织群众参加评议，以取得真实、全面和公正的考评效果。采用这一考评方法时，应当注意考虑那些领导者无法控制的因素对实现领导目标的影响，这样才能增强考评结果的客观性。

在目标考评法中，一定要严防"目标替换"现象的发生。对于领导者的绩效考评来说，目标替换就是以领导者决策范围之外的目标替换领导者所要追求的目标。对于执行决策的部门和下属来说，在对他们的工作绩效进行考评时，也要注意其子目标与总目标之间的关系。因为对他们来说，经常会发生目标替换的现象，即他们实现的目标不是服务于总目标的，从而扰乱整个目标的体系结构，这样整个组织的总目标还是不能实现。所以，在对其工作绩效进行考评时，不能因为他们已经实现了分目标，而断言他们有着较高的绩效，即不能以他们实现的分目标替代整个组织的总目标。

2）员工评议法

员工评议法，就是通过员工测评、民意测验等方式对被考评者进行评议，以获得被考评者总体情况的方法。领导活动离不开员工的支持、配合和参与，组织员工定期或不定期地评议领导者，把对领导者的工作能力、工作作风、工作方法和工作成绩等方面的意见和建议反映出来，汇集起来，作为领导者奖惩、任免和升降的重要依据，这就可以把领导者及其活动置于员工经常监督之下。坚持员工评议法，有利于激发领导者的事业心和责任感，把对上级负责和对员工负责更好地统一起来；有利于密切领导与员工的关系，调动领导和员工、上级和下级双方的积极性和创造性；有利于全面、客观地评价领导者的是非功过，准确地选拔和任用领导人才。

员工评议法具体可以通过民主测评、民意测验等方式来进行。民主测评方式，又称民主测评法。它是以标准化的等级量表"很称职""称职"等进行投票评价。参加投票的人员依据需要而定，既可以是全体成员，也可以是部分代表。民意测验方式，又称民意测验法，是现代社会广泛使用的一种调查方法，包括对话法、问卷法等。对话法是指由考评者找个别人谈话或召开小型座谈会，直接了解对被考评者的评价。对话法要运用得好，必须注意方式和技巧，即既要引导得力，又不能暗示、妨碍谈话者表达真实想法。问卷法则是将考评指标项目分级分类列表后发放，要求被调查者填好后送回，然后由考评者进行数据处理和综合分析。这一方法的有效性依赖于问卷设计的科学性和被调查者的配合程度。

3）定量分析法

定量分析法，就是根据领导活动的具体指标计量论质、评级计分，从数量上相对精确地反映领导者及整体效能的全貌。这一方法只要使用得当，其结果就有较高的严密性和可靠性，它为领导效能考评工作逐步从经验走向科学提供了可能。对领导效能进行定量分析，具体可以围绕用人、办事、整体贡献和时间节约进行，从中找出有效量与总量之间的比率。比率高，说明领导效能高；反之，则说明领导效能低。由于这四个方面的比率是互相联系、密不可分的，因此，要综合起来进行考评。

（1）时间效能方面

时间效能可以从领导者自己的时间有效利用率、部属的时间有效利用率和组织整体的时间有效利用率三个方面进行分析。时间的有效利用率，是指有效工作时间与法定工作时间之间的比例。只有高效的时间利用率，才能为高效的用人效能、办事效能和整体贡献效能提供时间保证。

（2）用人效能方面

用人效能指领导者对部属的培养、选拔、配备、使用等方面的成效。它是整体贡献效能的组织保证，其实质是如何调动与发挥部属的积极性问题。领导者用人效能的考评，一是看用人恰当数与总数之间的比例关系，二是看部属能力发挥情况与潜在能力之间的比例关系。比率越高，说明领导者用人效能越高。

（3）办事效能方面

领导者的职能活动，就其具体表现形式而言，主要是发现、处理和解决问题。客观事物的多样性和复杂性，使领导者处理问题的效能有的难以精确考评。能够用定量分析考评领导者办事效能的主要是以下四种比例关系：一是已办事件数与应办事件数之比；二是已办事件数中正确处理的重大事件数与一般事件数之比，即有效决策与错误决策之比；三是正确处理的重大事件数与一般事件数之比；四是应由下级处理而由领导者包揽的事件数与处理问题总事件数之比。前三种比率越高，表明领导者办事效能越高；第四种比率越高，则表明领导者办事效能越低。

（4）整体贡献效能方面

领导者的个人效能最终应落实到组织的整体贡献效能上。组织的整体贡献效能的考评，最主要的是分析成果与耗费，以及成果得到社会承认的情况。耗费，是指组织在一定期限内的领导活动中所耗费的人力、物力、财力和时间。成果与耗费之间构成一定的关系：成果多，耗费少，组织的整体贡献就大；耗费大，成果少，贡献就小。由于领导者所在组织的整体贡献只有得到社会承认才能成立，因此，被认可成果与成果总数之间在客观上也构成一个比例关系，比值越大，贡献越大。

以上只是提供了分析问题的几个主要方面。在实际工作中，领导者效能是多方面的，不同领导领域和领导者之间又有一定的差异，并且受到众多因素的影响和制约。因此，在领导效能的实际考评中，必须把定量分析与定性考评结合起来，并根据实际需要结合运用其他方法从多方面、多角度进行，这样才能对领导效能作出全面、客观、公正的评价。

4）比较考评法

任何领导活动都处于横向的广泛联系之中，因此，可以通过各种方式的比较来考察领导者效能。比较考评法，就是通过选择一定的参照系来对比评价领导者效能的方法。比较的方式很多，可以进行纵向的比较，如现在同过去比较，新班子同老班子比较，年度间的比较，现在与未来之间的比较，完成任务进度与目标的比较等；也可以进行横向的比较，如同一领导组织中领导者之间的比较，不同领导组织的同类领导者、同类领导班子的比较，同类地区、部门、单位的比较；还可以进行多视角、多层次、全方位的比较。无论是何种方式的比较，既可以比量，也可以比质；既可以比速度、进度，也可以比效果、效益；既可以比综合指标，也可以比几项或单项指标。一般来说，主客观条件类似的，可比综合指标；差异较大的，则选择单项或几项可比的指标进行比较。利用对比考评法既能较有说服力地评定领导者的效能，又能促进被考评者发现其优点和不足，有利于提高其效能。使用这一方法的关键是选好参照系，注意可比性，如果生搬硬套，乱比一通，就不能达到良好的效果。

5）模拟考评法

模拟考评法，就是让被考评者进入一个模拟的工作环境，要求他按照给定的条件进行模拟操作，用多种方法观察他的行为方式、心理素质、反应能力等，并根据这些观察来测评他的各种能力。这一方法是一些国家在第二次世界大战中选拔军事人才时创造的，自20世纪50年代开始用于企业管理人员的选拔，目前已成为欧美等发达国家流行的挑选和训练管理人员的重要方法。

模拟考评法主要用来考核和选拔各类专业人员、管理人员和基层领导者。模拟考评法的主要方式如下：

（1）公文处理

这是模拟测试最基本的方式。公文由请示报告、调查报告、财务报表、电话记录、会议记录、命令、备忘录、人事档案、信函等形式组成，其内容可以包括：调整职能机构、选择中层领导、协调人际关系、制定长远规划、处理日常公务、决定引进方案、编制生产计划、分析财务报表、管理调度物资等方面。考评者通过被测试者所完成模拟工作情况来测定其各方面的能力。

（2）小组讨论

这是指将 5~6 名被测试者编成一个小组，进行无主持人方式的讨论。小组讨论会模拟成某董事会或厂长、经理会，给一个案例，每个人都要发表意见，讨论结束后每人均以主持人身份作一个讨论纪要，并就此问题作出决定及阐明理由，整个过程由考评小组在一旁观察评价。

（3）口试

这是指通过答辩会、记者招待会等方式进行。口试的题目应根据被试对象的情况而精心准备，每人一般应回答两个以上题目。通过口试，可以了解被测试者的知识面、思维反映、语言表达、外语水平、主动精神以及对本行业的熟悉程度等方面的情况。口试中可由主持人追问并展开讨论。

坚持模拟考评法应解决好两个问题：一是测评人员组成要合理，一般应包括：组织人事部门的干部、有关专家和被测试者的上级领导。主试人不仅要正直正派，秉公办事，而且要有较宽广的知识面，熟悉业务，判断力强，能够较准确地测评各种能力的强弱和各种素质的高低，能在强手如云中选出真正的优秀者。二是测试内容的设计要科学合理，具有相似性、先进性、适用性和动态性，即在选择案例、编制公文时，要尽量做到真实而具有代表性；在案例的设计上要有一定的难度，使这些案例不仅可以用来考核干部，还可以用来培训干部；测试的内容要切合实际，要能够有效地反映被测试者的实际能力。只有这样，模拟考评才能达到应有的效果。

总之，正确地选择和使用考评方法是实现考评目的的关键环节。因此，必须从实际出发，讲究针对性、适用性和有效性。同时，领导实践和效能都是不断发展的，考评方法也应在实践中不断发展和完善。

5.7.4　领导行为的监控

领导行为的监控是指对领导者的管理行为进行监督和修正，是管理学封闭原理的要求。领导者行为监控分为事前监控、实时监控和事后监控。事前监控和实时监控可以通过决策的民主化、领导选拔、过程评估等方式减少可能出现的问题；对事后领导者的行为进行修正及对领导者的选换可以减少损失的进一步扩大，有利于组织效能的提高，是十分必要的。因此，领导行为的监控往往以此为核心，主要方法有以下几种：

1）引咎辞职

引咎辞职是一种道义上的责任，也就是领导在不需要承担其他责任的情况下主动承担的一种责任。引咎辞职的根本特征是领导的主动性和自愿性，它可能有外在的因素，但以领导内在的判断和选择为主，而这些责任，往往都是由外力强加的，是在领导认为自己没有责任的情况下启动的。引咎辞职制度可以让领导通过主动辞职避免被强制罢免的结果，但不能因此而回避司法责任。

2）问责制

建立一个有效的责任制度，是引咎辞职制度发挥作用的重要条件。问责制从字面上理解即为追究责任的制度，就是在某项活动中针对领导者相应的权力明确相应的责任，有权力就应有对等的责任，并对相应责任的履行进行严格的科学考核，及时察觉失责，依据相应的失责度量对领导者进行追究和惩罚，靠"问"的制度化来保证"责权对等"实现的一种机制。

问责制作用的发挥依赖于明晰的责任界定，规范的问责程序、问责纪律和配套的绩效评价与激励机制。

3）弹劾制

弹劾，作为一种对在职官吏的纠察制度，在我国封建社会的初期就已产生。然而，现代意义上的弹劾制，则起源于14世纪爱德华三世下的英国，它指的是西方国家议会对政府的高官犯罪或有严重的失职行为进行控告和制裁的制度。尽管各国政治制度的运作程序、文化背景和观念形态存在差异，弹劾制对维护西方国家的宪政制度，保障公民的政治自由，防止权力的滥用和腐化起着一定的作用。随着我国政治体制改革的逐步展开，在借鉴古代和西方弹劾制的基础上，建立有自己特色的社会主义弹劾制度，有利于实现人民主权、纯洁干部队伍、完善人事监督制度。

5.8　提高领导的有效性

提高领导的有效性，一般要注意以下问题：

5.8.1　领导工作的要求

组织行为学家发现，任何组织对其有效的领导工作来说都有着许多共同的基本要求：

（1）要及时为组织成员指明目标，并使个人目标与组织目标协调一致。

（2）领导者在领导过程中所发布的命令要一致，即实行统一指挥，避免前后矛盾，更不能朝令夕改，使下级部门或人员无所适从，造成工作秩序的混乱。

（3）加强直接管理。

（4）加强组织内外信息沟通联络，保证沟通渠道的畅通。

（5）掌握激励理论，运用适宜的激励和方法，调动群众的积极性。

（6）要不断地改进和完善领导方法。

5.8.2　不断提高领导者的素质，科学地配备主管人员

领导者的素质水平是影响领导活动效果的重要因素之一。面对市场的激烈竞争和领导队伍的现实状况，尽快地提高领导者的素质，是整个领导活动中的关键一

环。它既是当务之急，又是百年大计。

领导者素质是指以领导者个体的先天禀赋为基础，通过后天学习和实践锻炼逐步形成和发展起来的内在的、稳固的、长期的基本观念、基本品质和基本能力的总称，是领导者从事领导活动必须具备的内在条件。领导者素质的含义不再单纯指一般人的德、智、体等因素，而是领导者区别于非领导者的根本标志，也可以说是领导者在领导活动中经常发挥作用的本质要素，其中，既包括领导者实施领导的先天禀赋，如习惯、态度、心理定式与悟性直觉，又包括领导者通过后天接受教育、培养和自身努力学习、刻苦实践所获得的思想品德、知识才能、个性心理以及所形成的观念、思维、作风、风度等方面在领导者身上的有机结合和凝结升华。

总体来说，提高领导者的素质不外乎两个基本途径，即亲身实践和理论学习。亲身参加认识世界和改造世界的实践，是领导者素质培养和提高的最基础和最关键的环节。一方面，领导活动不同于抽象的理论研究，它必须实实在在地去解决具体的问题。因此，领导者分析和解决问题的能力只有在具体的实践中才能够形成和提高。另一方面，在充分肯定实践途径的同时，理论学习的重要性和相对独立性也越来越突出。这是因为，在现代组织活动中，要解决复杂的实践活动中所产生的种种矛盾和问题，需要有一整套专门的科学知识，这些知识是不能够从个体的日常经验和意识中自然而然地产生的。于是，实践之前的理论学习就成为一个非常突出的问题。理论学习和亲身实践这两条途径必须结合，不可偏废。

主管人员的配备，也关系到组织的兴衰和存亡。主管人员的配备必须按照德才兼备的原则进行，要坚持任人唯贤，反对任人唯亲，并且要努力实现革命化、年轻化、知识化和专业化。要树立新的用人观点，尊重知识，尊重人才。

5.8.3　加强领导班子（集团）结构建设，全面地提高领导班子（集团）的整体效能

为提高领导的有效性，领导班子结构配备是否合理是至关重要的。领导班子结构是指为了实现领导班子的预定目标，把不同类型的领导者按照一定的程序和比例进行有机的组合。领导班子结构是否合理，对一个组织的效能有很大影响。领导班子不仅要求个体优秀，而且要求班子整体达到最佳组合，这就需要研究领导班子的合理结构。根据领导班子合理结构的基本标准，即领导班子的稳定性、高效性和自我适应性等的要求和注意根据不同层次的任务，选择不同类型的领导者及领导成员之间的团结等要求，使领导班子结构达到合理化。

一个合理的领导班子应该具有以下特征：

（1）梯形的年龄结构。年龄结构是指各个领导成员按年龄分布和组合的状态。一个人的年龄与智能的关系极为复杂。在科学技术水平很低的情况下，人的年龄越大，经验越丰富，能力也越强。随着科学技术的发展，知识更新速度加快，人的知识与年龄之间不存在必然的正比例关系。现代生理科学和心理科学研究表明，人的年龄与智力有一定的关系。以知觉能力而言，最佳年龄是 10~17 岁；以记忆能力

而言，最佳年龄是 18～29 岁；以比较、判断能力而言，最佳年龄是 30～49 岁；以动作和反应速度而言，最佳年龄是 18～29 岁。领导班子应该是老、中、青结合，并逐步年轻化。其组合比例可大体保持中年占 50%～60%，老年和青年占 20%～30%，即领导班子具有两头小中间大的梯形结构。

（2）互补的知识结构。知识结构在领导班子结构中占有重要地位，领导班子的知识化是现代化建设的客观要求，也是实现领导班子整体效能的重要因素。领导班子的具体知识结构，应根据不同部门、不同层次的具体情况而定，以达到各尽所能、知识互补的目的。一般说来，领导班子既要有自然科学方面的人才，也要有社会科学方面的人才，还要有人文科学方面的人才；既要有理论专家，也要有丰富实践知识的专家。领导层次越高，知识结构应越完善。

（3）配套的专业结构。专业结构是指具有不同的专业知识、专业技能和专业经验的领导成员的组合方式及其比例关系。配套的专业结构就是指领导班子应根据组织管理职能的需要，由不同专业特长的成员合理组成，形成一个补充调剂、门类齐全、成龙配套的领导整体。具体来说，领导班子应由以下专业人员组成：有较高领导才能和经营管理水平的经理（厂长）；有能够有力地加强技术管理，推进科技进步的总工程师；有能够严格财经纪律、精打细算、开辟财源的总会计师；有能够切实改善经营管理水平，提高经济效益的总经济师；有能够坚持政治方向，贯彻执行党的方针政策，团结广大群众的党委书记。

（4）叠加的智能结构。智能是指人们运用知识的能力。叠加的智能结构是把具有不同知识程度以及掌握和运用知识能力的领导成员按一定的比例和程序组成一个有机的整体。人的智能与知识有密切联系：一方面，智能的形成和发展是以知识为基础的；另一方面，智能具有相对独立性，有自身发展的规律。因此，智能可以说是活化了的知识力量。人们的智能是由许多因素构成的，主要包括自学能力、研究能力、思维能力、表达能力、组织能力、判断能力和创造能力等。对于一个人来说，要同时具备这些能力是困难的，有的人在这方面的能力比较突出，有的人在那方面的能力比较突出，这就形成了不同智能类型的人才。由于领导班子要担负多种功能，因此它的组成成员的智能就不应当是同一类型的。据美国通用汽车公司、杜邦财团等组织的调查结果表明，以董事长为首的领导集团，主要是由以下四种类型的人构成的：善于思考的人，从事深谋远虑的工作；善于活动的人，进行各种难题的调解；善于抛头露面的人，做打头阵的工作；善于分析的人，从事综合分析工作。由此可见，一个领导集团（班子）合理的智能结构，一般应由具有高超创造能力的思想型领导、具有高度组织能力的组织型领导、具有踏踏实实工作作风的实干型领导和具有深谋远虑的智囊型领导共同组成。在这样的领导班子中，智囊型领导提出各种决策方案；思想型领导做决策；实干型领导组织实施；组织型领导统一职工思想，合理使用人才，协调和解决各种矛盾，从而保证领导班子整体的高效率。

（5）协调的气质结构。气质是指人相对稳定的个性特点，它是人们对外界事物习惯性的心理反应，也就是我们常说的人的脾气、秉性。气质结构是指由不同脾气、秉性的领导者组成的。心理学把人的气质分为四类，即胆汁质、多血质、黏液质、抑郁质。不同气质的人有着不同的性格：有的人热情开朗，活泼好动；有的人深思熟虑，稳重好静；有的人坚定沉着，反应迟钝；有的人热烈急躁，情绪多变。每种性格都具有好的一面，同时又有不好的一面，经过培养和锻炼，性格中不好的一面可以得到克服，形成自己特有的性格。例如，在十分困难的情况下表现坚强，面临危险情景时表现勇敢，紧急状态下能随机应变等。所以在考虑领导班子（集团）结构时，应注意这些性格的个体差异，把不同性格的人科学地组合起来，扬长避短。特别是领导班子的主要负责人，应当具有宽广的胸怀，善于团结具有不同意见、不同才智和不同性格的人共同工作。这样，不仅可以促使每个成员的性格优化，而且能够充分发挥每个成员的性格优势，产生一种强大的向心力、凝聚力，形成一个团结一致、共同奋斗的强有力的领导核心。

5.8.4 科学地运用领导艺术

现代组织在复杂多变的环境中生存和发展，要求组织的领导者不但要运用科学的理论和方法进行工作，而且还必须依靠丰富的经验和直觉判断来处理问题，这就要求有高超的领导艺术。所谓领导艺术，是指领导者在行使领导职能时所表现出来的技巧。它是建立在一定知识、经验基础上的，非规范化、有创造性的领导技能。领导艺术有随机性、经验性、多样性和创造性的特点。

1）待人艺术

待人艺术也就是人际交往艺术或协调人际关系的艺术。这是因为领导工作的核心内容是管好人、用好人，协调好各方面的人际关系，充分调动各方面的积极性和创造性，去有效地完成组织的目标。高明的领导者正是巧妙地运用待人艺术，正确处理上下、左右各种复杂的人际关系，形成一股有利于达到目标的最佳合力。领导者的待人艺术主要包括三个方面：

（1）对待下级的艺术

①知人善任的艺术。用人之长是处理同下级关系的诀窍。这是因为领导者善于用下级之长，使其才干得以充分发展，他的工作得到组织和领导的承认，自然就乐于在现任领导手下工作，上下级关系也就必然融洽。否则，如果用其所短，硬要他干他不善于干的工作，就难以收效，领导也会对其工作不满意，他本人也感到委屈，久而久之，上下级的关系也就必然紧张。

②批评教育的艺术。对下级的缺点和错误给予批评教育，是完全必要的。但对下级的批评教育必须掌握方式和方法，注意分寸。在开展批评时，要区别不同对象，采取不同形式。开展批评要考虑被批评者的处境、态度，一时不能接受，可以转开话题，缓和气氛。批评下级要诚恳，不能采用讽刺、挖苦的口吻。批评错了，不能怕有失体面，要敢于主动认错，消除隔阂，以利团结。

③关心、爱护的艺术。善于尊重、关心、爱护体贴下级，是处理上下关系的一个技巧。领导者要善于用爱抚亲和艺术，理解、关心、信任、包容和尊重下级，着

意创造心情舒畅的氛围，发挥情谊的作用。

④助人发展的艺术。"人往高处走"是一般人的心理倾向，作为上级领导者，应该关心下级的进步和成长。那些紧紧吸引着下级的领导者，大多是尽力帮助下级向上发展的人。领导者不仅要让下级感到领导理解他、信赖他，而且要让他感到领导有鼓励人才脱颖而出的襟怀与热诚。

⑤上下沟通的艺术。上下沟通是指领导者与下级之间传达与交流思想、情感、信息的过程。上下沟通是实施领导的基本条件，也是统一下属意志不可缺少的领导艺术。

（2）对待同级的艺术

领导者正确处理同级关系，尤其应当注意方法、讲究艺术，一般应做到：

①积极配合而不越位擅权。作为同级领导，既要齐心协力积极开展工作，又要做到不越位擅权，不插手别人分管的工作。要尊重其他部门和其他领导人的职权，维护他们的威信，不干预和随便评论别人的工作。不适当地插手别人职权范围内的工作，会打乱别人的部署，影响别人的工作，伤害别人的感情和自尊心，引起别人的不满。

②明辨是非而不斤斤计较。同级领导在一起工作，往往因为在某些事情上意见、态度、看法不一致而发生分歧，甚至会出现争吵。对此，如处理不好，久而久之就会形成隔阂，影响合作。因此，领导人之间要顾全大局，从维护团结的良好愿望出发，坚持"是非问题弄清楚，一般问题不在乎"的原则。还要注意不要把矛盾公开化，避免把领导之间的分歧扩展到下级和群众中去。对一些无关紧要的"小事"，应采取不细究、不计较的态度，对己严，待人宽，谦和忍让，豁然大度。

③见贤思齐而不嫉贤妒能。处理好同级关系，不仅要有容人之短的度量，而且要有容人之长的胸怀，见贤思齐，不怕别人超过自己，要虚心学习别人的长处，增长才干，共同进步。

④相互沟通而不怨恨猜忌。同级之间应经常沟通思想，建立和谐的感情氛围。

⑤支持帮助而不揽功推过。同级之间常常会遇到一些工作上的交叉，对这些交叉工作，同级之间应当相互支持，真正做到权力不争、责任不推、困难不让、有功不居、有过不诿，这样领导之间的关系就会更加密切、融洽。

（3）对待上级领导的艺术

①找准自己的位置，做到出力而不越位。正确认识和评价自我，找准自己的位置，是领导者处理好与上级关系的前提条件。领导者在同上级相处的时候，扮演的是下级的角色，这就要求其必须按照自己的身份，把握好自己的位置，既要尽心尽责地做好本职工作，又要做到出力而不越位。

②善于领会领导的意图。

③适应上级的特点和习惯开展工作。

④在上级面前规矩而不拘谨。

⑤运用"等距外交"，避免交往过密或亲疏不一。

⑥处理好与上级关系的着眼点应该放在努力将自己所承担的工作做好。

2）提高工作效率的艺术

提高领导的工作效率是一项十分重要的领导艺术。国外不仅有专门的论著，而且有专门的训练班对领导进行提高工作效率的训练。要想提高领导的工作效率，必须注意以下几点：

（1）领导者必须干领导的事。领导者干领导的事，这是提高领导工作效率的第一条。领导者必须时时记住自己的工作职责，不能让精力与时间做不必要的消耗。这就要做到不干预下一领导层次的事，不越级指挥。不要颠倒工作主次，领导者要抓全局性重大决策问题，应带领群众前进，而不是代替群众前进。样样管是小生产的习惯，事必躬亲是小生产的"美德"，这些都是现代领导者应该力求避免的。

（2）任何工作都要问三个"能不能"。美国威斯汀豪斯电气公司前任董事长兼总经理唐纳德·C.伯纳姆是一位享有盛誉的管理专家，他在其名著《提高工作效率》中提出了提高工作效率的三条原则，它们是：当你处理任何工作时，必须自问：①能不能取消它？②能不能与别的工作合并？③能不能用更简便的东西代替？这就是说，可做可不做的坚决不做；可与别的工作合并的就应该合并。这就可以节省大量时间和精力，无形中效率就提高了。更简便的方法包含着更高的效率。一项工作可以首先分解成若干小的部分，然后对每个部分问三个"能不能"，提高工作效率的途径就会逐步显现出来。

（3）要不断地总结经验教训。善于从自己的工作实践中总结经验教训，也是提高领导工作效率的一条重要方法。恩格斯曾指出：伟大的阶级，正如伟大的民族一样，无论从哪方面学习都不如从自己所犯错误的后果中学习来得快。不仅大事要善于总结，就是日常工作也要进行总结，这样就可以找到提高时间利用效率的线索，避免浪费，合并"自由时间"，以获得较长的整段时间以资利用。

（4）提高会议效率。在现代管理中，利用开会的方式来进行互通信息、安排、协调、咨询、决策等工作是经常性的，也是十分必要的。但是，会议占用时间太多和会议效果不好也是目前常见的弊病。组织好会议，必须明确会议的意义，只开必要的会议，不开不必要的会议，并且要切实做到精简会议，应当实行会议"六戒"，即没有明确议题的不开；议题过多的不开；没有充分准备的不开；可用其他方式替代的不开；没有迫切需要的不开；成本过高的不开。此外，要做好会前准备，包括议题的拟订、会议议程的安排、会议资料的准备、搞好会场会务等。再有，领导者主持好会议也是开好会议的关键。要开好会议，必须有一套驾驭会议的艺术，即要始终抓住会议的主题，要注重激发与会者的思维，要把握会议的时间。

（5）善于运筹时间。国外现代管理专家越来越注意如何利用和支配时间了。他们的格言是："时间就是金钱"。应当看到时间是一种最容易耗损而无法贮存的物资，昨天的时间过去了，就永远不会再回来。其他物资短缺可以寻找替代品，唯有时间完全不能替代。珍惜时间这项最稀缺的资源，充分利用自己的有限时间，往往是现代领导者取得成功的最重要的因素。1968年美国麻省理工学院对3 000名经理作了调查，发现凡是优秀的经理无不精于安排时间，使时间的浪费降到最低限度。因此，世界各国的管理专家花大量的精力去研究节约时间的秘诀。如美国企业管理顾问艾伦·莱金专门从事节约时间的研究，他写了一本《如何控制你的时间和生命》一书，提出了用ABC分类法来控制时间。莱金的做法就在于将有限的时间安排给最重要的工作。

美国《今日世界》杂志列举了企业管理者节约时间的十条秘诀：

①处理公事切忌先办小的后办大的，一定要先办最重要的事情，然后再办其他的事情。

②用大部分时间去处理最难办的事情。

③把一部分工作交给秘书去办。

④少写信。打电话能解决的就打电话，必须写信时就写便条。

⑤减少会议。

⑥拟好安排工作的时间表。

⑦分析自己时间利用的情况，检查有多少时间被浪费掉了。

⑧减少不必要的报告文件。

⑨把传阅的文件减少到最低限度。

⑩尽量利用空闲时间看文件。

时间总是常数，人的精力是有限的，但只要领导者能够运用得当，便能产生巨大的经济效益。

（6）要精兵简政。要努力精简机构，压缩人员，克服人浮于事的现象。

本章小结

领导是一种影响力，是影响个体、群体或组织来实现所期望目标的各种活动的过程。这个过程可以用公式：领导=f（领导者·被领导者·环境）表示。

领导工作的作用表现在以下几个方面：能更有效、更协调地实现组织目标；有利于调动人的积极性；有利于个人目标与组织目标相结合。

领导理论是研究领导的有效性理论。从20世纪初开始，东西方许多学者从不同角度进行了大量的研究。大体上说来，按提出理论的时间先后顺序，将领导理论分为三大类：素质理论、行为理论和权变理论。

素质理论是通过对领导者本人的个性、心理特征等方面的分析，来找出好的领导者所必须具备的特征（或素质）。国外对领导者具有的素质的研究，包括：德鲁克认为一个有效领导者必须具备的五项主要习惯、美国管理协会的调查意见、鲍莫尔的十大条件论、斯托迪尔个人品质论等。我国学者认为，优秀领导者的素质应包括四大方面，即政治素质、知识素质、能力素质和身心素质。

行为理论从领导者的风格、领导方式、领导作用和领导方法入手来研究领导者行为的类型，并分析各类领导行为的特点、优缺点并进行相互比较。主要理论有勒温的三种领导方式理论、坦南鲍姆与施密特的领导行为连续统一体理论、利克特的管理系统理论、领导行为四分图理论、管理方格理论。

领导权变理论认为讨论领导效能不能脱离人们的动机和态度，以及当时当地所处的环境，即全面地考察领导者、被领导者和环境三要素的综合影响。只有领导者按照不同的被领导者和不同的环境，适时地调整领导行为，才能取得好的领导效果。主要理论有：菲德勒模式、"途径-目标"理论、领导规范模式、阿吉里斯的不成熟-成熟理论、生命周期理论。

领导理论的新发展有领导的归因理论、领袖魅力领导理论。

领导决策，是指领导者在领导活动中，为了解决重大的现实问题，通过采用科学的决策方法和技术，从若干个有价值的方案中选择其中一个最佳方案，以此实现领导目标的活动过程。现代决策体制由情报信息系统、参谋咨询系统、决断系统、决策执行系统、监督系统、反馈系统、评价与奖惩系统构成。

领导效能是一切领导活动的出发点和归宿，也是领导工作发展的推动力。因此，正确地理解领导效能的含义，掌握考评领导效能的原则和方法，探索提高领导效能的途径，对领导活动进行有效的监控，是领导行为研究的重要问题。

案例分析

杰出的领导艺术家：杰克·韦尔奇

刚柔相济的领导风格

在 GE 公司，从秘书到司机、工人，每个人都管韦尔奇叫杰克；每个人都时常看到他急匆匆地穿过走廊，从底层货架上拿起他要买的东西；每个人都经历过手伸进钱袋碰到奖金的惊喜之事。韦尔奇说："关于 GE 的故事中有一点被忽略了，那就是非正式的价值。我以为这是个了不起的创见，人们可能不知道它的意义所在。"

那些聚会——从每年的 1 月同 500 名最高管理人员在佛罗里达州的博卡拉顿举行的会议，到每月一度的哈德逊河畔克罗顿的会议——使得他有机会收集到未经过滤的一手资料。在这些聚会里，他制定或突然改变公司的议事日程，就公司的战略对公司十几个部门的负责人提出问题并加以考验，在所有人面前露面并发表咄咄逼人的意见。从接过总裁权柄开始，韦尔奇就利用各种非正式方式，如聚会等，与公司员工进行交流并随时处理公事。

韦尔奇比大多数人更懂得"突然"一词的价值。他每周都突然视察工厂和办公室，匆匆安排与比他低好几级的经理共进午餐。他还通过传真无数次地向上至高级经理、下至钟点工人的公司员工发出他那独具个人魅力的"手护"——手写便条。

两天后，原件就会寄到他们手中。在这些便条里，他有时说些鼓励和鞭策的话，有时则是要求员工做一些事情。

比如韦尔奇很欣赏的一位高级经理——工业用钻石业务的负责人伍德伯恩，因为不愿让其女儿换学校，婉拒了韦尔奇给他的一次升迁机会。韦尔奇在写给他的私人便笺中写道："比尔，我们喜欢你有很多原因，其中一个原因就在于你是一个非常特别的人。这样做，对于你本人和你的家人都有好处。将钻石生意经营成一项伟大的业务，坚持你的优先考虑。"这对伍德伯恩很重要："这表明韦尔奇看重我并非因为我是一名经理，而是作为一个人。"伍德伯恩说。

在他人眼中，韦尔奇是一个既令人敬畏又从无废话的领导。无论是给雇员、经理、总裁，还是董事会的董事的信函，韦尔奇从不用套话。对于韦尔奇手下20多名直接负责人来说，每一次加薪或减薪、每一份奖金或每一次优先认股权的授予，总要伴随着一次关于期望和表现的坦诚交谈。高级副总裁盖利说："韦尔奇总能刚柔并济，恩威并施。当他交给你奖金或优先认股权时，他同时也会让你知道他在来年想要的东西。"

然而至关重要的是韦尔奇熟练地运用奖励来激励下属。尽管有一年GE的增薪幅度定为4%，但在无职务晋升的情况下，基本薪水却在一年之中增加了25%，现金奖金在一年中的增幅达到基本薪水的20%～70%不等。韦尔奇还大大扩充了优先认股权的范围。以前只有高级经理以上的人员才有资格得到，但现在GE固定雇员的1/3，即约27 000人都将有认股权。

没有什么事情能像审阅现金奖金的GE雇员名单那样让他兴奋不已——并不是因为公司的股票表现多好，而是因为他把财富放进那些他并不熟悉的人手中。韦尔奇说："这意味着每人都得到了奖励，而不光是我们几个人。这是件了不起的事。我们正在改变他们的命运和生活。他们有了孩子的学费或买下了第二栋房子。这才是乐趣所在。我们人人富有，我们人人是富翁。"

生产人才的专家

在美国，韦尔奇被认为是全世界最受尊敬的企业家，因为他"生产"的是人才。许多华尔街专家和GE公司投资者，都把韦尔奇看作是世界上最有价值的、公司最重要的要素。韦尔奇将一生中的大部分时间花费在与人有关的问题上，他认为，他一生中最大的成就莫过于培育人才。

1976年就加入通用电气董事会的米切尔森体会尤深。他说："我参加过好几家公司的董事会，但是通用电气是与众不同的。它的独特之处不仅表现在培养领导人的机制上。这在很大程度上是因为韦尔奇的真知灼见。"在韦尔奇的领导下，通用电气每年投资8亿美元用于培训和领导层的发展，这大概是它研发费用的一半。

韦尔奇说："GE公司是由人才经营的，我最大的成就就是发现了这些人才，我不懂如何制造飞机引擎，我也不知道在周四晚上9点NBC应播放什么节目。我们在英国有一项有争议的保险业务，我不想做那项业务，但是那个给我提建议的人想干，我相信他。"韦尔奇凭外表就能叫出至少1 000个以上高级经理的名字，并知道他们负责什么。他还亲自面试申请GE公司500个最高职位的人，而其他大公司的领导者很少会这样做。韦尔奇对人的重视是无止境的。

韦尔奇对人才的选拔不注重学历和资历。比如，在决定一个管理7 800名财务人员的关键职务的人选时，韦尔奇跳过了其他几名候选人，而选择了38岁的丹尼斯·达莫曼。他中选的原因在于他处理棘手任务的能力给韦尔奇印象很深。韦尔奇坚持认为："关键在于你能干什么。"韦尔奇对人及其表现能力的关注，在公司每年4—5月的会议上得到充分的表现。他和他的3名高级经理一起前往GE的各个业务部门，现场评审公司3 000名高级经理的工作进展，对最高层的500名主管则进行更严格的审查。

韦尔奇还定期亲自在GE公司总部的培训中心给未来的经理们讲课。人们常常可以看到这样的情形：在将近40个钟头中，这位年届63岁，已谢顶的老人边听边讲，根本不用讲稿，也不用做笔记。韦尔奇曾250多次出现在这样的教室里，向GE公司大约15 000名经理和行政管理人员授课。韦尔奇希望每一位领导者都具有以下特点：能量巨大，善于激励他人，天生富有竞争性和表现这些品质的技巧。在这个课堂里，学员们看到了韦尔奇身上的一切：管理学理论家、战略思想家、商学教师和公司偶像。虽然他出生于工人家庭，但仍成功地攀上了公司的顶峰。听过他讲课的任何一名学员在离开教室时绝不会无动于衷。

结果导向

韦尔奇重视"底线"和结果是有名的。当年他新官上任三把火，公开宣称凡是不能在市场维持前两名的实业，都会面临被卖或被裁撤的命运。裁起员工来，韦尔奇绝不心软。

很多通用的员工抱怨韦尔奇的要求太严。无论在生产上打破多少纪录，韦尔奇总嫌不够。员工就像柠檬，被韦尔奇把汁挤干了。

很多年前，有一位通用的中层主管在韦尔奇面前第一次主持简报，由于太紧张，两腿发起抖来。这位经理也坦白地告诉韦尔奇："我太太跟我说，如果这次简报砸了锅，你就不要回来了。"

在回程的飞机上，韦尔奇叫人送一瓶最高级的香槟和一打红玫瑰给这位经理的太太。韦尔奇在便条中写道："你先生的简报非常成功，我们非常抱歉害得他在最近一个星期忙得一塌糊涂。"任何一个好的领导人，都应该懂得用"棒子和胡萝卜"原理去获得一个好的结果。在这方面，韦尔奇是高手。

案例分析提示：

1.本案例中有哪些领导行为和事例说明杰克·韦尔奇是一个变革型领导？

2.杰克·韦尔奇的某些领导行为（如裁员、对工作的苛求、威严、过重的工作压力）是道德的吗？为什么？

复习思考题

1. 领导工作的主要作用是什么？

2. 什么是组织中的政治行为？其决定因素有哪些？

3. 在我国优秀的领导者应具备哪些基本素质？

4. 勒温的领导方式理论中有哪些领导方式？各种方式具有哪些特点？

5. 利克特提出了哪些管理方式？

6. 什么是"抓组织"？什么是"关心人"？四分图理论的四种结果包括哪些内容？

7. 布莱克和莫顿在管理方格中列出了哪几种典型的领导方式？其中哪种是最有效的领导方式？

8. 菲德勒提出对一个领导者的工作最起影响作用的有哪些方面？该模式有哪些现实意义？

9. "途径-目标"理论认为，有几种领导方式可供同一领导者在不同环境下选择使用？

10. 弗鲁姆和耶顿提出的选择领导方式的原则有哪些？

11. 在实际工作中我国的民主参与存在哪些问题？

12. 试述领导生命周期理论（情景理论）的内容和应用。

13. 个体决策与群体决策的特点分别是什么？

14. 决策科学化有哪些内涵？

15. 领导决策的心理障碍有哪些？个体决策与群体决策的特点分别是什么？

16. 对领导行为进行监控的方法有哪些？

17. 如何提高领导工作的有效性？

第 6 章

组织行为

学习目标

通过本章学习，重点掌握组织的概念和组织理论的基本内容，组织设计的意义、要素与程序及其应遵循的原则；了解组织结构的类型；掌握工作设计方法、压力的来源与后果，以及对付压力的方法与措施、组织文化的含义与特征、组织文化的结构与内容、组织文化建设。

6.1 组织理论

由于科学技术和生产力的发展在人类社会的各个历史阶段呈现出不同的水平，管理学家们在如何协调、控制和指挥一定组织中人们的协作问题上研究的侧重点不同，使得组织理论的发展先后经历了古典组织理论、行为组织理论和现代组织理论三个时期。自20世纪以来，组织理论的发展经历了从古典组织理论、行为组织理论到现代组织理论的发展过程。

6.1.1 古典组织理论

古典组织理论是在20世纪初到30年代，资本主义企业有了一定的发展，积累了初步管理经验的基础上产生的。其中有代表性的有：泰罗的科学管理的组织理论、法约尔的组织理论、韦伯的行政组织理论。

（1）美国的泰罗。他在1911年出版了《科学管理原理》一书，创立了科学管理理论和组织理论。泰罗着重在企业的操作层探求提高工人劳动生产率和管理组织工作。他提出了时间研究和动作研究、操作方法标准化、有差别的工资制度和把计划工作和执行工作分开、实行计划室与职能工长制等组织制度（这种职能制在实际上造成工人接受多头领导而无所适从，因而在实践中未能得到推广）。泰罗提出的"例外原则"，即主管人员应把日常例行事务授权给下级处理，使自己能集中精力考虑较重大的问题，为后来的分权化和事业部制等组织原则提供了理论基础。

（2）法国的亨利·法约尔。他于1916年出版了《工业管理与一般管理》一书，比较完整地阐述了古典组织理论的基本内容。书中把管理职能概括为5个方面：计划、组织、指挥、协调、控制，并提出管理的14条原则：劳动分工；权力与责任；纪律；统一指挥；统一领导；个别利益服从整体利益；报酬；集权化；等级制；秩序；公平；人员的稳定；主动性；集体精神。这些原则对后来的组织结构和模式的发展有深刻的影响。法约尔还认为，随着组织规模的扩大和人员的增多，必然出现管理层次和等级系列，管理人员对下属的控制应当有一个合理的幅度。他主张组织内应维持一种比较狭窄的管理幅度，除最基层一级，即工头领导的工人可以略多一些外，其他每一层一般不超过6人。为解决高级管理人员过于繁忙的问题，可以设置参谋机构予以协助。参谋机构听命于总经理，它的任务是通信、接洽、会谈、搜集情报、帮助拟订计划、协助联系和协调计划等。它不能直接给下级发布命令，以保持指挥的统一性。这实际上提出了直线和参谋制的组织原则。

（3）德国的马克斯·韦伯。他在1919年创立了行政组织理论，这是一个冲破封建关系束缚，提高组织生产率的蓝图。它的基础是理性-法律权力。他认为行政组织有以下特点：

①有明确的职权制度。在这种组织中明确划分各种职务和权力等级。每个下级都会处在一个上级的控制和监督之下，职务和权力是明文规定的，但承担职务的人

员是可以替换的。

②专业化强，分工明确。每个人的工作都会分成简单的、例行常规的作业或明确规定的任务。

③规章制度明确。用明文规定来保证和巩固组织内各层次、等级之间的关系，使它们的活动协调一致。

④不受个人情感因素的影响。对于人的感情和个性因素不予考虑，仅根据制度规定实行奖励和惩罚。

⑤职工的选择和提升。其主要依据技术能力。

韦伯的行政组织理论对于摧毁管理中的束缚生产力的封建关系有巨大的作用。它为资本主义企业建立稳定、严格、精确、有效的生产秩序提供了保证。其中，那些合乎客观规律的、科学的部分，直到现在仍有其重要的指导意义。但是随着社会生产和社会组织的发展，其缺点也日益暴露，主要是：组织中的沟通容易被曲解，造成单位之间和单位与整个组织目标之间的冲突；组织比较机械，难以适应环境变化；不考虑组织中人的心理、个性和感情，实际上把人当成组织中的一个机器零件；容易压制职工的积极性和创造性。

古典组织理论是一种以工作任务为中心的组织理论，它把组织看成一个封闭的系统，把组织管理的重点放在组织的内部，着重研究如何有效地利用已有的资源，提高生产效率，生产更多的产品，获得更多的利润。这种组织理论重视工作和物，而忽视人；重视基层操作而忽视高层发展战略管理；重视人的物质经济要求，而忽视人的社会心理需求。但是，其分工原则、专业化原则、统一指挥原则和控制幅度原则，以及完成任务还要依靠权力和严格的规章制度等，仍应用于当今的各类组织管理中。

6.1.2 行为组织理论

这种理论是20世纪30—60年代形成的组织理论。这种理论是以古典层峰理论为基础，吸收了行为科学和心理学的理论观点知识，对古典组织理论作了一定的修改和补充而形成的。其主要代表人物有梅奥、麦格雷戈、巴纳德、西蒙等人。行为组织理论对组织理论的贡献主要表现在两个方面：一是对古典组织理论的修正和补充；二是系统地研究了非正式组织形式。

1）对古典组织理论的修正和补充

（1）在专业化和劳动分工方面，新古典组织理论在霍桑试验的启示下，发展了有关激励、协调和新型领导的一系列理论和观点，补充和发展了古典组织理论。

（2）在组织结构方面，行为组织理论继承了古典组织理论的一些基本原则，并对组织结构中不同职能之间、直接与参谋之间产生的摩擦进行了研究，提出了一系列消除冲突的方法和措施，例如，参与管理、初级董事会、联合委员会、承认人的尊严以及良好的人际关系等。

（3）在管理幅度和组织类型方面，行为组织理论认为管理幅度的确定要受到管理能力、监督职能、人的品格和交往的有效程度等许多因素的制约。组织类型的确定也要看情况，由于组织所处情景不同，具备的条件不同，因此不能一概而论。

2）对非正式组织形式的研究

行为组织理论不同于古典组织理论的是，它系统地研究了非正式组织形式。非正式组织是在正式组织图中看不到的人们的自然联合方式。地理上相邻、职业上相近或者利益相同等，都可能自发形成非正式组织。一般为了特殊问题而自愿组合起来的非正式组织比较短暂，一旦问题解决了，非正式组织也就解体了。行为组织理论认为，非正式组织有许多特性，如：非正式组织一般存在着某种共同的准则和价值观，影响和制约成员的行为；有自身的沟通渠道；非正式组织要求人们之间保持稳定的、持续的关系，因此对有碍于或破坏这种关系的变革，往往产生抵制；有自发产生的领导者；有特殊的交往关系。对行为组织理论，支持者认为，它已经为组织理论提供了有价值的知识。批评者认为它"不比经验性、描述性的信息更好"。行为组织理论也有缺点，这些缺点在现代组织理论中才被逐渐克服。

行为组织理论最积极的作用，就在于强调组织中人的因素，尽量满足人的各种需要，充分发挥人的主动性和创造性，改善领导者与被领导者的关系，比传统等级制更能提高工作效率。但由于它过分强调人际关系和满足人们的社会心理需要，因而降低了专业化的优越性，使工作效率受到一定影响。

6.1.3　现代组织理论

这是20世纪60年代以来形成和发展起来的组织理论。现代组织理论是在古典组织理论和行为组织理论的基础上，为了适应科学技术的不断进步、人员素质的提高和整个外部环境的巨大变化而发展起来的系统权变性的组织理论。它的中心思想是把组织看成开放的理性模式，开始认识到组织外部环境对组织内部结构和管理起着决定性的作用，组织结构和管理方式要服从整体战略目标。这种组织理论强调组织是个社会组织，强调组织的生存价值、社会作用和性格特征，强调人是组织的中心。认为衡量组织经营的好坏，不能单纯用利润指标，还必须考虑到人们的需求，特别是情感上能否得到满足，要使人们感到自己存在的价值和受到组织尊重和信任等。

这种理论的主要特征是：把组织中的人的行为作为分析对象，把决策作为主要认识对象，认为人们需求要有意义，所以需要积极强化人的需求，但又要节制人的需求。组织领导人的首要任务是塑造和培养人们有共同的价值观，搞好组织战略。领导人的权威主要靠领导的影响力，而不是靠命令。组织对其成员实行贡献与报酬平衡的原则。有代表性的现代组织理论有：

1）巴纳德的组织理论

巴纳德为美国新泽西贝尔电话公司总裁，多次任联合服务组织总裁。他凭借自己多年从事高层管理的经验，创立了一套重要的组织理论。他觉得古典组织理论无法解决他所遇到的实际问题，因此便自己进行新的探索。其代表作《经理人员的职能》一书，被称为管理文献中的经典著作。他在组织理论方面的主要贡献是：第一，他首次用组织理论来解释工作中个人行为及其变化；第二，建立了一套权威接受理论，强调金钱和非金钱的诱因；第三，提出新的组织结构理论，把组织看作一个协作系统。其主要论点有：

（1）"诱因与贡献平衡"论，认为个人作为组织的成员，必须对组织有所贡献，而组织则应向他提供报酬即诱因。由于个人目标同组织目标可能不一致，巴纳德提出了"效能"和"效率"两个概念。效能是指该系统向成员提供诱因，使其获得满足的程度。个人效率是协作效率的基础。个人目标是否得以实现，直接影响组织的绩效，因此他把诱因视为组织的"平衡力量"。但这种"平衡"不是静止的。个人的要求不断变化，组织的管理部门就要在诱因方面作出相应的变化，以求得新的平衡。这种动态的平衡是组织赖以生存和不断发展的条件。

（2）"权威接受"论，认为命令只有得到个人同意才具有"权威性"。为此，就需要做到使个人理解目标的内容，认为它同组织目标和个人利益是一致的，并且在精神上和智力上能遵守这个命令。为了使一个组织能够在这种独特的权威概念下运行，巴纳德又提出有关权威的问题，即必须接受命令。

（3）注重信息交流。构成组织的基本要求是：合作的意愿、共同的目标和信息的交流。而信息交流是实现前两个要求的条件和基础。巴纳德在强调管理部门必须强化信息交流职能的同时，还突出了"非正式群体"作为信息沟通又一渠道的重要性。"非正式群体"不仅能加强成员之间的感情联系，还能在相当程度上保护成员个人利益。

（4）关于经理的职能。经理作为信息联系系统的中心和组织成员协作努力的协调人，应当具有三项主要职能：一是维持组织的信息联系系统；二是管理、培训、激励组织成员；三是规定组织目标。此外，还有决策和授权职能。经理履行上述职能，使组织各要素和各系统之间互相配合，协调发展，就能促进组织正常运行，并取得良好的组织效益。

2）西蒙的组织理论

西蒙是决策学派的代表人物，他的组织理论实际上也是以决策论为基础的。他认为一个单位的组织结构的建立必须同决策程序联系起来。他的主要论点有：

（1）关于组织的层次和等级结构。西蒙把组织看成"一块三层蛋糕"。最下层从事基本的操作过程，在生产性组织里即是指原材料加工、生产产品和储存、运输产品的层次。中间一层从事程序化决策制定过程，是控制日常生产操作和分配的系统。最上一层则从事非程序化决策制定过程。这一过程要对整个系统进行设计和再设计，并确定其基本目标，监督其实施。决策过程的自动化和电子计算机等先进技术的运用不会改变这三个基本层次的划分，而只能使各层次间的关系更清楚、更明确。复杂组织不仅分层次，而且分等级，也就是说这些组织被分成小单元，小单元又分成更小的单元，这样依次细分，形成金字塔式的分层等级系统。这是一种普遍现象，几乎存在于自然界一切复杂组织中，其原因有三个：

第一，在既定的体积和复杂性的各种系统中，通过"自然选择"的演化过程，最可能出现的是由于系统构成的分层等级系统，它的产生速度比同样体积的非分层系统的速度迅速得多。因为分层结构各部分本身都是稳定的系统。

第二，分层等级系统各部分所需要的信息传输量比同样体积和复杂性的其他类型系统少得多。因为随着组织中人数的增加，人与人之间关系就以指数式迅猛增加，人与人之间的信息传输量至少以相同比例增长。如果组织分成次单元，那么每个成员只需了解该单元内每个个别的成员活动的详尽信息和其他单元的一般情况的信息，信息传递量相对就少得多。

第三，在分层等级结构中，组织的复杂性同总规模无关。因为无论组织规模发展多大，由于分层和分等级，每个经理不管职责大小，也不管处于什么地位，总是只需和几个下级、几个上级、几个平级的经理合作，他们所直接联系的人数都大致相同，对于组织其他部分只保持一般的，主要是间接的联系。

分层等级结构只有消除了规模和复杂性之间的联系，大的组织才能顺利运行。

（2）关于集权和分权。尽管第二次世界大战后最初的 20 年里，美国大企业中出现过一种分权运动，他们发现把有关某种产品或某组相同产品的活动集中到一起，并把大量的决策分散到经营这些产品的部门中去，就能更有效地进行管理，但同时，在这些公司里也出现许多集权的现象。这表明两者并不矛盾，它们都为组织发展所必需。集权和分权问题也是同决策过程密切相关的。有关整个组织的决策，必须是集权的。因为下级人员由于地位、职责的不同，在认识角度、信息来源，以及知识、经验等方面都可能受到限制，不如高层领导具有更全面的认识、更丰富的信息、更多的经验和知识等条件，从而就不如高层领导那样能作出更适合于整个组织系统的决策。所以，各级管理者的决策要同他们的信息来源和职位相适应。但另一方面，由于个人认识能力是有限的，即使高层领导者也不可能"洞察一切"。因此，必须实行适当的分权，让各方面的经理参与决策。特别是对于复杂的具有多种因素的问题，个人难于同时了解和分析其各个方面，就更需要把它的各个因素分解，由不同的专业部门来研究，才能作出正确决策，这又必须实行分权。

由于新技术的发展，使用复杂的模型、借助电子计算机作为决策辅助手段的现象也越来越多。以前用于决策制定方面的大量人力、物力，现在被用在决策设计过程以及基本模型和数据库方面，决策制定的人员相对更少了。此外，来自组织中或组织外的大量的各种各样的信息，成为分析过程中输入和制定决策的依据，决策制定的区域较之过去更为分散和广阔，更多的决策信息流将穿越正式等级结构的界限。具有很大相互依赖性的决策很难孤立地制定出来。就这个意义来说，一方面集权是增多了，而另一方面决策中的参与活动也更广泛了。

（3）关于直线与参谋的关系。传统组织理论坚持只有直线管理人员有权直接指挥和做决策，而参谋人员只有建议、咨询权，不能直接做决策，以维护指挥系统的统一性。但西蒙认为，这一原则也有缺陷。因为如果这一原则贯彻到底，在有些领域可能会发生有指挥才能、能够胜任的人不能做决策，而不能胜任的人却来做决策的矛盾。为了解决这个矛盾，西蒙提出两个建议：第一，下级人员可以从几个上级处接受命令，但如果这些命令互相发生冲突，那么下级人员就只能服从其中一个上级的命令。这就是所谓的"狭义的指挥统一"。第二，每个单位在某一个特定的领域内具有全权。在此领域内拥有全权，也就是在这个领域内它发出的命令是必须服从的，即所谓"权力的分工"。这两条原则既可单独使用，也可结合使用。

（4）关于新型组织。西蒙预言，未来的组织是在可预见的中期前景而不是轮廓尚未分明的遥远前景中的新型组织，应是同我们现在所熟悉的组织很相近的。它的特点是：

第一，将来的组织仍将是由三个层次所构成的。一个基本的层次是物质生产与分配过程的系统。另一个层次是支配该系统的日常作业的程序化决策过程，也可能是大规模自动化、程序化决策过程的系统。第三个层次是控制第一个层次并对之进行重新设计和改变其价值参数的非程序化决策过程系统。

第二，将来的层级仍将是阶层等级的形式。组织将仍然分成若干部门，各部门又再分成更小的单位，依次细分，这与今日的部门化很相像。但划分部门界限的基础，可能会有所变化。产品部门将成为更为重要的部门，而采购、制造、工程与销售之间的明确界限将逐渐消失。人们解决了温饱问题之后，最大的需要有两个：一个是在挑战性的工作中能施展自己的才能；另一个是同其他人保持友好的相互关系，也就是爱与被爱，尊敬与被尊敬，分享经验，为共同目标而奋斗等。未来组织由于决策的自动化与合理化将创造一种环境，使人们所关心的东西，变得更容易而不是更难以得到。

3）德鲁克的组织理论

德鲁克认为传统组织理论，特别是法约尔提出的一些组织原理，至今在小型企业仍有其指导作用，而大型企业则适合斯隆创立的组织形式。但是，由于近几年来环境变化剧烈而迅速，无论是法约尔的理论还是斯隆的模式都越来越不能满足现代组织的要求。

（1）德鲁克指出六个方面的不适应

①法约尔和斯隆都是以制造业作为研究对象的。而今天面临的挑战是非制造业大型组织，即大金融商，大零售商，世界范围的运输、通信和为顾客服务的公司，以及医院、大学和政府机关等非营利性单位。这些非制造业机构将越来越成为发达经济的重心。

②斯隆创立的通用汽车公司组织模式本质上是单一的产品、技术和市场。而现今典型的情况是多种产品、多样化技术和市场。因此，这里存在着通用汽车公司未曾遇到过的、复杂和多样化组织的问题。而且现今的有些单一产品、单一技术的企业与通用汽车公司也不尽相同。它们不能再分成可以相比的各部分，如制铝公司、铁路、航空、商业、银行。这些企业因为过于庞大，职能结构不适用了，也不适合真正的分权制。

③通用汽车公司没有把主要注意力转向国际市场，因此它未能成为跨国公司。

而其他那些关注文化、国家、市场和政府的许多公司都已经成为跨国公司。

④像通用汽车公司那种单一产品、单一技术的公司，不十分关心信息处理。而多产品、多技术的公司和跨国公司则必然设计出有利于处理大量信息的组织结构。

⑤通用汽车公司员工的 4/5 是体力劳动者或事务性雇员，而今天企业中知识工人成长最快。现今组织的基本问题同当时通用汽车公司不同，都是同知识工人和知识性劳动相关的。

⑥通用汽车公司比较重视管理，却不大重视创业。而今天越来越需要创业和革新精神。因此，通用汽车公司模式在这方面不能提供什么指导。

（2）德鲁克提出五项设计原理

为了弥补法约尔和斯隆的组织理论和模式之不足，德鲁克提出：

①法约尔的职能制。

②斯隆的联合分权制。

以上两项早已存在，虽有不足，但已被看成组织原理。以下三项则是德鲁克提出的"全新"的模式。

③工作队组织。其一向用在临时突击性任务中，但也适用于某些永久性需要，特别适用于上层管理部门和革新任务。

④模拟性分权制。把一种职能或生产程序的某一阶段或某一部分，相对独立出来，当作一个企业来看待，并真正实行自负盈亏，这就是所谓的模拟性分权制，会计中采用转让价格，把管理费用的分摊等都要当作市场上的现实来对待。这种模式比较适合于组织过于庞大，因而不能保持职能式组织，又因过于一体化而无法实现真正的分权制的大型组织。

⑤系统结构。系统结构是把工作队组织和模拟性分权制结合在一起的一种结构。例如，美国国家航空和宇航局的太空计划，就是将许多自主的单元，如科研人员和机构、企业、大学以及政府机构等遵循共同的目标，在一个联合的上层管理部门指挥下组合起来，形成统一结构。跨国公司实际也是由文化、政府、企业、市场等组合而成的系统结构。

德鲁克认为组织是复杂多样的。传统的组织原理在一定范围内还是有用的，但它的范围已经比过去小得多。

4）伯恩斯与史托克的组织理论

伯恩斯与史托克研究了英国 20 多家工业公司，发现处于急剧变动环境中的公司组织结构同处在稳定环境中的组织结构是不相同的，由此提出了机械的组织与有机的组织的概念。

伯恩斯与史托克把所选取的包括多种产业的 20 家公司所面对的环境，划分为从稳定到不易预测的五种不同的环境。再将每种环境与有关公司的组织结构联系起来，做比较研究。他们发现处在稳定环境中的公司，组织结构管理形式带有明显的"机械性"，有正规的职务说明，有定型的组织结构，大家按计划工作，包括高层经理也在规定的方案内进行工作，谁都知道做什么，向谁报告工作。而处于剧烈变动环境中的企业，如电子工业，技术发展极快，其组织结构和管理类型极具弹性。他们往往设计多种方案以适应不同的变化，工作界限定得不十分明确，并且有意避免过分明确划分公司的直线与参谋的责任。经理人员交往增加，特别是加强了横向沟通。在最不易预测的环境中，如电子产品开发公司，每个人的工作几乎都是在主管、同事、下属相互商讨之后才确定的，高层领导不再加任何说明。每个人都清楚地了解共同目标，并且为此而自觉努力，很少需要指导和监督。这种普遍的自我控制的组织结构，使它能够较好地适应迅速改变的环境。

伯恩斯和史托克经过研究把适应于不同环境的不同组织结构划分为两类：机械的和有机的。

（1）机械的组织结构的特点

①以高度专业化、集权和垂直沟通为特征；

②采取正式的层峰体系来协调；

③每个职务的角色权利、义务和技术方法都有明确规定；

④控制、职权与沟通（由等级层次组合起来）分等级、层次实施；

⑤高层管理独占知识信息，强化层级结构；

⑥注重垂直沟通；

⑦主管部门依靠指示和决定来实现管理；

⑧强调作为组织成员的条件是服从上级和对公司忠诚。

（2）有机的组织结构的特点

①以工作没有明确界定、自我控制、横向沟通为特征；

②个人的任务由整个公司的总任务和目标来规定；

③个人的任务通过与其他人的共同协商和活动，不断地调整和重新确定；

④由一个控制、职权与沟通组成的网状结构来协调；

⑤将专门的知识、经验都用来为实现公司共同目标服务；

⑥组织内注重横向沟通，地位不同的成员之间的沟通采取协商而不是命令的方式；

⑦沟通的内容主要是信息和劝告，而不是指示和决策；

⑧重视公司任务的完成和技术经济的发展，承担义务超过忠诚与服从。

在实际生活中，机械的和有机的常常是一个连续体的两端，而处于两个极端的情况是较少的。只有根据环境的变化和组织的特点选取适合的组织结构类型，才能取得良好的效果。

5）霍曼斯的组织理论

社会学家霍曼斯把系统理论应用于组织问题的研究，创立了一个社会系统的模式。他认为任何社会组织都处于物理的、文化的、技术的环境中。所谓物理环境，是指工作场所、设施的布局和环境气候等。所谓文化环境，是指社会和组织的价值观、目标、规范等。所谓技术环境，是指社会组织为完成任务所具备的知识、技术手段等。

三种环境影响、决定着社会组织中人们的活动和相互作用。而人们在进行活动和发生相互作用时，人们之间以及人们对环境又会产生一定的感情。这些由环境所决定的活动，相互作用和感情就是霍曼斯所说的外部系统，即社会系统。

霍曼斯的社会系统模式有以下五个关键因素：

（1）活动，是指系统中人们的工作活动；

（2）相互作用，是指人们相互之间的沟通和交往；

（3）情感，是指系统中人们的价值观、态度和信念，包括相互之间积极与消极的感情，这些都是在活动、相互作用的过程中表现出来的；

（4）所要求的行为，是指外部系统即正式组织或群体中所明文规定的活动、相互作用和感情；

（5）新的行为，是指在所要求行为之外的一些行为，即属于内部系统即非正式组织中的行为。

霍曼斯认为，活动、相互作用和感情这三方面是相互依赖的。其中一个因素发生变化，其他两个因素也相应地发生变化。例如，人们彼此之间交往越频繁，感情就会越密切，感情越亲密，交往也会越频繁。同时，随着人们交往的增加，不仅会产生新的情感，还会产生新的行为规范、新的态度，以及新的活动方式。

外部系统与内部系统亦即正式组织与非正式组织，也是相互依赖的。一个系统的变化会引起另一个系统的变化。正式组织中人际关系（相互作用模式）的变化会引起非正式组织的变化。例如，调整机构和人员会打破原来形成的小圈子。反过来也是一样，内外两个系统又是与外部环境相互依赖的。环境的变化必然要引起正式和非正式组织的变化。反之，人们在非正式组织中的议论和活动，也可能产生技术革新等创造活动，促使技术环境发生变化，导致重新设计劳动设施（物理环境的变化）以及在工人和管理人员之间形成新关系（文化环境的变化）。

6）利克特的"交叠群体"组织理论

利克特认为组织是由互相关联、发生重叠关系的群体组成的系统。这些互相关联的群体是由位于几个群体交叠处的个人来联结的，这个人便被称为"联结针"。承担联结针角色的人，既是本单位的领导人，又是上级组织的一个成员。通过他把本级组织同上级组织联结起来，起到了承上启下的作用。利克特后来在模式中加上了横向的联系，使组织的沟通、协调更为顺畅。

利克特指出，在联结针的结构中，所有群体必须同样有效，因为整个联结针组织的强度决定于其中最弱的联结针的强度，为了防止群体的链锁断裂，他又提出设立附加的参谋小组和特别委员会作为补充。除了组织内部有关群体要用联结针来联结之外，整个组织同环境之间也需要依靠在组织与环境之间占有重要地位的关键人物来起联结针的作用，使组织与环境较好地互相协调。利克特的模式打破了传统组织理论提出的一人一个职位，各部门之间严格划分界限的观念，指出了管理人员不能只完成本职位工作，还要在各部门之间、人与人之间起联络作用，特别是在上下级之间起联络作用，以增强沟通和协调，提高组织效率。

7）权变组织理论

权变组织理论认为不能用单一的模型来解决所有组织设计问题，只能提出在特定情况下有最大成功可能的方案，因而使其有别于古典组织理论、行为组织理论和系统理论。它强调组织的多变性，并力图了解组织在变化着的条件下和在特殊环境中的发展情况。其根本目的就在于提出最合乎具体情况的组织设计和管理行为。它注重实践，鼓励人们应用各种不同的模型，包括古典的和现代的，只要这种模型能适合环境情况就行。于是在服从组织的总目标下，同一组织的各个部门可以采取不同的组织设计，完成各自的目标。可见，权变观念实质上就是主张从实际出发，具体问题具体分析，然后找出合适的办法来解决问题。所以，权变理论要求依照工作的性质和人员的特殊要求，来确定组织的模式，使任务、人员和组织彼此相适应。

系统的观点能使我们全面地理解组织的整个过程，而权变的观念又能使我们不局限于某一种僵硬的模式，使我们知道世界上并没有一种简单的、普遍的组织设计和管理原则。因此，现代组织理论不但反映了各子系统之间的协调关系，而且具有一种应变的观点，要求组织与其环境之间以及各子系统之间协调一致，更为具体地强调子系统之间关系的特点和模式，从而提出具体组织的设计方案和管理基础。组织理论的发展演变过程，也就是向着系统和权变观念转变的过程。这种以系统权变方法为主的现代化组织理论，是科技发展的结果。

8）组织生命周期理论

组织生命周期理论是由美国颇具规模的工业心理咨询公司提出的，认为企业组织同人一样具有生命周期，有它的童年、青年、壮年和老年时期。在组织的不同时期，根据不同的要求，管理人员应该采取相适应的管理方式，度过危机，向更高级的管理阶段过渡，以夺取更大的成功。RHR公司的经验表明，组织在进化过程中，一般要经过五个阶段：①创业管理阶段；②个人管理阶段；③职业管理阶段；④行政性组织管理阶段；⑤矩阵式管理阶段。每一个阶段都有其独特的管理作风、人际关系、管理危机和组织管理方法。组织生存的关键就在于克服困难，从一个阶段适时地进入另一个阶段。因此，管理人员首先必须了解组织的动力、需要和目前所处的发展阶段，才能使组织顺利地向前发展。

上面介绍的组织理论证明了：

第一，组织理论的发展是一个连续的过程。现代组织理论对组织的认识更全面了，但它不是对古典组织理论和行为组织理论的简单否定，而是在继承、扬弃基础上的发展。不能把它们简单地对立起来。

第二，现代组织理论学派林立，观点众多，反映了人们对组织这一复杂事物的更多方面、更深层次的探索，并取得了成果。这些学派所提炼的观点和原则，对于我们深入了解组织的本质及其活动规律，做好有关组织的各项工作，有着重要的作用。

第三，组织是动态的有机体，将随着社会生活的发展而不断发展。作为它的理论表现，组织理论也必须更加丰富和完善。现代组织理论没有也不可能穷尽组织的一切方面和全部本质。组织的许多领域，特别是社会主义制度下组织的特殊本质及其规律，还有待于我们进一步探索和进行理论的创造。

6.2　组织设计

6.2.1　组织设计的概念和意义

组织设计就是对组织活动和组织结构的设计过程，是把任务、责任、权力和利益进行有效组合和协调的活动。它具体应包括以下要点：

（1）组织设计是管理者在一定组织中建立最有效相互关系的一种合理化的、有意识的过程。

（2）这个过程既包括对组织外部要素的协调，又包括对组织内部要素的协调。

（3）组织设计的结果是形成组织结构。

（4）组织结构的内容包括工作职务的专门化、部门的划分，以及直线指挥系统与职能参谋系统的相互关系等方面的工作任务组合；建立职权、指挥系统、控制幅度和集权分权等人与人相互影响的机制；开发最有效的协商手段等。

组织设计对提高组织活动绩效、获得最大的经济效益起着重大的作用。有效的组织设计能够为组织活动提供明确的指令，有助于组织内部人员之间的合作，使组织活动更具有秩序性和预见性；有助于及时总结组织活动的成功经验和失败教训，从而形成合理的组织结构；有助于保持组织活动的连续性；也有助于正确确定组织活动的范围及劳动的合理分工与协作，全面提高工作与生产绩效。

6.2.2　组织设计的程序

组织设计一般常遇到三种不同的情况：其一是新建的组织需要设计管理组织系统；其二是当原有组织结构出现较大的问题或整个组织的目标发生变化时，需对组织系统进行重新估价与设计；其三是对组织系统的局部进行增减或完善。虽然情况不尽相同，但组织设计的基本程序是一致的。组织设计一般经过以下步骤：

（1）围绕目标的完成进行管理业务流程的总体设计，也就是在已定目标的引导下，使总体业务流程达到最优化，这是组织设计的出发点。

（2）按照优化原则对管理业务流程中的管理岗位进行设计，岗位的划分要适度，既要考虑流程的需要，又要考虑管理的方便。

（3）要对每一个岗位进行工作分析，规定其输入与输出的业务名称、时间、数量、实物、信息等，并寻找该岗位最优的管理操作程序，用工作规范将其固定下来。

（4）给各个岗位定员定编。

（5）制定各种工作规范及奖惩标准，设置能够优化控制管理流程的组织结构。

6.2.3 组织设计的基本要素

1）组织的专业化、劳动分工和部门化

（1）专业化

在工业组织中，专业化是指在社会化大生产条件下，随着科学技术的进步，从原有的企业和生产部门中分离出专门生产一定的成品或半成品，或完成成品生产过程中某些作业的新的工业企业和部门的过程。这种分离以社会生产的实际需要和有良好的经济效益为前提，并应有专用的特殊设备、特殊工艺，以及相应的专业化劳动者。

（2）劳动分工

劳动分工是指按工作任务逐步进行分工和分解，最后把组织分成若干个不同的职位。这样，每个职位都有明确的责任。这种规定把职位和人分离开来，事先明确职位的责任、职务和权限，而不是考虑由谁来担任这一职位，并且规定只有在某种职位存在的前提下，才能选择担任该职务的合适人选。这就叫因事设人。某种职务只有符合某种条件的人才能担任，而且，只要是合格的人，谁来担任都可以。这是一种让人们迎合管理的制度。它有利于消除不胜任工作、机构臃肿、人浮于事的不良现象。

（3）部门化

部门化是指对所分工的工作的合理组合，也就是将工作和人员组编成可管理的单位。它与工作专业化直接相关。通常建立组织结构的第一步，就是创设可管理的单位。倘若一个人具有必要的技能、知识与时间，那他就能完成一个企业中的所有工作。因此，部门化会出现在组织的所有层次中。通过部门化过程而设立的许多单位，联合组成组织的总体结构，而且在本质上是以工作为中心的，具有实用性的，因为其根本目的在于有效分工。经常被用作部门化的是职能、产品、顾客、地区、过程、序列等。部门化的原则有产出（目标或结果）和内部作业（方法或活动）两大类，其中：产出类包括产品型部门化、顾客型部门化、地区型部门化等；内部作业类包括职能型部门化、生产过程型部门化等。在大型组织内可以同时使用几种不同的分工方法，称为混合型部门化。

2）职权与责任

（1）职权

在传统的观念中，一个合法的中心职权能赋予某个上级指挥别人的权力，并使下级人员有服从其上级命令的义务。职权就是以其正式职位和对奖惩的控制为基础的、要求下级服从的权力，它是非人化的。它来源于职位而不是个人。更为重要的是，职权与职责直接相联，也就是说，如果一个职员负责完成某项工作，那就应赋予他必要的职权。职权是按照目标的要求统一成员活动的手段，同时也为集中指导和控制提供一定的基础。

（2）责任

责任是一个下属人员执行其职责和按照既定政策行使职权的义务，它与职权、职责相联系。

这种关于职权、职责和责任的观点，是很多传统管理的基本格调。它是使组织等级结构和控制系统合法化以及建立管理跨度、直线与参谋职能关系等诸多概念的基础。

3）组织规模、管理层次和管理跨度

（1）组织规模

组织规模是指组织的大小。其主要特征是人数、工作任务、所辖范围和编制。它往往由政府编制部门以法律的形式规定，是决定管理方式、管理层次和管理跨度的前提条件。

（2）管理层次

管理层次是指组织的纵向等级数，即有多少层次就有多少等级。它是一种垂直方向的分工形式。如我国国务院的部门分为部—司—处—科四级。可见，行政组织结构中的管理层次把行政机关按本身不同的权限，排列为地位有别的行政序列，即沿着直线从高到低垂直分布权力。科学、合理地划分和组合管理层次是十分必要的。

（3）管理跨度

管理跨度，也称管理幅度，是一个上级管理者直接有效地管理下级的人数。其内在含义就是下级人员的活动需要上级的协调。它强调的是系统的、统一的上下级关系。部属增加时，一定会增加领导者与被领导者的直接关系，扩大部属之间的联系。如果超过一定的限度，因领导者的精力、能力和时间等都是有限的，就很难进行有效的管理，所以，对管理跨度要有所限制。

4）直线与参谋

直线与参谋这对概念是对古典组织原则稍作修改的折衷物，它欲使更多有专业知识和技能的人被吸收到管理系统中来，使组织适应复杂的环境。直线组织常被赋予基本的职权（如直线指挥权），并行使组织的主要职能；参谋人员支持直线组织的行动，并向它提出建议。参谋人员是直线组织的助手，是个人的一种延伸。通过使用直接向直线组织汇报工作的参谋人员，使得在不削弱经理协调职能的情况下利用参谋人员的知识成为可能。这种观点为作为等级链的中心和职权源泉的直线组织获得完整性提供了保证。在实际设计工作中，通常把直线与参谋的概念，具体化为直线制组织结构和职能制组织结构。

6.2.4 组织设计的基本原则

建立一个开放体系的组织机构，必须遵守以下基本原则：

（1）目标明确、功能齐全。任何组织必须适应经济和社会发展的要求，促进生产力的发展，这也是检验一个组织机构设置是否合理和科学的一个标准。一个组织机构除了要有明确的目标外，还必须具有决策、执行、咨询、沟通和监督等功能。

（2）组织内部必须实行统一领导，分级管理。

（3）有利于实现组织目标，力求精干、高效、节约。任何组织一定要因事调职、因职设人，这样才有可能达到上述要求。

（4）有利于转换经营机制和提高经济效益与社会效益。

（5）既要有合理的分工，又要注意相互协作和配合。

（6）明确和落实各个岗位的责、权、利，建立组织内部各种规章制度。如果我们认真执行这些原则，就可以改变目前机构臃肿、层次重叠、人浮于事、效率低下、脱离群众甚至阻碍生产力发展的不良现象。

6.2.5 组织结构设计

组织结构的设计经过了直线型组织结构、职能型组织结构、直线职能制组织结构、事业部制组织结构、矩阵型组织结构、多维立体组织结构和委员会等形式组织结构的演变，为了应付环境的不确定性，近年来理论界和实际部门又发展了一些新的结构形式，如团队结构、自由型结构、虚拟公司结构等，并给组织结构赋予了扁平化、柔性化、分立化和网络化等一些新的特点。

1）直线职能制结构设计

直线职能制组织结构模式，既吸收了直线型和职能型的优点，又克服了二者的缺点。它设置了两套系统：一套是按命令统一原则设立的直线指挥系统；另一套是按专业化原则设立的职能管理系统。职能管理系统中的职能人员是直线指挥人员的参谋和助手，只能对下级机构进行业务指导，而不能对它们进行直线指挥和下达命令。

这种组织结构模式的优点是：集中领导，便于调配人力、财力和物力；职责清楚，有利于提高办事效率；秩序井然，使整个组织有较高的稳定性。其缺点是：下级部门的主动性和积极性的发挥受到限制；部门之间互通情报较少，不能集思广益地作出决策；各职能参谋部门与直线指挥部门之间目标不一致，容易产生矛盾，使最高领导的协调工作量加大；难于从组织内部培养熟悉全面的管理人才；信息传递路线长，使整个系统的适应性降低，对复杂情况不能及时作出反应；权力集中于最高领导层，是典型的"集权式"管理组织结构，如图6-1所示。

2）事业部制结构设计

20世纪20年代初，美国企业管理专家小斯隆在担任美国通用汽车公司副总经理时，研究设计出了事业部制组织结构，人称"斯隆模型"。主张分权的事业部制，其基本管理原则是"集中政策，分散经营"。这种组织结构模式就是在总公司的领导下，按照产品或地区划分为许多事业部。这些事业部一般都是独立核算单位，又称利润中心。这种组织结构的最大特点是总公司只保留预算、重要人事任免和重大问题的决策等权力，其他权力则尽量下放给事业部。各事业部对总公司负有完成利润计划的责任，但各事业部内部的经营管理则具有较大的独立性。事业部制组织结构如图6-2所示。

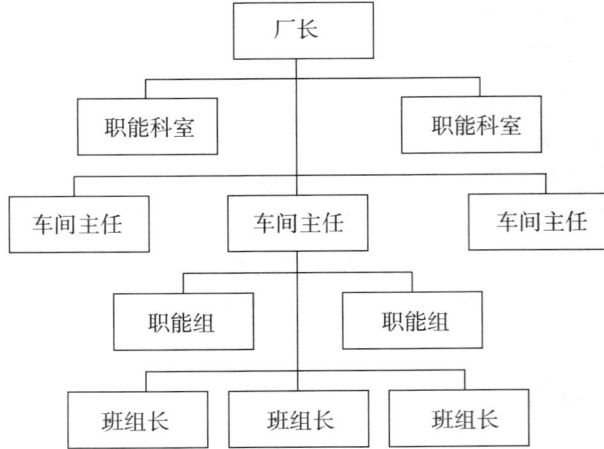

图 6-1　直线职能制组织结构示意图

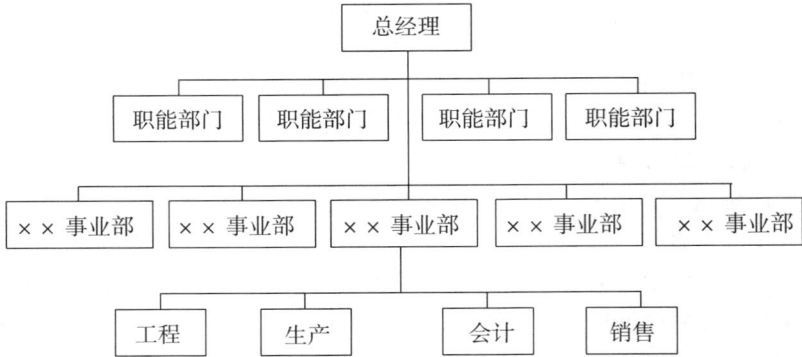

图 6-2　事业部制组织结构示意图

事业部制组织结构模式的优点是：便于组织专业化和实现组织内部的协作；最高管理部门可以摆脱日常行政事务，成为坚强有力的决策机构，同时各事业部自成系统、独立经营、独立核算，可以发挥灵活性和主动性；各事业部之间有比较、有竞争，可以促进事业的发展；生产与销售可以直接联系，供求关系可以很快得到反馈；公司把各个事业部作为自治单位，使各个部的经理能从整体观点来组织部门的各项业务，得到全面的考验，从而有条件提升到最高部门，这是培养和训练管理人才较好的组织模式。其缺点是：机构重复，容易造成管理人员浪费；各个事业部独立经营，使各事业部之间人员互换困难，相互支援差；各事业部经理考虑问题容易从本部门出发，忽视企业的整体利益。

目前发达国家又出现了超事业部制。这是由于企业规模已发展到超大型化，总公司领导的事业部过多，管理跨度过大，不能进行有效管理，所以在原事业部的上面，在总公司下面，增加一层管理组织机构——超事业部。由超事业部领导各事业部，而总公司只领导各个超事业部。

3）矩阵型组织结构设计

矩阵组织是适应多变组织需要的又一种发展方向。这种矩阵型结构是一种组织类型叠加在另一种类型的组织结构之上，从而构成了对员工个人的两套指挥系统。它特别适用于各类技术人员密集的大规模的特殊工程项目，有利于把组织的各项活动分隔成在人才与资源分配上彼此竞争的项目。矩阵型组织结构形式如图6-3所示。

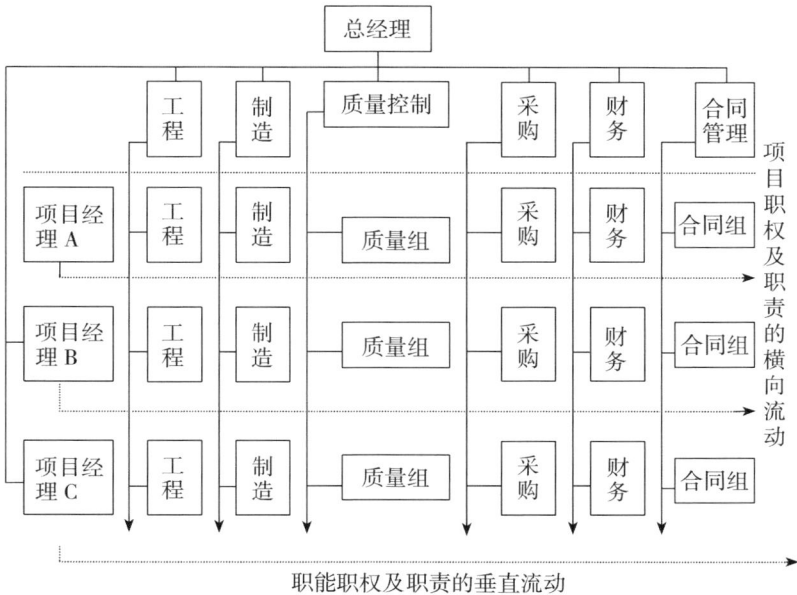

图6-3　矩阵型组织结构示意图

在这个组织中，参加各项目小组的成员接受双重领导，具有双重责任：一方面，他们仍同原属职能部门保持组织和业务上的联系，对原属职能部门负责；另一方面，又参加项目小组的工作，对项目经理负责。项目经理没有完全的职权，存在"职权差距"。一般来讲，矩阵组织具有以下优点：打破了传统的一个管理人员只受一个部门领导的原则，使纵向联系和横向联系很好结合，加强各部门之间的配合，各项目组可以集中有限资源于单一的工程项目，灵活地执行任务，提高工作效率；权力与地位的分布更符合工程技术人员的民主规范，有利于共同决策、集中决策；对专业人员的使用富有弹性，不同部门的专业人员组织在一起，有助于激发员工的积极性、创造性，发挥和提高其工作能力；组织结构具有较好的适应性与稳定性，项目作业中具有内在的控制和平衡；项目组织和职能组织有沟通渠道，在时间、成本与绩效方面均能获得较好的平衡。尽管矩阵组织头绪繁多、运行复杂，在领导关系上具有双重性，往往会发生一些矛盾，但在目前的企业管理中相当流行。

4）团队结构设计

团队是对工作活动进行组织的一种非常普遍的手段，过去它在基层管理的工作设计中得以广泛使用。当管理层把团队这一组织形式运用到一个组织的中上层，成为该组织的中心协调手段时，这个组织就实行了团队结构组织模式。

团队结构把横亘在一个组织的上层和基层之间的各个职能部门进行分解和弱化，把决策权分散到工作小组的层次上，从而形成一个中间层细小的组织结构。团队结构的组织成员既是专家，又是通才。

在团队组织模式中，由于中高层管理人员队伍的缩小，一线工作人员的纵向提升机会减少了，而横向流动却变得更加频繁。通过横向流动，可以使一线工作人员从事报酬更高的工作，减少长期从事一项工作的单调感和枯燥感，从而对失去纵向提升机会提供一种补偿。频繁的横向流动，使一线工作人员的技能多样化，变专才为通才。对中高层管理人员来讲，要处理各种各样来自基层的问题，也需要他们具有多方面的知识结构，不仅是一个领域的专家，还需是多个领域的通才。在一些小公司里，团队结构可以覆盖整个组织。而在一些大型的组织里，团队结构成为整个组织的组织模式时，团队结构的构成要件往往是按照官僚制组织起来的，这样，既可实现官僚制的标准化所产生的效率，又可获得团队组织形式所提供的灵活性。

5）自由型组织结构设计

这是国外新近发展的不拘一格的组织形式，其实质就是要帮助组织的领导者对一切"变化"作出有效的管理。这种结构没有单一的模式，而是在特定的时间、特定的要求下采用适宜的组织形式。它要求尽量减少等级制度、硬性的规章制度、定型的上下级关系和指挥系统，应用计算机信息系统，考评经营绩效；重视使用年轻有为、敢于开拓的管理人员。一般是采用强调经营效果的利润中心的形式，分权运营。高层管理部门对经理人员的控制权，限于利润指标和稀有资源的分配。经理对下属也采用类似的方式，通过参与协作、自我控制与独立自主、个体的积极性、共同的信赖、双向沟通等因素而获得效能。每个利润中心可采用不同的结构形式，但设计要符合行为科学的管理原则。传统理论所强调的生产效率，在这种设计策略中仍然起关键作用。因此，这种结构具有高度的灵活性和适应性，管理人员也要具有相应的灵活性和创造性。

当前国外自由型组织对需要适应不断变化的市场需求的企业、大型的多种经营的联合企业、处于社会消费需求前列的企业、满足军事方面需求的企业特别具有吸引力。这说明，管理要求有一个更具弹性的组织，以适应形势的变化和挑战。但自由型结构并非完美无缺，目前已发现它有三个方面的不足：一是经理人员会普遍感到无所适从。二是这种结构主要用于处在迅速变化的环境中的高技术性公司，并不是对所有企业都有实用价值。三是经理为了达成目标，可以自行选择自以为最佳的方案，但在失败时难以追究责任。不过这种组织的自主权究竟有多大，还有待进一步研究。

6）虚拟公司结构设计

这是一种企业之间的暂时的组织形式，是不同的企业通过合作所组建的一定形式的"战略联盟"，因此，又叫战略联盟组织模式。由于所加盟的各个企业之间没有一个稳定的中心，彼此之间形成一种紧密的合作关系，在组织结构的形态上呈现出一种团状结构，因而还可以把它叫作团簇型组织模式。所加盟的各个企业可以充分发挥自己的竞争优势，共同开发一种或几种产品，并迅速地把共同开发的产品推向市场。所加盟的各个企业共同分担所有的成本费用，共同享有开发产品所研制的高新技术。一旦联盟的目标实现，先前所组建的虚拟公司即宣布解散，而为了新的战略目标，又可重新组合，创建新的虚拟公司。可以预料，为适应市场竞争日益激烈的需要，虚拟公司将会普遍地在世界范围内推行。

虚拟公司模式与传统的企业组织模式相比，具有如下特点：

（1）组织结构上的松散性。虚拟公司打破了传统公司组织结构的层次和界限，是由一些独立的企业在自愿的基础上，为了一定的战略目标而组建的松散企业联盟形式。因此，它没有总部办公室，也没有固定的组织机构图和众多的管理层次。虚拟公司只关心成员企业与联盟战略目标有关的经营问题，对成员企业的其他经营问题则不直接介入。因此，虚拟公司在管理上具有很大的松散性，这便于节约资源，重点发展中心活动。

（2）技术联盟是整个公司战略联盟的基础。虚拟公司的联盟，是以一定的高新技术的开发和应用为基本内容的，实质上是一种技术联盟。为了使这种技术联盟具有较高的市场竞争力，各个加盟的企业要具有在所联盟的中心技术上的巨大合作潜力和优势的互补性。所联盟的中心技术常常是那些对企业的未来发展生死攸关，而其研究开发又耗资巨大，且风险程度很高的技术。所加盟的企业在所联盟的中心技术上或者是具有将以所研制的新技术为基础的新产品推广到国内外市场的优势，或者是具有相关的零部件生产优势，或者是具有在该中心技术上的科学技术研究优势。

（3）增强了企业的市场竞争力。虚拟公司是由一些独立的企业组织起来的临时性公司，易于抓住转瞬即逝的市场机会，具有灵活经营的优势。虚拟公司能够动员众多的成员企业加盟，能够迅速融通巨额资金，综合成员企业各具优势的设计技术和制造技术，组建阵容强大的技术和产品开发力量，具有整体经营的优势。虚拟公司通过若干的企业联盟而达到适宜的经营规模，从而取得了单个企业无法实现的规模经济效益，具有规模经营的优势。

7）网络制组织结构设计

实际上，这一组织模式是由若干相互独立的组织构成的一个成员不断变动的组织系统。在传统组织模式下通常由一些部门完成的工作任务，如产品设计、制造、人力资源管理、培训、会计、数据处理、包装、仓储和交货等，在网络制组织模式下将通过承包给其他公司的方式来完成。网络制组织模式的主体由两个部分构成：一个部分是中心层；另一个部分是外围层。中心层由单个企业家或企业家群体组成，直接管理一个规模较小、支付报酬较低的办事人员队伍，而这个办事人员队伍保持着高度的流动性和最大限度的精干性。外围层由若干独立的公司组成，这些独立的公司与中心层是一种合同关系，而合同关系又经常变更，呈现出极大的不稳定性。而构成一个网络的若干公司与网络中心之间的关系在紧密程度和优惠待遇上也呈现较大的差异。中心层与外围层之间通过电话、传真机、计算机网络、昼夜交货服务和律师等手段进行联系。

网络制组织模式与传统的层级制组织模式相比，在组织结构上具有如下特点：

（1）网络制组织的中心不像传统的层级制组织类型中的公司总部，它几乎没有直属的职能部门，通常只是一个小规模的经理人员集团。这些经理人员的职责不是直接进行一些生产经营活动，而是对那些从事制造、销售和其他一些主要职能的组织之间的关系进行协调，他们的大部分时间往往用在通过计算机网络系统对外部关系进行协调和控制上。网络中心作为网络制组织的固定存在形态，它在进行各项业务时主要是依靠网络外层的公司提供的职能来进行的。例如，美国的达尔计算机公司没有工厂，只是把外协零部件组装成计算机。

（2）组织结构上的柔性化。网络制组织把重点放在自己能够干得最好的职能工作上，可以把除此之外的任何职能工作，不论是制造、营销，还是运输和其他职能工作，都让目前还不是该网络组织的其他经营单位去干，只要这些经营单位所提供的产品或服务质量高、价格便宜，这样就保持了组织结构上的灵活性。组织结构上的柔性化，可以最大限度地提高网络制组织的经济效益。

（3）由组织结构的柔性化可知，网络制组织可以把许多并不一定隶属于网络中心的独立经营的公司或者经营单位纳入自己的组织网络，具有组织结构虚拟化的特点。网络制组织在组织结构上的虚拟化功能，使得有人又把网络制组织模式称为虚拟组织模式。我们认为，网络制组织尽管能够通过其虚拟功能，把组织的规模和作用扩大若干倍，但它有一个并不是虚拟存在的网络中心，将这种组织模式称为网络制组织更为全面一些，而且，这样做，可将网络制组织模式与战略联盟组织模式区别开来，将全部虚拟与局部虚拟区别开来。

8）委员会组织结构设计

委员会也是一种常见的组织形式，它是执行某方面管理职能并实行集体行动的一组人。

按时间，委员会可分为两种类型：一种是临时委员会，它是为了某种特定目的而组成的委员会，目的达到后即解散；另一种是常设委员会，它作为一个常设机构进行协调、沟通与合作，行使制定和执行重大决策的职能。按职权，委员会可分为两种类型：一种是直线式的，如董事会，对它的决策，下级必须执行；另一种是参谋式的，它为直线主管人员提供咨询建议和方案等。委员会还可以分为正式的和非正式的，凡属于组织结构的组成部分，并授予特定责任和职权的委员会为正式的委员会，反之，为非正式的委员会。

委员会随处可见，几乎各级组织都存在各种各样的委员会，如董事会、工人委员会、职称评定委员会、居民委员会等。

（1）委员会的优点

①集思广益。委员会讨论的结果不是个别观点的简单综合，而是各种想法重新创造的结合，因此能产生解决问题的最好方案。

②集体决策。通常，委员会由行政负责人、专家、各部门代表组成。委员会中委员的权力是平等的，以少数服从多数的原则解决问题。这样可以避免个人滥用权力，也可避免忽视某方面人士的意见和利益。

③便于协调。委员会是能很好地协调各部门活动和各方面利益的组织。讨论问题的过程也是沟通、协调的过程。当进行某项决策时，该决策可能会使某一个部门面临什么问题，为执行这项决策其他部门应如何配合，均能得到反映，这有助于相互了解、协调和决策的执行。

④鼓励参与。委员会使下级人员参与决策的制定，这有助于调动人们的积极性。

（2）委员会的缺点

①委曲求全、折中调和。委员会都有委员折衷的风险，当意见不一致时，要么争执双方互不相让、旷日持久、议而不决；要么讨价还价、各做让步，采取折衷的方法加以解决。结果，谁也没有完全满足，谁也没有完全失望。但结论却由于妥协而往往没有多少实质性的内容。

②责任不清，缺乏个人行动。个人同意集体的决议并不意味着他的观点同决议的结果一致，个人对集体作出的决议也不承担责任。因此，有人认为委员会处理执法性问题较为恰当，而对于处理决策、组织、领导、执行等问题不是有效的形式。

③一个人或少数人占支配地位。委员会的决议应反映集体智慧。但是，往往少数人把自己的意志强加给他人甚至整体。虽然委员会是由不同或相同级别的委员组成的，但其主席往往是级别较高的主管。这种做法从根本上否定了委员会产生的前提。

（3）如何发挥委员会的作用

①必须明确委员会的目标、任务和职责。不要让委员会议论小事，作无关紧要的决策。

②精心挑选委员会的组成人选。委员们既要有一定的代表性，又要有完成委员会任务所需要的专门才干、品德和权威，这样的委员会才能实现组织的目标。

③委员会的规模不宜过大，能充分讨论问题，反映各方面意见，便于作出正确决策即可。

④讨论的有关议题应事先通知，作好调查研究和各项准备。

⑤委员会主席不应占支配地位，要有鼓励大家积极参与的能力，要利用他人的智慧，引导集体朝组织目标努力。

6.3　工作设计

6.3.1　工作设计的概念与作用

1）工作设计的概念

由于将各项任务联合起来创造的个体工作方式、员工在工作时的灵活程度，以及有无组织支持系统等因素都会对员工绩效和工作满意度产生直接影响，因此我们在组织生活中需要搞好工作设计。所谓工作设计，是指为了有效地达到组织目标，而采取与满足工作者个人需要有关的工作内容、工作职能和工作关系的设计。

尽管人们在设计工作时要充分考虑工作内容、工作职能、工作关系、工作结果以及工作结果的反馈等要素，但以特纳和劳伦斯为代表的组织行为学专家们更加注重研究工作任务的特性。他们试图鉴别出工作内容的特性，搞清这些特性是如何组合在一起形成各种职位的，同时找出这些任务特性与员工激励、员工满意度、员工绩效之间是什么关系。于是他们提出了一套研究方法以评价不同种类的工作对员工满意度和缺勤情况的影响。他们预测员工将会偏爱做那些复杂和富有挑战性的工作，即这种工作能够增强员工的满意度并降低缺勤率。他们用变化性、自主性、责任、所需知识及技能、所需的社会交往、可选择的社会交往六个任务特性来界定一件工作的复杂性。如果一件工作在这六个方面的得分越高，其复杂程度也就越高。所以他们认为，生活于大社区中的工人，工作之外兴趣广泛，因而工作对他们的内激励水平较低；而生活在小社区的工人则相反，他们工作之外的兴趣比较少，更乐意做复杂的工作。

在此理论基础上，哈克曼与欧德哈姆以技能多样性、任务同一性、任务重要性、工作自主性和工作反馈五个核心任务为维度，建立了工作特性模型，如图6-4所示。

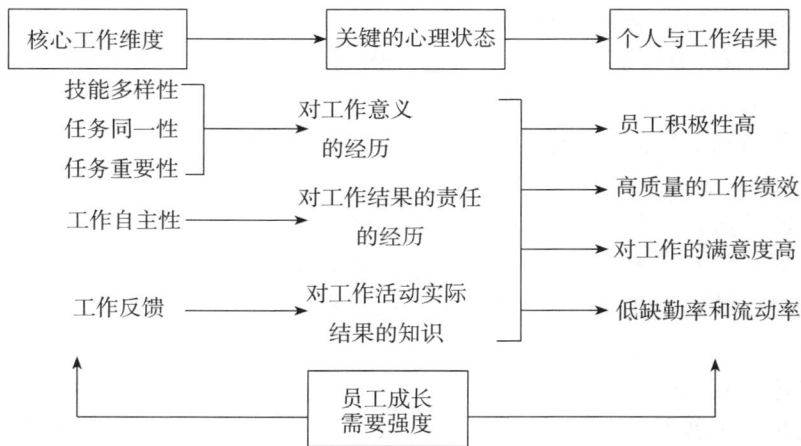

图6-4　工作特性模型

从工作特性模型的结构图可以看出，前三个维度即技能多样性、任务同一性和任务重要性三者之间是如何相互结合，产生出有意义的工作的。同时也表明：当员工得知（关于结果的知识）他个人（体验到的责任）在其喜欢的（体验到的意义）工作方面干得很好时，员工就能得到内激励。这里的三种心理状态出现的机会越多，员工积极性、工作绩效、满意度就越高，员工缺勤率、流动率就越低。

2）工作设计的作用

一个好的工作设计至少具有三个方面的积极作用：

（1）能减少单调乏味的重复性劳动的不良效应。通过多样化的工作设计，可以保证工作者在从事工作过程中能够运用多种感觉器官，达到最佳的激励水平，对工作具有较高的激励作用，从而大大地减少了因为工作单调乏味的重复劳动而在心理上产生的不良反应。

（2）有利于建立整体性的工作系统。通过工作设计建立规模相对较小的自立性工作群体或班组，使员工在工作计划和工作方法方面有较大的决定权和自立权，由群体成员共同承担责任和义务，并把个人劳动成果与群体目标有机地联系起来，把生产流程、工艺技术、管理方式和奖励制度等因素组成一个相互依存的整体性工作系统。

（3）为充分发挥员工的积极性和创造性提供了条件。劳动者的积极性和创造性的高低，在很大程度上与工作中的自主权、责任感、与其他人的关系好坏，以及发挥和提高技能的机会多少等有密切关系。通过工作设计，可以使员工在工作中具有更大的自主权和责任感，改善与其他人的关系，为充分发挥和提高其技能创造更多的机会和条件。

6.3.2　工作设计的原则

工作设计既然如此重要，那么我们在进行设计时应遵循哪些基本原则呢？

（1）从管理哲学角度，要牢牢把握以人为中心的思想，正确处理好人与工作的关系，并根据工作环境的不同，灵活地、有选择性地使用以人为中心的设计方法和以任务-结构为中心的设计方法，并使二者有机地结合起来。一般说来，以人为中心的设计方法固然可以促进群体和组织发展，但是在某些场合，人们要想解决问题还需要具备社会、技术和结构的专业知识，这种方法较适用组织的中上层。同样，在采用以任务-结构为中心的设计方法时，咨询人员或主持人还应能协助组织成员参与管理，共同制订变革方案，让他们增强自己解决组织内问题的能力，此法比较适用于解决组织中较低层级的变革问题。在实践中，要根据实际情况，针对问题的类型来选择不同的方法。实验研究发现，只用一种组织开发的方法不如把两种方法结合起来取得的成效大。

（2）从心理学角度，要认真考虑工作者的个人特征、工作环境中的社会心理因素，整个组织的气氛和管理方式等因素。

（3）从工效学角度，注意工作设计应使某一工作的各项任务适合于人们的能力和所拥有的知识和信息；工作任务的时间安排要紧凑、合理，要把时间上紧密联系的和功能上密切相关的一系列任务设计在一起；要使工作本身有不同层次，既有比较常见的操作，又有相当责权的任务，以使工作具有渐进性；使工作人员运用相关联的设备尽可能在同一或邻近的地点从事工作。

（4）从技术学角度，应当重视工艺流程、技术要求、生产和设备等条件对工作设计的影响。

6.3.3　工作设计的理论与方法

工作设计的理论与方法主要有工作专业化、工作轮换和扩大化以及现代的工作设计方法等三种。

1）工作专业化

（1）工作专业化是一种传统的工作设计理论与方法。这是由泰罗和他的同事首先提出的，至今仍被各类组织所采用的理论与方法。它通过动作和时间研究，把工作分解为许多很小的单一化、标准化和专业化的操作内容及操作程序，并对工人进行培训和激励，使工作保持高效率。泰罗曾经指出，在现代科学管理中也许最突出的要素是工作任务这一概念，管理当局起码要提前一天把每个工人的工作充分安排好，给他们每人一份完整的书面的工作指示，详细地说明该工人要完成的工作任务。不但要规定他应做什么，还规定怎么做，以及完成该工作任务的确切时间。无论哪个工人能在所规定的时间内出色地完成工作任务，他都可以获得超出他的一般工资的30%~100%的超额工资。

泰罗的工作专业化设计方法是制造业流水作业生产线上应用最广泛的方法。这种工作设计的特点如下：

①机械动作的节拍决定工人的工作速度；

②工作的简单重复性；

③对每个工人所要求掌握的技术比较低；

④每个工人只完成每件工作任务中很小的工序；

⑤工人被固定在流水生产线上的某一岗位，限制了工人之间的社会交往；

⑥工人采用什么设备和工作方法，均由管理职能部门作出规定，工人只能服从。

（2）工作专业化设计的优缺点。工作专业化设计有下列四个优点：

①把专业化和单一化最紧密地结合在一起，从而可以最大限度地提高工人的操作效率。

②由于把工作分解为许多简单的高度专业化的操作单元，因此对工人的技术要求低，可以节省大量的培训费用，并且有利于劳动力在不同岗位之间的轮换，而不至于影响生产的正常进行。

③由于专业化对工人技术要求低，可以找到廉价的劳动力，因此大大降低了生产成本。

④由于机械化程度高，有标准化的工序和操作方法，因此提高了管理当局对工人生产的产品数量和质量的控制程度，保证了生产均衡、正常地进行。

工作专业化设计的缺点是：它只强调工作任务的完成，而不考虑工人对这种方法的反应，因而专业化所带来的高效率却被工人对重复单一的工作的不满和厌烦情绪所造成的缺勤和离职所抵消。

2）**工作轮换和扩大化**

为了解决专业化的工作设计使工人对工作产生不满和厌烦情绪的问题，许多管理人员就采取了工作轮换和扩大化这两种工作设计的方法。

（1）工作轮换。实施这种工作设计方法的前提是工人从一种工作岗位换到另一种工作岗位，保证工作流程不受重大损失。假定这是一条汽车装配线，工作1表示正在安装地毯，工作2表示正在安装座位，工作3表示正在安装仪表。在第一段时间内，工人甲做工作1，工人乙做工作2，工人丙做工作3。在第二段时间内，工人甲做工作2，工人乙做工作3，工人丙做工作1。采用这种工作设计方法，工人所做的工作实际上并没有真正的重大改变。但是，使工人在不同的工作岗位上进行轮换操作，是给工人提供了发展技术和有一个较全面地观察和了解整个生产过程的机会，从而可使厌烦和不满情绪减少到最低限度。但是，这种工作轮换在很大程度上说，也只是上述为缓解工人过分专业化的单一的重复性工作所产生的厌烦感的权宜之计。因为这种轮换并没有从根本上解决问题，轮换后的工人仍然在同一时间内只从事着另一种常规的简单、重复的工作，这样工人还会感到单调和厌烦。

（2）工作扩大化。这种方法是横向地扩大工人的工作范围，使一个工人所做工作种类更为多样化，每个工人除了担负原来自己所做的工种外，还扩大担负他的上、下工序原来由其他工人所做的工种。如前例，工作扩大之前，从工作1到工作4，每个工人都要承担负责安装汽车上的地毯、座位、仪表和无线电收音机等工作之一，而工作扩大化以后，工人甲就要负责安装地毯和座位，工人乙就要负责安装座位和仪表，工人丙就要负责安装仪表和无线电收音机。

增加每个工人应掌握的技术种类和扩大操作工序的数量的目的在于降低工人对原来工作的单调感和厌烦情绪，从而提高工人对工作的满意程度。然而有的批评家指出，这种方法没有改变工人的工作性质，只是为管理当局削减工人提供了机会。要想真正解决工人的不满和厌烦，还应求助于采用现代的工作设计方法。

3）**现代的工作设计方法**

工作丰富化和工作特征的再设计是现代工作设计的主要内容。

（1）工作丰富化。工作丰富化的理论基础是赫兹伯格的双因素论，就是通过增加工作内容本身的挑战性、自觉性、责任和成就等激励因素，提高人们对工作的积极性，获得更高的工作成绩和效果。工作丰富化是一种纵向的扩大工作范围，即向工作的深度进军的工作设计方法。这种方法比向工作的广度进军的工作扩大化设计方法更深刻，它主要集中改造工作本身的内容。

实现工作丰富化需要有一定的条件。研究成果表明，只有实现下列6个变化，才能实现工作丰富化：

①责任。不仅要增加操作者生产的责任，而且要使他们有责任控制产品质量，并保持生产的计划性、连续性和节奏性，使每一个工人都感到自己有责任完成一项完整的工作，生产出一种合格的产品。

②决策。通过确定产品标准，控制传送带的传送件数和速度，以及改变某些领导的控制程度，给工作者更多的工作自主权，以提高他们自己在工作中的权威性和自主权。

③反馈。把工作者所做工作的成绩和效果数据及时、直接地反馈给他们本人。在某种情况下，允许操作工人如实地收集和保存这些反馈的资料。

④考核。根据工作者达到工作目标的程度，给其以奖励和报酬。

⑤培训。为满足工作者的成长和发展的需要，就应给他们提供新的学习机会。例如，让他们熟悉质量控制和电子计算机程序控制等方法，并且还鼓励他们提出为使组织结构更好地适应新的发展而改进现行制度的建议。

⑥成就。通过提高工作者的责任心和决策的自主权，来培养和提高他们对所做工作的成就感和价值观。

工作丰富化的优点是：它与常规性、单一性的工作设计方法相比较，能够提供更大的激励和更多的满意机会，从而提高了工作者的生产效率和产品质量，还能降低工作者的离职率和缺勤率。

工作丰富化也有它的缺点：为使工人掌握更多的技术，企业因而增加了培训费，增加了整修和扩充工作设备费，给工作者支付了更高的工资等。

优缺点比较，优点大于缺点，因此工作丰富化这种方法正在被许多大公司所广泛采用。

无论在理论上，还是在实践中，工作丰富化都存在一定的问题。赫兹伯格的双因素论是工作丰富化的理论基础，但这种理论并没有明确提出对工作有什么要求才能满足激励的需要，在实施中，也无法判明工作者个人特点与工作丰富化的关系，随着工作多样性增加，责任、自主权等变量也相应变化等。

（2）工作特征的再设计。不同的工作者对同一种工作会有根本不同的反应，个人工作成效及其从工作本身所获得的满足，取决于工作设计的方式和对个人有重要影响的需求的满足程度。工作设计的任务就在于，充分考虑个人存在的差异性，区别地对待各类人及其要求，把他安排在适合于他独特需求、技术、能力的环境之中。

从需求的角度看，工作特征的再设计分为两大类，即包括自尊、地位和自我实现在内的高级需求的工作设计，以及包括安全、有保障及社交需求的低级需求的工作设计。一些工作者可能要求满足低级需求，他们就会积极地寻找常规性的工作；另一些工作者却以获得挑战性工作、能更多地提供个人成长和进步机会的工作而满足。所以，工作特征的再设计是针对工作者的不同需求进行不同层次的工作设计。

进行工作特征再设计首先必须研究获得高级需求满足的条件和心理状态。组织行为学的研究已证明，当人们了解到由于本身的努力，他们认为已完成的工作是很有价值和有意义的时候，他们就会感到高级需求的满足。一般来说，当一个工作者的工作具有下列情况和心理状态时，他就会得到高层次的满足。

①所做的工作必须使每个工作者都能亲自感受到他是负责着一件有意义的工

作，并给他一定的工作自主权。

②所做的工作要使人感到很有价值，个人独立完成一件完整的工作单元，能发挥他的多种技能，并能使本组织或社会上看到这种价值。

③所做的工作必须提供工作完成情况的反馈，这种反馈可以来自所做工作的本身，或来自管理者、同事或顾客等其他人。

其次研究工作设计范围和工作者需求程度。研究成果表明，工作设计的范围直接影响工作者需求的满足程度和工作成果，一般激励潜力最高的工作，上述三个心理状态一定也都是最高的。如果工作中有一个或多个心理状态处于低潮，则可以预料到个人及工作的成果也必然是低水平的。因此，工作特征再设计包括的范围有：

①组合工作。把高度专业化的各项工作结合在一个大的工作单元中。比如，将银行里的出纳员工作实行组合后，就不仅仅是办理一项或几项业务，而是对众多顾客都负责任。这样可以增加工作的多样性和完整性。

②组成自然的工作单位。工作者连续地对工作的整体负责。比如，企业的销售人员不只是销售一种产品，而是负责把企业全部产品销售给特定的顾客，这样可以加强工作完整感和重要感。

③与顾客建立联系。这样就可以进一步提高工作的满意感和组织工作成效。

④纵向扩充。使工作者在执行任务时有更大的自主权和责任。比如，制订工作计划的自主权，决定工作方法，检查工作质量，制订合理的工作进度，培训工人等。这个措施对加强核心工作特征诸方面都有积极意义。

⑤开放反馈渠道。这就是给工作者更多的机会来了解自己的工作结果。

最后探讨成长需要强度的调节作用。研究成果表明，成长需要强度在工作范围和工作成效关系上起着重要的调节作用。有高成长需要的工作者，当他的工作在各方面是高水平时，他就会受到内在的激励，从而导致较高的满足和绩效、较少的缺勤和离职。而对成长需要不强的人，在工作是高水平时，就会产生相反的反应。多样化、工作自主和完整性等可能使人感到超过了他本身的能力，反而不能实现有成效的工作。所以，对工作再设计的态度，成长需要高的人会支持，成长需要低的人会消极抵触。

4）工作设计新的发展趋势

传统的工作设计坚持"工作简化"的原则，即尽量减少每次操作动作的时间，减少对操作技能的要求和最大限度地提高质量。现代的工作设计方法是对"工作简化"加以修正，通过技能多样化、任务完整性、任务意义以及独立自主权和结果反馈以提高工人工作激励、工作满意感和工作绩效。然而自主的工作思想和新技术的出现给工作设计带来了新的发展趋势。

（1）自主的工作小组。自主的工作小组是工作设计的一种新形式，具有以下特征：第一，小组成员有极大的参与机会，他们共同讨论工作任务，选择工作方法，制订实施方案。小组是自行管理的，工作进展和费用支出等都由组内讨论决定。第二，小组尊重的是每个人的能力，组内的气氛是坦诚的，能保证工作高速进行。第三，小组内生产成本低于组织同类小组的水平。第四，小组的领导不全是行政指定的领导，谁能组织哪个方面的生产工作，谁就成为哪个方面的领导，组员也信服他的领导，行政指定的领导只能起秘书的作用，随着情境的变化，不同的人可以在各个方面起实际上的领导作用。第五，组员对小组的归属意识较强，不像一般组织中各个群体间冲突不断。组织中其他部门对自主工作小组的评价也很高。但有可能出现小组目标与规范偏离组织的规范和整体目标的情况，若这时对领导人选择不当，就会限制组员的能力，影响生产效率。

（2）在家办公。在自主工作思想和新技术的影响下，现代社会工作制度也逐渐发生了变化。首先是每周的工作时间大大压缩了，一般由原来的6～7天压缩到4～5天。在缩短了工作时间或工作周后，有的公司还采取弹性时间制，允许员工在特定的时间段内，自由决定何时上班。或是允许两个或更多的员工通过平均负担的方式来共同做满一周40小时的工作，从而实现工作分担。

但对许多人来说，因电脑网络的飞速发展，而带来了一种近乎理想化的工作方式，即在家办公：不用乘车往返公司上下班，工作时间灵活，穿着随意，几乎没有同事的打扰。这种方式就是让员工在家里，通过与公司办公室联网的电脑来接洽商务订购活动、填写各种报表、分析处理信息等公务。它是目前发展最为迅速的工作安排方式之一，而且还出现了家庭式友好组织。

（3）企业再造。企业再造的思想是美国人迈克尔·哈默（Michael Hammer）和詹姆士·钱皮（James A. Champy）在 1994 年出版的著作《再造企业》（Reengineering the Corporation）中首次系统表述的。

哈默与钱皮认为，自亚当·斯密以来的企业运营，都是建立在分工论的基础上的，这种效率低下的功能组织不能适应以顾客主导、竞争激烈、变化迅速为特征的现代企业经营环境。必须彻底摈弃大工业时代的企业模式，即将硬性拆开的组织架构，如市场开发、生产、营销、人事、财务、后勤等功能性部门，按照自然跨部门的作业流程重新组装回去，即从协作的角度出发，用整体思想重新塑造企业的所有流程，使企业模式与当今时代信息化、全球化相适应，才能大幅度提高企业生产力。显然这种重新组装是对过去组织赖以运作的体系与程序的一种革命。

企业再造的核心是业务程序（或业务流程）的再造。流程再造的最终目标是通过改变工作结构和工作方法来培养企业独特的个性，取得绩效的巨大飞跃。企业再造的思想，将导致传统管理理论与实践出现全面革新，必将迎来全新的管理天地。当然，实践中对流程重新塑造为企业带来惊人变化的例子很多，但由于流程再造失败给企业带来了很大损失的例子也不少。

6.4 压 力

6.4.1 压力的性质与反应

1）压力的概念和作用

个体在一种动态情境中，常常要面对与自己所期望的目标相关的机会、限制及要求，并且这种动态情境所产生的结果被认为是重要而又不确定的。所谓压力，是指人对于外部情境的一种适应性反应，它导致组织的参与者的生理、心理或行为上的变化。它是人和环境的相互作用的结果，是机体的内部状态，是焦虑、强烈的情绪和生理上的唤醒，以及挫折等各种情感和反应。压力在心理上产生的作用就是紧张。压力状态由两方面的因素构成：一是威胁，也称"紧张刺激物"；二是由个体生理上可测量的变化和个体行为组成的反应。

压力又总是与各种限制和要求相联系，"限制"会阻碍一个人去做自己想做的事，"要求"则会使自己丧失所渴望得到的事物。当你在工作岗位上参加绩效考评时，你就会因面对各种机会、限制和要求而感到有压力。如好的绩效评定结果可能导致晋升、更大的责任、更高的报酬；而较差的绩效评定结果则可能使你失去提升的机会，很差的绩效结果还可能导致被解雇。但压力本身不一定就是坏事，尽管一般讨论的是其负面影响，可它毕竟也有积极的、有价值的一面，即它是一种潜在的收益机会。如运动员在"紧要关头"常常利用压力的积极作用抓住机会，超常发挥出相当或接近他们的最大化的水平，从而创造出优异的成绩。这是良性压力的一种形式。

2）压力的体验

组织行为学家的研究成果表明，个人是否能够体验到工作压力，主要取决于知觉、经历、压力与工作绩效关系、人际关系等因素。这是因为每个人所具有这四个因素的情况不同，所以压力的体验完全是因人而异的。

压力所引起的情感反应因人而异，受性别、文化背景、遗传、环境和对付压力的方法等各种因素的制约。人是有区别的，具有不同个性的人，对同样的压力却有相反的反应。

3）压力的反应

人们体验到压力之后，就会有反应。这种反应可以是畏缩或者奋争。这种反应影响到肌肉、眼睛、呼吸速度和心跳速度，使躯体做好临阵逃脱或奋勇抵抗的准备。大脑向位于两肾上端的肾上腺发出指令，该指令迅速得到辨认，人体便开始分泌肾上腺素。以下便是肾上腺素所引起的肉体反应：

（1）心跳开始加快，从而能够把血液最大限度地输送到人体周身，使之做好采取任何行为的准备。

（2）呼吸速度加快，从而血液可以把大量的氧气带进肌肉，使之能够有效地工作。

（3）血压增高，从而能够充分地向主要器官供血。

（4）皮肤和内脏里的血管自行收缩，从而躯体能够获取比平时更多的血液，进入临阵状态。

（5）瞳孔放大，从而我们既能看见威胁我们的东西，又可看清逃离它的道路。

（6）血糖急剧上升，提供了大量的能量用以抵抗或逃离"敌手"。

6.4.2　压力来源

一般来说，压力来源于组织外部、组织内部、个人因素三个方面。

1）组织外部

组织外部环境是很重要的压力源，如社会/技术变化、全球化、家庭、搬迁、财经环境、种族和阶层、居住地和社区环境等。环境的不确定性不仅会影响组织结构的设计，也会影响组织中员工的压力水平。

社会、技术的迅速变化会对每个人的生活方式造成很大的影响，当然也会把这种影响带到工作中去。现代生活的步伐增加了人们的压力，使人们易于陷入匆忙的、自动化的、都市化的、拥挤的、来去匆匆的现代化生活方式中。这破坏了人们的幸福，工作中的潜在的压力因素越来越多。

商业周期性变化带来的经济不确定性，在经济紧缩时，人们会为自己的安全保障而倍感压力；人们在具有政治不确定性的地区和国家中也会感到较大的压力；另外新技术革新使一个员工的技术和经验在很短时间内过时，从而也引发人们的压力感。

家庭环境，无论是一次简短的危机，还是夫妻双方、长辈与子女之间的长期的紧张关系，对于员工来说都是一个重要的压力源。近来的一种趋势是员工越来越难以完全处理好工作和家庭中各种责任的平衡。

2）组织内部

组织中的员工常常会因以下情况而感到压力：所做的不是自己愿意做的事，或在有限时间里完成工作，工作负担过重，同事令人讨厌，难以相处的老板等。这些组织因素主要包括任务要求、工作环境、角色要求、人际关系要求、组织结构、组织领导作风和组织生命周期等。

（1）任务要求。员工所担负组织交给的具体任务也是压力的主要来源之一，它无论什么时候都存在。所担负的任务不同，就会有不同的期望和要求。在模棱两可的任务下，工作职责存在着不确定性。冲突也与模棱两可的任务一样，是组织压力的重要来源。有时员工担负的工作量太多或太少以及不同的工作条件也能产生压力。

（2）工作环境。几乎所有的工作环境中任何事都可能是某人的压力源。不好的工作环境，如严寒和酷暑、噪声、光线太强或太暗、放射线和空气稀薄等，都可能使职工产生压力。

（3）角色要求。个人在组织中扮演的特定角色也会给他（或她）带来压力。

（4）人际关系要求。群体对组织中人的行为具有很大的影响，人与人的关系是组织生存和压力的潜在来源的关键部分，良好的人与人之间的关系可以促进个人和组织目标的实现，而不好的人与人之间的关系就会产生压力和其他不愉快的后果。

（5）组织结构。组织结构所界定的组织层次分化水平、组织规章制度的效力、决策的地点及其有效范围等，都会成为压力源。如果组织规章制度过多，员工缺乏参与决策的机会，其在工作中就会因此而受到影响。

（6）组织领导作风。这是指组织高层管理人员的管理风格。有些公司主要负责人的管理风格会导致一种以员工的紧张、恐惧和焦虑为特征的组织文化，它们会使员工在短期内产生幻觉式的压力。

（7）组织生命周期。组织运行是有周期的，一般要经过初创、成长、成熟、衰退这四个阶段所组成的生命周期。这个过程会给员工带来许多不同的问题和压力，尤其在初创和衰退阶段，更是压力重重。

3）个人因素

员工个人因素包括家庭问题、经济问题和员工个性特点等方面。

一个人担负很多任务或起很多作用，但只有部分是与组织相联系的，这也是压力来源之一。人们个人的目标和需要也许与工作有冲突，从而产生压力。人们个人的需要与他们的家庭需要可能有冲突，从而产生压力。人们个人生活中的许多压力是来自离婚、结婚、家庭成员的死亡等重大变化，这些压力可能使人致病。国外对5 000多个病例病因分析，研究结果表明，得病的根本原因是他们脱离了原来的正常生活，即生活发生了重大变化。同时，主要的压力源与员工个人自身经历发展有密切关系，这包括工作安全、提升、调动和发展的机会等。

但这些压力因素都具有可加性，因为压力是逐步积累和加强的。每一个新的持续性的压力因素都会增强个体的压力水平。单个压力因素本身可能无足轻重，但如果加在业已很高的压力水平上，它就可能成为"压倒骆驼的最后一根稻草"。因此要评估一个员工所承受的压力总量，就必须综合考虑他所承受的机会压力、限制性压力和要求性压力。

6.4.3 压力的后果

压力产生的后果有积极的和消极的两种，但通常更多的是表现在消极方面。在美国，研究人员发现，每年由于与压力有关的疾病所导致的劳动生产率下降的损失高达600亿美元。压力的消极作用表现在生理、情绪和行为三个方面。压力对生理的影响包括：血压升高、尿频、易怒、缺乏食欲等。压力对情绪的影响包括：发怒、忧虑、意志消沉、影响自尊心、智力功能降低、神经过敏、激动、对领导的愤慨，以及对工作不满等。压力对行为的影响包括：工作绩效降低、缺勤率高、工伤事故率高、有冲动性行为，以及难于沟通等。

压力的消极作用集中表现在对健康和工作绩效的损害方面，这种损害程度与控制能力与个人对压力的态度有密切关系。

1）压力与健康的关系

研究人员发现压力与冠心病有联系，伴随着工作而来的其他健康问题有酗酒、滥用药物、身体的失调和病痛，以及各种思想问题。最近还发现压力与癌症有联系。虽然这种压力对健康的影响作用是很难精确地表示出来的，但无疑大量病痛都是与压力有关的。与压力有关的疾病的产生涉及人力和组织力的耗费。这种花费对个人来说，有时比对组织力的耗费更为严重。

2）压力与工作绩效的关系

运动员和销售经理都可以利用压力的积极影响而取得最优的成绩，可城市大医院急救室的医护人员常常因处于救治病人的压力中而麻木，并导致绩效水平下降。可见没有哪一方面压力所带来的积极和消极的影响，能比压力与工作绩效关系更明显的了。压力从低到高的变化对工作绩效水平的影响是不同的。在低压力的情况下，人们可能不警惕，没有挑战性，工作绩效不能达到最高水平。压力达到中等水平时，它有助于刺激机体，增强机体的反应能力，就能改善工作绩效水平。这时候个体的工作会做得更好、更快，并且个体也更加具有工作热情。对任何工作任务来说，均存在一个最优的压力水平，过了这个点后工作绩效就开始变坏，在超过这个压力水平的情况下，职工会过分焦虑从而影响他们取得好的工作绩效。

管理人员很想知道他们自己和其下属的最适宜的压力点。然而，这个信息是很难取得的。例如，职工可能由于工作枯燥乏味（压力太小），或因为工作过度（压力太大）而经常缺勤。某种程度的压力对做某一特定工作的职工来说，可能是合适的，而对另一个职工来说，可能就不合适。对特定的人所担负的某项任务来说，某种程度的压力是最优的，而对这个人所做的另一种工作来说，这种压力也许就是太大或太小了。

3）压力与工作要求和控制能力的关系

研究成果表明，压力与工作要求成正比，与控制能力成反比。工作要求与控制能力的关系可能形成四种格局，这四种格局对个人产生的压力也是不一样的，如图6-5所示。

图6-5 压力与工作要求和控制能力组合图

（1）高要求，低控制。这就是指在工作上提出完成工作量大、质量高、时间紧迫、与别人协作、采用新的工作方法和手段等高的要求，而个人对工作数量、质量、方法等的决定控制权力很小。在这种情况下，职工表现出受到的压力最为明显，是四种情况中压力最大的一种。

（2）低要求，高控制。这与高要求、低控制相反，职工受到的压力最小，是四种情况中压力最小的一种。但是职工受到的挑战和促进前进的动力也最小，进步不快。

（3）低要求，低控制。这种情况对个人压力较小，如长期如此，会使职工丧失作出独立判断的能力和接受挑战性工作的能力。

（4）高要求，高控制。在这种情况下，虽然工作对个人提出了高要求，有时甚至使职工对完成任务感到吃力，但由于个人工作的控制力强，有较大程度地参与决策的机会，因而，职工受到鼓舞，激励力也较大，职工的满意程度最大。

6.4.4　应付压力的措施与方法

我们在前面说过，低于中等水平的压力感有助于员工提高工作绩效。但经受的压力感水平过高，或中等水平压力感持续的时间过长，都会使员工绩效降低。这时就需要管理人员采取行动。其实，压力感对于员工满意度的影响并不直接，虽然低于中等水平的压力感有助于员工提高绩效，但他们仍然以为这种压力感令人不快。对付压力的方法很多，一般可以采取以下几条措施：

1）通过组织途径来改变行为方式以减轻和抵消压力

有效的管理者认为，首先要善于识别并指出压力的所在及其影响，以改变工作习惯和行为方式来对付太大的压力。管理者的主要任务在于积极寻找对待压力的行为方式，帮助职工正确对待压力。如重新确定目标，改善工作环境，重新设计组织结构和工作职务，提高工作职务的明确性，进行工作职务的分析等。

2）通过员工个人的解决途径来减轻和抵消压力

员工个人可以积极参加体育活动。研究成果表明，散步、慢跑、打网球、处理家务等，对于抵消和减轻压力都是有益的。任何一种活动都可以增加输入到身体和脑部的氧，促进血液循环，人就会更显机灵，从而增强抵消压力的能力。员工个人解决压力的有效策略除了加强体育锻炼、进行放松训练外，还可以通过实行时间管理、扩大社会支持网络等方法，来减轻自己的压力感。

6.5　组织文化

6.5.1　组织文化的概念与特征

1）组织文化的概念

关于组织文化的含义，有着多种不同的说法和意见。较为全面的一种解释是：组织文化是组织成员在较长时期的生产经营实践中逐步形成的共有价值观、信念、行为准则及具有相应特色的行为方式、物质表现的总称。

组织文化是一种特殊的社会现象，而不是简单的叠加与组合。组织文化是一个国家在特定历史阶段中多种因素相互作用的产物，这些因素主要包括阶级属性、民族性格、社会物质生产方式、地理环境、政治模式等，其中社会物质生产方式是起决定作用的因素。

2）组织文化的特征

组织文化作为一种文化现象，必然带有一切文化都具有的特征，即精神性、社会性、集合性、独特性和一致性。但组织文化同时作为一种亚文化，又与民族文化相区别。研究组织文化的特征，关键是要体现组织文化作为一种管理理论、作为一种独特的文化同其他文化及管理理论的根本区别。

（1）实践性。每个组织的文化，都不是凭空产生或依靠空洞的说教就能够建立起来的，它只能在组织中人们的社会实践过程中有目的地培养而形成。同时，组织文化又反过来指导、影响人们的实践活动。因此，离开了实践过程，企图靠提几个口号或短期的教育来建设组织文化是不可能的。

（2）独特性。每个组织都有自己的历史、类型、性质、规模、心理背景、人员素质等因素。这些内在因素各不相同，因此在组织运行和发展过程中必然会形成具有本组织特色的价值观、经营准则、经营作风、道德规范、发展目标等。在一定条件下，这种独特性越明显，其内聚力就越强。因此，在建设组织文化的过程中，一定要形成组织的个性特征。

（3）可塑性。组织文化的形成，虽然受到组织传统因素的影响，但也受到现实的管理环境和管理过程的影响。而且，只要充分发挥能动性、创造性，积极倡导新准则、精神、道德和作风，就能够对传统的精神因素择优汰劣，从而形成新的组织文化。

（4）综合性。组织文化包括了价值观念、经营准则、道德规范、传统作风等精神因素。这些因素不是单纯地在组织内发挥作用，而是经过综合的、系统的分析、加工，使其融合成为一个有机的整体，形成整体的文化意识。

6.5.2　组织文化的结构与内容

1）组织文化的结构

所谓结构就是各个组成部分的搭配和排列。研究组织文化的结构就是把组织文化作为一种独特的文化，找出各个组成部分的关系及相互影响。揭示组织文化的结构有助于我们认识组织文化作为一个有机整体和各个部分之间的关系，以便于对各个具体内容的研究。对组织文化实质认识的差异性，使得对组织文化结构的认识也存在着差异性。组织文化不仅包括组织的精神文化，还包括精神文化的外化。这些组成部分分为以下三个层次：

（1）物质层。物质层是组织中凝聚着本组织精神文化的生产经营过程和产品的总和，还包括实体性的文化设施，如带有本组织文化色彩的生产环境、生产经营技巧、图书馆、俱乐部、公园等。物质层是组织文化中的最表层的部分，是人们可以直接感受到的，是从直观上把握不同组织文化的依据。

（2）制度层。制度层是具有本组织文化特色的各种规章制度、道德规范和职工行为准则的总和，包括厂规、厂纪，以及生产经营过程中的交往方式、行为准则等。制度层是组织文化的第二层或称中介层，它构成了各个组织在管理上的文化个性特征。

（3）精神层。精神层是本组织职工共同的意识活动，包括生产经营哲学、以人为本的价值观念、美学意识、管理思维方式等。它是组织文化的最深层结构，是组织文化的源泉。它是组织文化比较稳定的内核。

组织文化的物质层、制度层和精神层是密不可分的，它们相互影响、相互作用，共同构成组织文化的完整体系。其中，组织的精神层是最根本的，它决定着组织文化的其他两个方面。因此，我们在研究组织文化的时候，要紧紧抓住精神层的内容，只要抓住了精神层，组织文化的其他内容就顺理成章地揭示出来。这就是为什么许多人对组织文化的研究重点都放在组织哲学、价值观念、道德规范上的原因，也是为什么一些人把组织文化误解为就是组织精神的原因。

2）组织文化的内容

（1）组织文化的显性内容。研究组织文化的内容要结合组织文化的实质和特征，从组织文化的"三层结构"来分析。组织文化的实质就是以人为本，以文化为手段，以激发职工的积极性为目的。它包括物质层、制度层和精神层三个层次。它们都是以文化的形式出现的。符合这些条件的都是组织文化的内容。

从组织文化的形式看，其内容可以分为显性和隐性两大类。所谓显性内容就是指那些以精神的物化产品和行为为表现形式的，人通过视听器官能直观地感受到的、又符合组织文化实质的内容。它包括组织标志、工作环境、规章制度和管理行为等几部分。

①组织标志。组织标志是指以标志性的外化形态来表示本组织的组织文化特色，并且和其他组织明显地区别开来的内容。以企业为例，如企业的厂牌、厂服、厂徽、厂旗、厂歌、商标、标志性建筑等。这些组织标志的形成是为了明显而形象地概括组织文化的独特色彩，使人们能很快地找出本组织与其他组织的区别。因此，组织标志不是可有可无的，它有助于组织文化其他方面的建设，有助于组织形象的塑造，有助于激发职工的自豪感和责任感，使全体职工自觉地维护本组织的形象。

②工作环境。工作环境是指职工在组织中办公、生产、休息的场所，包括办公楼、厂房、俱乐部、图书馆等。以人为本的组织哲学确立以后，工作环境就成了组织文化的一个重要内容。一方面，良好的工作环境是组织领导爱护职工、保障职工权利的表现；另一方面，良好的工作环境能激发职工热爱组织、积极工作的自觉性。因此，以改善职工工作环境为主要内容的环境建设是组织文化的一个组成部分。

③规章制度。并非组织所有的规章制度都是组织文化的内容，只有那些以激发职工积极性和自觉性为目的的规章制度，才是组织文化的内容，其中最主要的就是民主管理制度。过去组织制定的往往是一些对职工的生产经营活动严格要求的规章制度，这些规章制度对职工虽然能起到约束作用，使职工按既定的要求进行生产经营活动，但是这些规章制度无助于职工积极性和自觉性的发挥，这仅仅是一种硬性的约束。组织文化的理论更侧重于软约束的作用，它要求在组织中建立起一套有利于领导和职工之间的沟通，有利于职工畅所欲言，鼓励职工发明创造的民主管理制度和其他有关制度。组织的这些规章制度是组织以人为本的组织哲学的直接体现，是使职工自觉维护组织利益的重要手段。

④管理行为。同样，并非组织所有的管理行为都是组织文化的内容。我们知道，文化包括精神性的行为，而组织文化所包含的一部分内容就是在以人为本的管理哲学的指导下的领导行为和以全体职工共同意志为基础的自觉的各种活动，如企业组织的思想政治工作、在生产中以"质量第一"为核心的生产活动、在销售中以"顾客至上"为宗旨的推销活动、内部以"建立良好的人际关系"为目标的公共关系活动等。这些行为都是组织哲学、价值观念、道德规范的具体实施，是它们的直接体现，也是这些精神活动取得成果的桥梁。

组织文化的显性内容主要表现为以上四个方面，它们是组织文化的重要组成部分，但它们毕竟是精神的外化，还不是组织文化的根本内容，因此，我们必须进一步研究组织文化的隐性内容。

（2）组织文化的隐性内容。组织文化的隐性内容是组织文化的根本，是最重要的部分。它虽然隐藏在显性内容的背后，但它直接表现为精神活动，直接具有文化的特质，而且它在组织文化中起着根本的决定性作用，因此，我们在研究组织文化的内容时，要牢牢抓住这些隐性内容，作为根本点和出发点。当然我们要避免把组织文化的内容仅仅局限于隐性内容的片面认识。

组织文化的隐性内容主要包括组织哲学、价值观念、道德规范、组织精神等几个方面。这些内容都是在组织长期的生产经营活动中形成的，存在于人们的观念中，成为一种精神文化，它们必须通过一定的方式表现出来。这些内容的整合性使它直接影响组织的各项活动，给组织带来高效率和高效益，使组织充满生机和活力。

①组织哲学。组织哲学与其他哲学一样，是组织理论化和系统化的世界观和方法论。它是一个组织全体成员所共有的对世界事物的一般看法，用它指导组织的生产、经营、管理等活动，处理人际关系等，便成为方法论的原则。因此，组织哲学是对贯穿于组织各种活动的统一规律的认识。从一定意义上讲，组织哲学是组织最高层次的文化，它主导、制约着组织文化其他内容的发展方向。组织哲学不同，组织的建设和发展也必然不同，它是组织人格化的基础，是组织的灵魂和中枢。从根本上说，组织哲学是对组织总体设计、总体信息选择的综合方法，是组织一切行为的逻辑起点。

从组织管理史角度看，组织哲学已经经历了"以物为中心"到"以人为中心"的转变。泰罗是第一个提出建立组织哲学的人，他认为管理人员不应该是一个执鞭驱策别人的人，而应该提出一套新的管理哲学和方法。他的组织哲学着眼于工人操作的标准化，提出了作出标准和时间定额的概念和方法，确立了金钱刺激的原则。行为科学理论则使理性主义哲学开始向人本主义哲学转化，他们注重人或人的行为对组织行为的影响，注意主体在组织中的决定作用，形成了全面肯定人的需求、心理满足的"科学的人道主义"组织哲学。第二次世界大战以后，随着新技术的发明和新科学的建立，理性和科学的方法再次被管理界视为根本的方法。西方现代管理学派确立了实行系统化、定量化、自动化管理的组织哲学。进入20世纪80年代，组织文化理论使组织哲学再次发生一场变革，形成了我们今天要大力提倡的组织哲学，这就是以人为本、以文化的手段激发职工自觉性的人本主义哲学。

②价值观念。观念，泛指客观世界在人脑中的反映即意识。价值观念是人们对客观事物的一种评价标准，是对客观事物和人是否具有价值以及价值大小的总的看法和根本观点，包括组织存在的意义和目的，组织各项规章制度的价值和作用，组织中人的各种行为和组织利益的关系等。价值观念是组织文化的重要组成部分，它为组织的生存和发展提供了基本的方向和行动指南，为组织成员形成共同的行为准则奠定了基础。价值观念对职工的行为起着直接的支配作用，职工在共同的价值观念支配下，就能自觉地从事各种活动，这是硬性管理所达不到的。

③道德规范。"道德"在拉丁文中意即"风气""习俗"，在我国一般是指人的品质和人们的行为准则，而规范就是人们行为的依据或标准。道德规范可以理解为人们在品行方面的准则，而这种准则是自然形成的，它的实现也是靠人们的自觉行为，它的监督是靠舆论的力量。组织的道德规范是组织在长期的活动中形成的，人们自觉遵守的道德风气和习俗，包括是非界限、善恶标准和荣辱观念等。道德规范是调节人们行为的一种手段，它是与组织的规章制度相对应的，它们的区别就在于规章制度是显性的，是硬性的管理，是靠约束力来保证实施的，而道德规范是隐性的，是软性的约束，是靠人们的自觉性来保证实施的。道德规范是通过影响职工的思想观念，确立明确的是非观念，从而导致职工的自觉行为，因此，组织道德规范的作用是不容忽视的。道德规范是组织文化的重要内容。良好的道德规范主要表现在尊重知识、尊重人才、友好相处、自觉工作、与组织共命运等，其核心作用还是激发人们的自觉性。组织文化以组织的道德规范为重要内容，是区别于其他管理理论的一个主要表现。

④组织精神。组织精神是指组织群体的共同心理定式和价值取向。它是组织的组织哲学、价值观念、道德规范的综合体现和高度概括，反映了全体职工的共同追求和共同的认识。组织精神是组织职工在长期的各项活动中，在组织哲学、价值观念和道德规范的影响下形成的。由于这些影响因素的不同，形成了各具特色的组织精神，如大庆的"铁人精神"、鞍钢的"孟泰精神"、日立制作所的"和"字精神等。这些组织精神虽然千差万别，但其核心内容都是激发职工的工作热情，发挥自

觉性，明确责任感。它主要包括：创业精神、奉献精神、主人翁精神、集体主义精神、创新精神、竞争精神、民主精神、服务精神等。这些组织精神都是对组织哲学、价值观念、道德规范的提炼和概括，并把它上升为一种精神。组织精神的这种概括性和精神性，使它具有巨大的鼓舞作用和强烈的凝聚力。现在许多组织都注意把本组织的组织文化加以总结和概括，挖掘出其中最有代表性的内核，并把它升华为一种精神，从而激励全体成员为之奋斗。

以上就是组织文化的四个主要隐性内容。除此之外，组织文化的隐性内容还包括组织的美学意识、组织心理、组织的管理思维方式等内容，这些都是我们在进行更深入的研究中要加以注意的。

6.5.3　组织文化的功能

组织文化在组织管理中发挥着重要功能，主要表现在：

1）组织文化的导向功能

组织文化的导向功能，是指组织文化能对组织整体和组织每个成员的价值取向及行为取向起引导作用，使之符合组织所确定的目标。组织文化之所以会有导向功能，是因为一个组织的组织文化一旦形成，就会建立起自身系统的价值和规范标准。当组织群体价值取向和行为取向与组织文化的系统标准产生悖逆现象时，组织文化将发挥导向作用。但这种导向是通过组织文化的塑造来引导员工的行为心理，使人们在潜移默化中接受共同的价值观念，自觉地把组织目标作为自己追求的目标。

2）组织文化的约束功能

组织文化的约束功能，是指组织文化对每个组织成员的思想、心理和行为具有约束和规范的作用。组织文化的约束不是制度式的硬约束，而是一种软约束，这种软约束即是组织中弥漫的组织文化氛围、群体行为准则和道德规范。群体意识、社会舆论、共同的习俗和风尚等精神文化内容，造成强大的使个体行为从众化的群体心理压力和动力，使组织成员产生心理共鸣，继而产生行为的自我控制。

3）组织文化的凝聚功能

组织文化的凝聚功能，是指当一种价值观被该组织员工共同认可之后，它就会成为一种黏合剂，从各个方面把其成员团结起来，从而产生一种巨大的向心力和凝聚力。组织文化是组织全体员工共同创造的群体意识，它所包含的价值观、组织精神、组织目标、道德规范、行为准则等内容，均寄托了组织成员的理想、希望和要求，关系到他们的命运和前途。组织成员由此产生了"认同感"，使他们感到个人的工作、学习、生活等任何事情都离不开组织这个集体，将组织视为自己的家园，认识到组织利益是大家共存共荣的根本利益，从而以组织的生存和发展为己任，愿意与组织同甘共苦。组织文化的凝聚功能还反映在组织文化的排外性上。对外排斥可以使个体凝聚在群体之中形成命运共同体，日本组织的竞争力强与弱与此不无关系。

4）组织文化的激励功能

组织文化的激励功能，是指组织文化具有使组织成员从内心产生一种高昂情绪和发奋进取精神的效应。组织文化强调以人为中心的管理方法。它对人的激励不是一种外在的推动，而是一种内在引导。它不是被动消极地满足人们对实现自身价值的心理需求，而是通过组织文化的塑造，使每个组织成员从内心深处产生为组织拼搏的献身精神。

积极向上的组织精神及文化传统本身，就是一把职工自我激励的标尺，员工通过它对照自己的行为，找出差距，可以产生改进工作的驱动力。同时，组织和团体内共同的价值观、信念及行为准则又是一种强大的精神支柱，它能使人产生认同感、归属感及安全感，起到相互激励的作用。

5）组织文化的创新功能

建立具有良好的、积极的、富有个性和鲜明特色的组织文化，是组织创新的一个重要方面，是激发员工创新精神的源泉和动力。

6）组织文化的辐射功能

组织文化的辐射功能，是指组织文化一旦形成较为固定的模式，它不仅会在组织内发挥作用，对本组织员工产生影响，而且也会通过各种渠道对社会产生影响。组织文化向社会辐射的渠道是很多的，但主要可分为利用各种宣传手段和个人交往两种途径。一方面，组织文化的辐射功能可以树立组织在公众中的形象；另一方面，组织文化对促进社会文化的发展有很大的影响。

6.5.4　组织文化建设

1）制约组织文化建设的因素

组织文化建设是组织内外部环境诸因素共同作用的结果。所以，当我们进行组织文化建设时，应当首先明确影响组织文化的各种因素及其强度，以及每种因素的作用方式。

（1）经济体制。国家的经济体制既是影响组织经营管理制度的重要因素，又是影响组织文化发展完善的重要因素。我国目前仍然处于社会主义初级阶段，这个历史阶段的中心任务是大力发展社会生产力。与此任务相适应，我国实行的是社会主义市场经济体制。这样，围绕着改革开放、搞活经济，国家从宏观上实施一系列相应的调控政策和措施。作为国民经济基本单位的组织，势必也要从经营战略基本构思上考虑如何配合与适应整个国民经济发展的要求。因此，组织文化建设必须围绕国民经济大环境的要求，为促进国家经济体制改革服务。

（2）政治体制。当我们具体地观察每一个组织的文化特征时，就会发现：任何组织文化中都体现着一定的政治性，绝对超然的组织文化事实上是不存在的，亦即政治因素对组织文化有着普遍影响。在社会主义制度下，组织文化体现着国家、集体和个人三者利益的有机结合，重视工人阶级的主人翁地位和作用。而在资本主义制度下的组织文化，归根到底是维护资本家集团的权益和地位的。当然，任何国度中的组织文化都含有科学、合理、有利于促进生产力发展的人类文明的进步因素。然而，当我们研究并着手实施组织文化建设时，则必须考虑如何体现当时的政治环境并为当时的政治任务服务。

（3）社会文化。组织是在社会文化环境中生存和发展的，组织的文化建设必然接受并服从它所在的环境的影响和要求。从我国组织现存的文化状态考察，就会看到诸如中庸、人伦等几千年一直沿袭下来的封建文化仍然在组织员工队伍中发挥不同程度的影响作用。这说明，社会文化是组织文化的影响因素之一。当然，社会文化本身就是多因素的统一。我国组织文化的主流是生产资料公有制决定了社会主义文化居主导地位。随着我国对外开放政策的长期稳定的实施，不可避免地会流入西方文化因素。国外文化的流入，不论对我国社会还是对组织，都有两方面的影响，即积极的影响和消极的影响。我们的原则是本着批判地吸收，以我为主、博采众长、融合提炼、自成一家的原则正确地、积极地加以对待。

（4）科学技术与生产力发展水平。科学技术与生产力发展水平是影响组织文化的重要因素。这两种因素推动着社会文化的进步，改变着人们的生活方式、交往方式和生产经营方式。在一定意义上说，科学技术和生产力水平是组织文化建设的决定因素，原因就在于这两者都是组织发展壮大的基础。

（5）行业技术经济特点。行业不同，其生产、经营的业务作业必然不同，该行业中的组织文化也必然带有明显的行业特征。不同行业之间，其分工协作关系与特点不同，工艺特征不同，人工作业过程与自然力发挥作用的结合关系不同，各道工序、环节乃至各组织之间的供求关系的表现形式不同，就导致行业经济技术特点不同。而行业经济技术也是科技文化内容的组成部分，所以，其影响组织文化建设的方式、程度都有所不同。我们必须紧密结合本行业组织业务（作业）必然运用的经济技术去研究组织文化的具体内容。

（6）组织所在的地理位置。任何组织及其所属单位都占据一定的空间位置。不同的空间位置承载着不同的社会环境、民族习俗、市场发达程度、生产力布局特征等有差别的组织存在条件，从而直接或间接地成为影响组织文化的重要因素。事实上，当代世界各国都存在着因发展不平衡而加深了地区之间先进与落后的矛盾性。这种空间地理位置上带有的矛盾性直接影响着组织文化，使同一行业但处于不同地域的组织在经营上具有差异性。

（7）组织基本员工的特点。市场经济条件下的组织员工因人才市场和劳务市场的不断健全、完善而处于相对流动状态。但组织的管理又在客观上需要员工队伍中有相对稳定的一大部分人员长期在本组织供职。这样，组织总是拥有一支骨干性的基本员工队伍的。这支队伍在人口统计学方面的各种构成因素，以及因较长时间在本组织工作接受企业影响的程度等，都将形成员工队伍特征。这种特征是组织员工普遍带有的某种风气和习惯。而这些员工普遍都有的某种风气或习惯是事实上已经影响组织成长的但却是旧文化基础。当我们在建树或改革组织文化时，就必须重视这个基础。它可能是对新文化有积极作用的，也可能是对新文化有阻碍作用的。人是构成生产力的最活跃的因素，也是对组织文化具有决定性影响的因素。一般而言，人都具有可塑性，尤其是年轻人。所以，组织文化建设中要求考虑员工的特征，其实质是指要因人员队伍的具体情况而制宜，通过适当的思想、文化、道德教育或宣传工作，去引导、培养和提高组织全体员工的素质。

（8）组织的历史传统。任何一个组织，只要是经历了一定时期的成长、发展过程，都会使其成员形成种种约定俗成的价值观念、工作习惯和生活习惯，从而表现为组织传统。这种传统会一代代地传下去，并在相传的历史过程中，越来越加以成形化或者叫作凝固化。但它有两重性，或者因其始终是优良传统而有利于组织的生存和发展，或者因其逐渐地与生产力发展水平、生产方式变革的进程相比而越来越成为保守、落后的传统，使组织的发展受到限制。因此，组织的历史传统是建树或更新组织文化时必须认真调研并严肃对待的因素。

2）组织文化的形成机制

一个比较定型的、系统的组织文化，通常是在一定外部环境下，为适应组织生存发展需要，首先由少数人倡导和实践，经过较长时间的传播和规范管理而逐步形成的。

（1）组织文化是在一定环境下组织生存、发展需要的反映。存在决定意识，作为组织文化核心的思想观念首先是组织生存发展环境，即外部物质力量的反映。因为观念的东西不外是移入人的头脑，并在人的头脑中改造过的物质的东西而已。例如，用户第一、顾客至上的经营观念，是商品经济出现买方市场，造成组织间激烈竞争的环境反映。大庆的为国分忧、艰苦创业、自力更生、"三老四严"的精神在某种程度上是20世纪五六十年代我国面临国外封锁、国内经济困难、石油生产又具有分散及一定危险性等客观现实的反映。组织作为社会有机体要生存、要发展，但是客观条件又存在某些制约和困难，为了适应或改造客观环境，产生了某些相应的思想和行为模式。

可见，组织文化是适应组织自身生存发展需要，针对特定环境、条件和矛盾而产生的。同时，也只有反映组织生存发展需要的文化，才能被更多的成员所接受，才有强大的生命力。

（2）组织文化发端于少数人的倡导与示范。文化是人们意识的能动产物，不是客观环境的消极反映。在客观上出现对某种文化需要的情况下，由于人们认识水平存在较大差异，加上这种文化需要往往交织在各种相互矛盾的利益之中，羁绊于根深蒂固的传统习俗之内，因而，一开始总是只有少数人首先觉悟，他们提出反映客观需要的文化主张，倡导改变旧的观念及行为方式，成为组织文化的先驱者。在组织文化的形成过程中，少数领袖人物和先进分子起着十分重要的作用。第一，他们以十分敏锐的洞察力，提出新的思想和主张；第二，他们以非凡的勇气率先进行新的实践。正是他们提出顺应时代的方向、目标和行为方式，并以他们的成功的示范证明其正确，从而启发和感召了组织的其他人，使组织新的文化模式得以形成。

（3）组织文化是坚持宣传、不断实践和规范管理的结果。组织文化的建设是在一个已经存在某种思想观念及行为习惯的群体中进行的，实际上它是一个以新的思想观念及行为方式战胜旧的思想观念及行为方式的过程，这必然是一个充满矛盾、冲突，甚至痛苦的较长过程。

传统观念及行为习惯的改变是困难的，新的思想观念必须经广泛宣传、反复灌输才能逐步为群众所接受。组织文化一般都要经历一个逐步完善、定型和深化的过程。一种新的观念，需要理论支持和实践的检验，而理论的建立和实践的展开都需要时间。文化的自然演进是相当缓慢的，因此组织文化一般都是规范管理的结果。组织领导者一旦确认新文化的合理性及必要性，就在宣传教育的同时，制定相应的行为规范、制度，不断考察，实施奖惩，强制性地要求组织成员实践新的文化，在实践中转变组织成员的思想观念及行为模式。一旦新的思想观念及行为变成了多数组织成员自觉的行为，组织文化就建立起来了。

综上所述，组织文化的决定因素是组织需要、环境、倡导者、员工素质及管理。相似的需要、环境等，形成组织文化的共性，不同的需要、环境、倡导者，不同的风格、不同的员工素质及管理水平形成组织文化的个性。

3）组织文化建设的程序和方法

（1）组织文化建设的程序。

①研究树立阶段。这个阶段首先要调查研究组织的历史和现状，在此基础上，有针对性地提出组织文化建设目标的初步设想，经各有关部门审议之后，向组织全体职工发起组织文化建设的倡议，并动员广大群众积极参加组织的文化建设活动。

②培育与强化阶段。这一阶段是将组织文化建设的总任务分解成组织内部各部门、各业务环节明确的工作任务，使各部门根据自己特点而有意识激励本部门职工形成特有的精神风貌和行为规范，把组织文化建设变成具体的行动。

③分析评价阶段。这个阶段首先是根据信息反馈将整个组织文化建设工作开展以来的工作成绩和存在问题进行剖析，研讨深层次的原因，评价前阶段的成功与失误，具体内容应该看组织文化建设的目标和内容是否适合本组织实际需求，各基层机构的风气、精神面貌是否体现了组织文化建设的宗旨。

④确立与巩固阶段。这个阶段的工作包括处理问题与归纳成效两部分内容。前者是在评价基础上摒弃原来组织文化中违背时代精神的内容；后者是将符合时代精神的组织文化建设经验加以总结，并加工成通俗易懂的、有激励作用的文字形式，用以进一步推广。

⑤跟踪反馈阶段。随着组织经营环境的变化，组织文化的内容也要适应这种变化。这是意识形态上应变的需要。然而，现有业已确立的组织文化是否能及时地迎合环境变化，不应该依靠组织管理者的主观判断，而应依靠来源于基层实际情况的反应。这就是反馈信息。但检验组织文化适应性的反馈信息必须是经常性和系统性的。所以，组织文化建设程序的第五阶段，或者说某一循环期的最后阶段的工作是有布置的信息跟踪。这种有意安排的跟踪，一方面能保证及时解决组织文化应变问题，同时也是组织文化建设下一轮循环的基础和起点。

（2）组织文化建设的方法。在上述五个阶段的组织文化建设过程中，还需要有适当的具体塑造方法。塑造组织文化的方法有多种，一般而言，有成效的方法是：

①示范法，即通过总结宣传先进模范人物的事迹，发挥党员、干部的模范带头作用，表扬好人好事等方法给广大职工提供直观性强的学习榜样。这些榜样的事迹和行为，就是组织文化中关于道德规范与行为准则的具体样板。做好这种工作，就是把组织所要建立的文化意识告诉给广大职工。

②激励法，即运用精神的与物质的鼓励，包括开展竞赛活动、提口号、提目标、提要求、评先进等，使职工感到自己的事业进取心将有满足的机会，从而主动且努力地工作，并把自己工作能否有成绩的基础，认定是自己的工作岗位、自己的组织。与此同时，还必须从生活方面关心职工，通过不断改革分配制度去满足职工物质利益上的合理要求。

③感染法，即运用一系列的文艺活动、体育活动和读书活动等，培养职工的自豪感和向心力，使之在潜移默化的过程中形成集体凝聚力。

④自我教育法，即运用谈心活动、演讲比赛、达标活动、征文活动等形式让职工对照组织的要求找差距，进行自我教育，转变价值观念和行为。

⑤灌输法，即通过讲课、报告会、研讨会等宣传手段进行宣教活动，把组织想要建立的文化目标与内容直接灌输给职工。

⑥定向引导法，即有目的地举行各种活动引导职工树立新的价值观念，并创造出新价值观念氛围。

本章小结

组织是为实现某些目标而设计的人群集合体，是每个成员在这个集合体中进行各种活动的构架系统。

组织理论通常是一些有关组织结构和职能的设想。第一种是以关心工作和关心从事该工作的人的假设，即古典的组织理论或传统组织理论；第二种是具有不同的关心工作和人的设想，但都以人为中心，被称为行为组织理论或新古典组织理论；第三种以系统的观点来看待组织，称为权变方法或现代组织理论。在组织研究中，这种权变方法现已成为一种潮流，但由于很多东西是从古典理论中演变而来的，因此还必须搞清楚组织的含义、类型等基本知识。

在现代社会里组织结构与员工绩效、工作满意度之间没有千篇一律的固定关系，而且并非每个人都喜欢有机结构带来的自由和灵活性。有些人在机械结构中，也就是工作任务标准化程度很高且比较明确时，绩效最高，工作满意度也最佳。因此我们在进行组织设计时，必须考虑到个体差异对员工行为的影响。这一点可以从员工对组织专业化、管理跨度和集权程度的喜好方面得到验证。

工作设计也是一种激励方法。了解如何进行工作设计，有助于管理者设计出可以增强员工激励水平的工作。因为富有激励智能的工作有助于增强员工对工作要素的控制感，所以自主性较高、反馈机制良好的工作，对于那些渴望对工作有较大控制权的员工来讲，可以增强他们的满意度。值得大家注意的是，对工作特性的认识对员工积极性的影响也许比工作特性本身更大，但需要向员工提供这类暗示。

工作压力本身的存在并不意味着工作绩效的降低。有关研究表明，压力感对员工绩效的影响可以是正面的，也可以是负面的。对于大多数人而言，低于中等水平的压力感有助于增强员工的敏锐性、反应能力，从而使他们的工作绩效提高。但经受高水平的压力感或持续时间过长的中等水平压力感，会使员工绩效降低。压力感对于员工满意度的影响并不直接，虽然低于中等水平的压力感有助于员工提高绩效，但他们仍然以为这种压力感令人不快。

一个人要有点精神，一个组织更要有点精神。组织文化是组织生存和发展的灵魂和精神支柱。组织文化是组织成员在较长时期的生产经营实践中逐步形成的共有价值观、信念、行为准则及具有相应特色的行为方式、物质表现的总称。由物质层、制度层和精神层构成的组织文化，包含了组织的价值观念、组织信念、组织目标、规章制度、职业道德、组织情感等内容，无形地在组织中发挥着导向、规范、凝聚、激励、创新和辐射等作用。

制约组织文化建设的因素有：经济体制、政治体制、社会文化、科学技术与生产力发展水平、行业技术经济特点、组织所在地理位置、组织基本员工的特点、组织的历史传统等。一个比较定型的、系统的组织文化，通常是在一定外部环境下，为适应组织生存发展需要，首先由少数人倡导和实践，经过较长时间的传播和规范管理而逐步形成的。

案例分析

沃尔沃的工作再设计

汽车制造业是瑞典工业中一个重要领域，而沃尔沃（Volvo）汽车公司又是其中的佼佼者。目前，在世界上，它算不上大公司。从20世纪中期起，它的汽车出口翻了一番，占它全部销售额的70%，虽仅占世界汽车市场的2.5%，却已占瑞典全年出口总额的8%以上，可称举足轻重了。该公司的管理本来也是一直沿用传统方法，重技术、重效率、重监控。直到1969年，工人的劳动态度问题已变得十分尖锐，使该公司不得不考虑改革管理方法了。

沃尔沃公司领导分析了传统汽车制造工作设计，认为它最大的问题是将人变成机器的附庸。所谓装配线不过是一条传送带穿过一座充满零部件和材料的大仓库罢了。这套生产系统的着眼点是零部件，而不是人。人分别站在各自的装配点上，被动地跟在工作件后面，疲于奔命地去依样画葫芦而已。这套制度的另一个问题是形成了一种反社交的气氛。工人们被分别隔置在分离的岗位上，每个岗位的作业周期又那样短（一般为 30～60 秒），哪许他们偷闲去交往？

沃尔沃先是设法用自动机器来取代较繁重、艰苦的工作，不能自动化的岗位则使那里的工作丰富化一些，又花一些本钱，将厂房、环境装饰得整洁美观，目的是想向工人表明，公司是尊重人的，但随即发现这些办法治标未治本。公司觉得在工作方面要治本，必须进行彻底的再设计。他们在当时正在兴建的卡尔玛新轿车厂，进行了一次著名的试验。

卡尔玛轿车厂总的设计原则是希望体现以人而不是以物为主的精神，因而取消了传统的装配传送带。以人为中心来布置工作，就是要使人能在行动中互相合作、讨论，自己确定如何来组织。管理要从激励着眼，而不是从限制入手。只有对孩子才需要限制，对成熟而自主的成人则宜用勉励而不是监控。所以，该厂工人都自愿组成 15～25 人的作业组，每组分管一定的工作，如车门安装、电器接线、车内装潢等。组内可以彼此换工，也允许自行跳组。小组可自行决定工作节奏，只要跟上总的生产进程，何时暂歇、何时加快可以自定。每组各设有进、出车体缓冲存放区。

这个厂的建筑也颇独特，由三栋两层及一栋单层的六边形厂房拼凑成十字形。建筑的窗户特别大，分隔成明亮、安静而有相对独立性的小车间。

没有了传送带，底盘和车身是由专门的电动车传送来的。这种车沿地面铺设的导电铜带动，由计算机按既定程序控制。不过当发现问题时，工人可以手工操作，使它离开主传送流程。例如，见油漆有一道划痕，工人便可把它转向喷漆作业组，修复后再重返主流程，仍归计算机控制。车身在电动车上可作 90 度滚动，以消除传统作业中因姿势长期固定而引起的疲劳。

各作业组自己检验质量并承担责任。每辆车要经过三个作业组才到检验站由专职检验员检查，将结果输向中央计算机。当发现质量问题时，这个情况立即在相应作业组终端屏幕上显示出来，并附有以前对同类问题如何解决的资料。这屏幕不仅报忧，也同时报喜，质量优秀稳定的信息也及时得到反馈，产量、生产率、进度数据则定期显示。

据 1976 年的调查，该厂全体职工都表示喜欢新方法。沃尔沃公司便又陆续按这种非传统方式，建造了另外 4 家新厂，每厂都不到 600 名职工。这一改革当然冒了颇大的风险，因为一旦失败，不仅经济上代价高昂，公司内外信誉也会遭受大损失。卡尔玛的成功鼓励他们再进一步。

卡尔玛改革的核心是群体协作，工人以作业组为单元活动。但这是一个另起炉灶的新建小厂，它是否也能用于按传统观点设计并运转多年的大型老厂呢？这是一种颇为不同而风险更大的改革尝试。沃尔沃在西海岸哥德堡市建有一家 8 000 人的托斯兰达汽车厂，是 1964 年完全按传统装配线设计建造的。它生产的汽车构成该公司产品的主体，改造稍有不慎而影响了生产，损失将是极为巨大的。

这个厂工作再设计的试验不是公司总部指挥的，是由该厂管理人员在工会和全体职工配合下自己搞起来的。这个厂设有吸收工人参加并有较大发言权的各级工作委员会及咨询小组55个，没有工人同意，改革寸步难行。因为任何改革总要引起短期的不习惯与不方便，工资制度上也要适应由个人奖到小组集体奖的转变。其实，这厂早就酝酿并在逐步试行工作再设计，所以与其说托斯兰达厂是紧跟卡尔玛厂，毋宁说前者是后者的摇篮。因为后者的许多办法是先在前者试行的。例如，那种电动装载车以及使车身侧翻，使工人不必蹲在地坑里仰头向上操作的装置，都是从托斯兰达厂学去的。

这个厂改革的第一步是放权，尽量使它的冲压、车身、喷漆和装配四大车间成为自主的实体，因为每个车间各有其独特问题，不能一刀切。如1973年，车身车间组成一个专题工作组来解决降低噪声与粉尘问题。车间主动请来应用美术学院的专家，几经摸索，把这个车间变成了全公司最明亮、整洁的场所之一。改革自己的工作条件，变成了一种有吸引力的挑战。各级工作委员会和咨询组都有一定经费解决自己的问题。于是形成了浓郁的改革气氛。又如，车内装潢车间，流水线上设有15个装配点。早在这厂刚投产的1964年，工人中就有人主张经常换换岗位，因为老在同一岗位上干，不但乏味，而且身体某些部位易疲劳。可是另一些工人不愿意，直到1966年这些工人才自己定了一套轮换制度，每人都学会这15个岗位上的操作技术而成为多面手，每天轮换一至数次，并自己负责检验自己所干的活和负责纠正缺陷。这时，他们不但体验到换岗能减轻劳累，而且培育出一种群体意识。后来他们把全组工作的计划与检查都接收过来，使工作更加丰富化了，全组缺勤与离职率大幅度下降，工作质量也提高了。

这种现象在这厂里颇为典型：一开始有相当一些人抵制改革，随着同事间接触的增加，一个自发的以友谊和共同认识为基础的真正的群体（不是行政上硬性编成的班组）形成了。这种从人际接触发展到培育出友谊是不容易的。但一旦真正的群体形成，就能作出许多超出原来狭隘思想的事来。工作从轮换到扩大化直至丰富化，人们对工作的满意感逐步增加。托斯兰达厂在1970年，仅3%的装配工人搞工作轮换，1971年达到10%，1972年达到18%，然后开始加速，1973年达到30%，1977年已达60%。改革自己的工作内容成了多数工人的自觉要求。但总有少数人，特别是年纪偏大的，是始终不喜欢任何改变的。

到1976年末期，这厂的装配车间才开始跟传统的装配线告别，组成了两个各有9人参加的作业组，每组承担一定数量的汽车装配，作业改到装配工作台上进行。9名组员什么都干，从底盘装配到车身与车门安装，直至最后内部装修与检验。每组每周要开一至数次会，研究生产情况及解决问题的办法。渐渐地，装配工作台完全取代了装配线。

诚然，这种工厂的基建与设备投资要比常规厂高一至三成，占地面积也要大些，但沃尔沃公司声称它的得远大于失，赔钱的买卖他们是不会干的。装配台平均每小时装配完成一辆车，生产率至少不低于装配线，而工人满意感大增，离职率从

40%～50%降到25%，质量有所上升。尽管瑞典的劳动力成本一直是全世界最高的，但沃尔沃却能一直赚钱，利润占销售额的百分比仍属汽车业三家最高者之一。

案例分析提示：

1.沃尔沃公司的工作再设计过程说明了什么？

2.从沃尔沃公司的工作再设计中我们能得到什么启示？

复习思考题

1.实行部门化的原则是什么？

2.组织设计的原则、步骤有哪些？

3.传统工作设计方法有什么不足之处？

4.怎样实施工作丰富化方法？

5.工作设计的发展趋势是什么？

6.如何正确对待工作压力？

7.组织文化包括哪些主要内容？

8.如何搞好组织文化的建设工作？

第 7 章

组织变革与发展

学习目标

通过本章学习，重点掌握对组织行为合理化进行评价的基本标准和方法，了解组织变革的动因；重点掌握组织变革所涉及的内容；掌握组织变革的阻力及对策；掌握组织变革的一般方法；掌握组织发展和工作生活质量的概念及内容；掌握组织变革过程中应注意的关键问题；了解组织变革的主要趋势。

7.1 组织行为合理化的标准

在过去的几十年里，几乎所有领域内的组织都面临着巨大的压力：飞速发展的技术革命、市场和竞争的全球化、在不同市场和行业中成长率和利润表现出的巨大差异等。这一切正深刻地影响着各种组织，各种组织只有顺应历史潮流，迎接挑战，不断调整与完善自身的结构和功能，提高自身的灵活性和适应能力，才能求得生存和发展。许多高级主管人员都认为："在我们的组织中，唯一不变的就是要不停地改变。"组织变革与发展的目标就是要实现组织行为的合理化，组织行为合理化就是组织在适应社会发展的进程中，如何使自身的结构和功能更加完善和合理，以提高组织的灵活性和适应性，创造出更和谐的组织环境和更高的社会经济效益的过程。组织行为合理化必须有一定的标准，它是对组织活动全过程的反映，所以其评价准则和尺度不是单一的，而是一个综合的、多层次的指标体系。这个体系包括组织的静态、动态和心理要素等方面的评价准则和尺度，具体包括组织结构的合理化、组织运行要素的有效性、组织气氛的和谐性等方面。

7.1.1 组织结构的合理化

组织结构合理化是从静态标准的角度来衡量组织行为合理的标准与尺度。所谓组织结构的合理化，是指组织内部各运行要素的合理且有效的配置及运行机制功能的有效发挥。组织结构的合理化程度决定着组织的指挥系统与意见沟通系统的有效性，并对组织目标的实现、组织整体功能的发挥及组织成员的心理都将产生深刻的影响。组织结构合理化的标志主要有下列四个方面：

1）组织目标设置的合理性与适应性

目标是组织活动的方向，组织目标能否合理设置，是衡量组织成熟程度和有效性的重要标志。合理的组织目标应具有以下特征：

（1）组织目标的一致性，即组织目标必须建立在对组织的特征和组织的内部环境与外部环境相互关系的真正理解上，组织目标必须与组织的优势和组织在社会生活中的地位和作用、义务、分工、前途以及与组织的发展相一致。

（2）组织目标的协调性，即组织目标是否与个人目标、群体目标和部门目标有机地统一在一起。

（3）组织目标的适应性，即组织目标是否与社会和经济发展情况以及组织所处的特定环境相适应。

（4）组织目标的可行性，即组织目标的设置是否建立在详尽地占有大量资料的基础之上。通过各种可行性分析，确定组织目标实现的可行程度。

（5）组织目标的可操作性，即组织目标的设置具有可实现的科学的步骤、方案、方法和程序。

（6）组织目标的实现度，即在一定时期内目标完成的程度，包括目标实现的数量、质量、效率等。

（7）组织目标的大众参与性，即组织目标是否为组织成员所认可并为组织成员所理解。

2）组织管理层次与管理幅度的合理性

管理层次一般决定了组织的纵向结构，而管理幅度则决定了组织的横向结构。因此，组织管理层次与幅度的合理与否在一定程度上决定并反映了组织结构状态及其合理性。组织内管理层次和管理幅度合理化的标准主要有以下几方面：

（1）权威的有效性。组织领导是否有效地掌握决策权和指挥权，并对下级实施有效的领导。

（2）监控的有效性。组织内部有关部门和成员是否能按照一定的行为规范开展活动，各部门的工作人员是否能相互配合、消除矛盾，和谐地运营。

（3）组织内部信息沟通的灵敏程度。组织内信息传递渠道是否畅通，信息传递是否准确、及时。

（4）管理层次与管理幅度的平衡程度。管理层次与相应的管理人员的配置。

3）组织权责体系的合理界定与授权行为的合理性

组织的权责体系主要是指由组织内部各级组织主管人员层层授权行为所组成的，使组织中各机构及其组织成员得以开展工作的权力和责任系列。权责体系是组织系统中推动组织运转的动力能源系统，它在组织结构中占有极为重要的地位。衡量组织权责体系合理性的指标主要有：

（1）组织内权力结构的层次性与有序性。

（2）组织内部同级交叉权力的冲突程度。

（3）组织的权力类型是否符合维持组织现状和组织发展的需要。

（4）组织内责、权、利的一致性。

（5）组织成员担负责任的相对程度。

（6）组织授权行为的合理性。

（7）组织授权行为的认可度。

（8）组织成员对组织权威的认可度。

4）组织结构的功能优化

任何组织都是为了实现一定的目标而建立起来的，它必须具有确认和达到一定目标的功能。组织的功能反映组织结构的状况，同时又反作用于组织的结构。因此，判定组织行为的合理与否，必须分析这一组织在确认可行目标和最有效地达成目标方面是否具有优良的功能。衡量组织结构功能优化的程度可从以下几方面入手：

（1）正确认定组织目标的能力，即组织目标能否适应社会发展的需要，具有适宜性和可行性并为组织成员所理解和认可。

（2）有效地达成组织目标的能力，即组织能否按时、按质地达到组织所确定的目标。组织目标的有效达成可以用以下一些具体指标去衡量：

①时间指标，即组织是延期、如期还是提前达到了预定的目标。在正常情况下，如期或提前达到了目标，则表明组织的功能是健全的。

②质量和数量指标。高标准地、全面地完成了组织目标所规定的各项任务，就表明组织功能的健全性。

③效益指标。组织能综合利用组织资源，达到投入最小的组织资源，取得较大的经济和社会效益。

④组织成员的满意度，即组织向组织成员下达任务，明确应承担的责任和相应的权力，使组织成员为组织的生存和发展服务，并在工作过程中得到心理满足。

（3）组织的社会责任能力。在现代社会中，任何组织都是整个社会系统的一个细胞，其行为规范在整体上应与社会发展的总体原则相一致，即组织在运行过程中，不仅要对自己负责，也必须向社会负责。组织的社会责任能力的高低，是现代组织行为合理与否的一个重要标志。组织的社会责任能力主要表现在：

①组织的目标应与社会发展的需要相一致。组织的行为除了考虑经济效益外，更应该注意努力提高组织活动的社会效益。如厂矿组织应采取有效的措施防治污染，把危害性降到最低限度。与此同时，积极向社会提供高质量的服务。

②能维护和改善组织的生存环境。任何组织都处在相互作用、相互交往的复杂社会关系中，组织不能以损害他人利益来满足自己的需要，只能在满足他人和社会需要的前提下，去争取自己的生存和发展的良好环境。

7.1.2 组织运行要素的有效性

组织的运行要素是从动态角度出发，对组织在实现目标的过程中的活动进行分析、归纳而抽象出来的主要因素。现代组织学特别强调从这个角度出发开展对组织行为的评价。从一般意义上看，领导行为、决策、激励措施、控制行为等是组织活动的主要因素。

1）领导行为的有效性

领导行为是组织行为活动的主要构成要素，领导行为是否有效在很大程度上决定并反映整个组织活动的运行状况。关于领导行为的有效性研究，国内外许多学者从不同角度进行了多方面探讨和研究，提出了许多评价领导行为有效性的观点和标准。

（1）关于领导行为有效性的观点。归纳起来，其主要有下面几种观点：

①领导特性有效论，即从领导者个人特性出发，研究领导行为有效性的标志，以预测何种领导特性才能使组织更有效地运行并有效地达成目标。

②领导作风有效论，即研究领导作风类型以及不同的领导作风对组织效能的影响，以期寻求最有效的领导作风。

③领导行为有效论，即研究领导者在领导过程中所采取的领导行为方式对组织效能的影响，以寻求最有效的领导行为。

④领导权变有效论，即研究领导者所处的具体环境，如领导者的条件、工作性

质、时间要求、组织气氛对组织效能的影响，以便使领导行为能适应具体情景的要求及外部环境变化的要求，提高组织效能。

在组织的实际运行过程中，对领导行为有效性的评价，是从多角度、多层次、多方面进行的，而不是采用单一评价标准，一般通过建立一系列指标或标准体系进行评价。如中国科学院心理科学研究所在吸取国外有关研究成果的基础上研制的CPM领导行为评价法，就是从领导者、领导情景、被领导者等多方面对领导行为的有效性进行评价的。

（2）领导行为有效性的评价。领导行为评价由各层领导者的直接下级进行评价，包括以下三个因素：

①领导者的个人品德（简称C因素）。这是指评价领导者正确地处理公与私、个人与国家、个人与集体、个人与他人的关系，以及坚持原则、抵制错误等作为领导者所必备的个人品德。

②领导者的工作绩效（简称P因素）。其目的是测量领导者为完成任务所做的工作的效能。主要考察领导者的工作计划性和设想、决策能力、独创精神、处理各种问题的技巧、进取精神及对下级实施领导的水平。

③领导者处理人际关系的能力（简称M因素）。这是指领导者为完成工作任务而体现出的对工作集体的关心与维护，可以用来考察领导者的工作方法和与下级的关系。只有善于处理人际关系，才能保证组织目标的达成。

单位工作情景状况评价主要包括以下因素：

①工作激励。反映组织由工作本身获得的激励程度。

②对待遇的满意程度。

③提高及晋升的机会。

④心理保健。考察在工作环境中的人际关系、职责范围等，以及由此而引起的紧张或不安程度。

⑤集体工作精神。考察工作集体的集体意识强弱。

⑥会议成效。考察以会议形式解决工作中遇到的问题的效果和对建议的重视程度。

⑦信息沟通。考察组织体的内部，其上下级之间、同级之间的信息、意见沟通状况。

⑧绩效规范。考察在一个集体中，为实现组织目标和完成任务而形成的团体规范。

2）组织决策的合理性

任何组织要进行活动都必须作出决策。决策是组织目标和结果的中间环节，它决定着组织发展的方向。正确的决策会导致正确的组织行为，从而实现组织目标；错误的决策会导致错误的行为，使组织目标难以实现。因此，组织活动能否取得成效，关键在于是否有正确合理的决策。所谓组织决策的合理性，就是组织决策必须符合客观事物发展的规律性。衡量组织决策合理与否的标志主要有以下几点：

（1）组织决策体制的科学性。组织决策体制是指决策机构和人员所形成的一定的组织体系，以及他们制定决策的基本程序和制度。它涉及组织决策机构的设置、组织内部的分工、人员的职责、上下级关系，以及所配备的技术装备等方面的问题。实现组织决策的科学化，首先要建立科学、完善的组织决策体制。科学化的现代组织决策体制的特点是：

①完备的组织决策体系。决策体系是科学化决策体制的核心。现代组织是由多层次、多要素的众多组织机构所组成的有机整体，其内部职能部门、人员等有自己的职责权限，根据它们的职责权限划分决策范围。在组织内部建立合理分工、上下结合、互相协调、职责分明的决策体系。

②拥有独立的参谋咨询系统，"谋"与"断"相分离。运用"智囊团""思想库"等参谋机构，集中专家、学者的智慧，并应用现代化技术手段和科学方法，为组织决策提供各种方案和意见，辅助组织决策。

③专门的信息系统。采用现代科学技术和方法进行信息的收集、加工、储存、传输工作，为组织决策提供服务。

④人-机系统。现代超复杂的组织行为，涉及各个方面，没有全面的科学文化知识和先进的技术装备是难以做好组织决策的。现代的组织决策系统实际上就是人-机系统，有科学知识的人与电子计算机系统相结合，为组织决策科学化提供物质基础。

（2）组织决策者素质的现代化。组织决策合理化的主观条件就是组织决策者素质的现代化。现代组织决策者的素质主要包括：具有一定的决策能力和水平；具有一定的现代科学知识；具有科学性、果断性、灵活性的品格；具有开拓进取精神；具有民主作风，善于集思广益，博采众长。

（3）组织决策的民主化。组织成员参与组织决策的程度以及决策者在决策过程中的民主作风是衡量组织决策科学化程度的重要标志之一。组织决策民主化，一般可通过两个方面来表现：一是组织成员有参与组织活动及组织作出各项决策的权利；二是组织成员通过某些有效的形式和途径充分表达自己对各种未定或已定决策的意见和建议。

（4）组织决策手段的科学化。科学的决策需要采用科学的决策方法和工具，这是组织决策合理化的物质保证。

3）激励措施的有效性

组织的激励行为是指组织运用各种资源和手段，激发组织成员的内在的正确的动机，焕发组织成员的活力和创造性，使组织成员在致力于达成个人期望的同时，达成组织目标的各项活动。组织是否激发出组织成员内在的热情、活力和创造性，组织成员从组织所获得的激励程度如何，其本身是难以直接进行测量的。但是可以根据组织成员的行为倾向、态度、意愿以及工作绩效等方面对激励进行间接的评价。一般可采用行为观察法、面谈法、问卷法和自由表述法等方法间接评价组织成员的激励程度。测量组织成员从组织所获得的激励程度一般包括以下标准：

（1）组织成员是否清楚地认识和理解组织目标，认识到所担负的工作的意义，乐于接受组织给予的任务，并承担相应的职责。

（2）组织成员是否有较强的公平感和合理感。

（3）组织成员是否能变压力为动力，充分发挥自己的积极性、主动性和创造性。

（4）组织成员是否能施展自己的专长或特长，工作富有成效。

（5）组织成员是否对前途充满信心，并有较强的自我发展意识。

（6）组织成员是否对工作有浓厚和强烈的兴趣。

（7）工作本身是否有较强的独立性、自主性和时间弹性。

（8）组织成员是否具有较强的参与意识。

（9）组织成员是否具有自我意识和进行自我培养。

（10）组织成员是否有效地达成了工作目标。

4）控制行为的有效性

组织的控制行为就是根据客观环境的变化，要求根据组织内部需要对组织进行调整、协调、监测、督导等活动。它是组织运行要素的重要方面，其基本功能就是保证组织中各个要素的正常运行以及彼此间的和谐。控制的目的在于排除运行中的各种干扰，确保组织活动按照预定的计划进度和标准进行，防止组织运行偏离既定的目标。有效的控制行为包括以下几个方面的内容：

（1）组织监测活动的有效性，即组织通过有效的信息反馈系统，及时了解组织内部各层次、各部门、各组织成员的活动状况，并对组织成员的素质及行为进行科学的测量与评价，使组织成员能迅速、准确、经济、有效地完成所指派的任务。

（2）协调活动的有效性，即根据组织的目的和有效组织的重要原则，对组织内部的各种关系进行协调。凡影响组织运行和组织效能的因素，包括工作责任、工作关系、个人与组织之间的关系，都在组织协调的范围之内。通过组织协调行为，使组织内部的各层次、各部门、不同个人的行为相互联系、相互结合，形成一个和谐的整体。这是组织运行有效性的必要条件。

（3）督导行为的有效性，即能及时纠正组织运行中所出现的各种违反组织运行原则和工作标准的现象和事件。

7.1.3　组织气氛的和谐性

组织不仅是一种物质性的组织、结构性的组织和运行中的组织，它还是一种得到人们普遍承认的心理性组织。任何一种社会组织只有得到了其成员共同而一致的认可，才能形成一个整体，进而开展活动，发挥功用。因此，衡量组织行为的合理性还应从组织的心理因素的构成状态来考察。组织心理要素的构成状态的总体特征就是组织气氛的和谐程度，它是组织心理要素构成状态合理和有效与否的重要标志。组织气氛的和谐性包括以下一些基本内容：

1）组织成员的认同感

所谓组织成员的认同感是指组织成员愿意为组织目标而奋斗的精神状态，是组织中成员的群体意识与集体态度的总称。合理的组织能引导其成员正确地认识组织的结构、地位、作用、使命、目标、特征、现状和前途，以及组织内外环境的相互关系和变化趋势。组织成员对所属的组织的使命采取共同的态度，组织成员忠实于组织的理想和宗旨，同时在组织计划制订和执行过程中具有充分的灵活性和适应性。

2）组织成员的协同性

组织各群体功能的有效发挥，目标的真正实现，有赖于在总目标指导下的互相配合。随着现代化技术的发展和社会的进步，群体之间的依赖性大大加强，使协调工作有更为重要的意义。组织群体及其成员如果能明确合作的意义，树立全局观念，克服狭隘的小团体意识，就可以为实现有效的合作而努力。

3）组织成员参与意识的强弱

行为科学研究成果表明，任何组织内部，其成员都有不同程度的参与意识。这种参与意识的产生与组织成员的自我实现需求有关。而在合理化的组织中，广泛实行民主管理，上级主管人员能让下级和广大职工合理地分享信息，分享权力和分享工作的成果，职工能主动关心组织，具有强烈的参与意识。

4）组织内部人际关系的和谐程度

所谓和谐的人际关系是指以组织成员之间彼此认识协调、情感和谐、行为合作为基本特征的人际相容性。这是组织气氛和谐性的一个重要标志。情感和谐是由共同活动的满意而产生的一个同化过程。组织成员之间情感和谐，能互相帮助、取长补短，激发开拓前进的动力。彼此行为合作是以认识协调、感情和谐为前提的。协同合作既是组织气氛和谐性的标志，同时又是决定组织效能高低的重要因素。

7.2 组织变革与对策

7.2.1 组织变革的基本动因

任何组织在发展壮大过程中都少不了组织变革。当今组织正经受着从20世纪后期便已孕育的巨大的变革冲击，通信等技术的迅速发展和网络社会的兴起缩短了企业的变革周期，也使组织变革的内容和过程变得异常复杂和难以把握。同时，新的管理理念（如流程再造、虚拟企业、学习型组织等）和管理模式（如电子商务、电子政务等）不断涌现，追求工作、生活质量成为新风尚，组织发展问题也得到了前所未有的重视。

组织变革是一个相当广泛的概念，最初仅是在一般意义上对组织某些部分或某些方面进行变革和修正，随着社会的发展对组织提出越来越高的要求，现在已发展到对全部组织进行有计划、系统的、长远的变革和开发，并形成了一整套开发和变革的战略、措施和方法，成为组织行为学的一个专门的研究领域。任何组织变革的行为都是有因而发的行为，要制定科学的组织变革对策，首先需要对组织变革的基本动因进行分析，以求对这个问题有一个清醒的认识。如果在制定组织变革对策时不考虑或没有正确认识产生变革的原因，变革的行为就很难成功。因此，组织变革的基本动因研究是组织变革的起点。组织变革是多种因素综合作用的结果。组织变革的基本动因可分为内部原因和外部原因两个方面。

1）组织变革的内在基本动因

引起组织变革的内在基本动因可归纳为以下几个方面：

（1）组织目标的选择与修正。组织目标的选择与修正主要决定着组织变革的方向，同时在一定程度上规定了组织变革的范围。组织目标的选择与修正有三种基本状态，这三种基本状态的改变会相应地要求组织进行调整和变革。

①组织既定目标已经实现或即将实现，需要寻求新的发展、新的目标。这种选择相应要求组织进行重新调整与变革。

②组织既定目标无法实现，需要及时地转轨变型，寻求新的发展。组织目标的转轨变型，要求组织进行变革。

③组织目标在实施过程中与组织环境互不适应，出现偏差，要求对原有目标进行修正。目标的修正相应要求组织进行适当的调整与变革。

（2）组织结构的改变。组织结构的调整主要是指对组织结构中的权责体系、部门体系等的调整。组织结构的调整必然要求组织进行相应的变革。组织结构的改变要求调整管理幅度和层次、划分合并新的部门、协调各部门的工作等。组织结构设计不合理或原有结构不适应新的发展变化，也需要进行结构的变革。因此，组织结构的调整与完善也是现代组织变革的内在动因之一。

（3）组织职能的转变。随着社会的发展变化，现代组织的职能和基本内容也发生相应的变化。这种变化成为组织变革的内在要素之一。如在传统社会向现代社会的转化中，社会组织的职能发生了两种重要的变化。第一，社会组织的职能从原来的混合不清向高度分化转变。这就要求组织变革原有的组织权责体系，明确组织内部合理的管理层次与幅度，建立有效的沟通体系等。第二，社会组织日益强调组织的社会服务职能。传统的企业组织以追求利润为唯一目标，现代的企业组织必须兼顾社会的利益。企业组织不仅要维持股东、职工、顾客和广大公众之间的利益平衡，要对大众负责，还包括消除种族歧视、防止公害、保护消费者利益等一系列社会责任。这种组织职能的转变，迫使企业必须作出相应的调整和变革，才能求得企业的生存和发展。

（4）组织成员内在动机与需求的变化。在组织中，个体成员的行为是组织运行有效性的基础，个体成员的行为又要以各自的需要为基础。一定的组织结构与组织管理总是与一定的成员的需要相适应的。当个体成员的需要普遍发生变化时，组织结构也应发生相应变化。因此，组织成员需要的变化也是影响组织变革的又一重要原因。如随着组织的发展，职工的内在需要逐渐向高层次发展，纯粹的物质刺激日益不起作用，组织成员有更高的追求，如参与感、责任感、创造性的增强要求相应地变革组织的激励环境，改进工作设计，变更工作内容，调整工资，改善工作环境，改变工作时间等，以满足组织成员不同层次的需要及逐步提高的需要。

2）组织变革的外部驱动因素

引起组织变革的外部因素可以归纳为以下几个方面：

（1）科学技术的不断进步。现代科学技术的迅速发展，对组织结构、组织的管理层次与幅度、组织的运行要素等都产生了巨大的影响，同时也对组织变革提出了新的要求。如电子计算机的发明与使用，使组织中的信息处理、决策等一系列管理过程与管理方式都发生了重大的变化。这些变化推动着组织不断地进行变革。

（2）组织环境的变动。现代组织所面临的环境要比以往任何时候都复杂多变。仅从企业组织的环境而言，其重大变化就有市场的广阔、产品寿命的缩短、科学技术的迅猛发展、复合的组织联系、社会价值观念的改变、企业社会责任的增加等。

企业组织环境的变化，使得传统的专制集权的组织形态难以适应社会发展的需要。要改变组织结构及管理策略和技术，以适应组织环境中不断变动的情况。如通过建立目标管理体制，以实现组织内个人目标、群体目标、社会目标的一致性；通过组织技术变革，应用新的技术成果和手段，以提高产品竞争力及制定最佳经营决策。组织结构的变革，可以增进组织对外部环境的适应性。

（3）管理现代化的需要。管理无疑是推动组织变革的重要因素。管理现代化要求组织对其行为作出有效的预测和决策，对组织要素和组织运行过程的各个环节进行合理的协调和组织，所有这一切都将对组织提出变革的要求。

以上介绍了组织变革的内外驱动因素，这些因素都会通过各种各样的形式表现出来。这就是组织变革的先兆和信号。一般说来，一个组织在下列情况下应考虑变革：

（1）决策效率低或经常出现决策失误。

（2）组织沟通渠道阻塞，信息不灵，人际关系混乱，部门协调不力。

（3）组织职能难以正常发挥，如不能实现组织目标，人员素质低下，产品产量及产品质量下降等。

（4）缺乏创新。

7.2.2 组织变革的内容

在组织变革实践中，首先应该确定要解决的问题，也就是组织变革冲突的焦点。组织变革大致涉及四个方面的内容：组织的人员，组织的任务、技术，组织的结构和组织的环境等。不同的变革内容所采取的变革对策措施是不同的。

（1）以人员为中心的变革。通过对组织成员的知识、技能、行为规范、态度、动机和行为的变革，来达到组织变革的目的。

（2）以任务、技术为中心的变革。通过对组织工作与流程的再设计，对完成组织目标所采用的方法和设备的改变以及组织目标体系的建立达到组织变革的目的。

（3）以组织结构为中心的变革。通过对组织的目标体系、权责体系的改变，角色关系的调整、沟通，协调体系的有效建立来达到组织变革的目的。

（4）以适应组织环境为中心的变革，即以调节和控制外部环境为中心的组织变革。组织的发展和变革，不仅要适应外部环境的迅速变化，还要主动地调节和控制外部环境，使之在最大的限度内有利于组织目标的实现。因此，除了对组织的内部环境进行变革与调整来适应环境之外，还应该创造一种新的环境使之有利于组织的发展。例如，开辟新的市场，建立广泛的社会联系，加强同外界的信息交流，增加有关的资料输入等。

组织变革的四个方面以及在各自基础上制定的各种变革对策是相互依赖、相互影响、互相促进的。在制定组织变革对策的过程中，它们往往构成一个完整的变革规划整体。当然，由于不同组织所处的变革环境及组织内部状况不同，在选择变革内容时，其侧重点是不同的。

7.2.3　组织变革的阻力及对策

1）组织变革的阻力

（1）来自观念的阻力。由于长时期生活在相对稳定、变化不大的组织环境中，一些人形成了照章办事、按部就班、因循守旧的思想。特别是组织的一些上层领导认为一动不如一静，存在求稳怕乱、不愿担风险的思想，成为组织变革的巨大阻力。

（2）来自地位的阻力。一项变革常常会因改变了原来的体制或结构，调整了人事关系，使组织中权力和地位的关系重新进行配置，造成一部分人丧失或者削弱了原来的地位和权力，从而产生不满和抵触情绪。例如，机构的精简或合并，等级层次的减少或撤销，都将可能使一些原来占有重要地位、握有权力的人，想方设法进行抵抗。他们可能利用所掌握着的权力和重要信息去影响别人，包括下级和上级，从而阻碍机构变革的顺利进行。他们人数虽不多，但能量极大，对变革的威胁也大。这个问题不妥善解决，变革将无法向前推进。

（3）来自经济的阻力。在商品经济社会，金钱在实际生活和人们的心目中占有重要地位。如果一项变革引起人们的收入直接或间接地下降，就将遭到抵制。这里有几种情况：有的人担心采用新技术或新制度，将会使自己失去工作；有的人则害怕改变职务可能降低薪水；有些计时工资制的工人则担心改成计件工资制后，因不熟练而减少收入，如此等等。这些都将形成抵制的力量，从而增加组织变革的阻力。

（4）来自习惯的阻力。人们总是按照自己的习惯对外界事物作出反应。在一定的组织中长期生活和工作形成的习惯，可能成为个人获得满足的根源。一旦改变了原来的生活方式和工作方式，就不免产生某种不安全感，心里不踏实，产生抵触情绪。

（5）来自社会方面的阻力。任何工作群体，比如一个班组或科室，其成员之间的关系不仅仅是工作关系，也是社会关系。它包括成员之间的交往和友谊，以及由此而产生的共同的价值观念和行为。良好的社会关系是取得良好的工作绩效的有力保证。假如某项改革的实施破坏了这种社会关系，同群体的价值观念与行为规范发生冲突，就必然会受到强烈抵制，使变革的进程受阻。

2）减少组织变革阻力的措施

组织行为学研究提出一系列减少或克服变革中阻力的途径，其中有一些已证明是比较有效的。

（1）教育。注意在变革以前做好思想教育和宣传工作，经过充分的讨论和沟通，使干部、职工认识组织发展和变革的基本目标和需要，做好心理准备。这种方法特别适用于信息不准确或信息沟通不良的情况，可以使人们明确目标，积极投入改革。但教育不是一朝一夕能够收效的，需要在变革之前尽早开始这项工作，并在变革中做好试点，以变革的实际成效教育干部群众。

（2）参与。让职工群众有机会参与组织发展计划的制订和实施，使他们对变革有发言权。这样就能大大提高职工的积极性，使变革措施既深入人心，又为人所接受。同时，可以集思广益，使组织发展方案更符合组织各级部门的实际需要。参与活动应该有组织、有领导地进行，充分发挥各类人员的主动性和创造性。

（3）促进与支持。在许多情况下，组织发展和变革在心理上、技能上对人们提出了更高的要求，帮助他们适应这些要求，就能够有效地克服可能产生的抵触与阻力。为此，应该在变革的各个阶段，因人而异地给干部、工人以心理上的支持和技能上的培训。例如，共同订立工作指标、交流变革中遇到的问题、学习新的技术与知识等，从而使人们尽快适应新的形势，推动组织发展和变革。

（4）奖惩。鼓励先进、教育后进，这也是克服组织发展和变革中阻力的一条有效途径。在组织发展和变革中，要及时对先进单位和个人给予奖励，对阻碍变革的部门或个人作出批评和调整，形成积极向上、勇于变革的气氛。对于变革中出现的问题，应及时进行研究，采取相应措施，保证变革的顺利进行。

（5）利用群体动力。组织发展和变革并不是少数几个人的事情，而是整个群体和组织的共同任务。积极地利用群体动力，将有利于克服组织发展和变革中可能出现的阻力。其中重要的一条是注意使个人、集体和企业组织的变革目标保持一致，运用群体在人们心目中的威望和人们对于群体的归属感，使群体成员积极投入组织发展和变革活动中。还应该特别强调各群体之间的协调一致和相互支持，使这个活动成为整个组织上下一致的行动。

（6）力场分析。力场分析的方法是勒温提出的。在贯彻变革的过程中，如果遇到阻力，可以用力场分析的方法去分析组织中支持变革和反对变革的所有因素，采用图示方法进行排队、分析，比较其强弱，然后采取措施。通过增强支持因素和削弱反对因素的办法推行变革。勒温认为，对于一项变革，组织中存在着两种力量：一种是推动力，指有利于变革实现的力量，它能引发一种变化或使变化继续下去；另一种是阻力，是阻止或降低推动力的力量，它阻止变革的发生或变革的继续进行。当这两种力量相等时，就达到平衡。要提高生产力或推进某项变革，可通过几个途径来实现：增强推动力；降低阻力；同时提高推动力和降低阻力。

7.2.4　组织变革的基本模式

组织变革的模式是关于组织变革的要素构成、运行程序、变革的方式和方法的总体思维框架。关于组织变革的基本模式的研究，国内外学者提出了许多精辟的见解和观点。综合起来，主要有以下几种：

1）组织变革的动因模式

组织变革的动因模式即从组织变革的内在原因与动机出发，来探讨组织变革的模式。持这种观点的学者认为，组织变革是一种最重要的组织行为。对于这种现象完全可以运用并且应当运用行为科学的方法进行分析。因此，有的学者提出可以从组织变革的原因、动机、选择、目标四个环节来探讨组织变革的模式与过程。

2）组织变革的系统模式

组织变革的系统模式即运用系统的观点，从组织系统互相联系、互相影响的要素体系出发来探讨组织变革的基本模式。

美国学者哈罗德·莱维特认为组织变革的模式由以下四个变量所构成，并形成特定的关系：

（1）结构，是指组织的权责体系、管理层次与幅度、沟通状况、工作流程等。

（2）任务，是指组织存在的使命、组织任务之间具有一定的层次关系和隶属关系。

（3）技术，是指组织为完成任务所采用的方法和手段。

（4）人群，是指达成组织目标的个体、群体、领导人员等。

莱维特认为上述四个变量是相互依赖的，任何一个变量的改变均会引起其他一个或更多变量的改变。组织变革可以通过改变其中的任一变量或综合改变几个变量来进行。莱维特提出的这一模式为制定组织变革的对策及方法提供了一个基本的轮廓。在进行组织变革时，可以从以下几方面着手：改变组织的工作任务；改变组织结构；改变人的态度和价值观念、人的行为和组织成员之间的沟通程序；改变解决问题的机制和研究解决问题的新方法，以及采纳这种新方法的程序等。

有的学者则将组织变革的系统模式分成三个部分，即输入、中介变量和输出部分。输入部分主要是指变革的动力，其中包括环境、目标、价值观念、技术、结构、社会心理因素和管理等内容。组织变革的中介变量，主要包括组织结构的性质、人员的态度和动机、领导的方式、对变革后果的了解与预测、上级及主管部门的干预等。组织变革的输出，主要是指变革的后果，其中包括有利的后果（人员成长、利润上升）、不利的后果（人员过剩、利润下降）和中性的后果（保持原状）三种，这些结果又反过来影响着组织变革的输入。

3）组织变革的程序模式

组织变革的程序模式即从研究组织变革的程序与过程入手来研究组织变革的模

式。关于组织变革的程序模式，组织管理学家提出过很多模式，比较具有代表性的有：

（1）勒温的变革程序模式。美国学者勒温从探讨组织变革中组织成员的态度出发，提出组织变革经历"解冻、改变、冻结"三阶段的理论。勒温认为，在组织变革中，人的变革是最重要的，组织要实施变革，首先必须改变组织成员的态度。组织成员态度发展的一般过程及模式，反映着组织变革的基本过程。

解冻是指刺激个人或群体去改变他们原来的态度，改变人们的习惯与传统，鼓励人们接受新的观念。在解冻期内，管理者向组织成员介绍组织的现状、组织所面临的问题，描述组织变革后将会有怎样美好的未来，使人们产生理解、支持、渴望改革的强烈愿望。通过增加改革的压力，减少反对改革的障碍；通过采取一系列的奖惩制度，加速解冻的过程。

改变是指通过认同与内在化等方式，使组织成员形成新的态度和接受新的行为方式。认同与内在化在变革中期起着很大作用。所谓认同就是由组织系统向自己的成员直接提供态度或行为的新模式，组织成员通过对照自己，在言传身教中模仿新的行为形态，逐步学会新的行为模式。内在化则是指人们用心解决问题和学会如何与这些问题相处的一种方法。组织行为学家沙因认为，离开原有环境的训练可为内在化创造极好的条件。内在化的优点在于，新的态度和行为是经过留存、研究、实验和反复实践，最后被组织成员所真心接受并被融入一个人的品德之中的。在变革期，综合运用认同与内在化，能加速变革的进程。

冻结是指利用必要的强化方法，使最后被接受和融合的、所期望的新态度和行为方式长久地保持下去，融合成为个人品德中永久的组成部分。强化有两种方式：连续强化方式与断续强化方式。连续强化是在被改变的人每次接受新的行为方式时，就予以强化，如给予组织成员的肯定、鼓励与表扬等。断续强化是按预定的反应次数间隔时间而给予强化。沙因强调，一种鼓励经理们实行他们新形成的态度和奖励他们采用这种态度的组织气氛是冻结过程所必不可少的。在这一阶段中，来自社会的理解与支持也是十分重要的。

（2）卡斯特的变革程序模式。美国管理科学家卡斯特认为，组织的变革应分为以下六个环节：

①回顾和反省，即组织进行回顾、反省和批评，对组织的内外环境进行必要的调查研究。

②觉察问题，就是通过调查研究，发现问题，并认识到组织变革的必要性。

③分析问题，就是通过分析找出存在的问题，找出现在（现状）与将来（变革后的状态）之间的差距。

④提出解决问题的方案。对可供选择的方案进行评估、选优，寻求最佳方案。

⑤实行变革。这是组织变革的具体实施阶段。

⑥根据实施效果，进行反馈。这一阶段是检查效果与计划有无差距，如有问题，还可根据上述步骤再次循环。

7.2.5　组织变革与发展的环节的选择和措施

1）组织变革的环节

组织变革的环节是指在组织变革中那些对变革的各个方面都会发生强烈影响的关节点或中心环节以及与此相关的变革的配套环节。在组织系统中，组织内部各要素及与外部环境的各个方面都是相互依赖、相互影响的，因而在制定组织变革对策时，众多相关的改革都是重要的。然而关键环节的选择以及辅助环节的配套却是最重要的。整个改革的成功将主要取决于关键环节的选择及其改革的成功，以及围绕关键环节所建立起来的成套改革措施体系。

（1）变革的关键环节的选择。变革的关键环节是对改革的各个方面都会发生强烈影响的关键点。要想准确地找到组织变革的关键环节，必须对组织管理的各个方面及其相互关系具有深刻的认识。

①分析组织变革的现状。对变革前的组织管理现状进行深入的分析，其范围包括管理的各个环节。从管理思想到管理实践，从静态到动态分析，从组织运行到组织结构进行全面的分析。其基本任务是，揭露出组织管理各个方面、各个环节中的主要问题和弊端，找出产生问题的原因，为制定变革对策提供可靠的理论依据。

②明确应变革的问题。在进行组织变革现状分析的基础之上，应明确所要变革的问题，主要包括：明确变革的任务与目标；明确变革的主体与实体，明确变革什么，由谁来实行变革；明确变革的组织程序及变革到什么程度；明确变革的环节，分析各环节之间的关系；明确变革的关键点。在众多相关的变革点之中寻找对各个方面都会产生强烈影响的关键点，寻找变革的突破口或中心环节。

（2）组织变革其他环节的配套。在组织变革中，仅找到变革的关键点是远远不够的。从系统的角度看，任何组织的活动都是一种多因素相互制约、相互影响的活动。在变革中如果没有其他环节的配套行动，关键环节的变革是难以实现的。所谓配套环节主要包括两层含义：第一，它们不是主要的环节，仅起辅助性作用。第二，既然要配套，就应当形成完整的成套体系。对此需要从外部环境和内部结构两方面进行分析。当然，在众多的配套环节中又有主要配套和次要配套之分，对于那些主要配套环节的分析应务求全面。尽管配套环节改革在整个组织变革中只起辅助作用，但是如果忽视其中某一环节的作用，同样会给变革活动造成很大的损失，甚至导致变革的失败。

2）组织变革的措施

组织变革的措施是指组织在实现变革目标的过程中，针对有关的成员或群体所采取的各种干预活动与方式。组织的变革措施可以有许多不同的分类方法，一般来说，按组织变革措施的作用对象来划分，可将组织变革措施分为以人为中心的变革措施、以任务和技术为中心的变革措施，以及以组织结构为中心的变革措施。

（1）以人为中心的变革措施主要包括调查反馈、群体建议和咨询活动三种变革措施。调查反馈是以数据为基础的一种组织变革。它是调查法和行动研究的综合应用。调查反馈通常在外来的咨询专家和组织工作人员合作下进行。其主要包括三个组成部分：收集和分析数据、小组讨论和过程分析。

群体建议是对组织群体进行诊断，使他们为提高工作效益而协同工作，并进行有计划的变革。西方学者认为这是最主要的组织变革干预性措施之一。群体建议包括四个方面：分析问题，完成工作任务，协调群体内部关系以及改进群体和组织的活动过程。

咨询活动是应用智囊的力量帮助个人或群体考察采用什么方法来完成任务的过程。咨询活动主要是通过设计变革人们的态度、价值观和个人技术，改变群体规范和内聚力，以及改变其他活动过程的变量来达到促进组织变革的目的。

（2）以任务和技术为中心的变革措施主要包括工作再设计、目标管理、建立社会技术系统等措施。

工作再设计是为了提高职工的积极性、增加工作的内容、提高工作效率、改善工作绩效而进行的一种精心的有计划的重新安排工作方式的一种方法。其主要内容包括工作扩大化、工作丰富化、自治工作群体、工作轮换等。

目标管理是管理者和他们下属共同为工作绩效和个人发展确定目标，对规定目标的情况进行评价，以及把个人、部门和组织的目标有机结合起来并制定目标的过程。以目标管理来进行组织变革，管理者可以使职工的工作成果与实际变革目标相结合，并在未来的特定时间内，评定职工达到目标的程度。实践证明，它是组织变革的一项十分有效的措施。

建立社会技术系统是指为了提高组织效益而采用同时集中于技术和社会两方面的变革，使它们相互实现最佳配合的一种有计划的组织变革方法。这种方法强调组织的技术和人的因素的最佳结合，强调对完成工作的方法重新设计。它是现代组织变革活动中较为流行的方法之一。

（3）以组织结构为中心的变革措施主要包括建立必要的规章制度，确定合理的奖惩制度，完善信息沟通系统，调整管理层次与管理幅度，建立矩阵组织，采用弹性工作时间制等。

7.3　组织发展与工作生活质量

7.3.1　组织发展的概念及价值观

在管理变革的讨论中，不包括组织发展就不够完整，组织发展很难作为一个单独的概念定义，这个术语包括了建立在人本主义的民主价值观基础上的有计划变革的干预措施的总和，它寻求的是增进组织的有效性和员工的幸福感。

1）组织发展的价值观

组织发展重视人员和组织的成长、合作与参与过程以及质询精神。变革推动者在组织发展中具有指导作用，但同时组织发展也非常重视合作。对组织发展中的变革推动者来说，并不重视权力、权威、控制、冲突以及强制这样的概念。下面简要概括一下大多数组织发展活动的基本价值观念：

（1）尊重人。认为个人是负责的、明智的、关心他人的，他们有自己的尊严，应该受到尊重。

（2）信任和支持。有效和健康的组织拥有信任、真诚、开放和支持的气氛。

（3）权力均等。有效的组织不强调等级权威和控制。

（4）正视问题。不应该把问题掩盖起来，要正视问题。

（5）参与。受变革影响的人参与变革决策的机会越多，他们就越愿意实施这些决策。

2）组织发展的干预措施

组织发展的技术或干预措施能带来组织变革，组织变革推动者一般使用的组织发展的干预措施有：

（1）敏感性训练。敏感性训练是通过无结构小组的相互作用而改变行为的方法。在训练中，成员处于一个自由开放的环境中，讨论他们自己以及他们的相互交往过程，并且有专业的行为科学家稍加引导。这种小组是过程导向的，也就是说，个人通过观察和参与来学习，而不是别人告诉他学什么他就学什么。专业人员为参与者创造机会，让他们表达自己的观点、信仰和态度。他自己并不具有（实际上是明确抵制）任何领导角色的作用。

无结构小组的目标是使主体更明确地意识到自己的行为以及别人如何看待自己，并使主体对他人的行为更敏感，更理解小组的活动过程。它追求的具体目标包括：具有对他人的移情能力；更为真诚坦率；增强对个体差异的承受力；改进冲突处理技巧。

如果个人对别人如何看待自己缺乏了解，那么成功的无结构小组训练会使他们的自我知觉更为现实，群体凝聚力更强，功能失调的人际冲突减少。进一步而言，敏感性训练的理想结果将是：个人和组织更为一体化。

（2）调查反馈。调查反馈是评估组织成员所持有的态度，识别成员之间的认知差异以及清除这些差异的一种工具。组织中的每一个人都可以参加调查反馈，但其中最重要的是"组织家庭"（即任何一个部门中的管理者及向他直接汇报工作的下属）的参与。调查问卷通常由组织或部门中的所有成员填写。问卷主要询问员工对下面这些方面的认识、理解和态度：决策实践，沟通效果，部门间的合作以及对组织、工作、同事和直接主管的满意度。调查者通过提问或面谈的方式来确定哪些问题是重要的。

调查者根据个体所在的"组织家庭"及整个组织来统计问卷的信息，并分发给员工。这些资料就是确定问题、澄清问题的出发点。有时，外部的变革推动者会告诉管理者问卷回答的意义，并对"组织家庭"的小组讨论提供指导。在这里尤其要注意的是，调查反馈法鼓励小组讨论，并强调讨论要针对问题和观点，而不是进行人身攻击。

最后，调查反馈法的小组讨论要使成员认识到问卷结果的意义。人们会不会听这些信息？会不会由此产生新观点？决策、人际关系、任务分配能否得到改进？对这些问题的回答将导致人们作出承诺，解决已发现的问题。

（3）过程咨询。没有组织能够尽善尽美地运作，管理者常常发现自己部门的工作绩效还可以改进，但却不知道要改进哪些方面以及如何改进。过程咨询的目的就是让外部顾问帮助客户（常常是管理者）对他们必须处理的事件进行认识、理解和行动。这些事件可能包括工作流程、各部门成员间的非正式关系、正式的沟通渠道等。

过程咨询与敏感性训练的假设很相似，即通过协调人际关系和重视参与，可以提高组织的有效性。但过程咨询比敏感性训练更具有任务导向。过程咨询中的顾问，让管理者了解在他的周围以及他和其他人之间正在发生什么事，他们不解决组织中的具体问题，而是作为向导和教练在过程中提出建议，帮助管理者解决自己的问题。顾问和管理者共同工作，诊断哪些过程需要改进。在这里之所以强调"共同工作"，是因为管理者在对自己所在部门的分析过程中还培养了一种技能，这种技能即使顾问离开以后仍然能持续存在。另外，管理者通过积极参与诊断和方案开发过程，能对过程和解决方法有更好的理解，减少对所选择的活动方案的阻力。

重要的一点是，过程顾问不必是解决具体问题的专家，他的专业技能在于诊断和开发一种帮助关系。如果管理者和顾问均不具备解决某一问题所需要的技术知识，则顾问会帮助管理者找到一位这方面的专家，然后指导管理者如何从专家那里尽可能多地获得资源。

（4）团队建设。组织越来越多地依靠团队完成工作任务。团队建设利用高度互动的群体活动提高了团队成员之间的信任与真诚度。团队建设可以应用于群体内部，也可以应用于群体之间的相互依赖活动中（参见群体行为中的团队建设）。团队建设也可见于确定每个成员的角色，它可以对每个角色进行鉴别和澄清。对一些个体来说，团队建设为他提供了深入思考某些问题的机会。比如，要使团队达到最优效果，他的工作意味着什么？他需要承担哪些具体的任务？另外，团队建设与过程顾问从事的活动十分相似，即分析团队内的关键过程，明确完成工作的办法以及如何改进这些过程以提高团队的效率。

（5）群体间关系的开发。组织发展关注的一个重要领域是群体间功能失调的冲突。因此，这一点也成为变革努力的主题之一。

群体间发展致力于改变群体间的态度、成见和观念。尽管有不少方法可以改善群体间关系，但最常用的是强调问题解决的方法。这种方法首先让每一个群体独立列出一系列清单，其中包括对自己的认识、对其他群体的认识，以及其他群体又是如何看待自己的。然后各群体间共享信息，讨论它们之间的相似之处和不同之处。尤其要明确指出不同之处并寻找导致分歧的原因。一旦找到了冲突的成因，群体就可进入整合阶段，寻找解决方法并改善群体间的关系。为了进一步深入诊断以找出各种可行性活动方案并改善群体间关系，还可建立亚群体，它由来自每个冲突群体的成员组成。

7.3.2　工作生活质量

工作生活质量是近年来组织行为领域所普遍关注的一个课题。提高和改善工作生活质量，不仅是一项组织发展和变革的措施，而且是一种关于人与组织关系的指导方针和管理哲学。

1）工作生活质量概念产生的背景

工作生活质量的理论基础来源于英国塔维斯托克人机关系研究所提出的社会技术系统概念。这一概念的基本思想在于为了提高组织工作效率，不能只考虑技术因素，还要重视人的因素，使技术因素与人的因素协调一致。但工作生活质量的实施方案则首先是在美国发展起来的。

在西方发达国家，特别是美国，随着第二次世界大战以后经济的发展，工业自动化水平的改进，以及劳动力教育水平的提高，企业中职工的工作价值观也发生了很大的变化。人们认为工作不应仅仅是谋生的手段，而且应当成为维护自身价值和尊严的手段。此外，在美国，政府迫于国内公众的压力而颁布了一些保护少数民族和妇女的法律。在这种情况下，各类组织，尤其是企业组织要对现今的工作价值观和政府立法作出反应，从而提出了以工作生活质量为总标题的各种实施方案。这就是工作生活质量这一概念产生的历史背景。

工作生活质量这一概念的提出，引起了美国学术界的重视，有关的专著和文章大量涌现。1974年美国成立了全国生产率和工作生活质量研究中心，许多大学也先后建立了专门的研究机构，使工作生活质量的研究有了很大的发展。1980年在加拿大多伦多举行了关于工作生活质量的国际会议，不仅学术界人士，而且许多企业家、工会工作者和工人代表也参加了会议。这标志着工作生活质量的研究进入了一个新阶段。现在，世界各发达国家，包括一部分发展中国家都在研究工作生活质量问题，并提出了各种实施方案。

2）工作生活质量的概念

工作生活质量的概念是随着实践的发展而发展的。最初仅仅把它看成促进职工个人的工作满意感和心理健康的措施，以后从另一角度认为它是改进工作、提高生产率的特殊技术，或者把它看成一个思想运动。我们从工作生活质量的广泛活动内容来看，它的概念应当包括上述所有含义，即它既是一种关于人与组织关系的指导方针和管理哲学，又是一种工作方法和措施。它是由工会和管理部门共同合作，以改善职工生活福利和工作环境、增进参与决策为手段，达到提高生产率和职工满意感的目的的一项根本措施。具体内容至少有下列各项：

（1）合理和公平的报酬。保持职工合理的薪金、福利收入，特别是同他们工作中付出的努力和取得的绩效相比较，认为是可以接受的报酬。

（2）安全和健康的环境。为职工提供在履行职责时的安全、方便的工作条件，创造有利于职工健康的舒适的工作环境。

（3）发展人的能力。实施职务专业化和分化的同时要充分考虑发挥和发展职工的知识和技能。

（4）参与各层次的决策。创造条件，使职工能够参与各层次的决策和参与解决问题的活动。

3）工作生活质量与生产率

一般都认为，提高工作生活质量会使人们对自己的工作、对自己的工作环境越来越满意，而满意感又会提高劳动生产率。但有证据表明，这样的模式过分简单，因而有时不免发生差错。

工作生活质量与生产率的关系是复杂的，它是通过三个途径来提高生产率的。

（1）工作生活质量措施能改善人们之间的交往，加强职工与组织之间的合作。不同的职务或部门取得协调统一，有利于全面完成工作任务。这样才能提高生产率。

（2）工作生活质量措施能增强对职工的激励，满足职工迫切的需要，从而激发起工作热情和积极性。当他们拥有必要的能力和技术，并且具有必要的环境和条件时，就能提高生产率。而在某些高度专业化并且个人激励受到严格控制的条件下，恐怕只能在极有限的程度上影响生产率。

（3）工作生活质量措施能增强职工的能力，使他们能够自行解决群体中的一些问题，更好地参与决策。工作生活质量措施不但能如上面讲的直接影响和提高生产率，它也能间接影响生产率，即通过增加职工福利、提供较好的工作环境和提高职工的满意感来影响生产率。

应当指出，提高和改善工作生活质量在美国工业企业里也还是一项正在发展的新事物，它体现着一种新的工作规范。这种规范非常重视职工的工作满意感和人力资源的价值，因而受到普遍的赞扬。但在制订提高工作生活质量的实施方案时，必须采取严肃、谨慎的态度。现在在美国有大量的具体方案都被冠以"工作生活质量"，并夸大其词地吹嘘它们能满足组织和个人的各种需要而到处兜售。对于这种倾向，我们应予以关注，应在认真分析的基础上吸收有利于我国经济改革的内容，而不能生搬硬套。

7.4　当代组织变革的趋势及关键问题

20世纪80年代以来，组织变革的一个重要特点表现在组织结构的变革上。其内容除了继续对传统的层级制进行改良外，还表现在许多组织模式对层级制的辩证的否定上，一些组织用市场和非层级制组织形式代替层级制，成为当代组织结构变革的一个重要潮流。

7.4.1　20世纪80年代以来组织结构变革的总体趋势

20世纪80年代以来，在全球化、市场化和信息化三大时代大潮的背景下，组织环境一方面呈现出复杂多变的发展趋势；另一方面又为组织对付这种趋势提供了一定的技术工具。在上述组织环境变革的背景下，组织结构变革的总方向表现出非层级制的趋势。具体地说，非层级制的组织手段能够减少甚至消除层级制组织中经常使用的直接监督控制的那些办法，这些非层级制的组织手段包括计算机网络系统、按照技能支付报酬、收益共享制、直接联系顾客、临时领导、价值观念和自我管理等手段。这种非层级制趋势可能是在层级制组织类型内部从对立面上对层级制的进一步完善，也可能是从层级制的外部对层级制组织类型的根本否定，组织结构变革的非层级制总趋势具体表现为扁平化、柔性化、分立化和网络化四个基本趋势。

1) 扁平化

经过长期的演变过程，在科学管理运动的深刻影响下，西方的企业逐渐形成了一套等级森严的层级组织体系，层级层次越来越多，信息的处理和传递要经过若干环节，致使整个组织对外部环境变化的反应迟钝，在激烈的市场竞争中处于不利地位。20世纪80年代以来，美国不少企业开始对这种传统模式进行大胆的改革，减少管理层次，扩大管理幅度，组织结构呈现出扁平化的趋势。90年代初期，西方出现了一场声势浩大的"企业再造"运动，核心思想是把原来的金字塔形的组织结构扁平化。美国的企业管理大师彼得斯呼吁要摧毁公司的层级组织结构，认为有15个或20个管理层次的公司已经落后了。美国SEI公司在1993年取消了全部秘书建制，削减中层管理人员数量，最高管理层的管理人员的控制幅度增加到20人左右。联邦运通公司从公司董事长到最低一级职员之间总共只有5个管理层次。SUN公司的层级结构只有3个层次：总裁-副总裁兼事业部长-工程师。

组织结构的扁平化是为了适应组织环境日益复杂多变所提出的挑战。我们认为，它的顺畅运作需要具有两个重要条件：一个条件是现代信息处理和传输技术的巨大进步，能够对大量复杂信息进行快捷而及时的处理和传输，能够大大缩减原有的进行信息处理和传输工作的中间管理层次。现代信息技术的飞速发展，特别是网络技术的日臻完善，满足了当代组织环境对信息处理和传输的要求。以现代计算机技术为基础的网络技术使整个企业内部各个部门、各个岗位由一个四通八达的信息网络紧密联系起来，企业的每一个普通员工都能够通过网络系统获得企业内与自己业务有关的任何信息，大大减少了企业内部的数据和报表工作，并且使基层工作人员能够直接与最高管理层进行沟通。另一个条件是组织成员的独立工作能力大大提高，管理者向员工大量授权，组建各种工作团队，员工承担较大的责任，普通员工与管理者、下级管理者和上级管理者之间的关系由传统的被动执行者和发号施令者的关系转变为一种新型的团队成员之间的关系。

2) 柔性化

组织结构柔性化的目的是使一个组织的资源得到充分利用，增强组织对组织环境动态变化的适应能力，它表现为集权和分权的统一、稳定和变革的统一。

组织结构的柔性化表现为集权和分权的统一。与一味强调分权的做法不同，为了避免过度分权所带来的消极影响，柔性化组织结构在进行分权的同时，要求实行必要的集中。集权，是指最高管理层确定整个组织的战略发展方向，规定上级和下级之间的权限关系。而分权则是指中、下级管理部门和一线生产经营人员具有处理一些突发性事件的权力。集权和分权统一的关键是上级和下级之间通过一些直接和间接的交流渠道，及时进行信息的沟通，适当地调整权限结构，保证组织的战略发展目标和组织的各项具体活动之间形成有机的联结关系。

组织结构的柔性化表现为稳定和变革的统一。为适应组织结构不断变革的需要，组织结构分为两个组成部分：一个部分是为了完成组织的一些经常性任务而建立的组织机构，这部分组织结构比较稳定，是组织结构的基本组成部分；另一个部分是为了完成一些临时性的任务而成立的组织机构，是组织结构的补充部分，如各种项目小组、临时工和咨询专家等。

美国的一些大企业为了提高自己的组织结构弹性，在组织结构上把核算单位划小，让基层组织有更大的自主权和主动性。可以说，通过划小经营单位，可以提高组织结构的弹性，这是组织结构柔性化的一种表现形式。

3）分立化

分立化，是指从一个大公司里再分离出几个小的公司，把公司总部与下属单位之间的内部性的上下级关系变为外部性的公司与公司之间的关系。这种分立化与那种划小经营核算单位的方式相比，最大的区别是分立化是以一种市场平等关系来联结公司总部与所属各个分公司和子公司之间的关系，而划小经营单位仍然是以一种企业内部的层级关系进行管理；分立化是在产权关系上进行的变革，公司总部对所分立的各个分公司和子公司通过股权投资和股东管理等手段进行控制，而划小经营单位是在管理权限上的调整，公司总部对所划小的各个经营单位通过一系列的内部行政管理手段进行控制；通过分立化所形成的各个分公司和子公司是独立的法人实体，拥有完全的独立经营地位，而通过划小经营单位所形成的各个基层经营单位并不是一个独立的法人，不具有完全的独立经营地位。

分立化分为两种方式：一种方式是横向分立，按照产品的不同种类进行分立；另一种方式是纵向分立，按照同一产品的不同生产阶段进行分立。

4）网络化

随着市场竞争的日趋激烈，越来越多的美国大公司认识到，庞大的规模和臃肿的机构设置不利于企业的竞争能力的提高，因此，许多美国公司在大量裁员、精简机构和缩小经营范围的基础上，对企业的组织结构进行重新构造，突破层级制组织类型的纵向一体化的特点，组建了由小型、自主和创新的经营单元构成的以横向一体化为特征的网络制组织形式。同时，为了增强市场竞争能力，企业之间的联合和并购也是风起云涌，各种企业集团和经济联合体以网络制的形式把若干命运休戚相关的企业紧密联结在一起。这些自20世纪80年代以来通过分立、联合和并购等途径而形成的一种企业间组织结构模式的大量出现，就是在组织结构变革方面呈现出日益强劲的发展势头的网络化趋势。层级制组织形式的基本单元是在一定指挥链条上的层级，而网络制组织形式的基本单元是独立的经营单位。AT&T公司通过企业重组，把企业改组为由20个独立的经营单元组成的网络制组织，在公司的历史上，首次让每个基层组织的领导全面负责定价、营销、产品开发等工作。

企业组织结构的网络化，具有两个根本特点：

（1）用特殊的市场手段代替行政手段来联结各个经营单位之间及其与公司总部之间的关系。这种特殊的市场关系与一般的市场关系不同，一般的市场关系是一种并不稳定的单一的商品买卖关系，而网络制组织结构中的市场关系则是一种以资本投放为基础的包含产权转移、人员流动和较为稳定的商品买卖关系在内的全方位的市场关系。

（2）在组织结构网络化的基础上形成了强大的虚拟功能。处于网络制组织结构中的每一个独立的经营实体都能以各种方式借用外部的资源，如购买、兼并、联合、委托和向外发包等，对外部的资源优势进行重新组合，创造出巨大的竞争优势。通过这种虚拟功能，企业可以获得诸如设计、生产和营销等具体的功能，但并不一定拥有与上述功能相对应的实体组织，它是通过外部的资源和力量去实现上述具体功能的。

7.4.2　管理中关键的变革问题

在了解了当代组织变革的趋势之后，在组织变革的实践中我们还要时刻关注以下几个方面的问题：

1）创新

在现代经济中，创新已越来越成为参与竞争的一个重要手段。研究者在对创新组织进行研究时，发现有一些特征出现的频率极高，我们将其归纳为三种类型：结构、文化和人力资源。因此，如果变革推动者要创造一种创新的气氛，他们应考虑在组织中引进这些特点。

我们说变革是使事情发生变化，而创新则是一种更具体的变革类型。创新是指用以发明或改进一项产品、工艺或服务的新观点。所有的创新都包含着变革，但并不是所有的变革都涉及新的观点或带来显著的改进。组织中创新的范围可以从很小的改进（如RJT纳比斯科公司拓宽夹心饼生产线，从而使巧克力包皮的奶油夹心饼产量增加了一倍）到重大的产品突破（如麦格劳·希尔公司发明的按顾客要求定做的课本，它运用计算机网络把书店的激光印刷机和麦格劳公司的课本资料中心数据库联系起来）。这里要指出的是，我们列举的都是产品创新的例子，但创新的含义还包括了新的生产工艺、新结构或经营体制，以及与组织成员有关的新计划或新方案。

在研究创新时，应该关注的一个重要问题是创新源，即可能引起创新的因素和条件。在潜在的创新源方面研究最多的是结构变量。一篇有关组织结构与创新关系的全面综述报告得出如下结论：

（1）结构对创新有积极影响。因为它的纵向变量少，正规化和集权化的程度比较低，促进了组织灵活性、适应性和相互影响力，从而使创新更容易被接纳。

（2）创新和长时间的任期有关。很明显，管理者的任期为他如何完成任务以及获得什么样的理想结果提供了合理的理由和相关的知识。

（3）资源的充足孕育着创新。充足的资源使组织能够购买创新成果，担负创新费用及随机失败的损失。

（4）在创新组织中，部门之间沟通密切。这些组织较多地采用了委员会、特别工作组和其他便于部门之间沟通的机制。

创新的组织往往具有相似的文化：它们都鼓励尝试，无论成功还是失败都给予奖励；它们还赞赏错误。遗憾的是，在大多的组织中，人们都是因为没有成功而不能获得奖励。这样的文化压制了冒险和创新。只有当人们感觉到自己的行为不会受到任何惩罚时，他们才会提出新观点，尝试新办法。

在人力资源领域中，我们发现创新组织积极开展员工的培训和开发，使员工跟上时代的脚步。他们为员工提供很高的工作保障，使员工不会担心由于犯错误而被解雇。他们还鼓励个人成为变革的倡导者，一旦出现了一种新观点，变革倡导者就会积极、热情地宣传，提供支持，克服阻力，确保创新顺利推行。最近一项研究发现，这种变革的倡导者具有共同的个性特征：非常自信，持久有恒心，精力充沛，敢于冒险。他们还具有与变革型领导风格有关的特征：他们用自己对创新潜力的远见以及坚定不移的信念来鼓舞和激励其他人；他们还善于获得他人的承诺，以支持自己的事业。另外，这些倡导者从事的工作一般能提供相当大的决策自主权，这种自主权有助于他们在组织中引入和实施创新。

2）学习型组织

正如全面质量管理是20世纪80年代的潮流，企业再造工程是20世纪90年代初的潮流一样，学习型组织成为20世纪90年代中期的潮流。当今许多管理者和组织理论家们都在寻找新的方法对这个不断变化的世界作出有效的反应，学习型组织的出现引起了他们极大的兴趣。

学习型组织是彼得·圣吉（Peter M. Senge）在《第五项修炼》中所倡导的一种新理论。该书的出版在全世界引起了巨大反响。彼得·圣吉以全新的视野考察影响组织危机最根本的症结所在，就是由于组织及组织成员片面和局部的思考方式及由此所产生的行动所造成的。为此需要突破习惯的思考方式，排除个人及组织的学习障碍，重新塑造企业的价值观念、管理方式及方法。为此，彼得·圣吉提出了要建立学习型组织，并认为"五项修炼"是建立学习型组织的技能。所谓修炼，对于组织而言，就是通过学习和训练，提高组织内部结构、机能对社会、市场变化的适应能力。对个人而言，是指通过学习提高自身素质。

"五项修炼"的内容包括：

第一项修炼：自我超越。"超越"一词含有超过、胜过的意思。"自我超越"就是不断认识自己，认识外界的变化。不断赋予自己新的奋斗目标，突破过去，超越自己。这是一种学习和成长的"修炼"，也是学习型组织的精神基础。

第二项修炼：改善心智模式。心智模式是一种思维方法和行为模式，其往往是人们长期实践经验的总结。通常人们的一言一行都受到多年形成的固有的思维和逻辑的影响。比如说，由于外部环境和人们需求的急剧变化，今天越来越多的企业发现年复一年的传统做法已经不灵了，那些导致企业往昔成功的方法和手段在今天则成了企业失败的原因。所以，改善心智模式，就是改善认知模式，要求企业能够不断随着外部环境的变化适时调整甚至革新企业内部的习惯做法，只有人的思想和逻辑的改变才能使行为发生根本的转变。

第三项修炼：建立共同愿景。愿景是期望的未来远景和愿望。建立共同愿景就是建立一个组织成员共同的远景和愿望，并以这个共同愿景感召全体组织成员，使之为这个愿景而奋斗。显然，共同的愿景是组织产生活力和勇气的源泉。

第四项修炼：团队学习。团队学习是发展团队成员整体合作与实现共同目标能力的过程，团队学习的主要形式为"深度汇谈"。彼得·圣吉将学习型组织的交谈称为深度汇谈。通过深度汇谈，组织内的成员可以互相帮助，进行沟通，建立共识，使集体思维变得越来越默契，达到使团队智商远远大于个人智商的目的。

第五项修炼："系统思考"。通常作为整体的一部分，置身其中而想要看清整体的变化非常困难，久而久之，也就形成了"见木不见林"的思考模式。系统思考的修炼就是要人与组织形成系统观察、系统思考的能力，以系统的、动态的观点观察世界，从而决定其正确的行动。

学习型组织是一个不断开发适应与变革能力的组织。正如人要学习一样，组织也要学习。所有的组织都在学习，不管它们是否有意识这么做，这是它们维持生存的基本条件。当然，有一些组织如施乐公司、科宁公司、联邦快递公司、福特公司、通用电气公司、摩托罗拉公司、沃尔玛公司在这方面比其他组织做得更好。

大多数组织进行的是单环学习。当发现错误时，改正过程依赖于过去的常规程序和当前的政策。相反，学习型组织运用的是双环学习。当发现错误时，改正方法包括组织目标、政策和常规程序的修改。双环学习向组织中根深蒂固的观念和规范提出挑战，其提出的截然不同的问题解决办法有利于实现变革的巨大飞跃。

学习型组织的支持者们认为这种组织是解决传统组织固有的三个基本问题的良方，这三个问题是：分工、竞争和反应性。

（1）专业化的分工制造了隔离带，从而把一个组织分割成相互独立且常常相互冲突的领域。

（2）过分强调竞争常常会削弱合作。管理层的人相互竞争以显示谁更正确，谁知道得更多，谁更有说服力；部门之间相互竞争以显示谁是最好的管理者。

（3）反应性使管理者的注意力发生了偏离，他们更注重解决问题而不是开发创新。问题的解决者尽力避免发生某些事情，而创新者努力带来新的东西。对反应性的一味强调会排挤创新和不断地改进，鼓励人们为"救火"而忙碌。

如果把学习型组织看作是建立在以往的大量组织行为观念上的理想模式，会有助于人们更好地理解什么是学习型组织。人们应该把学习型组织视为奋斗目标而不是对组织结构活动的现实描述。同时，还应注意学习型组织与以往的组织行为学概念的关系，如全面质量管理、组织文化、无边界组织、功能冲突和变革型领导行为等。比如，学习型组织采用全面质量管理进行不断改进；它以重视冒险、开放、成长的文化为特征；它打破了等级层次和部门分工带来的障碍，从而寻求一种"无边界"的状态；它支持不同意见、建设性批评和其他功能正常的冲突；为了实现共同目标，学习型组织还需要变革型领导行为。变革型领导行为在学习型组织中是极其重要的，它为组织建设主要提供管理学习、制定战略、重新设计组织结构、重新塑造组织文化等几个方面的贡献。

3）可持续发展

可持续发展，是指既满足现代人的需要，又不对后代人满足需要的能力构成危害的发展。可持续发展是以控制人口、节约资源、保护环境为重要条件的，其目的是使经济发展同人口增长、资源利用和环境保护相适应，实现资源、环境的承载能力与经济社会发展相协调，从人口、资源、环境、经济、社会相协调中推动经济建设发展，并在发展的进程中带动人口、资源、环境问题的解决。这一理论主要为了解决以下问题：

（1）肯定发展的必要性。只有发展，才能使人们摆脱贫困，才能为解决生态危机提供必要的物质基础。因此，承认各种组织的发展权十分重要。

（2）强调发展与环境的辩证关系。环境保护需要经济发展提供资金和技术，环境保护的好坏也是衡量发展质量的指标之一。

（3）提出了代际公平的概念。人类历史是一个连续的过程，后代人拥有与当代人相同的生存权和发展权，当代人必须留给后代人生存和发展所需的"资本"，包括环境资本。

（4）在代际公平的基础上提出了代内公平的概念。发达国家在发展过程中已经消耗了地球上大量的资源和能源，对全球环境造成的影响最大，因此，发达国家应该承担更多的环境修复责任。

4）危机管理

危机管理，又叫风险管理，是指如何在一个肯定有风险的环境里把风险减至最低的管理过程。其中包括了对风险的量度、评估和应变策略。理想的危机管理是一连串排好优先次序的过程，使其中的可以引致最大损失及最可能发生的事情优先处理，而相对风险较低的事情则压后处理。但在现实情况中，这一优化的过程往往很难决定，因为风险和发生的可能性通常并不一致，所以要权衡两者的比重，以便作出最合适的决定。

危机管理亦要面对有效资源运用的难题。这牵涉到机会成本的因素。把资源用于危机管理，可能使能运用于有回报活动的资源减低；而理想的危机管理，正希望能够花最少的资源去尽可能化解最大的危机。

发生在中国大地上并造成巨大损失的"SARS"危机真真切切地表明，危机并不总是远离我们，一个清醒和成熟的管理者，必须细心领悟和随时准备实施危机管理。

　　只有突破管理的常态假设，建立有效的危机管理机制，才能大大降低管理体系的脆弱性。

　　在危机处理方面，我们管理体系的脆弱性表现在两个层面。首先，整个管理体系是建立在一种常态假设之上的，包括政府部门的管理者在内，都"宁愿"相信天天无险、日日平安的可能，都习惯于按常态规划开展工作。但是，管理环境中的不确定性总是存在的，难以预料的危机是无法避免的，因此，基于常态假设的管理体系具有很大的脆弱性，这一点在2003年的"SARS"危机中得到了充分的证明。在疫情刚刚出现的阶段，疫情的危害程度被严重低估；当疫情仍在蔓延之时，却匆匆宣告疫情已被有效控制；直至疫情大面积爆发，机制准备、技术准备、物资准备诸方面的不足立刻暴露无遗，只得动用一系列高成本的管理措施来抵御危机，为此，我们付出了巨大的代价。其次，我国具体的危机管理机制也存在很大的脆弱性，主要表现在：其一，缺乏一个全面覆盖各类危机的完整的应急系统，一旦遇到"新的"危机，即感到无所适从；其二，危机管理是分行业、分部门进行的，尽管有利于实现"分工负责"，但是当发生需要多个部门共同应对的"综合性"危机时，将产生很高的协调成本，并严重影响反应速度。

　　国务院发布的《突发公共卫生事件应急条例》，是国务院于2003年5月9日发布的，针对"SARS"流行这一危机事件采取的应急立法措施。应该说这是政府在突破管理的常态假设方面的一个重大举措，是政府强化自身危机意识的一个强烈信号。当然，从降低我国危机管理体系脆弱性的角度看，也许出台一部紧急状态法会更好，有了统一的紧急状态法，就不需要再临时出台一个个具体的危机事件应急条例了，就能够以不变应万变，而且还可以依据此法建立统一的紧急事务预警反应机制，以弥补我国目前分散型危机管理体制的不足。

　　面临"非例行问题"的危机，"内部人"的智慧短缺不可避免，而"外部人"参与决策则可能出现柳暗花明的气象。

　　管理者所处理的所有事务都可分为"例行问题"和"非例行问题"两类，前者是那些重复出现的、日常性的管理问题，后者是那些偶然发生的、管理者很少遭遇过的管理问题，危机就是非例行问题。毫无疑义，应对非例行问题的危机，政府及各级组织要依靠已有的常规部门，这些部门在办事经验、资源占有等方面都有明显的优势。但是，作为"内部人"，常规部门在危机面前常常会显出智慧短缺，因为这些部门的人长期在一个领域工作，长期处理大同小异的例行问题，逐渐形成了自己的思维定式，从而很难对突发性的新事态作出正确的反应。例如，"SARS"危机的初始阶段，为了安定人心，一些地方甚至研发"控制不良短信息传播"的软件，以限制通过手机短信对"SARS"疫情的交流。现在回过头看，由常规部门作出的这些安排是多么地缺乏智慧。

　　在危机到来之前能预防并避免是成本最低、风险最小的办法，也是最明智的办法。就像对待疾病一样，危机防范的首要问题就是提高组织的免疫力。提高组织对危机的免疫力，要从以下几个方面入手：

（1）强化全员特别是组织主要管理者的危机意识，使这种意识融入组织文化之中。虽然组织发生突发危机是小概率事件，但从强化危机意识的角度来说，不妨记住莫菲定律：如果事情有可能向坏的方向发展，就一定会向坏的方向发展。认为组织不会发生危机本身就是最大的潜在危机。

（2）加强信用管理，树立组织在公众心目中的良好形象。良好的组织形象就是无声地告诉人们：组织是负责任的、信得过的。有了这几个字，组织就会远离危机。

（3）加强公共关系管理，并持之以恒。很多组织越来越意识到组织公共关系管理的重要性，但不少组织在这个问题上很功利。要做宣传了，就想起了向媒体公关；要贷款了，就想起了向银行公关；出问题了，就想起了做政府有关部门的工作，以寻求关怀。这不是一种有远见的系统思维，而是东一榔头西一棒的堵窟窿的思维方式，即所谓急来抱佛脚。以这样的思维方式，一旦组织在意想不到的领域出现问题，就会感到公共关系资源严重不足。实际上，公共关系管理的产生及兴盛正是源于应对危机。正像公共关系权威专家卡特利普所说："公共关系，只有当它与危机处理联系在一起时，才显得格外重要。"为什么不在危机出现之前就充分开发公关资源以打好基础呢？

（4）强化组织团队精神，努力争取员工对组织的忠诚，以免祸起萧墙。

（5）提高主要管理人员的管理能力，强化他们对组织的责任心。

5）知识管理

知识管理就是利用组织智力或知识资产创造价值的过程。信息社会是智能化、知识化的社会，知识将成为组织获取效益的主要手段。首先，每一个现代组织，都必须高度重视知识资源的开发和有效运用，都应善于运用信息网络，把握世界范围内的新知识、新信息、新动向，充分利用全人类所创造的知识宝库和精神财富，加快自身的发展。其次，开发知识资源，还必须高度重视组织员工科学知识水平的提高和潜在能力的发掘。每一个现代组织，必须着力培育员工，提高员工的科学知识水平，使之成为适应时代要求的智能型劳动者，并充分发挥他们的潜在才能。最后，开发知识资源，还应高度重视"外脑"的利用。由于当代管理影响因素复杂多变，组织领导人仅凭个人的知识和能力，难以有效地解决重大战略与管理问题，因而迫切需要借助于众多专家的知识和智慧，促进组织的有效发展。

我们将组织知识管理概括为如下十大方面的内容：

（1）知识创新管理。

（2）知识共享管理。

（3）知识应用管理。

（4）学习型组织。

（5）知识资产管理。

（6）知识管理的激励系统。

（7）知识管理的技术与工具。

（8）知识产品的定价与版本。

（9）知识员工的管理。

（10）学习与创新训练。

组织知识管理水平，可以用知识创新率（力）、知识传播率（力）、知识应用率（力）三维坐标来衡量，其中每个坐标又可以分为若干个小指标。显然，上述十个内容中的前三个主题是企业知识能力的表现。第一个主题是知识创新管理，包括知识创新的模式、条件、环境等内容，其中很重要的一点是显性知识、隐性知识转换引致的创新研究。第二个主题是知识共享管理，研究如何通过知识转移缩小知识差距。我们认为，"知识转移"比"知识共享"更富有经济管理含义。知识共享很容易给人们一种免费的感觉，而知识转移则有一种知识的让渡在里面，知识的让渡意味着价值的让渡，也就意味着让渡方应该得到受让方的回报。第三个主题是知识应用的管理，主要包括组织如何采取一整套的知识管理解决方案去实施知识管理项目，如何实现组织的变革管理等。知识的应用是提高生产率和竞争力的最终手段。

第四、五、六个主题都是从行为科学的角度去讨论知识管理在组织中的应用。第四个主题是学习型组织，是从企业文化的角度，讨论企业如何通过"五项修炼"来使企业保持一种不断学习的状态。当然，学习不是目的，创新才是目的。第五个主题是知识资产管理，即怎么从财务的角度，管理客户关系资产、人力资本资产、结构资产、知识产权资产，以及上述资产之间如何协调发展。第六个主题是从人力资源的角度，考虑怎么设计一套绩效考评体系和激励制度来构建知识管理的激励系统。比如，如果是以每个项目年终的业绩来考核，那么各个不同的项目之间拥有的知识就不愿意互相分享。如果分享了，就有可能造成别的团队比自己的团队业绩好。所以，在考核体系中也应该有考核一个团队和其他团队分享知识多少的指标。

第七个主题是从信息技术的角度来探讨知识管理的支持软件或工具，比如知识地图或知识导航系统就是很好的工具。知识地图是一种帮助用户知道在什么地方能够找到知识的知识管理工具。组织知识地图将企业各种资源集合起来，以统一的方式将组织的知识资源介绍给用户。知识地图采用一种智能化的向导代理，通过分析用户的行为模式，智能化地引导检索者找到目标信息。像 IBM 推出的 Lotus 系列软件，就是非常好的工具，我们可以在上面做许多知识管理系统的开发，比如项目经验分享系统的开发等。

第八、九、十个主题分别从单项管理的角度去讨论知识管理在组织中的应用。第八个主题是关于知识产品的问题，主要考虑知识产品的定价和版本问题。第九个主题是知识员工的管理。这是因为组织的知识管理最终要落实到个人身上。这个主题包括知识员工的职业生涯规划与组织的战略规划如何配合、知识员工的个人知识如何成为组织财富、知识员工如何招聘与培养等问题。最后一个主题也是和个人有关的，既包括学习与创新的技巧和规范训练，也包括比如 E-learning（电子学习）平台的学习，以及课件和教学资源的开发等内容。

有人说，知识管理可能将是继工业时代的泰罗管理革命之后的又一次管理新革命。事实将会说明，这样的估计不是过高。知识管理学家认为，知识分为组织知识和个人知识，而组织的知识管理不仅仅是对组织中个人而言的，它是指作为一个组织整体上对知识的获取、存储、学习、共享、创新的管理过程，目的是提高组织中知识工作者的生产力，提高组织的应变能力和反应速度，使组织能顺应市场的挑战，并且能够比竞争者保持至少一步以上的领先。所以，知识管理作为获取、存储、学习、传播、应用、共享知识的一种管理方式，对于当今的企业来说应该是决定着命运的一种管理。知识是企业发展的基础，是企业竞争的"拳头"，做不好知识管理，也就无法延续和整合企业的核心竞争力。

本章小结

衡量组织行为合理化的标准主要有：组织结构的合理化、组织运行要素的有效性、组织气氛的和谐性。

组织变革是由多因素相互作用的结果。其动因分为内部原因和外部原因两个方面。组织变革的基本模式有动因模式、系统模式、程序模式等。组织发展与工作生活质量是关于组织变革问题讨论中重要的组成部分，组织发展的干预措施通常建立在人本主义的民主价值观基础上，它主要依赖于诸如参与、合作和正视问题这样的过程。而提高工作生活质量不仅是一项组织发展和变革的措施，而且是一种关于人与组织关系的指导方针和管理哲学。

自20世纪80年代以来，组织结构变革总体趋势表现为非层级化，具体表现为扁平化、柔性化、分立化和网络化，其最终目的是激发组织的创新和创建学习型组织。危机管理与风险管理、知识管理也提到了管理日程。

案例分析

韦尔奇——让通用电气在变革中成长①

如果要在20世纪中选出一位最杰出的经理人，这人一定非杰克·韦尔奇莫属。在20世纪风云突变的最后20年间，许多大公司在严峻的全球经济竞争中像多米诺骨牌一样纷纷倒下，它们的总裁也像走马灯一样不停地变换，可韦尔奇却带领着通用电气（GE）一路迅跑，并连续多年在美国《财富》杂志"全美最受推崇公司"

---

① 肖怡. 韦尔奇——让通用电气在变革中成长［J］. 企业研究，2001（5）.

评选中名列榜首。如今，通用电气这个从105年前美国第一个股票交易所成立就上市且唯一存活至今的企业依然在不断刷新利润纪录，其表现丝毫不逊于任何一家热门的网络公司。韦尔奇不仅缔造了企业百年屹立不倒的神话，也造就了自己事业的辉煌，他无愧于"当代最有成就的CEO"的称号。

世纪经理人与世纪公司

杰克·韦尔奇1935年11月生于美国马萨诸塞州萨兰姆市，1957年大学毕业，1960年获化学工程博士学位，同年加入通用电气塑胶事业部。1971年年底，韦尔奇成为GE化学与冶金事业部总经理，1979年8月升为通用电气公司副董事长。1981年4月，年仅45岁的杰克·韦尔奇成为通用电气公司历史上最年轻的董事长和首席执行官。

韦尔奇就任GE掌门人时，该公司业绩表现并不佳，股票市值在近10年中几乎下降了一半。尽管如此，其前任雷吉·琼斯仍然以压倒性的票数当选为当时最优秀的首席执行官，而GE公司也被评选为经营最好的公司。所以，对韦尔奇而言压力是双重的：一方面是如何超越其前任在业界的声望；另一方面是如何将公司从颓势中扭转过来，即使在萧条时期也能顺利实现利润和股票价值的增长。

韦尔奇是极具反叛性格的人，他从不相信教条，不相信一成不变的东西，即使它曾经被证明是多么有效。因此，他一接手GE，第一件事情就是毁掉这个杰出典范——包括公司的业务组合、行政系统、不胜枚举的惯例和传统，以及特有的公司文化。虽然韦尔奇当时以闪电战的方式进行改革，几年后他仍后悔没有以更快的速度行事。当然，结局早已明了，韦尔奇毁掉了原来的GE，而一个更强大、更有竞争力、更有投资价值、更受人瞩目的GE诞生了。

韦尔奇初掌通用时，通用电气的销售额为250亿美元，盈利15亿美元，市场价值在全美上市公司中仅排名第十。到1999年，通用电气实现了1 110亿美元的销售收入（世界第五）和107亿美元的盈利（全球第一），以2000年8月15日的市值计算，全球100家大上市公司的总市值排名中，通用电气以5 629亿美元重登冠军宝座。韦尔奇初掌通用时，通用旗下仅有照明、发动机和电力三个事业部在市场上保持领先地位。而今已有12个事业部在其各自的市场上数一数二，如果单独排名，通用电气有9个事业部能入选《财富》500强。韦尔奇本人也被公认为最杰出的世纪经理人。

现在，这家于1878年由发明家托马斯·爱迪生创办的公司，已发展成为一家集生产、技术与服务为一体的多元化公司，在全球100多个国家开展业务，拥有34万员工。其业务集团包括飞机发动机、动力系统、医疗设备、塑料、金融服务、全国广播公司（NBC）、工业系统、家用电器、运输系统等。可以说，从照亮千家万户的普通电灯泡到原子能发电站，从地面的机车到太空中的卫星，从飞机发动机到家用电器，GE公司业务广泛，匹敌者寥寥。它经营的信用卡达6 000多万张，它拥有的商用飞机比美国航空公司还多。美国人购买的食品，36%储藏在该公司生产的冰箱里；晚饭后，每5人中就有1人收看属于通用电气的全国广播公司的电视节目。

道·琼斯庆祝其100周年的华诞时，GE是唯一一家榜上有名的公司。然而，在雅虎、亚马逊这些网络新贵，IBM、英特尔、微软这些PC和软件的老霸主称雄的这个时代，百年GE却再一次让崇拜新经济的人瞠目结舌。2000年夏，美国最著名的因特网和信息技术杂志《因特网周刊》对美国各大公司做了主题为"因特网100强"的调查，GE竟荣登"本年度电子商务企业"的宝座。《因特网周刊》总编辑鲍勃·维尔利诺说："GE获胜的原因主要是其以闪电般的速度将几十亿美元的销售和投资转到Internet。"而让人咋舌的是，在一年半前，韦尔奇居然还不会发电子邮件，从中，韦尔奇的变革创新精神和速度可见一斑。

毋庸置疑，韦尔奇是当代最受人推崇的企业家，他的贡献不仅在于带领百年GE创造了一个又一个业绩新高，而且在于为世界培养了一批又一批的人才。这才是真正无价的贡献。在韦尔奇的倡导下，GE成立了一所培训大学，公司每年拨款约10亿美元，每年在此接受培训者多达1万人。而今，在全球的500强企业中，有300多家公司的首席执行官都曾有过在通用电气大学培训的经历，还有更多的人期待在这里学到韦尔奇身上的一切，以便像他一样成功地攀上事业顶峰。

变革图新：韦尔奇的企业再造

20世纪80年代，管理学界有一个著名的理论叫"企业再造"，至今仍在工商界广为流传并不断地运用于企业实践中，而在20世纪80年代初期，通用电气在韦尔奇的带领下，已率先进入了这一流程变革中，并取得了令人瞩目的成绩。韦尔奇执掌GE之初，就已敏锐地预感到世界经济将发生巨大变化，大胆面对新事物进行了比工商业界其他任何人都更为迅速有力的变革。他所提出的组织改造与缩编的改革方法，是现代企业改造的先驱。他把经理们带进了这个我们仍生活在其中的新世界里，同时，也给各地的企业家展示了一种着手进行任何变革的方法。

对于一家庞大的企业而言，最大的困扰莫过于速度问题，即人们常说的"大企业病"，它的症状是官僚主义盛行，行动迟缓，应变能力差。GE公司也不能幸免。而要改变这一状况，小打小闹的变革只能是隔靴搔痒，必须进行全面而深刻的变革。韦尔奇在GE变革过程中一开始采取的就是一种革命性的手法，不是渐变。用韦尔奇自己的话说："如果你现在正在操纵一只非常大的船，那么你如果对它的方向舵仅仅做微小的调整，整个船感受的变化不会很大。如果你采取的动作不够大的话，人们就不会对你发出的号召产生任何反应，而且会出现很多抵触、反对改革的声音。我们需要的正是大刀阔斧、非常革命性的变革，一举打败所有反对改革的人，把这些有抵触的人淹没在汪洋大海之中。"

在GE彻底的改造中，一个最大的阻力来自公司本身。通用电气公司有一套著名的公司指南，每一位经理都配备了这厚厚的五大册蓝皮书。这本由包括彼得·德鲁克在内的美国最优秀企业思想家们撰写成的书，确实是一项令人敬畏的成就，它无疑解除了管理者思考的武器，但它遗留给通用的弊病比其他任何公司都要明显。对于通用公司的经理人员而言，书中的要旨明白无误，令人沮丧：你不必思考；那些比你更精明的人已经为你思考好了。韦尔奇却果断地烧掉了这些公司指南，从开始改革的那一天起，他毫不含糊地给公司经理们下达指示：你拥有这些企业，要对它们负起责任，不要依赖公司总部，要与官僚作风作斗争，要讨厌它，踢开它，制服它。

如果说上述激烈的话语让公司员工们震惊，那么接下来的行动更让他们震惊。由于引起"大企业病"的一个重要原因是管理层次过多，员工思想僵化，创新不足，因此韦尔奇从大幅裁员、压缩行政管理层入手，企图通过一系列新流程和新措施，把 GE 公司中的管理层次尽量减少，从而提高企业运作速度，让大公司具有小公司那样的灵活性和创造性。他先后将通用员工人数由 41.2 万人精简为 22.9 万人，撤销了整整几个经理层，包括当初琼斯设置的一个高级经理层。在韦尔奇初掌通用时，通用的每个事业部皆设有 9~11 个人事阶层，但时至今日，已降为 4~6 个。一时间，"中子杰克"的恶名一度浮出水面，但 5 年之后，其他公司也纷纷意识到经济出现了十字关头的局面，像美国电报电话公司（AT&T）、国际商用机器公司（IBM）等，他们随之也开始进行裁员调整的工作，然而此时 GE 早已走了一步。

在企业改造中，韦尔奇赋予通用电气公司一个新使命：成为全球最有价值的公司。这个意义深远的宗旨转变不仅为公司重新确定了方向，而且如此大胆（通用电气公司当时排名第十），以至于当时把人们给惊动了。作为新计划的核心，韦尔奇宣布通用电气公司的每一项业务必须在同行业中位居第一或第二，这是自我评估的另一个彻底变革，据说韦尔奇对公司任何一项业务位居第二都不热衷。他大刀阔斧般地对公司业务重组，在就任的头两年里购进 118 个新业务、合资企业或收购企业，同时出售了 26 项业务，其主旨是让通用电气退出没有竞争优势的业务领域，力求在全球性竞争中保持领先的市场地位。他出售的最大业务是犹他国际公司（Utah International），这家澳大利亚矿业设备公司曾是雷吉·琼斯收购的最大公司。

接下来，韦尔奇进行了企业再造中最艰苦、最复杂的工作，即企业文化和价值观再造。企业文化与价值观是企业管理中最模糊的领域，也是迄今为止最具挑战性的一环。它关系到如何指导组织行为，有难以言传的价值和意义。正式的权力在这方面不太使得上力，团队合作才是关键所在。这项工作的艰巨，即使是革命性的领导者，通常也会将改革文化放在最后阶段。但是文化一日未变，改革转型便一日未完成。甚至当最剧烈的技术和政治改革已经被人遗忘时，企业文化可能还在指导组织行为模式。

为此，他倡导了著名的群策群力活动。在活动中，所有部门的员工与其上司聚在一起召开"全体员工大会"，提出问题或有关部门如何运作得更好的建议，80% 的建议必须在当场得到一定的答复。这是一场真正的公司文化革命。正如通用电气公司飞机发动机部门的一位电工对《财富》杂志所说："20 年来别人一直要求你闭上嘴巴，这时有人让你毫无顾忌地大胆说话，你一定会畅所欲言的。"长期推行的群策群力活动耗费了通用电气公司的大量时间和金钱，但是更重要的效果是让公司员工大胆说话，他们的意见应被认真对待。提出好建议的员工与贯彻执行建议一系列变革无疑引导了当代企业管理潮流，GE 公司从中获益不小。现在，韦尔奇可以自豪地告诉人们，通用电气向丰田学习了资产管理，向沃尔玛学习了对市场的快速反应，而这一切都是群策群力活动的结果。这些方法足以使公司新理念转变成员工可以接受的习惯，而当习惯养成时，企业文化也已经改变了。

通用电气的成功在很大程度上归功于公司总裁韦尔奇独到的经营管理方法。韦尔奇在极短时间里使这个历史悠久但老态龙钟、日渐衰落的企业面目一新，爆发出强大的活力。

中国市场：切走20亿美元的大蛋糕

2000年10月，在锣鼓喧天中，GE上海工程塑料合成厂在浦东外高桥免税区开业，这是GE在上海的第10个投资项目；韦尔奇特地从海外赶到上海参加了开业典礼。从其对此事的重视程度上看，拥有1910年便在中国销售电风扇、电冰箱、蒸汽机车历史的GE，对于中国的市场显然有着更为巨大的期望。目前，GE在珠江三角的广州、深圳、惠州三地有3个投资项目，在大连有1个投资项目，在北京有5个项目，在上海分别有金融集团、照明工程集团、NBC、塑料集团等10个项目，共计15亿美元的投资。

正如韦尔奇将GE的飞机发动机、塑料、保险、医疗、照明、运输、金融、家电、广播等分属不同领域的公司整合在一起并入世界顶级企业那样，GE在中国依旧在如此众多的领域有着巨大的投资和业务并参与竞争。对比IBM、微软、英特尔等跨国巨头在中国只开拓自己的核心业务，GE在中国显然是更"可怕"的"另类"。"在GE这样一个多行业的公司，我不相信那种我们在这儿投25%，在那儿投30%，在那儿投20%的做法"，韦尔奇在指点GE的棋局时常有惊人之语："我们的做法是就事论事，具体到每个业务部门。我们没有GE的中国战略，但是医疗系统有一个中国战略。在许多方面，我们都是由各个业务部门的战略汇集而成的一个整体。"

显然，中国市场没有让GE的战略落空，无论如何，这里已经为GE贡献了20亿美元的收入，而到2005年，这个数字增大了3倍。GE在医疗CT的投入使中国成为全球五大CT供应基地之一，GE医疗设备业务在中国已经有3亿美元的产值；在飞机发动机方面GE也占绝对的优势，韦尔奇上海之旅一个主要任务便是与南航、东航等国内航空公司的"头头脑脑"商谈采购GE飞机发动机的事宜；最让人困惑的是GE的家电，在这个中国市场竞争最激烈的领域，日、韩、欧洲的世界级品牌与中国的家电巨头们正进行着惊心动魄的厮杀，GE还会有什么机会？GE的"出阵"颇为老到，与新飞电器结为战略合作伙伴，让双方同时获得了各自需要的资源，对于新飞是难得的海外销售渠道，对于GE则是成熟的家电销售网络；最不可捉摸的是GE的金融集团，这个被称为"巨兽"的部门将会在中国搅动怎样的风云？韦尔奇出言显然相当谨慎，这真应了他们"在中国金融体系改进前保持低姿态"的原则。但金融集团在日本的表现却似乎是一个可靠的参照系。到去年底，这个部门在日本的资产由1995年的10亿美元猛增到400亿美元。这都是GE梦想得到的市场。当然，最蓬勃发展的是塑料产业，其销售量在过去的3年里，每年翻一番，据推测，未来3年中国在GE塑料上所占的份额就会超过欧洲，为此，韦尔奇决定将 GE 塑料在上海的工厂扩大一倍。说做就做，韦尔奇刚说完自己的意图，塑料厂的人就开始与浦东协商购买土地事宜了。热爱变革，视变革为可以带来增长的机会，这就是韦尔奇和 GE 人的信条，他们每天都在寻找可以带来增长机会的变化。

2000 年 10 月，美国通用电气公司和世界最大的航天设备制造商 Honeywell 宣布：通用以 450 亿美元的股票成功收购 Honeywell。这是通用历史上最大的收购案，也是通用总裁韦尔奇任期内最重要的公司活动，为此，韦尔奇把退休时间从 2001 年的 4 月延迟到年底。这也意味着，韦尔奇时代将告终结。

确实，21 世纪的到来赋予每一个企业一次新的机遇和挑战，这个世界正以越来越快的速度变化着，让人眼花纷乱。然而，对于 GE 来说，只要韦尔奇所创立的变革精神还在，无论是谁领跑，都没有理由怀疑 GE 向前奔跑的速度会慢下来。

案例分析提示：

1.企业变革与企业领导人的个性有何关系？

2.GE 变革过程中的阻力有哪些？从 GE 成功的变革中你认为企业应当如何实施变革？

复习思考题

1.什么是组织行为合理化？

2.衡量组织行为合理化的标准有哪些？

3.判断组织结构合理化的标志主要有哪几个方面？

4.如何实现组织行为的合理化？

5.衡量组织权责体系合理性的指标主要有哪些？

6.衡量组织决策合理与否的标志主要有哪些？

7.组织气氛的和谐性包括哪些基本内容？

8.组织变革的内在基本动因有哪几个方面？

9.组织变革的外部驱动因素有哪些？

10.组织变革的阻力主要有哪些？有哪些措施可克服这些阻力？

11.组织变革的基本模式有哪些？

12.什么是组织变革？组织变革有哪些模式？其特点是什么？

13.如何制定组织变革的对策？

14.组织发展的特征是什么？

15.简要概括组织发展活动的基本价值观。

16.组织发展的干预措施有哪些？

17.学习型组织的主要特征有哪些？

主要参考文献

［1］卢盛忠．组织行为学——理论与实践［M］．杭州：浙江教育出版社，1998．

［2］孙彤．组织行为学［M］．北京：高等教育出版社，2000．

［3］杨锡山．西方组织行为学［M］．北京：中国展望出版社，1986．

［4］关培兰．组织行为学［M］．北京：中国人民大学出版社，2003．

［5］编写组．社会心理学［M］．天津：南开大学出版社，1990．

［6］俞克纯．激励·活力·凝聚力［M］．北京：中国经济出版社，1988．

［7］石含英．世界管理经典著作精选［M］．北京：企业管理出版社，1995．

［8］冬青．揭开人类行为的奥秘［M］．北京：中国经济出版社，1987．

［9］鲁森斯．组织行为学［M］．王垒，译．北京：人民邮电出版社，2003．

［10］黑尔里格尔．组织行为学［M］．岳进，译．北京：中国社会科学出版社，2001．

［11］弗朗西斯科．国际组织行为学［M］．顾宝炎，译．北京：中国人民大学出版社，2003．

［12］安科纳．组织行为学：面向未来的管理［M］．王迎军，译．北京：机械工业出版社，2006．

［13］罗宾斯．组织行为学［M］．孙健敏，译．北京：中国人民大学出版社，2012．

［14］李爱梅，凌文辁．组织行为学［M］．北京：机械工业出版社，2015．

［15］周非．组织行为学［M］．北京：机械工业出版社，2014．

［16］聂永有．组织行为学［M］．上海：立信会计出版社，2015．

［17］陈春花，等．组织行为学［M］．北京：机械工业出版社，2019．